LECTURE
人事労務管理

増補改訂版

森 五郎 監修・岩出 博 著

泉文堂

増補改訂版によせて

　本書は，2013年4月に刊行した『LECTURE 人事労務管理（増補版）』を修正・加筆した改訂版です。民主党政権（2009年7月～2012年12月）から自民党政権（2012年12月～）に代わった後の，今日に及ぶ労働事情の変化をベースにした改訂を試みています。民主党政権では，日雇い派遣など非正規労働者の惨状を鑑み，労働者保護の観点からの雇用・労働政策を推進してきましたが，その後の自民党政権は，日本経済の再生・成長をスローガンに掲げ，成長戦略の一環として経営側の意向を大幅に取り入れる雇用・労働政策を押し進めてきています。

　たとえば「労働者派遣法」（2015）が改正・施行されました。これまで派遣労働は，あくまで臨時的・一時的労働とされていましたが，今回の改正では派遣労働を今日の労働形態の1つのあり方として，恒常的な雇用形態として認めたことにあります。また安全保障関連法案の審議が優先され，2015年国会では審議未了で廃案となった残業代ゼロ制度とも称される「新裁量労働制」や現行の企画型裁量労働制における適用職種の拡大，さらには解雇規制の緩和にもつながる「解雇の金銭解決制度」などの導入・検討が行われています。

　他方で，深刻化する長時間労働やサービス残業，過労死，過労自殺への対策として，「労働安全衛生法」（2014）におけるメンタルヘルス上のストレスチェックの義務化や「過労死等防止対策推進法」（2014）の制定，雇用者総数の4割にもなる非正規雇用労働者の増大を背景として，正社員との処遇格差の是正のために「同一労働同一賃金推進法」（2015）の制定や「限定正社員制度」の普及促進など，雇用・労働の改善の取り組みも進んでいます。また安倍政権が掲げる「一億総活躍社会」の実現をめざし，男女の雇用格差是正のためのポジティブ・アクションを強化した「女性活躍推進法」（2014）の施行，介護離職ゼロを目指す育児・介護休業法の改正，マタハラ防止策強化のための男女雇

用機会均等法や育児・介護休業法の改正，リスク分担型の新確定給付型企業年金の導入なども，2016年以降の継続的な動きとして見守っていくべきものです。

　本書は，新聞報道や確度の高い各種報道記事を参照し，どうしても盛り込んでおくべき新たな動きを加筆しています。しかし，本書の刊行期日から，既定事実として説明できない隔靴掻痒たる思いもあります。

　2016年2月

岩　出　　博

増補版・はじめに

　本書は，1995年の初版刊行以降ほぼ5年を目途に改訂を繰り返してきた『四訂版LECTURE人事労務管理』(2007年) の増補改訂版です。

　前書が刊行された2007年以降の新たな動きとしては，2005年頃からの日本経済の回復基調を一転させたリーマンショック (2008年) による世界同時不況の中で，①非正規労働者の過酷な労働実態や長時間労働・サービス残業の深刻さ，②日本企業の新興国進出の加速にともなうグローバル人材不足の顕在化，③年金資金の運用難による多数の厚生年金基金の代行割れの顕在化を背景にした厚生年金基金制度廃止の検討開始，などが浮き彫りにされる一方，④女性社員の就業継続期待の高まりを背景に，子が3歳になるまでの間，育児支援策として短時間勤務制度の設置を義務付ける育児・介護休業法，⑤厚生年金の65歳支給に向かって2013年度より支給開始年齢の段階的引き上げが始まることを背景に，希望者全員の65歳までの継続雇用を義務化した高年齢者雇用安定法，⑥非正規労働で暮らしを立てる労働者の急増を背景に，極端な不安定雇用の解消をねらいとした30日未満の短期派遣を原則禁止する労働者派遣法，⑦長時間労働が増えこそすれ減ることがない実態の中，月間60時間を超える部分の残業時間に対する割増賃金率の大幅アップを決定した労働基準法，⑧障害者の雇用促進と継続を図る障害者雇用促進法にもとづく障害者法定雇用率の1.8％から2.0％への引き上げ (2013年度より) など，人事労務管理運用の法的規制の強化が進められました。これらの内容には，対処療法として喫緊に解決すべき課題としてあるものと長期的にあるべき姿を実現する過渡的な課題としてあるものが混在しています。

　これまで繰り返し述べてきたように，本書の記述上のスタンスは，今日の日本企業の人事労務管理をスナップショット的に説明するのではなく，歴史的な変化・発展というフレームの中で今日の人事労務管理の姿を説明していくこと

にあります。それゆえ本書では，統計データの差し替えを含め，前述の内容をできるかぎり加筆・修正していきましたが，なお記述内容の時代ギャップ，記述不足や漏れがあることは否めません。ご容赦ください。

　しかし本書は，増補版と銘打つことから，どうしても読者に伝えておきたいことが出てきました。それは，日本経済の立て直しという大きな流れの中で，産業界では短期利益追求のアメリカ型企業経営が指向され，戦略的人的資源管理の考え方に代表されるように，人事労務管理改革にあっても経営サイドの論調が強くなり，従業員に対する配慮が希薄化しているといったことです。

　本書はこれまで，従業員満足の実現といういわば従業員サイドの視点から日本企業の人事労務管理制度の制度設計を「従業員満足指向の人事労務管理」として最終講で提案してきました。しかし人事労務管理改革の今日的な論調を踏まえると，これだけでは迫力不足の感が否めません。そこでビジネスリスクマネジメント論のフレームを借り，「攻めの人的リスクマネジメント」と「守りの人的リスクマネジメント」を対置させながら，より実感的なレベルで従業員満足指向の人事労務管理への移行を必要とする補論を新たに追加した次第です。

　2013年　正月

岩　出　　博

四訂版・はじめに

　本書は，日本企業の人事労務管理制度を解説する『三訂版　LECTURE 人事労務管理』(2002年刊行) の，その後の人事労務管理環境の大きな変化を踏まえて5年ぶりに改訂した四訂版です。

　前著が刊行された2002年から2007年の今日までの5年間における日本の人事労務管理領域にかかわる大きな変化は，BRICsの台頭などによる経済のグローバル化のさらなる進展の中で，あらゆる面で人件費の抑制を意図する「コスト抑制志向の経営」が定着するとともに，とくにホワイトカラー労働の生産性向上を企図する経済的インセンティブ施策や新たなワーキング・スタイルを模索する動きが活発化していることです。また，団塊の世代の大量退職などを背景に少子高齢社会の拡がりが実感されるとともに，長期的な労働力不足が確実視される中で，60歳を越える高齢者の継続雇用の促進やワーク・ライフ・バランス運動などに見られる女性労働者の就業継続支援策の強化といった，これまで二義的な取扱いだった労働力の本格的な活用の取組みが動き出したことも見逃せません。他方，人事労務管理の研究領域では，企業の死命を制する経営戦略とその戦略遂行に貢献する人事労務管理制度の有機的な適合と連携を強調するアメリカ発の「戦略的人的資源管理」の考え方が日本でも本格的に浸透してきたことがあります。

　本書は，こうした新たな変化を見据え，これまでの定型的な内容に人事労務管理領域における新たな動きを織り込んだために，各講にわたりかなりの加筆と修正が施されています。とくに大きな記述内容の変化としては，

①人事労務管理の技術構造を「従業員業績のAMO理論」の観点から補足説明し，人事労務管理諸制度の機能的役割を明確にしている（第1講）。

②人事労務管理の戦略的役割が強調される中，戦略的人的資源管理の理論的な考え方を解説している（第3講）。

③人事労務管理制度の設計と運用の機軸を「人事制度」と理解して講のタイトルを変更するとともに，人基準から仕事基準に至る人事制度の歴史的な発展・変化の記述を補強している（第4講）

といった3点にありますが，人事労務管理制度を論じる各講でも，雇用の複合化，選抜型・選択型研修，成果主義的人事制度（役割等級制度など），ワーク・ライフ・バランス運動，個別労働紛争処理制度など，近年関心の高まりが見られる新たなテーマを盛り込んでいます。

　本書の記述上のスタンスは，今日の企業の人事労務管理をスナップショット的に語るのではなく，歴史的な発展・変化というフレームの中で今日の人事労務管理の姿を説明していくことにあります。資格試験のための自学自習の書としてだけでなく，資料的な内容をもつゆえに，大学授業などにおける講義ノート作成のための参考書としても活用いただければ幸いです。

　2007年　初冬

　　　　　　　　　　　　　　　　　　　　　　　　　　　岩　出　　博

三訂版・はじめに

　本書は，2000年に刊行した『新版 LECTURE 人事労務管理』（泉文堂刊）をマイナーチェンジした三訂版です。当初の予定では，本書の改訂を2005年頃と考えていましたが，在庫切れ・増刷を機に，新版では折り込まれていなかったテーマやこの2年間ほどに生じた新たな展開を補充し，内容上の完成度を高めました。

　補充した内容は，大きく3点あります。その1つは，最近日本でも関心が高まっている「コンピテンシー・モデル」(competency model) です。人事労務管理運用上の軸足として，職能資格制度改革への示唆をもつものでもあります。1990年代以降のアメリカの新たな人事労務管理動向として説明を加え，また日本における導入事例も若干紹介しています（第4講）。

　2つめは，2001年に大幅な改正が行われ，2002年4月から施行された改正育児休業法の内容です。看護休暇制度の創設，男性を含む残業規制の強化など，仕事と育児の両立，さらには男女共同参画社会化への志向をより強めた内容になっています（第7講）。

　3つめの内容は，現下の厳しい日本経済を反映し，昨年から関心が高まっている雇用維持の施策としての「ワークシェアリング」(work-sharing) です。春闘でも大きな議論となる動きがありますが，本書ではこれを，緊急避難的な短期的施策としてではなく，中長期的な視点から，多様な働き方による新たな雇用社会展開の可能性を秘めたものとして，従業員満足の実現という視点から扱っています（第12講）。

　これらの内容を見ると，日本における人事労務管理の世界には，現下の厳しい経済環境を乗り切るための多少揺り戻しの動きがあるにしても，雇用社会の基底部分として着実に変化していく大きな流れが認められます。

　テキストとしての本書の役割は，著者自身の考え方をできるかぎり抑え，オ

ーソドックスな人事労務管理の知識を提供することにあると考えていますが，本書を読み，人事労務管理はどうあるべきかといった読者自身の答えを見出していくことを期待します。

　2002年　早春

　　　　　　　　　　　　　　　　　　　　　　　　　岩　出　　博

新版・はじめに

　本書『LECTURE 人事労務管理』は，森五郎監修・岩出博著『LECTURE 労務管理』（泉文堂，1995年刊）をほぼ全般にわたり改稿した新版です。
　アメリカでは，大学学部生や大学院生を対象にした膨大なボリュームをもつ人事労務管理（人的資源管理）テキストの内容が時代遅れのものにならないように，ほぼ3年から5年をメドに改訂されており，息の長いテキスト作りの慣行が確立されています。日本でも，こうしたスタンスをもつ人事労務管理テキストは少数ながらありますが，まだまだ普及していないのが現状です。単著者による人事労務管理テキストの刊行が少ないといったことも作用しているのかもしれません。長年，アメリカの人事労務管理を研究対象としてきた私にとって，アメリカの人事労務管理テキスト作りの慣行はぜひとも取り入れたいものだと思っていました。本書刊行の第一の理由は以上のようなものです。
　それにしても，1990年代のバブル経済崩壊以降の経営合理化の過程では，それまでの人事労務管理制度の抜本的な再編が目論まれており，またその再編のスピードはかなりなものです。極端な話，1年前の内容を新たに改訂・補充しなければ，今では通用しないといったものもあるくらいです。そうした意味で，本書が刊行された1995年からの5年間における日本の人事労務管理の変化は，それまでの変化の10～15年分に相当するのではないか，などと個人的には思ったりしています。今回上梓する本書の内容も，できるかぎりアップ・トゥ・デートしたつもりですが，説明不足の面があるやもしれません。
　本書新版刊行の第二の理由は，旧版刊行の経緯から，日本における人事労務管理研究の大家であられた故森五郎先生（1996年ご逝去，慶応義塾大学名誉教授，日本労務学会設立発起人メンバー）の人事労務管理論をベースにした人事労務管理のテキストを継続的に世に出しておきたいとする出版社サイドの要請にあります。

本書旧版の「監修者のことば」で，先生は「私は今まで労務管理に関する本を10冊近く書いて来た。しかし，それは殆どが理論的なものか専門的内容のもの，または実務者向けの実務を主としたものであった。私も長く大学で労務管理論を講じて来ただけに，これらの書物は学部学生には必ずしも向いていないことには気付いていた。そこで，機会があったら，是非分り易く，しかも理論的水準は落とさないものを書いて学部学生諸君のためのテキストとしてより相応しい書物をと望んでいた。しかし，折悪しく1985年に心臓を病み，当分の間新しい著作に挑戦する体力と気力が弱まってしまった。……」と述べておられます。本書旧版は，こうした先生のご意向をくみ，不肖の弟子であった私が代わって書きあらわしたものです。

　本書新版は，「労務管理」から「人事労務管理」への書名タイトルの変更と各論の一部集約がありますが，旧版プロローグにあるアプローチを踏襲し，内容をより豊かなものにしたつもりです。先生にいわせれば，満足のいく出来ではないかもしれませんが，本書を墓前に捧げ，あらためて先生のご冥福をお祈りしたく思っております。

　　2000年　陽春

　　　　　　　　　　　　　　　　　　　　　　　　　岩　出　　博

初版・プロローグ

　今，労務管理が面白い——多少不謹慎な表現かもしれませんが，今，日本の労務管理はその将来的な方向に関して，学問的にも実務的にも大いに関心を集めています。経済のサービス・ソフト化，情報処理技術革新，高齢化，高学歴化，女性の職場進出，NIES諸国の躍進，円高の進行など，急激な企業環境の変化の中で戦後日本の経済成長と産業・企業の発達を支えてきた労務管理が揺れています。とくに1990年を境として，いわゆる「バブル経済」の崩壊以降，企業の本格的な「リストラ（＝事業の再構築）」の過程で労務管理の改革もその速度をはやめ，これまで戦後日本型の労務管理を特徴づけてきた終身雇用・年功序列といった慣行が危機に瀕しています。今現在の混沌とした状況の中で，日本の労務管理の将来的な方向を明確に見定めることは困難ですが，長期的には流動性の高い労働市場と個人主義的な価値観の台頭を前提として，能力主義的な評価と処遇の様相を前面に打ち出した労務管理に進んでいくのかもしれません。

　本書は，こうした激変する日本の労務管理事情の中に，大学の学部学生に対して労務管理の理論的な基礎知識と日本の労務管理動向に関する情報の提供をねらいとした労務管理講義用のテキストです。そして，本書執筆に際しては，次のような点を配慮しています。

① 　労務管理の最も標準的な内容を体系的に解説するために，現代労務管理における労務管理の「担い手」（トップ・マネジメント，労務スタッフ部門，ライン管理者）を基準とした理論構成を採用したこと。

② 　現代日本の労務管理に焦点を当て，基本的に労務管理諸制度の概念・内容・変化といった3つの視点からの記述方法を採用し，同時に欧米諸国（とくにアメリカ）の事情を適宜加え，理解の幅を拡げたこと。

③ 　図や表をふんだんに使用し，ビジュアルな理解を促進し，同時に章扉と

章末にワンポイントコラムを設け，各章テーマに関する関心喚起を促がしたこと。

　労務管理の学問的な記述水準を維持すると同時に，初学者に対して理解しやすく，しかも学問的な関心を促がすといったねらいがこのような執筆スタンスになりましたが，はたしてその試みが成功したのかどうか気になるところです。また，初学者の理解を促がすねらいから，記述表現にしつこい部分もありますが，その点はご容赦ください。なお，労務管理の演習（ゼミナール）の学生や大学院生諸君は，本書の内容を基礎にして，さらに高度の勉学に進むことを期待します。

　最後に，出版の機会をあたえていただいた泉文堂大坪嘉氏，また，本書刊行までに数々のお世話をいただいた同社築地護氏に対し，心から感謝申し上げます。

1995年6月

岩　出　　博

CONTENTS

- ●増補改訂版によせて
- ●増補版・はじめに
- ●四訂版・はじめに
- ●三訂版・はじめに
- ●新　版・はじめに
- ●初　版・プロローグ

LECTURE 1　人事労務管理とは何か

Ⅰ　人事管理・労務管理・人事労務管理という用語 …………… *2*
Ⅱ　人事労務管理の生成と発達 ………………………………… *5*
　1　専制的人事労務の時代 ……………………………… *6*
　2　親権主義的人事労務の時代 ………………………… *7*
　3　近代人事労務管理の時代 …………………………… *9*
Ⅲ　現代人事労務管理とは何か ……………………………… *13*
　1　人事労務管理の本質 ………………………………… *13*
　2　現代人事労務管理の特徴 …………………………… *20*
Ⅳ　現代人事労務管理の技術構造：
　　　従業員業績のＡＭＯ理論の観点から …………… *30*
　1　従業員業績のＡＭＯ理論 …………………………… *30*
　2　現代人事労務管理の技術構造 ……………………… *32*

LECTURE 2　日本の現代人事労務管理

- Ⅰ　日本における現代人事労務管理の形成 …………………… *42*
  - ①　戦前日本の人事労務管理 ………………………………… *42*
  - ②　戦後日本型の現代人事労務管理の形成 ………………… *47*
- Ⅱ　戦後日本型の現代人事労務管理の特徴 …………………… *52*
  - ①　労働力の調達・調整における局面 ……………………… *52*
  - ②　労働力の活用・育成における局面 ……………………… *54*
  - ③　労働の評価・処遇における局面 ………………………… *55*
  - ④　労使関係における局面 …………………………………… *56*
  - ⑤　日米の人事労務管理の性格 ……………………………… *57*
- Ⅲ　戦後日本型の現代人事労務管理の動揺と再編 …………… *60*
  - ①　日本的雇用慣行の意義 …………………………………… *61*
  - ②　戦後日本型現代人事労務管理の再編の背景 …………… *69*
  - ③　戦後日本型現代人事労務管理の再編 …………………… *75*

LECTURE 3　トップ・マネジメントの人事労務管理

- Ⅰ　人事労務の管理過程 ………………………………………… *82*
  - ①　管理とは何か ……………………………………………… *82*
  - ②　人事労務の管理過程 ……………………………………… *85*
- Ⅱ　トップ・マネジメントの人事労務管理責任 ……………… *93*
  - ①　人事労務管理の意義の認識 ……………………………… *93*
  - ②　人事労務管理の戦略的役割 ……………………………… *97*

LECTURE 4　人事労務管理制度の設計と運用の基礎

Ⅰ　人事労務調査職能 …………………………………………… *106*
　1　人事労務情報の収集と活用 ………………………………… *106*
　2　人事情報システム …………………………………………… *110*
Ⅱ　人事制度 ……………………………………………………… *116*
　1　人事制度とは何か …………………………………………… *116*
　2　人基準の人事制度 …………………………………………… *117*
　3　仕事基準の人事制度 ………………………………………… *124*
　4　コンピテンシー・モデル …………………………………… *130*
Ⅲ　人事評価制度 ………………………………………………… *138*
　1　人事評価とは何か …………………………………………… *138*
　2　職能資格制度下における人事評価制度 …………………… *139*
　3　成果主義時代の人事評価制度 ……………………………… *142*

LECTURE 5　運　用　管　理

Ⅰ　雇用管理とは何か …………………………………………… *154*
　1　今日における企業の雇用政策 ……………………………… *154*
　2　非正規労働者の処遇改善 …………………………………… *158*
　3　雇用管理の役割 ……………………………………………… *161*
Ⅱ　採用管理 ……………………………………………………… *163*
　1　要員計画 ……………………………………………………… *163*
　2　採用管理の手続き …………………………………………… *164*
　3　採用管理の新たな動向 ……………………………………… *170*

		④ 採用管理のフロンティア ……………………………………… *174*
Ⅲ	配置・異動管理 ……………………………………………………… *180*	
	① 配置・異動の原則 ……………………………………………… *180*	
	② 従業員の配置の管理 …………………………………………… *182*	
	③ 従業員の異動の管理 …………………………………………… *188*	
Ⅳ	退職管理・雇用調整 ………………………………………………… *196*	
	① 退職管理 ………………………………………………………… *196*	
	② 雇用調整 ………………………………………………………… *202*	

LECTURE 6　教育訓練・能力開発管理

Ⅰ	教育訓練・能力開発とは何か ……………………………………… *208*
	① 教育訓練・能力開発の意味 …………………………………… *208*
	② 教育訓練・能力開発の役割 …………………………………… *209*
Ⅱ	教育訓練・能力開発管理の内容 …………………………………… *213*
	① 教育訓練・能力開発の体系 …………………………………… *213*
	② 従業員のキャリア形成と支援 ………………………………… *226*
Ⅲ	教育訓練・能力開発管理の新たな展開 …………………………… *232*
	① 自律・自立型の人材育成 ……………………………………… *232*
	② 経営戦略と人材育成 …………………………………………… *240*

LECTURE 7　作業条件管理

Ⅰ	作業条件管理とは何か ……………………………………………… *246*
	① 作業条件管理の意義 …………………………………………… *246*

2　労働安全衛生の管理体制 …………………………………… *248*
Ⅱ　労働安全・衛生管理 ………………………………………………… *254*
　　　1　労働安全管理 ………………………………………………… *254*
　　　2　労働衛生管理 ………………………………………………… *257*
　　　3　労働環境の快適化と新たな勤務形態 ……………………… *264*
Ⅲ　労働時間管理 ………………………………………………………… *270*
　　　1　労働時間管理の原則 ………………………………………… *270*
　　　2　労働時間短縮への取り組み ………………………………… *275*
　　　3　労働時間の柔軟化 …………………………………………… *282*
　　　4　ワーク・ライフ・バランスへの取り組み ………………… *287*

LECTURE 8　賃　金　管　理

Ⅰ　賃金管理とは何か …………………………………………………… *292*
　　　1　賃金の意味 …………………………………………………… *292*
　　　2　賃金管理の意味 ……………………………………………… *298*
Ⅱ　賃金管理の内容 ……………………………………………………… *301*
　　　1　賃金額の管理 ………………………………………………… *301*
　　　2　賃金制度の管理 ……………………………………………… *305*
　　　3　賃金制度の改革：成果主義化の進展 ……………………… *314*
Ⅲ　賞与・退職金の管理 ………………………………………………… *322*
　　　1　賞与の管理 …………………………………………………… *322*
　　　2　退職金の管理 ………………………………………………… *325*

LECTURE 9　福利厚生管理

- Ⅰ　福利厚生とは何か ……………………………………… *334*
  - 1　企業内福利厚生の歴史的発達 …………………… *334*
  - 2　企業内福利厚生の位置づけ ……………………… *338*
- Ⅱ　福利厚生管理の内容 …………………………………… *341*
  - 1　企業内福利厚生の役割 …………………………… *341*
  - 2　企業内福利厚生の内容 …………………………… *343*
- Ⅲ　企業内福利厚生の再構築 ……………………………… *350*
  - 1　企業内福利厚生再構築の背景 …………………… *351*
  - 2　企業内福利厚生の再設計 ………………………… *353*

LECTURE 10　労使関係管理

- Ⅰ　労使関係管理とは何か ………………………………… *370*
  - 1　労使関係の意味 …………………………………… *370*
  - 2　労使関係管理の意味と意義 ……………………… *376*
- Ⅱ　労使関係管理の内容 …………………………………… *383*
  - 1　団体交渉と労働協約の締結 ……………………… *384*
  - 2　苦情処理制度 ……………………………………… *387*
  - 3　労使協議制 ………………………………………… *390*
  - 4　経営参加の諸制度 ………………………………… *393*
- Ⅲ　労使関係管理の課題 …………………………………… *396*
  - 1　労働組合運動の新たな課題 ……………………… *396*
  - 2　無組合企業の労使関係 …………………………… *402*

LECTURE 11　ライン管理者の人事労務管理

Ⅰ　ライン人事労務管理とは何か ……………………………………… *410*
　① ライン人事労務管理の意味 ………………………………………… *410*
　② 人事労務スタッフ部門の役割 ……………………………………… *414*
Ⅱ　ライン人事労務管理の内容 ………………………………………… *416*
　① 人事評価の実施 ……………………………………………………… *416*
　② 部下の育成 …………………………………………………………… *420*
　③ 労働意欲の向上 ……………………………………………………… *424*
　④ 職場モラールの向上 ………………………………………………… *431*
Ⅲ　ライン管理者のリーダーシップ …………………………………… *434*
　① リーダーシップの理論 ……………………………………………… *434*
　② リーダーシップ能力の育成 ………………………………………… *443*

LECTURE 12　従業員満足指向の人事労務管理

Ⅰ　従業員満足とは何か ………………………………………………… *450*
　① QWL：従業員満足の原点 …………………………………………… *450*
　② 従業員満足の意味 …………………………………………………… *455*
Ⅱ　現行日本の人事労務管理の問題：
　　　従業員満足の実現という視点から ……………………………… *459*
　① 生活満足の実現 ……………………………………………………… *459*
　② 職務満足の実現 ……………………………………………………… *464*
　③ 職場満足の実現 ……………………………………………………… *466*
　④ 企業満足の実現 ……………………………………………………… *470*

補　論　従業員満足と人的リスクマネジメント

はじめに ……………………………………………………… *473*
1. 企業リスクと人的リスク ………………………………… *474*
2. 労働コンプライアンスと労働CSR ……………………… *480*
3. 人的リスクマネジメントのフレーム …………………… *488*
おわりに ……………………………………………………… *489*

参考文献・資料 ……………………………………………… *493*
●索　引 ……………………………………………………… *503*

LECTURE 1
人事労務管理とは何か

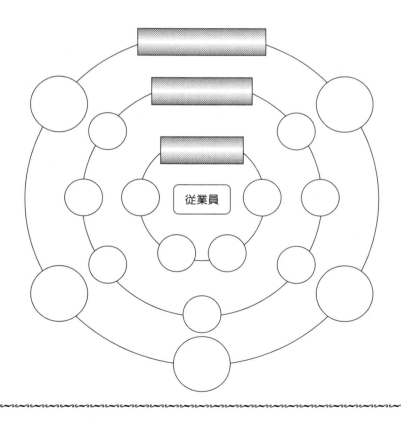

I 人事管理・労務管理・人事労務管理という用語

　はじめに、用語の解説をしておきます。今日の日本では、企業の従業員の取り扱いにかかわる多様な施策内容をもつ管理活動のことを「人事管理」「労務管理」あるいは「人事労務管理」と呼んだりしています。この結果、これらの用語の具体的な内容は各人の考え方によって異なってしまうために、時として混乱を生じることになります。今、こうした混乱の元凶ともいえる「人事管理」と「労務管理」という用語が意味する施策内容という点から見た違いを図表1のように比較してみました。いちがいに「人事管理」あるいは「労務管理」といっても、その用語が意味する内容には「最狭義」「狭義」「広義」のものがあることがわかります。

　実際、こうした混乱の原因は、学歴を基準として管理対象となる従業員を身分的に大きく2つのグループに分け、それぞれの管理対象に応じて「人事管理」と「労務管理」を使い分けていた戦前の事情にありました。すなわち旧制中学以上の高等教育を受けた従業員は、いわゆるホワイトカラーの仕事を行う「社員」（あるいは職員）と呼ばれ、こうした従業員の採用・配置・異動・昇進、給与・賞与・福利厚生などを扱う活動が「人事管理」であり、他方義務教育としての尋常高等小学校を卒業した従業員は、ブルーカラーの仕事に従事する「工員」と呼ばれ、もっぱら彼らの採用・配置・異動・昇進、技能訓練、賃金・福利厚生、労働安全・衛生、対労働組合対策などを行う活動が「労務管理」とされていたのです。

　その管理内容を見ると、人事管理に比べて労務管理の方が内容的に多岐にわたっています。これは、戦前には社員を対象とする専門的な集合教育訓練が大企業でも一般化していなかったこと、一方、工員の場合は工場作業に従事することから、基礎的な技能訓練や安全衛生上の作業条件の整備がそれなりに必要だったこと、また当時、労働組合は法的に認められていなかったのですが、民

図表1　用語とその意味する施策内容

	労務管理			人事管理		
	最狭義	狭義	広義	最狭義	狭義	広義
採用・配置異動・退職			○	○	○	○
教育訓練能力開発			○		○	○
賃金・俸給		○	○			○
安全衛生労働時間		○	○			○
福利厚生		○	○			○
労使関係	○	○	○			○

主主義や社会主義の思想に影響を受けて工員間で労働組合運動の高まりがあったために，その対策が必要であったことなどの事情によります。このため社・工員の明確な身分区別の下に，社員はすべて将来の幹部候補生として会社側の人間とみなされ，彼らの会社に対する忠誠心を高めるためにも社・工員間の給与・賞与・福利厚生といった面で処遇上の大きな格差を設けていたのです。

　それが戦後になると，経営・労働の民主化の一環として，GHQ（連合国軍総司令部）が労働組合結成を奨励する指導を行い，1945（昭和20）年12月の労働組合法の制定を契機として，労働組合が急速な勢いで結成されていきました。この労働組合の組織は，欧米諸国の場合と違って同じ企業で働く社員と工員を含む正規従業員だけを組合構成員とする企業別の形をとったために，労働組合としては社・工員の「身分制撤廃」を強く要求していきます。この結果，多くの企業で社・工員の身分差別が廃止されたために，これまでのような社員と工員を基準とする「人事管理」「労務管理」の呼称上の違いは意味を失いました。

しかし一方，社員と工員を一本化した管理を包括して表現する用語がないために，今なお先に述べたような混乱が生じているのです。

こうした状況に対して他方で，1960年頃から組織職制を「人事部」と「労務部」に分ける動きが大企業の中に見られ始めます。企業によって違いはありますが，労働組合との関係で広く労働条件を取り扱う部門を労務部（賃金・作業条件・福利厚生・労使関係）とし，従業員の採用・異動，教育訓練を所管する部門を人事部とする動きです。しかし，これらの2つの部門は従業員を対象とするといった意味で同根の職制なだけに，これらを統合する用語をどうしても必要としたのです。このため，実務者の間で「人事労務管理」という新しい語が包括用語として用いられるようになりました。多少冗長ですが，用語としての混乱を避けるには便利ということから徐々に普及し，今日では研究者の間でも定着しており，この用語を用いる人がかなり増えています。

また近年では，企業における経営資源として従業員を重視する理念的な内容をもつ"Human Resource Management (HRM)"を「人的資源管理」と訳出し，これを人事労務の包括的な用語として使用する動きが広まっています。この用語はもともと1960年代後半頃からのアメリカの人事労務管理研究から生まれたもので，1970年代以降，学術界で急速な拡がりを見せ始め，1980年代になると，産業界では伝統的に人事労務部門を意味する職制名として使用されてきた"personnel department"を"human resource department"と変更する企業も出てきます。

しかし日本の場合，概して人事部を「人的資源部」とするような職制上の名称変更の動きは見られません。日本におけるこの用語の拡がりは，今のところ人事労務のコンサルタントやシンクタンク業界を含む学術・研究世界を中心としたものです。ただ近年，「人は企業の財産」という旧来からの日本企業の経営哲学や人的資源管理の人間重視の理念を下地にして，従業員は「人財」といった意味合いをもたせた「人材マネジメント」という用語が実務界で使われています。しかし本書では，今日の日本でなお一般的に使われている「人事労務管理」を包括用語として使用し，本書の説明を進めていきます。

人事労務管理の生成と発達

　人事労務管理は，一面で「多数の人々が常時集まって仕事を行う場合に，人々を一定の目標に向けて協力させ，効率的に労働できるようにする活動」ということができます。このような意味で人事労務管理を理解すると，歴史上，古代の奴隷労働，中世王朝官吏の事務労働，近世の手工業的工場労働の場でも人事労務管理は行われていたことになります。また今日の大学のゼミナールやサークル，あるいは一般市民のボランティア・グループなどでも，機能集団としての凝集性はそれほど強いとはいえませんが，1つの目的をもってつくられた集団ですので，その目的達成に向けて人々を動かすために人事労務管理は行われているといってもよいでしょう。さらに人事労務管理は民間の企業だけでなく，公企業，国家・地方行政機関，学校，病院，軍隊や宗教法人といった非営利の組織でも広く行われているのです。

　こうしたことから人事労務管理は，一定の目的をもつ持続的な機能集団の中で人々を目的達成に向けて活動させる施策として，あらゆる組織で行われているといえます。しかし，それぞれの組織はそれなりの性格や特質をもっているために，人事労務管理の実践内容を一律的に説明することは困難です。そこで本書では，今日の資本主義経済社会において圧倒的多数を占め，またその支配的な地位にある「資本主義的企業」（私企業）で行われている人事労務管理に対象をしぼり，その説明を行っていくことにします。

　ところで，現代の企業で行われている人事労務管理は，非常に複雑な制度と手続きを内容にもつ総合的な管理制度として成り立っていますが，その内容は人事労務管理が成立した当初から今日のようなものであったわけではありません。人間が作り出すあらゆる社会的な制度は，時間の経過とともに陳腐化し，その内容を新たにしていきます。人事労務管理も1つの社会制度としてその例外ではなく，その生成から今日に至るまでを歴史的に見ると，次のように大き

く4つの発展段階に分けることができます。もちろん,各国の特殊な事情によってその発展内容を一律的に規定することはできませんが,ほぼ似たような経過をたどっているとはいえるでしょう。

- 1 「専制的人事労務」の時代
- 2 「親権主義的人事労務」の時代
- 3 「近代人事労務管理」の時代
- 4 「現代人事労務管理」の時代

　これらの中で専制的人事労務と親権主義的人事労務は,「人事労務活動」ではあるけれど「人事労務管理」とはいえない「管理以前」の段階にあり,真の意味で「管理としての人事労務」が形成されるのは,近代人事労務管理以降の段階になります。本書の関心は「現代人事労務管理」にありますが,それがどのような過程を経て今日にまで至ったのかを理解する下準備として,近代人事労務管理の時代までの事情をまず一般論的に説明していきます。

1 専制的人事労務の時代

　専制的人事労務が広く見られたのは,西欧諸国では18世紀半ばから産業革命を経た19世紀半ばにかけてであり,また日本では,1880年代末から1910年代初期(明治20年頃～大正初期)にかけてでした。当時の農村や都市下層社会には,あり余る過剰な貧民労働力があったために,労働条件は使用者の意のままに一方的に決定されており,生活すること自体が困難な飢餓的な低賃金と一日14時間以上にもおよぶ長時間労働が一般的でした。監督の方法も体罰や監禁などをともなう暴力的なものであり,仕事場の環境も非常に劣悪で,傷病者も数多く発生しました。時として従業員の職場逃亡やストライキ・暴動も生じましたが,これも私的な暴力や警察・軍隊の力によってそのほとんどが鎮圧されていたのです。

このような強圧的な使用者（＝資本家）と一方的に弱者の立場にある労働者との労使関係のあり方を「原生的労働関係」と呼びますが，こうした労使関係の下における人事労務活動をひと言で評価すれば，まったく非人道的・非科学的・非計画的なものだったということです。このような強圧的な労働関係が成立しえた背景には，紡績業など軽工業の産業革命によってこれらの産業に従順で抵抗心も乏しい女子や年少者が中心的な労働力として雇用されており，ごく一部の男子技能工を除いてほとんど労働組合が存在しえなかったこと，そして当時の政府は，経済活動に対する自由放任思想をタテマエにして，労働者保護・救済の措置を何らとらなかったことがあったのです。

2　親権主義的人事労務の時代

　専制的人事労務を支えた歴史的な事情も，19世紀後半になると変わり始めます。1つの変化は，労働組合運動が大きく成長してきたことです。軽工業に次いで重工業での産業革命が生じ，ここに成年男子労働者が大量に雇用されていきます。彼らは熟練技能にもとづき，職能（職種）別に労働組合を結成していきますが，19世紀末までには非・未熟練労働者を含む労働組合の結成も一般化していきました。彼らは賃金や労働時間といった基本的な労働条件の改善をめざし，使用者に強くその要求実現を迫っていったのです。

　もう1つの変化は，政府による労働者保護法の制定です。それまでは，労働者使い捨ての状態が一般的だったのですが，このような状態は子どもを生み育てることができない廃人を数多く排出するために，長期的に見れば労働力の世代的再生産を脅かし，国民経済的に労働力枯渇のおそれが出てきました。このため政府は，まず体力の乏しい女子・年少者を対象にして，労働時間を規制する「工場法」（factory acts）を制定し，次いでこれを成年男子労働者にも適用していくようになります。この結果，欧米諸国では19世紀末までに賃金が漸次上昇し，また「9～10時間労働制」が普及していったのです。

　このような労働組合運動の発展と政府による労働者保護法の制定という大き

な環境変化の中で，使用者側は事業を円滑に展開していく必要上，新たな対応を余儀なくされていきます。彼らは，従業員が労働組合を結成，あるいは労働組合に加入することを防止するために，またより積極的には，従業員の企業に対する「好意」(good will) を確保してその忠誠心を高めるために，
　①労働条件の改善（安全衛生施設，扶助手当，利潤分配など）
　②従業員との意思疎通の制度（工場委員会，従業員代表制など）
　③福利厚生施設の創設（食堂，図書室，スポーツ施設，診療施設など）
といった人事労務施策を，使用者自らの意思で自発的に導入するようになっていきます。

　欧米諸国では19世紀後半から1910年代にかけて，また日本では，1910年代初めから1940年代半ば（大正初期〜第2次大戦敗戦時）にかけて見られた人事労務活動上の新たな動きで，欧米諸国では「親権主義」(paternalism)，日本では「温情主義」にもとづく人事労務と呼ばれるものです。

　こうした使用者主導の人事労務活動が「親権（温情）主義的人事労務」と呼ばれる背景には，「親が子どもを監督・保護する」といった家父長的な家族主義の考え方がありました。欧米諸国では，すでに個人主義の考え方がかなり発達していたとはいえ，まだこうした考え方も根強く残っていました。他方日本では，儒教的な家中心の家族制度の考え方が広く定着していました。このため使用者と従業員の関係の基礎には，親が子どもの面倒をみるといった身分的な上下関係があり，従業員は一人前の人間とはみなされず，たとえば使用者が提供する福利厚生施設は，すべて「使用者の好意による給付」(ex gratia benefits) とされたのです。

　また，使用者が従業員と意思疎通をはかる場合でも，それは労使が対等な立場で行うといったものではなく，「従業員の考えを聞いてやる」といったものでした。従業員からさまざまな意見や改善要求が出される場合もありますが，それはあくまで従業員の「お願い」であって，その採否の決定権は使用者側が握っていました。しかし，それまでの従業員の発言がまったく無視され，許されなかった状態から比べれば一定の進歩があり，労使関係の摩擦緩和に役立っ

一方,この時代には労働組合が大きく成長し始め,また政府の工場法規制が実施されるようになったために,企業は低賃金・長時間労働・劣悪な作業場環境といった対応のままで利潤を追求することが困難な状況に追い込まれていきます。労働力の無制限の使い捨てが許されなくなり,ここに現有する従業員の作業能率を向上させることが利潤追求の新たな方策として意識されるようになります。この結果,西欧諸国に比べると熟練労働者の数が圧倒的に少なかったアメリカで,まず技術者主導による工場作業の効率化をめざした「能率増進運動」(efficiency movement) が生まれ,この過程からテイラー (Taylor F. W.) の「科学的管理法」(scientific management) が誕生します。そしてこの科学的管理法の中に,労働者の選択,時間・動作研究,作業の標準化,近代的能率給,疲労研究,作業訓練など,次の時代における近代人事労務管理の内容を構成する科学的な人事労務施策の萌芽を認めることができるのです。

③ 近代人事労務管理の時代

親権主義的人事労務の時代には,従業員との円滑な関係を維持するために福利厚生施設が広く導入され,また従業員の作業能率向上のために初歩的な科学的施策が工夫されてきたとはいえ,その実際の施策運用や展開のあり方は必要に応じた「その場的なもの」(ad hoc) で,組織だった「管理」といえる状態にはありませんでした。しかし第1次大戦 (1914〜1918年) は,これまでの「管理以前の人事労務」を近代的な「人事労務管理」に発展させる大きな契機になっていきます。欧米諸国における人事労務管理の形成は,一般的に戦後の1920年頃といわれていますが,日本では第2次大戦後の経営の近代化と民主化の過程で実現されていきました。

親権主義的人事労務活動を近代的な人事労務管理に脱皮させた大きな経営課題は,第1次大戦による著しい労働力不足です。産業界では成年男子労働者が大量に徴兵され,そのあとを女子・年少者などの非熟練労働者で補充すること

が一般化したために，彼女らの作業能率を向上させる方策を科学的に研究・開発する必要に迫られました。このため1910年代から発達してきた産業心理学・産業生理学・産業医学などが動員され，たとえば職業適性テストの開発などが行われ，職業適性に応じた配置，各種の技能訓練による職務能力の向上，疲労と能率の関係からみた適切な作業条件の整備などが進められていったのです。

こうした施策導入の背後にある労働者の労働能率増進に対する当時の基本的な考え方は，

①まず各職務について，職務遂行に必要な人的能力要件を明らかにする。

②次にその能力的な要件をもつ労働者を発見し，その職務に配置する

といったものでした。つまり「仕事が要求する職務能力と労働者が保有する職務能力との適合をはかる」とするもので，これを「職能合理主義」の考え方ということができます。

第1次大戦がもたらした2つめの大きな経営課題は，当時かなりの発達を見せていた労働組合との戦時協力体制を確保することでした。そのため使用者側は，労使関係の面で理念的に一定の譲歩を余儀なくされることになります。それは，親権主義的人事労務における身分的な主従関係意識の払拭，労働者も使用者も人間的には対等，平等であるとする労使平等の民主主義的理念の承認です。普通選挙など，政治的には民主主義理念が実現されていく一方，工場内部では旧態依然の使用者や監督者の専制的な行為が一般的でした。これを排し，産業世界にも民主主義理念の実践を使用者側はもとめられたのです。

このような使用者と労働者の関係のあり方を規定していく理念を「産業民主主義」(industrial democracy) と呼びます。ここに，提供される福利厚生施設も使用者の恩恵ではなく，働く労働者の「権利」とされ，また賃金や労働時間などの基本的労働条件は，労使対等の立場で団体交渉手続きを通じて決定することが当然視されるようになっていきます。

他方，第1次大戦がもたらした企業の経営管理上の新たな変化は，テイラー流の科学的な「管理」(management) の考え方が，戦時における計画的な生産の必要性の高まりを契機に広く産業界に普及していったことです。これを「管

理思考」(managerial thinking) といいます。その具体的な手続きは、特定の目的を達成するために、

　①目的達成に必要な計画を検討・立案し (planning)，
　②その計画にもとづいて必要な具体的な職務の組織化を行い (organizing)，
　③そこに人を配置して実行に移す (doing)。
　④最後にその成果を当初の目的と照らし合わせて評価する (appraising)
といった過程を踏むものです。すなわち、ある特定の目的を達成する場合に必要とされる合理的かつ科学的な組織運営の一連の手続きとして、管理の内容を「管理過程」(management process) として理解していくものです。

　こうした考え方に沿って人事労務活動を整理していくと、これまで必要に応じてバラバラに行われていた人事労務活動は、「人間の知的活用にかかわるすべての活動は1人の経営管理者の下に集中されるべきだ」といった考え方に導かれ、専門的な業務集中化が促され、独立した1つの専門職能として組織的な体系化が進められていきます。その結果、管理という名にふさわしい人事労務活動の理論的な体系化が1920年頃のアメリカで実現し、ここに専門的なスタッフ職能として「人事労務管理」(personnel management) が、そしてその担い手として「人事労務スタッフ部門」(personnel department) が成立していくのです。

　今、このようにして形成された「近代人事労務管理」の基本内容は、図表2のような7つの職能で構成されたものとして示すことができます。その後この近代人事労務管理は、第2次大戦（1939〜1945年）に至るおよそ四半世紀の間に、欧米諸国では人事労務の方法科学の発達とあいまって施策の科学的合理化が進められ、また労働組合法や労働基準法など労働者保護諸法の制定によって労使関係の民主化が深められ、管理制度としての体系もいっそう精巧なものになっていきます。

　アメリカを例にとれば、人事労務施策の科学的合理化の局面では1920年代半ばから1930年代初めにかけて行われてきたホーソン工場実験にもとづく「人間関係研究」(Human Relations Studies) の発達、第2次大戦中には監督技法の向上をねらう監督者のためのTWI (Training Within Industry：企業内訓練) や管理者

図表2　近代人事労務管理の制度内容

職能領域	主な制度内容
調査	職務分析　人事労務統計　人事労務計画　人事労務監査
雇用	募集・選考・採用　配置・異動・昇進　昇格・降格　退職
教育訓練	技能者訓練　監督者訓練
作業条件	安全・衛生　労働時間
賃金	能率給制度　利潤分配制度
福利厚生	住宅　食堂　レクリエーション　診療施設　図書館　社内報　団体生命保険　企業年金など
労使関係	団体交渉　工場委員会

（注）　制度内容は欧米諸国の人事労務管理文献からの集約。

のためのMTP（Management Training Program：管理者訓練計画）の開発などが進められ，また労使関係の局面では，1929年に生じた世界大恐慌克服のためのニュー・ディール政策の一環として実施された労働組合運動の法的保護をはかる全国産業復興法（NIRA，1933年）や全国労働関係法（NLRA，1935年），さらには公正な労働条件の維持をはかる公正労働基準法（FLSA，1938年）の制定などが指摘できるのです。

LECTURE 1 人事労務管理とは何か

 現代人事労務管理とは何か

　現代人事労務管理とは，近代人事労務管理の内容を基礎にして，第2次大戦後のさまざまな経済的・政治的・社会的・技術的な環境変化を背景に発展的に形成されたものです。現代人事労務管理としての「原型」(proto-type) は1950年代にその姿を現しますが，その後1960年代以降の急激で多様な環境変化の中でより精巧なものに発展し，今日の姿の「現代人事労務管理」になったということができます。そこでここでは，近代と現代を普遍的に貫く人事労務管理の本質的な内容をまず説明し，次にそうした本質的な内容を具体化する施策体系が近代と現代ではどう違って現れているかを比較しながら，現代人事労務管理の特徴を浮き彫りにしていきます。

1　人事労務管理の本質

　近代人事労務管理と現代人事労務管理といった時代発展的な区分とは関係なく，資本主義的企業における人事労務管理を普遍的に定義すると，「人事労務管理とは，企業の主体が最大限利潤の獲得のために，雇用労働者を対象にして，組織としての経営労働秩序の安定・維持と労働者の労働意欲の向上を通じ，労働者のもつ労働力を効率的に利用することを直接目的として行う一連の計画的・組織的な施策」ということができます。

　必ずしもスマートな定義とはいえないのですが，人事労務管理に関するこの定義的な説明の中には，人事労務管理の本質を理解するために必要な，次のような4つの論点が含まれています。

　　1　人事労務管理は誰が行うのかといった主体論
　　2　人事労務管理の目的は何かといった目的論

- 3 人事労務管理の対象は何かといった対象論
- 4 人事労務管理はどのような制度内容をもつのかといった制度論

人事労務管理の主体

　企業活動の本質は，資本を調達して商品やサービスを生産し，それらを販売することを通じて最大限利潤の獲得をはかることにあります。そのために企業は，財務・購買・生産・販売などのさまざまな活動を行いますが，そこには一貫としてその企業運営の中心になる「経営者」(top management) の意思が反映されています。どこから資金を調達するのか，どのような商品をどのようにつくるのか，商品の価格をいくらに決め，どのような市場に売るのか——こうした意思決定はすべてその企業の経営者が行い，それにもとづいて実際の管理活動が展開されていきます。企業の経営管理活動の1つとしてある人事労務管理もその例外ではなく，どのような人事労務管理を行っていくのかといった点で企業主としての経営者の意思が反映されており，こうした点から人事労務管理の主体も経営者であるということができるのです。

　このような説明は，企業規模が小さく，かつ資本出資者が直接経営や管理に関わっている「所有者経営」(owner management) の企業の場合はイメージしやすいのですが，企業規模が拡大し，かつ株式資本市場が発達するのにともない「所有と経営の分離」が進み，資本出資者に代わって「専門経営者」(professional management) が経営の主導権をとる状態が一般化していくと，説明が多少複雑になります。

　専門経営者が経営の指揮をとるような企業の場合，その企業規模はかなり大きなものとなっており，財務・購買・生産・販売などの管理活動は部門活動として組織的に専門・分業化されているのが普通です。人事労務管理についても同じことがいえ，専門的な人事労務部門が設置され，そこに専門スタッフが配置されるようになります。その結果，人事労務管理に必要な制度作りや日常の人事労務管理業務などは人事労務部門が行うことになり，このため人事労務管

理の主体は，人事労務部門に移ったように見えるかもしれません。しかし人事労務部門の活動は，経営者が意図する人事労務管理の方針を反映したものとして現れるので，人事労務管理の主体は基本的に企業の最高意思の決定者となる経営者であることに間違いはなく，人事労務部門はその経営者の意思（＝人事労務管理に関する方針）の直接的な執行者,すなわち担い手であるということができるのです。

人事労務管理の目的

資本主義的企業の究極的な目的は，最大限利潤の獲得にあります。そして財務・購買・生産・販売などに専門化したすべての管理活動は，それぞれ専門職能としての固有の役割をはたすことで，企業の経済目的達成に貢献しているということができるでしょう。この意味で，人事労務管理も最大限利潤の獲得に貢献しているわけですが，その際人事労務管理は，企業組織としての「経営労働秩序の安定・維持」と雇用労働者の「労働意欲の向上」を手段目的としながら彼らのもつ「労働力の効率的な利用」を最終の直接目的としています。

人事労務管理の直接目的は，実際の仕事の部面で労働者から「より大きな労働成果を確保すること」「より大きな業績を確保すること」と言い換えることができます。そしてその際，この「労働成果」(performance) の大きさは，機械設備などの技術的条件や労働時間など就業条件を一定とすれば，労働者の「労働能力」の大きさとその能力を発揮しようとする「労働意思」の大きさに直接左右されます。この意味合いを1つの公式で示せば，

$$P（業績）= f（労働能力，労働意思）$$

となります。つまり，労働者の労働成果の大きさは労働能力と労働意思の関数であり，人事労務管理はこの2つの変数をより大きくするための科学的・組織的な施策となって現れてくるのです。

今，この内容を人事労務管理の目的と関連づけて説明すると，次のようになります。まず労働意思とは，労働者がその保有している労働能力を発揮しよう

とする心理的態勢を意味しますが，その大きさは，
　①使用者と労働組合との関係（労使関係）の良好度合い
　②職場における上司・部下・同僚間の人間関係の良好度合い
　③あたえられた仕事に対する取り組みの姿勢（労働意欲）の度合い
といった3つの要因に規定されているといえます。

　その際，「経営労働秩序の安定・維持」とは，①の労使間の信頼関係を確保し，②の職場の人間関係を良好な状態に維持することを通じ，労働者に組織集団の一員として高い「モラール」(morale)をもたせる対応であり，企業が円滑な生産活動を行う上で必須の前提条件になります。そして，③が労働者の仕事に対する動機づけ，いわゆる「モチベーション」(motivation，労働意欲)の部面であり，金銭的・非金銭的インセンティブのある施策を通じて彼らの仕事に対するやる気を高めます。すなわち人事労務管理は，「労働者に組織集団の一員としての高いモラールを維持し，それを前提として仕事に対する積極的な取り組み姿勢をもたせることで，労働者は初めてその労働能力を十分に発揮し，より大きな労働成果を実現する」と考えているのです。

　しかし同時に，労働者のそうした集団や仕事に対する良き心理的態勢が確保できたとしても，彼らの労働能力が課せられた仕事に必要な職務能力と違っていたり，あるいはその能力が不足していたりすれば，彼らから大きな労働成果の実現を期待することは困難です。そこで，この「労働能力」の面に対し，職務が必要とする人的能力をもつ労働者を発見し配置する適性配置を進めたり，教育訓練を通じて彼らの職務能力の育成をはかることが必要になるのです。こうした人事労務管理目的の「手段－目的」の構造は，図表3のように示すことができるでしょう。

人事労務管理の対象

　資本主義的企業の人事労務管理の対象は，賃金で雇用された労働者(＝従業員)であることは明らかです。しかし，人事労務管理の対象として従業員を見る場合，そこには3つの側面があることを理解しておく必要があります。というの

図表3 人事労務管理目的の「手段－目的」構造

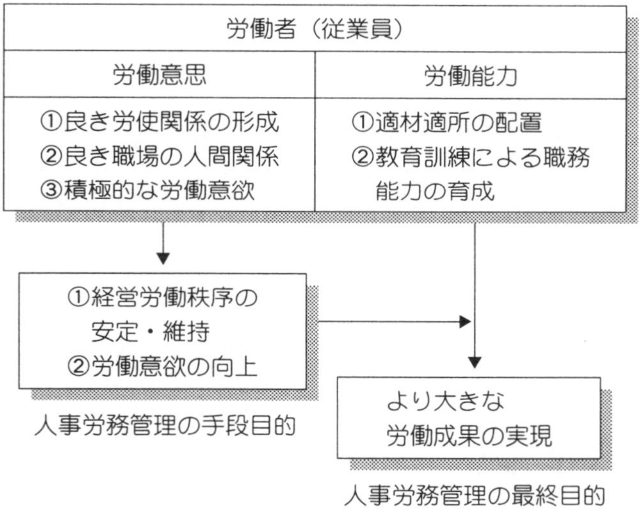

労働者（従業員）	
労働意思	労働能力
①良き労使関係の形成 ②良き職場の人間関係 ③積極的な労働意欲	①適材適所の配置 ②教育訓練による職務能力の育成

↓

①経営労働秩序の安定・維持
②労働意欲の向上

人事労務管理の手段目的

→ より大きな労働成果の実現

人事労務管理の最終目的

は，人事労務管理はそれぞれ性格の異なる施策で構成された総合的な管理制度であり，人事労務管理を構成する個々の施策は従業員の特定の側面に対応した内容をもっているからです。そうした意味で人事労務管理の対象になる従業員には，次のような3つの側面があります。

- [1] 労働を生む源となる「労働力」
- [2] 労働力の担い手となる「人間人格」
- [3] 資本家（＝企業）に賃金で雇用される「賃労働者」

従業員はこれらの3つの側面をもった統合体と見ることができます。従業員は，何はともあれまず第1に，企業にとって必要な生産を行うための生産要素としての「労働力」（manpower）です。そのため企業は，企業活動に必要とする質をもつ労働力を調達し，場合によっては必要とする労働力の育成を行いま

す。そして次に，その労働力を効率的に活用するためには，労働力は労働者という人間の身体と不可分なものだけに，労働力を発揮しようとする彼らの労働意思を積極的なものにしていく必要があります。このため，労働力の直接的な担い手となる労働者の「人間人格」(human-beings)の側面と，労働条件の決定をめぐり利害が対立する労使関係の安定を大きく左右する「賃労働者」(wage worker)の側面に働きかけ，彼らの仕事に対する直接的な労働意欲を刺激するだけでなく，職場における人間関係を良好な状態に維持したり，経営に対する信頼感を高めたり，さらには労使間の摩擦を削減する努力を行っていくのです。

それゆえ人事労務管理は，こうした従業員の3つの側面に対応した制度や手続きで構成される組織的な総合施策ということができますが，実際，施策の軽重や重点の置き所は，労働組合運動・政府の法規制・関連諸科学などの発達状況や企業の個別事情などによってその違いが現れてくるといえるでしょう。

人事労務管理の制度

最後に，人事労務管理の制度内容ですが，厳密にいえば，時代の変化に応じて各制度の意義の違いや制度的な拡充が見られます。基本的には人事労務管理の形成に必要な基本的職能を中心に据えながら，そこに新たな条件に応じていくつかの新しい領域が付け加えられたり，また従来の技法の修正や新たな技法の導入が進められているということができます。こうした意味で人事労務管理の基本的な職能とは，

①人事労務管理諸制度の有効性を確保するための「人事労務調査」
②従業員の採用，配置・異動，離・退職，雇用調整を扱う「雇用管理」
③従業員の職務能力を育成する「教育訓練管理」
④従業員の安全衛生・健康，労働時間など就業条件を扱う「作業条件管理」
⑤従業員の金銭的な報酬を扱う「賃金管理」
⑥従業員の福利厚生を扱う「福利厚生管理」
⑦労働組合との諸関係を扱う「労使関係管理」

といった近代人事労務管理の時期に形成された7つの職能と理解してよいで

LECTURE 1 人事労務管理とは何か

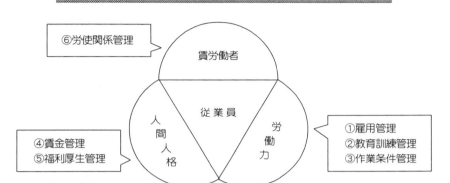

図表4 人事労務管理の技術構造

しょう。

　図表4は，人事労務管理の諸制度を従業員の3つの側面に応じて配置して示す技術的な構造図です。なお，雇用管理以下の「基本6職能」に関し，雇用・教育訓練・作業条件の3つの職能は，従業員の労働力の側面を対象としていることから「労働力管理」の施策群，他方賃金・福利厚生・労使関係の3つの職能は，モラールやモチベーション，労使の信頼関係といった従業員の心理的態勢に関わるものとして，人間人格や賃労働者の側面にアプローチする「労働意思管理」の施策群とまとめることができます。なお人事労務調査職能は，上記の各職能内で個別に実施されるために独立した1つの組織職制として現れてこないので，この図の中に示されていない点に留意してください。

　ところで，人事労務管理の制度内容に関しては，考慮しなければならないもう1つの重要な論点があります。それは，人事労務管理はその管理方法をより科学的・合理的なものにするために，関連諸科学の成果を活用する応用科学的な性格をもっているということです。アメリカの例でいえば，産業生理学，産業医学，産業心理学，人間工学，人間関係論，行動科学，組織行動論，労働経済学，経営管理論，法律学，コンピューター・情報処理科学などの成果が積極

的に導入され，人事労務管理の理論的・技術的な発達を促しているのです。

それでは次に，こうした人事労務管理の本質にかかわる4つの論点を基準として，近代人事労務管理の内容と比較しながら現代人事労務管理の特徴を説明していきましょう。

２ 現代人事労務管理の特徴

現代人事労務管理形成の背景

第2次大戦後の大きな政治的な変化は，米・ソを中心とする資本主義諸国と社会主義諸国との対立が激しくなったことです。戦前では，世界でソビエトが唯一の社会主義国家だったのですが，戦後になると東欧諸国・中華人民共和国・その他アジア・アフリカ諸国が続々と社会主義国家として誕生し，相対的に資本主義諸国の勢力的優位さが低下していきます。社会主義諸国は資本主義経済における失業の発生や自由競争による貧富の格差拡大を非難し，社会主義経済体制の優秀さを主張していきます。このため資本主義諸国は，完全雇用政策の実施，生活・教育水準の向上，社会保障制度の拡充に努め，資本主義経済体制下でも労働者の不安は払拭できることを強調していくのです。こうした社会主義イデオロギーに対抗する資本主義諸国の新しいイデオロギーが「福祉国家理念」(welfare state policy)であり，これが近代資本主義の修正としての「現代資本主義」の内実とされるものなのです。

この結果，企業行動にも新たな制約が加わります。それは，近代資本主義における短期的・直接的な最大限利潤追求といった企業行動を倫理的に規制していく「企業の社会的責任」(CSR：Corporate Social Responsibility)という制約です。戦後，企業の巨大化にともない，企業活動の国民経済にあたえる経済的・社会的な影響が大きくなったために，とくに1960年代後半から1970年代にかけて，アメリカでは公害反対・環境保護運動，消費者運動，人種・性差別撤廃運動など，企業行動を規制する各種の社会運動が大きな盛り上がりを見せます。

そして今日では，こうした問題意識を発展させた企業の社会貢献や文化貢献など，地域社会との共生をめざした「企業市民」(corporate citizenship) としての行動や「企業倫理」(business ethics) が問われるようになるのです。

ここに現代の企業は，近代資本主義時代の私企業の場合と同様に，最大限利潤の獲得が不変の目的であるにしても，その達成のためには長期的・社会的視点を企業の意思決定行動の中に取り込み，株主・従業員・消費者・地域社会といった「利害関係者」(stake-holders) との摩擦をできるかぎり避け，円滑に利潤追求ができる行動を必要とするようになったのです。現代人事労務管理は，まさにこうした経営環境に対応する人事労務管理として現れます。

現代人事労務管理の主体

人事労務管理の主体が企業の最高意思を決定する経営者であることは，近代人事労務管理でも現代人事労務管理でも変わりはありません。しかし人事労務管理の運用組織に関しては，大きな変化が生じています。

近代人事労務管理の段階では，団体交渉の当事者としての関与を除いて，経営者の人事労務管理に対する関心は概して希薄であり，日常的な人事労務管理の中心的な担い手はその専門職制としての人事労務部門でした。これに対して現代人事労務管理の場合には，経営者が人事労務の方針を決定し，その決定にもとづき人事労務部門は人事労務の制度・手続き作りと専管的サービス業務を担い，職場の第一線にあるライン管理・監督者はその手続きを用いて，部下の人事評価，部下の育成，部下の労働意欲の向上，自らの職場のモラールの維持・向上といった職場における直接的な人事労務責任を執行する「人事労務の三者による分権的な管理と運用の体制」が特徴になっています。

そして，この「トップ・マネジメント－ライン管理者－人事労務部門」の連係による人事労務の執行体制の下では，トップ・マネジメントとライン管理・監督者の人事労務管理責任の遂行を容易にする人事労務部門の「助言スタッフ」(advisory staff) としての役割が大きく浮かび上がってきます。こうしたラインとスタッフの協力体制のあり方を「ライン・アンド・スタッフ組織」(line

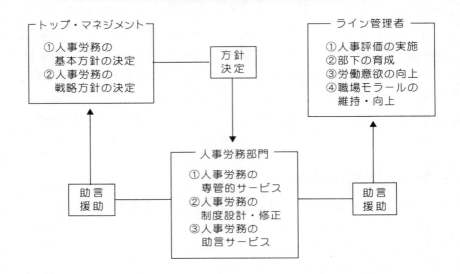

and staff organization）による人事労務管理体制と説明される場合もあります。その全体的な姿は図表5のようなものです。

　ところで一般的に欧米諸国では，これまで企業経営に占める人事労務管理の地位はそれほど高いものではありませんでした。というのは，欧米諸国では人事労務管理はたんに人件費の削減に努めるだけの費用部門（cost center）として見られていたためです。しかし1970年代になると，アメリカでは人事労務管理の新たな考え方として発達をみている「人的資源管理」の考え方から，企業経営における人事労務管理の意義の再考が進められていきます。その新たな強調点は，「企業の経済的成功に貢献するもっとも重要な経営資源は従業員（人的資源）であり，それゆえに従業員を取り扱う人事労務管理は企業経営上の戦略的役割を担う必要がある。企業のトップは人事労務管理に対する認識を改めると同時に，企業業績を直接左右するライン管理・監督者の部下育成・活用責任をいっそう強く認識しなければならない」ということです。

日本の企業には，これまで「企業は人なり」「人は財産」といった従業員を重視する経営理念があり，また伝統的にも人事労務部門は，戦後一貫として経営の中枢的な地位にあったのですが，欧米諸国でも企業業績の向上に資する人的資源，すなわち従業員を重視する人的資源管理の考え方が浸透していくのに応じて，人事労務部門の統括者に役員クラスの人間（たとえば副社長）を配置するなど，人事労務管理の企業経営における地位の向上が認められるようになってきています。

現代人事労務管理の目的

これまでに，人事労務管理固有の職能的な目的は「経営労働秩序の安定・維持」「労働意欲の向上」「労働力の効率的な利用」の3つにあると説明してきました。こうした目的を実現するために，近代人事労務管理の段階における具体的な施策展開は，一般的に次のようにまとめることができるでしょう。

- **1** 経営労働秩序の安定・維持のためには，労働条件補完的な従業員サービス（福利厚生）施策を拡充して労働者の不満を削減するとともに，労使対等の原則を掲げて労働組合を承認し，団体交渉を通じてその対立的な関係を制度的に調整した。
- **2** 労働者の労働意欲向上のためには，主として金銭的インセンティブとなる能率給や利潤分配制度で対応した。
- **3** 労働力の効率的な利用のためには，職務と人的能力の適合という職能合理主義を基本原理とする適性配置を進めるとともに，ブルーカラー労働者に対して技能訓練を施した。

これらの施策展開の特徴を指摘すれば，概して労働者の労働能力面への対応に重点が置かれ，労働意思面での対応は従業員サービスによるモラール形成と金銭的インセンティブによる労働意欲の向上だけであったということができます。これに対して現代人事労務管理の段階になると，こうした対応に大きな変

化が出てきます。

その1つは，経営労働秩序の安定・維持における労使対立から労使協調・協力へといった労使関係の「成熟化」の進展です。アメリカの場合でいうと，第2次大戦時における労使関係調整手続きの発達，戦後の労働組合運動のさらなる発展，戦後の米ソ対立の激化といった政治的環境の中で，労働組合との関係をより円滑なものにする必要性が大きくなりました。この結果，労働諸条件を交渉・決定する団体交渉制度以外にも，新技術の導入や工場移転などの経営問題を討議するための「労使協議制」(joint consultation) など，労使間の意思疎通制度の導入が進められていきます。

一方，とくに1980年代になると，産業構造・労働者構成・就業構造の変化が進み，労働組合の組織率低下が顕著となっていきます。また経済のサービス・ソフト化に応じて，労働組合が組織されてない新しい企業が急速に増えていきます。このため労働組合との関係を円滑に処理することを役割とする「労使関係」(union-management relations：集団的労使関係) よりも，個人としての従業員との円滑な関係を維持する「従業関係」(employee-employer relations：個別的労使関係) に施策の重点を移す動きが認められ，「労働組合のない労使関係の管理」の洗練化が大きな関心事になってきます。

2つめの大きな変化は，人間関係研究や行動科学，組織行動論などの「組織科学」(organizational sciences) の発達に応じて，その成果を応用した労働意欲向上の施策が急速に発達したことです。たとえば，従業員本人の興味や関心を配慮した職務配置，従業員の労働能力に合わせた職務内容の修正，従業員の高度の精神的欲求を充足する職務や意思決定手続きの再編など，非金銭的なインセンティブ施策の面での大きな発達を認めることができます。このため近代人事労務管理に比べ，労働者の労働意思面への制度的対応が進み，これまで労働者の労働能力面への対応に偏っていた人事労務管理の体系的な修正が促されていきます。

3つめの変化は，労働力の効率的利用の具体的な理念として，労働強化によることなく，より大きな労働成果の実現をはかる「労働生産性の向上」の考え

方が強調されるようになり，戦後の労働者の生活水準向上を背景にしてその手段的方策としての「従業員満足」(employee satisfaction) の実現が人事労務管理の目的として認められるようになったことです。基本的には人事労務管理の手段目的となる「労働意欲の向上」を置き換えたものですが，より広範囲の内容をもつとともに，金銭的インセンティブよりも非金銭的インセンティブの面を重視したものになっています。

1950年代以降，経済の持続的な成長を背景に，労働者全般の生活・教育水準が向上し，また社会保障制度も充実していく中に，労働者の物質的な欲求が充足されていきます。この結果，1960年代後半頃から労働者全般の知的洗練化が進み，彼らの精神的欲求の高まりが見られるようになります。こうした段階になると，これらの欲求が充足されなければ彼らは不満を抱き，欠勤や離職が増え，労働意欲も低下してしまいます。こうした事態を避けるために，彼らの労働意欲の維持・向上のための道筋として「従業員満足」の考え方が導き出されました。

その主な内容としては，
①労働生活と私的生活の調和を含む「ゆとり」の増大
②健康的で安全な職場を確保する「労働環境」の快適化
③自分の能力や自主性が発揮できる「人間らしい仕事」の実現
の3つがありますが，このような従業員満足の実現が労働者の精神的満足を導き出し，それが労働意欲の向上に結びつき，長期的には労働生産性の向上に寄与すると考えられるようになったのです。

こうした人事労務管理実践における従業員満足の実現を重視した新たな動きは，アメリカでは「労働生活の質」(QWL：Quality of Working Life) の向上，西欧諸国では「労働の人間化」(humanization of work) と呼ばれるもので，とくに1970年代以降，職場労働秩序の大きな乱れを背景に，本格的な展開が見られるようになりました。そして今日では，理論的・実践的に「人的資源管理」の内容を構成する大きな支柱になっているのです。

現代人事労務管理の対象

　人事労務管理の対象が雇用労働者であることは，近代も現代も変わりありません。しかし近代人事労務管理の時代では，その具体的な対象は工場作業に従事するいわゆるブルーカラー労働者に限定されていたといっても過言ではありません。ところが現代人事労務管理の時代になると，その内容が多様化していきます。

　先進工業諸国の全般的傾向として，1970年代半ば以降，第2次産業では高度の機械化・自動化・ME（micro electronics）化が進み，労働力構成上，相対的にブルーカラー労働者の比率が低下し，小売・卸，サービス，金融などの第3次産業に従事するホワイトカラー労働者の比率が増大していきます。この結果，産業構造的に見ても第3次産業の優位性が高まる経済のサービス・ソフト化が進行し，ここにコンピューターを駆使する「情報通信技術」（ICT：Information and Communication Technology）の発達もあいまって，多種多様な新規事業も展開され，労働者のホワイトカラー化が促されていきます。

　このような大きな企業環境の変化の中に，

①こうした時代の新たな主役は管理者・技術者・情報処理者・販売員などのホワイトカラーである。彼らは教育水準も高く，従事する仕事内容も非定型的でより高度なものになっている。この結果，ブルーカラー労働者を主たる対象としていた近代人事労務管理とは異なり，現代人事労務管理はホワイトカラー労働者を主たる対象とする人事労務管理へとその編成替えを必要とした。

②経済のサービス・ソフト化とあいまって，多種多様な雇用機会が生み出され，1960年代後半から見られ始めた女性の職場進出も加速された。その結果，それまで二義的な管理としてしか認められていなかった女性管理の再考が迫られ，工場作業・補助事務作業から高度の知的業務におよぶ多様なニーズをもった女性を対象とする特別の女性管理を組み込む必要性が大きくなった。

③経済のソフト・サービス化により多様な就業機会が生まれると同時に，人々の価値観の多様化も進み，パート労働・派遣労働・契約労働など多様な就業形態が成長した。この結果，一定の働き方を前提とした管理方式だけではその対応に限界が生じ，新たな短期就労型の雇用形態に応じた対象別の管理を組み込む必要性が高まった

といった労働者に関する新たな特徴を見出すことができます。

これらの特徴をまとめると，これまでの男性・ブルーカラー・正規就労といった要素を前提とした一律的な管理方式では限界が生じ，女性・ホワイトカラー・非正規・短期就労といった要素に対応できる制度や手続きを拡充させ，柔軟できめ細かい管理の必要性を浮かび上がらせたということです。このような性，年齢，雇用形態など従業員の多様な属性の違いに注意を払い，従業員一人ひとりに価値を見出す適切な管理のあり方を「ダイバーシティ・マネジメント」（diversity management：多様性の管理）と呼んでいます。また世界的な人権思想の高まりから，人種・性・年齢などによる雇用上の差別を撤廃する人事労務管理実践の「正義」（justice）の追求も，雇用に関わる「企業の社会的責任」の観点から大きな経営課題になっていきます。

現代人事労務管理の制度

現代人事労務管理は，制度的には近代人事労務管理の基本内容となる7つの職能（人事労務調査，雇用管理，教育訓練管理，作業条件管理，賃金管理，福利厚生管理，労使関係管理）と同じ構成といってよいでしょう。しかし，これまでに説明してきた現代人事労務管理の特徴から見て，内容上，

①人事労務管理の「計画・組織・統制・評価」という管理思考が徹底し，人事労務管理の管理としての運営を効果的に進める手続きが発達した。この結果，トップ・マネジメントの人事労務方針・戦略の決定という人事労務管理責任が決定的に重要な意味をもつようになった。

②職場密着型のライン管理・監督者による人事労務管理の必要性の増大から，部下の人事評価の実施，OJTを通じての部下の能力育成，部下の労働意欲

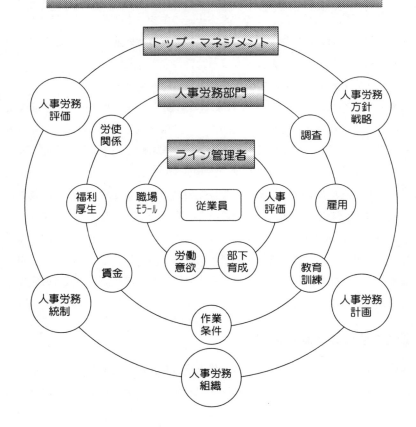

図表6　現代人事労務管理の体系

や職場モラールの形成といった「ライン人事労務管理」が，人事労務部門の「スタッフ人事労務管理」に加わり，人事労務管理の職能内容を構成するようになった。
③人間関係論や行動科学，組織行動論などの組織科学の発達の結果，リーダーシップ，監督行動，コミュニケーション，目標管理，キャリア開発，組織開発など，従業員のモラール・モチベーション向上を運用の基礎に置

く施策の導入が大幅に進んだ

という3つの点に留意する必要があります。

　これらの特徴の中で，③の内容は多少説明が必要かもしれません。というのは，人間関係研究や行動科学の諸成果は，基本的には7つの職能を構成する新たな手続き・技法と理解していくことができるからです。この理解からすれば制度的に新たな職能が生成されたということにはなりません。しかし，人間関係研究が提案する内容を「意思疎通の円滑化を通じて従業員のモラール向上をはかるための施策群」と定義して，これを「人間関係管理」(human relations management) と特定して理解していったり，行動科学の場合も同様に提案される施策の性格から「動機づけ（労働意欲）の管理」(motivation management) と説明していくこともできます。従業員の労働意思への接近が強化されている現代人事労務管理の特徴的な動きを重視すれば，こうした理解の仕方も十分に説得力をもつといえるでしょう。

　以上，近代人事労務管理と比較しながら現代人事労務管理のいくつかの特徴を説明してきました。そして，人事労務管理の一般的な定義を基礎としながらも，現代人事労務管理としての定義を改めて行うとすれば，「現代人事労務管理とは，企業の長期的にみた最大限利潤の獲得のために，雇用労働者を対象にして，従業員満足の実現を通じて労働生産性の向上を実現するトップ・マネジメント，ライン管理者，人事労務スタッフの三者が一体となって行う一連の計画的・組織的施策」ということができるでしょう。

　最後に，人事労務管理の担い手を基準にして現代人事労務管理の制度内容を分類・整理した体系図を，図表6のように示します。これは，第3講以降における各論展開の見取り図になるものです。

IV 現代人事労務管理の技術構造：
従業員業績のAMO理論の観点から

　企業が雇う労働者に対する最大の関心は，企業目的達成のために割り当てた仕事に関し，より大きな労働成果を達成してくれるかどうかにあります。そこでこれまでの人事労務管理の本質論議を踏まえ，本講義のまとめとして，「いかにして従業員の職務業績を維持・向上させるか」という観点から現代人事労務管理の技術的な構造を再整理していきたいと思います。

　ただここでは，まだ説明が十分されていない人事労務管理の新たな制度や手続きが記述上出てきますので，多少理解が困難になるかもしれません。詳しくは各論を参照してください。

1 従業員業績のAMO理論

　ブルーム（Vroom V.H.）は，労働者一人ひとりの「成果」（performance）は「能力」（ability）と「モチベーション」（motivation）の積の関数であるとして，P＝f（ability×motivation）という公式を提示しています。本書では，こうした考え方を踏まえながら，人事労務管理の直接目的を労働者から「より大きな労働成果を確保すること」とし，「機械・装置などの技術的条件や労働時間などの就業条件を一定とすれば，その労働成果の大きさは労働能力と労働意思の正関数である」と説明してきました。しかしこの認識は，労働者の労働を取り巻く環境が同一の場合を想定した上でのものであり，限定的な比較の考え方に立ったものです。

　そこで，こうした従業員の職務業績に関する一般的な考え方を示すものとして，「従業員業績のAMO理論」（the AMO theory of performance）というものがあることを紹介しておきます。この理論によれば，従業員の職務上の業績は，その本人の職務上の「能力」（Ability），その本人の仕事に対する「モチベーショ

LECTURE 1 人事労務管理とは何か

図表7 従業員業績のAMO理論

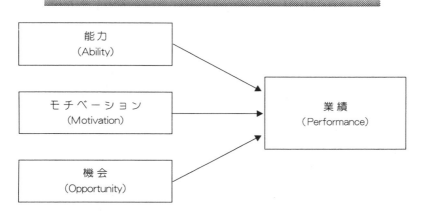

ン」(Motivation)，そして，実際に労働する場においてその本人の能力の発揮を左右する規制因となる就業条件としての「機会」(Opportunity) といった3つの要因によって規定されるとしています。これを単純に図示すれば，図表7のように示すことができます。

今，この従業員業績に関する公式 $P = f(A, M, O)$ に則り，近代人事労務管理期における人事労務管理の実践的な特徴をまとめると，

① 「能率は組織構造が明確にされ，職務の義務と責任が特定されるときに向上する。最大の能率は方針・手続き・規則・手段が明確にされるときに達成される」といった伝統的な組織・管理論の立場から，職務の細分化・単純化・標準化を推し進め，職務記述書の作成を通じて従業員各人に割り当てる職務内容を決定していく。

② 従業員の職務割当（＝配置）に際しては，職務を遂行するのに必要な能力的要件を保有する者を見出し配置する「適性配置」を行い，職務記述書や作業マニュアルに示す標準作業方法を徹底して行わせる。

③ そして，福利厚生施策の提供によって企業に対する好意（＝モラール）を確保するとともに，能率給や利潤分配制度といった賃金インセンティブを通

じて労働意欲を高める

といったものになります。

　つまり近代人事労務管理の時代にあっては，能力面に対しては「職務と従業員の能力的適合を進める適性配置」，モチベーション面に対しては「賃金インセンティブによる労働意欲の喚起」，機会の面に対しては「細分化・単純化・標準化を押し進める職務設計」というものが，従業員の職務業績を確保する基本的な実践策とされていたといえるのです。

　これに対して現代人事労務管理の時代になると，「個々の従業員の知識や技能は職務業績の決定に重要なものであるが，これだけでは十分ではない。いかにして能力や技能が活性化され，潜在能力が引き出されるかを知るためには人間行動の理解が必要である」といった反省に促され，組織科学から導き出される多様な知見にもとづくモラール・モチベーションの向上といった従業員の労働意思面への接近が重視されることになります。実際，近代人事労務管理から現代人事労務管理への制度的変化を促した最大の要素は，行動科学・組織行動論・組織開発など組織科学の発達にあったといわれています。

② 現代人事労務管理の技術構造

　ここでは，前述した従業員業績のAMO理論のフレームを踏まえ，現代人事労務管理の技術的な構造を整理していきます。内容的には前節における人事労務管理の目的論をより具体化したものです。そこでまず，従業員の職務業績に影響をあたえる3つの要因と人事労務管理諸職能・手続きの対応関係を整理した内容を図表8のように示し，各項目について説明を加えます。

　既出のAMO理論と異なる点は，最後の3つめの要因であるO（機会）の内容を従業員の働く場における物理的・制度的就業条件ととらえ直していることにあり，あえて言えば「組織的な環境」(organizational environment)のOということになるでしょう。なお基本的に一般論的な説明を心掛けていますが，場合によって，今日的な日本の事情を織り込んだ説明を加えることで理解を促してい

図表8　従業員業績のAMO理論から見た現代人事労務管理の技術構造

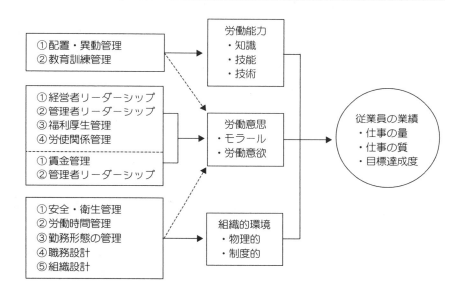

きたいと考えています。

労働能力と従業員業績

　従業員が保有する職務遂行能力と職務が必要とする人的資格要件としての能力が一致していれば，従業員業績は期待される水準で遂行されるはずであるとするのが，労働能力と従業員業績の関係上の前提的な認識です。それゆえ従業員の職務業績を向上させる労働能力面に対するアプローチには，雇用管理における配置・異動の管理と教育訓練・能力開発管理の2つの職能が大きく関わっています。

　従業員の職務配置に際しては，「適材適所」の実践として，従業員と職務の能力的適合という適性配置の考え方が従業員の職務配置のもっとも基本的な原則であり，現代人事労務管理でもこの考え方の重要性は失われていません。た

だ近代人事労務管理の時代では、職務情報と人事情報にもとづき、企業側が一方的にいわば機械的にこれを行ってきたといえるのですが、現代人事労務管理の時代では、配置に関わる従業員の意思を尊重し、たとえば社内公募制や社内FA制度など、「やりたい仕事に就かせる制度」(job posting system：職務入札制度) といった制度的な補完が行われていきます。「能力的には多少問題があってもやる気がそれを上回るであろう」というチャレンジ精神に重きを置く配置・異動の実践です。

　一方、従業員能力の育成も従業員と職務の能力的適合を支える重要な実践です。しかし近代人事労務管理の時代には、従業員が現在担当している職務に関わる能力育成に目を向ける技能訓練といった近視眼的な対応が中心であり、また技術革新等により従業員の能力が陳腐化しても、必要な労働力は労働市場から調達できるといった考え方から、企業内における従業員の教育訓練・能力開発はあまり重要視されていませんでした。

　しかし現代人事労務管理の時代では、内部育成にもとづく「企業特殊的な能力」を身につけた従業員を保持していくことが企業競争力の源泉とする認識が一般化していき、その結果、教育訓練・能力開発活動の戦略的な意義が大きく浮かび上がってきています。アメリカでは、「人的資源開発」(HRD：Human Resource Development) として人事労務管理制度上の職能化が進んでいます。またその運用にあっても、従業員が現在担当している職務に関わる能力的な充足を基本としながらも、同時に自らのキャリア形成といった従業員の個人的な期待や意向も織り込んだ長期的な視点に立つ「キャリア開発計画」(CDP：Career Development Program)、さらには企業主導的な教育訓練・能力開発の実施だけでなく、従業員自らが能力的な拡充の必要性を感じたときに即座に自主的に学べる自己啓発型の教育訓練・能力開発制度の導入といった制度的な拡充も行われています。

労働意思と従業員業績

　従業員の保有する能力を仕事上で十分に発揮させるためには、その能力を発

揮してやろうとする労働意思，すなわち心理的な態勢をポジティブなものにしていくことが必要です。この労働意思は，対会社，対職場といった従業員が属する組織集団に対する心理的な態勢としての「従業員モラール」(morale) と，課せられた仕事に対する直接的な取り組み姿勢としての動機づけ，やる気などとも言い換えられる「労働意欲」(motivation) の2つの部面に分けて考えていく必要があります。

近代人事労務管理の時代では，団体交渉の制度化によって労使の対立的な利害の調整をはかる労使関係管理の実践とともに，福利厚生管理を通じてより良き企業内福利厚生施設の提供による従業員の会社に対する「好意」(good will) の確保と，主として能率給制度を中心とする賃金管理を通じた金銭的インセンティブによる労働意欲の向上が従業員の労働意思への基本的な対応としてありました。

これに対して現代人事労務管理の時代では，

① 企業の将来的なビジョンやミッションを描き，組織全体をまとめあげていく「経営者リーダーシップ」の実践

② 職場集団のチームワークや凝集性を高める職場における「管理者リーダーシップ」の実践

③ 従業員の多様なニーズを充足する企業内福利厚生施設の提供

④ 労使関係上，団体交渉の誠実な対応だけでなく，「コーポレート・ガバナンス」(corporate governance：企業統治) の観点から，労使協議制など労使の一体感の醸成をめざした各種の「従業員関与」(employee involvement) 施策の導入

といったものが展開され，会社や職場に対する高度の従業員モラールの維持・向上が目論まれています。

一方，従業員の労働意欲の向上に関しては，能力・成果と給与の結びつきを強化した年俸制などに代表される能力・成果主義的賃金制度の導入による「金銭的インセンティブ」(financial incentive) だけでなく，職場におけるライン管理者の部下管理のあり方として，部下の意見や発言を促す「協議型リーダー

シップ」(consultative leadership) や部下に意思決定の権限をあたえる「参加型リーダーシップ」(participative leadership) の実践，部下が仕事を進めていく上で「職務満足」(job satisfaction) を導く心理学的職務要件（達成感，成長感，責任感など）を組み込んだ仕事のあたえ方といった「非金銭的インセンティブ」(non-financial incentive) 施策の導入が特徴として指摘できます。

　こうした従業員の労働意思面への対応における近代人事労務管理の時代からの大きな変化は，非金銭的インセンティブの施策が重視されていることにあります。とくに職場のライン管理者の人事労務管理責任が大きく取り上げられており，リーダーシップ，コミュニケーション，グループ・ダイナミクス，チームワーク，コンフリクト解消，学習，意思決定，権限委譲など，行動科学や組織行動論の知見を導入し，いわゆる「人間技法」(human skills) を豊かなものにし，部下の職場モラールと労働意欲の向上をはかっているということができるでしょう。

組織的環境と従業員業績

　適材適所による適正配置と労働意思における高度の心理的態勢が確保されたとしても，実際，それだけで高い職務業績が実現されるとはいえません。というのは，従業員の実際の労働はさまざまな物理的・制度的な職場環境下で行われるために，その環境のあり方に大きく左右されるといえるからです。

　まず物理的な職場環境とは，照明・採光・温度・湿度・騒音・換気などがいかに適切な状態に維持されているか，また労働災害や職業病を防止する安全な職場環境が整備されているかといった従業員の安全・衛生に関わるものです。

　近代人事労務管理の時代では，労働基準に関わる法規制をクリアすればよいといった受身的な対応が基本でしたが，現代人事労務管理の時代では法規制遵守を最低限の対応とした上で，よりポジティブに生産性を高める「快適な労働環境」を創り出すことが志向されています。経済のサービス・ソフト化の進展に応じてホワイトカラー労働が主流になり，またその知的・創造的な業務の比重が増していることから，精神的なゆとりを確保するとともに，従業員間のコ

ミュニケーションとコラボレーションを通じて知的生産性の向上をはかるための「オフィス設計」(office design) に関心が寄せられています。日本企業の最先端の事情をいえば，情報通信ネットワークの基盤構築を基礎に置き，ペーパーレスを実現し，かつ個人固有のデスクをなくした「フリーアドレス制」(free address system) といったオフィス労働のあり方はその代表的な事例です。

　他方，目に見えない制度的な環境とは，労働時間と勤務形態といった就業条件や，従業員個々人に実際に課せられる仕事内容とその遂行方法に関わるものです。近代人事労務管理の時代は，工場の生産労働が中心であったために，標準化された職務の遂行に際して，能率低下を回避するための労働時間の長さと配置（休憩時間の挿入など）の工夫など，生産性にネガティブに作用する要素の払拭が主要な内容だったといえるでしょう。

　しかし現代人事労務管理の時代では，ポジティブに，より生産性を高める働かせ方を追求する制度的な仕組み作りが進んでいます。ホワイトカラー労働が主流となった今日では，フレックスタイム制や裁量労働制など「労働時間の柔軟化・自由化」をキーワードとする労働時間管理制度の導入や，情報通信ネットワークを通じて自宅で仕事をする在宅勤務制，情報端末を駆使する「モバイル・ワーク」(mobile work) として会社オフィスへの出社の必要性をなくした直行直帰制など，広くSOHO (Small Office, Home Office)，「テレワーク」(telework) と呼ばれる新たな勤務形態の着実な普及が見られます。

　以上の内容は，ホワイトカラー労働の生産性向上施策とされるものですが，一方で今日，ネガティブ要因の排除策として注目されるのが，従業員の「精神的健康」(mental health) の管理です。今日的な日本の事情でいえば，従業員のうつ病の増加問題があります。長時間労働と過重な労働負荷による「働き過ぎ」が主たる原因とされており，こうした働き過ぎを是正するためには，従業員個人の自己管理だけでなく，人事労務部門による安全・衛生管理の一環として行われる従業員の健康管理活動と職場のライン管理者による日常的な部下管理活動の連携が必要になります。

　さらに今日では，権限と責任の体系として現れる組織構造のあり方も，広く

従業員業績に影響をあたえる制度的な環境として関心が高いものです。まず生産職場としてのミクロ的な作業組織に関わる「職務設計」のあり方が問われます。近代人事労務管理の時代における細分化・単純化・標準化にもとづく職務設計は，必要労働者の調達の容易さ，短い技能習得期間，職務業績のバラツキの最少化といった面で大きなメリットをもたらしましたが，一方でそうした職務を担う従業員にとっては，職務自体が空疎なものになり，能力的な成長も望めず，いわゆる「労働の無意味化」をともないました。とくに流れ作業による大量生産方式を採用する企業では，従業員の遅刻，早退，無断欠勤，突発的なストライキなどが急増し，円滑な生産が阻害され，結果的に生産性の低下という問題を引き起こしたのです。

このため現代人事労務管理の時代では，従業員個人に割当てる仕事内容を多様化する「職務拡大」(job enlargement)，従業員個人に職務遂行上の権限を増大する「職務充実」(job enrichment) といった行動科学の知見にもとづき，作業組織の設計のあり方として流れ作業を廃止し，従業員各人に1つのまとまった単位仕事を行わせる「セル生産方式（一人屋台生産方式）」(cell production system) や，職場集団に仕事配分など責任遂行上の自主裁量権をあたえる「半自律的作業集団」(semi-autonomous work group)，「チーム作業方式」(team working) といった従業員の職務満足の実現を通じて労働生産性の向上をはかる施策が導入されるようになったのです。

また企業組織全体という視点から，従業員業績，最終的には企業業績の向上に資するマクロ的な「組織設計」(organization design) のあり方も今日的な関心事です。大量生産方式に適していたとされるこれまでの中央集権的で硬直的なピラミッド型組織から，「柔軟な組織」(flexible organization) として今日の組織改革の主流となっているフラット型組織への変更は，中間管理職者が削減され意思決定のスピードが速まるだけでなく，情報の共有と権限の下位委譲が進み，従業員個々人の仕事の進め方がより自律的なものになり，知的生産性の向上に貢献するとされています。

さらにマクロ的な「組織理論」(organization theory) の知見から，すべての従

図表9 モラール・サーベイの測定項目

	測定内容
①仕事の魅力	・担当する仕事がモチベーションを高める内容や特性を備えているか（仕事そのものに対する満足感とやる気）
②職場の魅力	・職場の活力（職場の前向きな姿勢・雰囲気） ・職場の親密度（職環メンバー間のチームワーク）
③ストレス状態	・職場でストレスをどの程度感じているか
④上司の魅力	・管理能力（上司の一般的なマネジメントに対する満足感・信頼感） ・関係構築機能（上司が仕事に関する情報を効果的に伝達しているか） ・課題遂行機能（業績志向リーダーシップスタイル） ・人間配慮機能（メンバーシップを志向するリーダーシップスタイル）
⑤職揚内コミュニケーション	・職場内におけるコミュニケーションの円滑度
⑥会社の魅力	・会社の将来や転職などへの関心（会社への帰属意識や魅力）
⑦経営施策の魅力	・トップ・マネジメントの経営姿勢や経営施策に対する信頼感・満足感
⑧人事施策の魅力	・給与比較（給与・賞与についての満足度） ・能力主義受容度（能力・成果主義に対する認識） ・人事の公平性（人事考課や給与査定，昇進や昇格などについての公平感）
⑨部門間コミュニケーション	・部門間におけるコミュニケーションの円滑度
⑩顧客志向	・どれほど顧客を意識しているか

（資料）　http://www.noma.co.jp/service/survey/survey01_03.htmlより抜粋し作表（2007年12月）。

業員に企業理念や価値観を共有させ，組織一体的な従業員行動を内在化させる「組織風土」(organizational climate)，さらには「組織文化」(organizational culture)の確立といったことも，従業員の献身的な努力・行動を通じて企業業績の向上に資する組織的環境として，今日における人事労務管理の技術構造の一画を占めるようになっています。

　以上，従業員業績のAMO理論を踏まえ，従業員の業績を規制する3つの要因と現代人事労務管理諸職能・手続きの対応関係を説明してきましたが，ここで留意してもらいたいことが1つあります。それは，理論上，たとえば従業員の労働能力を対象にした施策でも，その施策が好ましいものか否かはすべて従業員の受け取り方しだいであるということ，そしてその反応のあり方のすべてがその本人のモラールや労働意欲の状態に帰着するということです。人事労務のあらゆる制度や手続きは，従業員という「心理的な存在」(psychological beings)を対象としたものだけに，究極的には従業員モラール・労働意欲のあり方に結びついているといえるのです。

　それゆえに企業では，たとえば従業員モラール低下の1つの表徴とされる従業員の離職増の問題が生じた場合，その原因を明らかにするためにコンサルタント会社などを利用して，自社の人事労務施策全体を視野に入れた総合的な「従業員態度調査」(morale survey)が人事労務調査の一環として行われることがあります。図表9は，そうした民間のコンサル会社が行っている「モラール・サーベイ」の一例を示しています。そして，その結果から人事労務管理制度上の問題点が浮かび上がってくれば，制度改正を含む適切な対応策を打つことでより深刻な状況に陥るのを防ぐことができるのです。

LECTURE 2

日本の現代人事労務管理

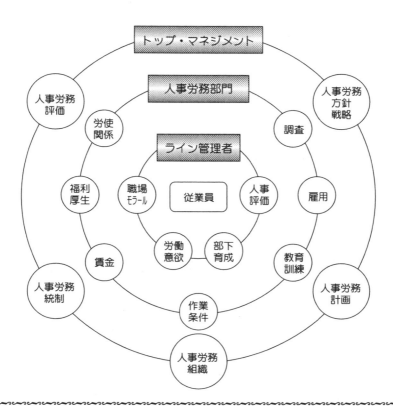

Ⅰ 日本における現代人事労務管理の形成

　日本の人事労務管理も，一般論的には「専制的人事労務→親権主義的人事労務→近代人事労務管理」といった時代的な発達を経て，現代人事労務管理の段階に入ったということができます。しかし，どの国にもその国独自の特殊事情があるために，人事労務管理の発達のあり方は一様ではありません。日本の場合は，欧米諸国に比べて後発資本主義国として出発したために，国策として早急の「殖産興業」と「富国強兵」を必要としました。そのため，労働組合法などの労働者保護立法を含む民主主義的な改革も不徹底なままに産業化が進み，人事労務管理もそれなりの特殊な発達を示しました。

　そこでまず，戦前日本の人事労務管理の発達を概観し，次に1950年代半ばころに確立される「戦後日本型の現代人事労務管理」の成立までを説明していきます。

1 戦前日本の人事労務管理

　1868（明治元）年，欧米諸国の開国要求に応じ，日本は江戸から明治へと新たな時代的な変化を経験します。明治政府は欧米の列強諸国と伍していくために，殖産興業と富国強兵を国策に掲げ，欧米諸国の近代文明を積極的に導入していきます。殖産興業政策の中心には紡績業の育成が置かれ，富岡製糸工場などの官営紡績工場の創設をはじめとして，大阪紡績（1883，明治16年），鐘淵紡績（1888，明治21年）といった民営紡績会社の設立も奨励され，この結果，紡績業は1890年代（明治20年代）に飛躍的な成長を遂げました。

　こうした紡績業を支えた労働力には，農村貧農層の出身で未婚の若い女工たちが中心になりました。遠隔地から彼女たちを調達したり，また連続の昼夜二交替の長時間労働を維持する必要があったために，賄いと物品販売を兼ね備え

図表1　繊維工場における職工事情

	実　態
募集と寄宿舎	・紡績業では悪質な紹介人による募集の弊害がある ・とくに生糸業では寄宿舎の設備のひどさが目立つ
労働時間	**綿糸紡績工場** ・昼夜二交替12時間制，休憩時間30分，夜業の組は1週間または10日ごとに交替。毎月1～2回は交替日に機械掃除のために半日就業させ，欠勤者があれば昼組の者を引き続き夜業させ，24時間の就業となる。さらに都合によっては，次の昼業をさせ36時間となり，これを婦女子に強いている **生糸紡績工場** ・関西では12時間を限度，30分ないし1時間の休憩を原則とする。だが実際，関東では14～15時間，諏訪では16～17時間休憩をあたえず，仕事をしながらにぎり飯。大半は16～22，23歳の女子である
徹夜業	・欧米諸国では紡績の徹夜業はもともとない。わが国でも最初はなかったが，今日では全部に普及して切り離せなくなった。徹夜の12時間は17～18時間に匹敵する。睡魔に襲われて機械の前で居眠りをすると，監督者の叱責を受け再び仕事を行う

（資料）　田中慎一郎『戦前労務管理の実態』日本労働協会，1984年より作表。

た寄宿舎や足留め・逃亡防止策としての給与天引きの強制貯蓄が当時の代表的な人事労務施策でした。また工場内部では，現代では考えられないほどの非人道的な「専制的な人事労務」が一般的だったといわれています。当時の「農商務省調査」(1909，明治42年)によれば，日本全国で10人以上の職工を雇用する民営の工場総数は15,426，その56％が繊維工場であり，また職工総数は694,171人で，その65％が年若い女子で占められていました。そして，こうした繊維工場における人事労務は，図表1のような実態だったのです。

このような専制的な人事労務が当時の工場では常態だったのですが，それで

も1902 (明治35) 年頃になると，大家族主義的経営理念を標榜した「温情主義的な人事労務」を導入する企業が現れてきます。たとえば鐘淵紡績では，各種の扶助を目的とする共済組合の設立をはじめ，社内報の発行，乳児保育所や医療・体育施設の設置，社長への直訴書翰制などが導入されるようになりました。そして1914 (大正3) 年には，従業員の福利厚生を専門的にあつかう職制として「幸福増進係」が設けられていきます。また倉敷紡績の場合には，裁縫・編み物・華道・茶道などの花嫁教育，体育・趣味・娯楽などの余暇指導，修身講話といった修養教育が行われるようになります。こうした温情的人事労務が導入されるようになった背景には，劣悪な作業場環境による女工の肺結核患者の増加，そしてその改善をめざす社会情勢として「工場法」制定の動き (1911, 明治44年制定)，さらには社会主義的思想の浸透による労働組合運動の高まりなどがあったのです。

　一方，もう1つの国策となる富国強兵のために明治政府は，軍需工業の育成と振興をはかりました。その結果，1894 (明治27) 年の日清戦争や1904 (明治37) 年の日露戦争を契機に，兵器・造船・鉄鋼・電機・機械・化学・製紙といった重化学工業が急速な発展を示し，1910年代半ば (大正中期) までに日本の産業の中枢としての地位を確立していきます。

　これらの重化学工業を支える労働力には，成年男子の熟練工や養成工が中心になりました。しかし当時の日本では，熟練労働力が大幅に不足しており，彼らはより良い賃金その他の労働条件をもとめて企業間移動を繰り返す「渡り職人」としての性格をもっていました。そのため企業では，熟練労働力の育成と同時に，その定着対策が大きな人事労務問題となっていきます。その結果，重化学工業における人事労務では，独身女子を主たる対象とした紡績業の場合とは異なり，男子従業員本人とその家族を対象とした扶助・救済・共済の施策とともに，長期勤続を積極的に奨励する施策が中心になりました。たとえば公私傷病に対する治療費・療養費，さらには埋葬料・遺族扶助料の支給，長期勤続を促す貯蓄制度としての天引貯蓄や出世積み金，長期勤続奨励と退職老後の生活安定を目的とした退職一時金の支給などです。その他にも，低賃金を補う生

LECTURE 2　日本の現代人事労務管理

活補助的な役割をはたす寮や社宅，通勤手当，作業着や給食などの現物給付，日用品や米の廉価販売，運動会・遠足・慰安会などの余暇行事といったものが導入されました。

重化学工業における人事労務のもう1つの特色は，労働組合運動への対応です。日本における近代的な労働組合の登場は，日清戦争を契機として産業資本が確立される1897（明治30）年頃といわれています。高野房太郎や片山潜らの指導によって1897（明治30）年に労働組合期成会が創立され，その呼びかけに応じて鉄工組合（1897，明治30年），日鉄矯正会（1898，明治31年），活版工組合（1899，明治32年）といった企業横断的な職業別労働組合が結成されていきました。しかし明治政府は，こうした団体行動は産業の発達を阻害するとの立場から1900（明治33）年に治安警察法を制定し，労働組合活動を全面的に禁止し弾圧していきます。このためこれらの労働組合は，わずか数年にしてほとんどその姿を消してしまいます。

しかしその後，第1次大戦（1914～18，大正3～7年）を前後して，ふたたび労働組合運動は盛り上がりを見せます。1912（大正元）年には鈴木文治らの指導により「友愛会」が創立され，1910（明治43）年には40組合にすぎなかった労働組合は，1918（大正7）年には107組合，1920（大正9）年には273組合，1926（昭和元）年には488組合と，その数を急激に増加させていきます。こうした労働組合運動の高揚をもたらした背景には，「大正デモクラシー」と呼ばれる憲政擁護・普通選挙獲得を内容とした一連の民主主義・自由主義運動の社会的な高揚，第1次大戦景気による労働力の不足，ロシア革命（1917，大正6年）の影響を受けた社会主義運動の高まり，米騒動（1918，大正7年）に代表される物価騰貴による労働者の経済生活の状況悪化，関東大震災（1923，大正12年）による社会不安の増大，第1次大戦後の不況の進行による労働・雇用不安の深刻化といった一連の事情があったのです。

これに対して政府は，1918（大正7）年，内務省に救済事業調査会を設置し，資本と労働の調和をはかるための方法手段を諮問します。また，1920（大正9）年には臨時産業調査会を設置し，労働組合法案の作成にも着手していきます。

しかしこの労働組合法は，時期尚早を唱える産業界と階級闘争的に左傾化していく労働側の両者から反対され，陽の目を見ることはできませんでした。

激しさを増す労働組合運動に対する労使関係施策として注目すべきものは，救済事業調査会が答申した「労資協同調和のための民間機関の設置」にもとづき，1919（大正8）年設立の「協調会」が提唱した労資の意思疎通機関（工場委員会）の導入です。これは，イギリスのホイットレー委員会が構想した「労使協議制」（joint consultation）の示唆を受けたものでした。企業横断的な職業別・産業別労働組合の活動を企業の枠内に封じ込め，企業縦断的な企業別労働組合や協調的な「従業員組織」（共済組合，各種修養団，親ぼく団体など）を育成し，全国的な展開をめざす労働組合運動の締め出しをはかったのです。

その結果，1921（大正10）年頃から関東では，造機船工労働組合（石川島造船所）・芝浦労働組合（芝浦製作所）・本芝労働組合（池貝鉄工所）など，大企業を中心に企業別労働組合が結成され始める一方，関西では企業別組合とは異なる労使合意の「工場委員会」（works committee）の設立も進められていきます。また，当初は戦闘的で自主的だった企業別労働組合も，しだいに工場委員会化や会社組合（御用組合）化が進んでいきました。こうした変化の結果1934（昭和9）年には，労働組合数957（組合員数約38万人）に対し，工場委員会を含む従業員組織数は4300（構成員数約95万7000人）と，急速な発達を示したのです。

その後，第2次世界大戦への臨戦体制の下に，「治安維持法」（1925年制定，1928，1941年改定）による国家弾圧が強化される一方，使用者側による労働組合の抑圧も進められた結果，労働組合運動は全体として右翼化していきます。そして1940（昭和15）年には，戦時体制の下に労資協調・戦争協力を掲げる官製労働者組織として結成された「大日本産業報国会」の中に労働組合は吸収され，その姿を消していったのです。

以上のような内容から，戦前日本の人事労務の状態は，人事労務管理発展の図式から見ると，「親権主義（温情主義）的人事労務」の段階にあったといえます。そして，この時代に代表的な制度・施策を総体的に見ると，技能工養成施設，安全・衛生施設，広範な福利施設（扶助，共済を含む），レクリェーション施

設，病院・診療所，会社機関紙，提案制度，職場懇談会，工場委員会などが指摘できます。

しかしその後，この温情主義的人事労務は，戦時体制の下に非合理な強圧的人事労務に転落していく一方，第2次大戦後の経営近代化・民主化の過程でいっきょに現代人事労務管理の段階に進んでいくために，人事労務管理の発展段階における近代人事労務管理の段階を特定することは困難です。しかし，当時の先進的な企業の温情主義的人事労務の中には，欧米諸国における近代人事労務管理の影響を受けた施策を見出すことができます。たとえば，鐘淵紡績における共済組合はドイツのクルップ社の，社内報はアメリカのナショナル金銭登録機社（NCR）の施策を見習ったものであり，また工場委員会は，イギリスの労使協議制の示唆を受けたものでした。こうした意味で，戦前日本における温情主義的人事労務は，その内部に近代人事労務管理の内容が織り込まれた複合的なものだったということができるかもしれません。

② 戦後日本型の現代人事労務管理の形成

1945（昭和20）年8月，太平洋戦争の終結とともに，日本の戦後は始まります。戦後直後の日本経済は，都市の40％が壊滅され，工業生産は戦前の14％，農業生産も60％に低下するなど，まさに破局的な状態にありました。深刻な食料不足，統制の網の目をくぐった横流し・ヤミ市の横行，猛烈なインフレ，そして大量の失業が進行し，社会の秩序は極度に混乱していました。産業界では戦争協力責任を問われた経営トップ層が根こそぎパージ（公職追放）され，また工場では，原料・資材がまったく欠乏していただけでなく，食料買い出しのために従業員の勤労意欲も著しく低下しており，生産力はガタ落ちの状態にありました。その一方，長年にわたり弾圧されてきた社会主義運動や反体制運動が息を吹き返し，いっきょにその勢力を強めていったのです。

こうした混乱状態の中に，連合国占領軍総司令部（GHQ）による民主化のための経済制度改革が始まります。それは，次のような3つの内容です。

| 1 | 経済力集中排除をはかる「財閥解体」
| 2 | 大地主を追放する「農地改革」
| 3 | 労働者の団結強化と労働条件改善をはかる「労働改革」

　これらの改革の中で，日本企業の人事労務管理の発展にもっともかかわるのが労働改革の内容であり，具体的には「労働組合法」(1945，昭和20年)の制定と「労働基準法」(1947，昭和22年)の施行となって現れます。この2つの法律によって企業では，労働組合の結成にともなう労使関係の新たな管理施策を整える必要性が生じ，また戦前の工場法における労働時間・安全・衛生などのきわめて不十分な内容を近代的な水準にまで引き上げ，その整備をはかることが必要になったのです。

　GHQの労働諮問委員会は「労働者およびその他諸階級の向上こそは，将来における軍国主義と侵略の再生を防止するための最善の保障の1つであると同時に，それは日本国民一般のためのより大なる自由とより大なる物質的幸福への大道の1つであり，これなくしては民主主義に対する彼らの永続的な支援は保障されない」と勧告し，労働組合運動を公認し奨励する姿勢を示しました。その結果，労働組合法の施行によって「労働三権」(団結権，団体交渉権，争議権)を保障された労働者の労働組合結成の動きには，めざましいものがありました。その際，労働組合は雇用の確保をめざすために，企業ないし事業所が単位組織となり，職員と工員が一体となった全員組織の企業内組合の形を取っていくことになります。労働組合組織率は1946(昭和21)年の41.5％，1949(昭和24)年には史上最高の55.8％に達し，戦前の最大7.9％と比較すれば，その勢力的大きさが印象的です。

　その当時の労働組合運動は，きわめてイデオロギー色・政治色の濃厚な階級闘争的社会運動の性格を帯びると同時に，敗戦直後の激しいインフレのために生活窮迫の状態にある労働者の期待を担い，インフレに対応した大幅な賃上げと解雇反対，労働組合・団体交渉の承認，労働組合主導の労働協約の締結，経営協議会の設置，職・工員身分制の撤廃などを要求として掲げ，労働者側にき

わめて有利な条件を獲得していきます。たとえば，
　①労働組合の同意がなければ従業員の解雇はできないといった条項を盛り込んだ労働協約の締結
　②身分・学歴・性による差別を禁止し，年齢・家族数を基準とした年齢別生活保障給としての電気産業型の賃金体系（電産型賃金）の獲得
　③労使同数の代表で構成し，労働条件・福利厚生だけでなく生産技術・事業計画・経理・重役人事なども討議・決定する経営協議会の設置
　④職・工身分制の撤廃にともなう労働諸条件の平等化
といった事例があります。

　こうした企業側の「経営権」(rights to manage)を大幅に規制することができる労働攻勢の圧倒的な優位さをもたらした背景には，戦後直後の混乱した社会情勢の下で，
　①激しい闘争を展開する共産党指導の産別会議（全日本産業別労働組合会議，1946年結成）主導の活動が歓迎された。
　②経営側は指導者の公職追放（パージ）によって，経験の浅い中堅幹部層が経営責任を負わなければならなかった。
　③重役以外は管理職者を含むすべての従業員が組合員となっていた
という特殊な事情があったためです。

　しかし経営者側も1948（昭和23）年4月，「経営者よ，正しく強かれ」のスローガンの下に，経営者の全国的な単一組織となる日経連（日本経営者団体連盟）を創立して経営権回復の動きを見せ始めます。そして1949（昭和24）年には「新人事労務管理の確立に関する決議」を行い，その体制の建て直しをはかっていきました。そしてまた，この経営者側の運動の追い風となったのが戦後の米ソ対立の緊張関係の高まりと，それを背景とした1950（昭和25）年の朝鮮戦争の勃発です。

　産別会議の指導による労働組合運動の左傾化と政治運動化に危惧の念を深めたGHQは，1948（昭和23）年に労働組合法を改定し，穏健な労働組合の育成に方針を転換します。その結果，1950（昭和25）年から労働組合運動における共

産主義活動家の排除（レッド・パージ）が相次いで行われるようになり，また個々の企業内では，共産党指導の労働組合から職場を守るための「職場防衛運動」が展開され，争議時には共産主義的組合活動家の解雇とともに，反共的で労使協調的な「第二組合」の結成とその育成が進められていきました。そしてその際，経営者側はこうした第二組合に対し，暗黙裡に正規従業員の雇用の保証をあたえていったのです。これがいわゆる終身雇用制度の普及の契機になったといわれています。

一方，朝鮮戦争は，アメリカ軍が軍事行動に必要とする大量の物資と役務を日本から調達する特需景気をもたらしたために，日本の潜在的な工業力がいっきに弾みをつけて動き出し，1951（昭和26）年の国民総生産は戦前（1934～36年）の水準にまで回復していきます。また1952（昭和27）年には，企業の投資・研究開発・輸出に対する減免措置や補助金などを取り入れた企業合理化促進法が制定され，機械設備といった生産技術だけでなく，経営管理の合理化と近代化が推進されていきました。日本経済は成長に弾みをつけ，鉱工業生産は順調に回復し，1954（昭和29）年頃には1人当たりの国民所得も戦前の最高水準を超えるまでになっていくのです。

こうした経済の順調な回復過程の中に経営者側は自信をつけ始め，また1950（昭和25）年を前後して，企業内に労使協調的で穏健な労働組合がその地位を占めるようになると，職場規律の回復と労使関係のそれなりの安定と秩序が生まれ始めます。正規従業員の雇用保障が約束され，また1946（昭和21）年に電力業界で合意された電産型賃金は，その後形を変えながらも他産業にも普及し，年齢や勤続年数を基準にした年功給として賃金体系の主流を占めていきます。こうしてここに，終身雇用・年功序列・企業別労働組合といった日本的雇用慣行を基盤とした「戦後日本型の現代人事労務管理」が，1955（昭和30）年頃から大企業を中心に本格的な普及を見せていくことになるのです。

さらに経営側は，経営合理化の観点からアメリカ方式をモデルとした人事労務管理の近代化にも着手していきます。1949（昭和24）年には，「統計的品質管理」（SQC：Statistical Quality Control）の技法が日科技連（日本科学技術連盟）な

どを通じて紹介されました。もともとアメリカでは技術スタッフの管理技法だったものを，日本では現場の労働者が使える技法に工夫し，製品の品質向上の立て役者となった職場小集団活動としての「QCサークル」の技術的な基盤として活用していきます。また1956（昭和31）年には，日本生産性本部主催の「ヒューマン・リレーション専門視察団」が組織され，人間関係研究の示唆を受けた労使関係や従業関係の円滑化を促す意思疎通制度の導入が進められていきます。こうしたことから日本企業における人事労務管理の近代化は，戦前における温情的人事労務の伝統基盤の上に，アメリカ方式の制度や技術を日本の職場の実情に即して修正する形で進められていったということができるでしょう。

II 戦後日本型の現代人事労務管理の特徴

　人事労務管理は，さまざまな制度や手続きで構成される総合的な管理制度ですが，ここから枝葉を取り去った人事労務管理の本質的な機能を取り出すと，それは「企業にとって必要な労働者を調達し，その労働力を活用し，一定の労働に対して報酬する」ことにあります。この機能はあらゆる人事労務管理運用状況に普遍的にあてはまるものですが，その具体的な制度や慣行の現れ方は個々の企業の事情によって，また個々の国の事情によって異なります。

　そのため一般論的な説明には限界があるのですが，ここでは通説的な日米大企業の雇用慣行の比較を通じ，戦後日本型の現代人事労務管理の特徴を理解していきたいと思います。その比較の内容を図表2のようにまとめていますが，この内容について補足的な解説をしていきます。

1　労働力の調達・調整における局面

　労働力の調達・調整とは，企業が必要とする従業員を質・量的に適切な状態を維持するために，労働市場から労働者を調達する一方，不必要な従業員の雇用調整を行う局面です。アメリカ企業の場合，「今，どの職務に何人の人間が必要か」を事前に決定し，その職務を充足する人員の募集を行います。そのため募集する時期は必要時となり，通年にわたっての随時採用が一般的です。選抜・採用の基準は職務分析で明らかにされるその特定の職務に必要な資質（知識，技能，キャリアなど）を応募者が備えているかどうかにあります。そして，採用が決定されると雇用契約が交わされますが，そこには明確に担当職務が明示されています。

　これに対して日本企業では，職場からの人員要求を積み上げ，「来年度には何人」といった必要人数の大枠を決定し，その人員を充足する募集を行ってい

図表2 大企業における雇用慣行の日米比較

		日本	アメリカ
労働力の調達と調整	募集	・新卒定期一括 ・募集職務を明示しない	・通年（必要時に必要数） ・募集職務を明示
	選考	・人柄，一般的基礎学力 ・雇用契約には担当職務は明示されない	・職務遂行に必要な人的基準 ・雇用契約には担当職務が明示される
	雇用調整	・多段階的な調整手段による解雇の回避（終身雇用慣行）	・余剰人員発生時点での解雇がふつう（レイオフの一般化）
労働力の活用と育成	配置	・職場配属（実際の仕事は配属職場で決定される）	・職務配置（雇用契約に明示された仕事に従事）
	職務割当	・いちおうの割当はあるが，非限定的で可変的。職場同僚の代行や応援も行う。チームワーク重視の働き方	・職務記述書に示される明確な仕事の内容だけを行う。それ以外は行わないし，行ってもいけない
	配置転換	・定期的な職場間配置転換 ・ゼネラリスト育成志向	・原則なし。あっても限定的 ・スペシャリスト育成志向
	教育訓練	・OJTや随時の職場内仕事割当の変更による多能的な職務能力の育成 ・多様な企業内教育訓練体制	・基本的に職務能力の獲得は本人の自己責任。企業内に制度を拡充することなく，外部機関に依存
労働の評価と処遇	人事評価	・能力，業績，態度の総合評価であるが，態度評価のウェイトが大きい	・業績中心（結果主義）
	昇進	・人事評価の結果と職位の経験年数を基準（年功昇進）	・能力，業績基準
	給与	・能力，業績，勤続年数を総合的に考慮する年功給	・職務評価による職務等級に応じた職務給（年俸制を含む）
	福利厚生	・住宅，食事補助，文化厚生など生計費補完的な性格	・保険，医療，年金など社会保障制度の企業補完的な性格
労使関係	労使関係	・職員と工員混成の企業縦断的な企業別組合組織 ・協調的労使関係（労使一体）	・職業別，産業別組織を基礎とする企業横断的な組合組織 ・対立的労使関係（労使不信）

きます。翌年4月1日を入社日とする新規学卒者を対象とした「定期一括採用」が原則です。選抜・採用の基準は特定の職務遂行に必要な人的資質といったものではなく，一般的学力水準や教養知識，社風に合う人がらや協調性などが中心であり，とくに面接手続きを通じた総合的な人物評価が重視されています。採用決定は翌年4月1日採用の「内定」として処理され，雇用契約上，そこに担当職務が明示されることはありません。

一方，労働力の調整の局面，すなわち余剰人員が生じた時の対応では，アメリカ企業の場合，「必要な時に必要な人数」が原則のため，余剰人員が生じればただちに「一時解雇」(lay-off) の手続きがとられるのが普通です。日本企業の場合は，残業規制に始まり，非正規従業員の解雇・賃金削減・新規採用停止・配置転換・出向・希望退職など，多段階的な雇用調整の手段が実施され，正規従業員の解雇をできるかぎり回避していくのが一般的です。

2 労働力の活用・育成における局面

労働力の活用・育成の局面では，採用後，実際に労働者がどのような仕事を行うのか，その実態面における内容の違いを説明します。アメリカ企業の場合，従業員は特定の職務への採用であるために，当然その応募した職務に配置されます。そして，職務記述書に記載された内容・責任・権限に応じた仕事を行い，その職務の枠をはずれた内容の仕事はありません。また配置転換も，本人の強い希望やよほどの不適切な場合を除いて，原則として行われません。

さらに教育訓練の面では，従業員はすでに職務能力が備わっていることが前提となっているために，企業内教育訓練を企業として自ら積極的に行うことはありません。従業員がよりグレードの高い職務を望む場合は，夜間大学など外部で特定の職業教育を受けて資格要件をみたすなど，従業員本人の自発的な啓発努力に任されています。それゆえ企業の教育訓練部門は，こうした外部機関を斡旋する役割を担っているということができるでしょう。

これに対して日本企業では，いちおう本人の配置希望も考慮しますが，基本

的には企業側の一方的な意向によって新人を職場に「配属（初任配属）」します。そして，配属された職場で具体的な仕事の割り当てが行われ，職場上司の責任による「職場内訓練」（OJT：On-the-Job Training）を通じて初歩からの職務能力の育成がはかられていきます。仕事にはいちおう職務分掌規定がありますが，それが厳密に適用されることはなく，むしろ「課」という職場単位の責任達成という観点から，課員の仕事の緩急に応じた応援・代行など，チームワークとしての仕事の進め方が重視され，個人の仕事内容は非限定的で弾力的であるのが普通です。

また，従業員のキャリア形成の面では，同一職場内での職務変更だけでなく，異なる職場への配置転換も「定期的人事異動」（regular job rotation）として実施され，それに継続的な階層別・職能別の企業内教育訓練も加わり，将来的な1つの到達目標としてある管理職の育成をめざした幅の広い多能的な職務能力の育成，すなわち「ゼネラリスト育成」が企業内ではかられていくのです。

③ 労働の評価・処遇における局面

この局面では従業員の働きぶりに対する人事評価（人事考課）と，それにともなう処遇上の内容の違いを説明します。アメリカ企業の場合，人事評価の原則は，担当職務における責任を達成したか否かという，きわめて明快な「結果主義」（resultism）にあり，昇進や昇給も本人の業績の良し悪しにかかっています。業績が悪ければ，即刻解雇といったこともマレではありません。

なお福利厚生は労働に対する直接的な報酬ではありませんが，報酬関連として説明を加えます。アメリカ企業の場合，各種の「従業員サービス」（employee Services）もありますが，生命保険・医療保険・年金保険などの「付加給付」（fringe benefits）が重視されています。各種の社会保障制度に対する企業補完的な性格が強いといった特徴を指摘することができます。

他方日本企業の場合では，人事評価は本人の業績・能力・勤務態度の総合評価として行われますが，職場の和やチームワークの重視といった観点から個人

の業績や能力よりも,職場仲間との協調性・真面目さ・努力といった態度・行動の評価が重視されているといえます。その背景には,個人の業績を直接昇進や昇給に大きく結びつけることで職場の人間関係に悪影響をあたえ,職場の和が乱れることを恐れる配慮が働いているといったことがありました。

そこで,従業員にとってもっとも公平で納得性のある昇進・昇給基準として勤続年数が採用され,従業員処遇決定上の中心的な役割を担うことになります。これが「年功昇進」「年功賃金」とされる内容です。同学歴・同期入社の従業員処遇の格差は,定期昇給時における能力査定による小幅な昇給額の差,業績査定による賞与支給額の差,昇進年次の数年の遅れとして現れ,短期的には大きな格差が見えないのですが,終身雇用の下にこれが積み重なって長期的に大きな差となって現れる仕組みになっています。

なお,日本企業における福利厚生は,社宅・独身寮,社員食堂,文化・厚生施設,保養所など,従業員の日常生活や余暇生活を経済的に補完する現物給付に重点が置かれています。これは,生活維持的に低賃金を補完してきた戦前の福利厚生の役割を引きずっているといえるでしょう。

4 労使関係における局面

これまで労働者の採用と解雇,職場への配置と異動,働きぶりの評価と処遇といった労働者取り扱いの実際面の違いを説明してきましたが,労使関係はそうした制度・慣行を規制し,人事労務管理運用の枠組みを形成する局面になります。

アメリカでは,労働組合は職業別・産業別・一般と,企業の枠を超えて横断的に組織され,その構成員もブルーカラーならブルーカラーだけと一色に統一されているのが一般的です。労働組合の活動のねらいは,職種ごとの賃率や労働時間といった基本的な労働条件の維持・向上をめざすだけでなく,生産の基準,作業の速度,仕事の内容,職務の配分,配置転換,昇進や解雇の規則など労働者取り扱いの細部にまで踏み込み,労使の合意でその内容を労働協約で明

文化し，使用者の労働者取り扱いの自由度を最大限に制約していくことにあります。

このため労使関係は，労使の利害は対立するものとして，基本的には「不信の関係」にあり，労働協約できめ細かく取り決められた規則が労使関係の安定に大きな役割をはたしています。最近では多少変化が見られますが，労使が協力して経営問題に取り組むといった労使関係のあり方は，基本的には考えられないことなのです。

他方日本では，労働組合は企業ごとに組織され，その構成員もブルーカラーとホワイトカラーが一体となった混合型が一般的です。労働組合の活動としては，アメリカの場合と同様に労働協約の締結を通じて賃金・労働時間などの基本的な労働条件の維持・向上に努めています。

しかし部門の統廃合・配置転換・人員整理などを通じて企業が労働の合理化を進める場合，事前の「労使協議」などを通じて労働組合としての立場から発言することはできるのですが，それが使用者の労働者取り扱い上の権限を大幅に規制するまでには到りません。というのは，労働組合の構成員がその企業の正規従業員だけであるということから，「会社がつぶれたら，元も子もなくなる」といった意識が強く作用し，ホンネの要求を控える行動が見られるからです。経営側にとってこの企業別労使関係には，労使双方が相互の事情に精通し，労使の長期的な利害は一致するとの合意がえられやすく，また労働者側の妥協を引き出しやすいといった大きなメリットがあるといえるのです。

5　日米の人事労務管理の性格

これまでのアメリカと日本の雇用慣行の比較から，人事労務管理の基本的な性格といったものをまとめておきたいと思います。アメリカの場合，それは，個人主義的な競争原理に立脚した「職務中心」の運用にあるということができます。欧米諸国では，その社会的な背景として職務という概念が社会全体における共通の理解と認識として普及しており，また個人の努力の結果が自分の処

遇を決定するといった個人責任の考え方が広く浸透しています。
　一方経営管理の局面では,「能率は組織構造が明確にされ, 職務の義務と責任が特定される場合に向上する」といったテイラー流の科学的管理の考え方が深く根づいています。このため人事労務管理の場では, まず職務分析を通じて職務に関する情報を集積し, 職務記述書や職務明細書の作成, 職務評価などを通じて職務の構造といった組織の基礎的条件を整えます。そして次に, 職務が必要とする人的資格条件と従業員が保有する職務能力との適合をはかる「職能合理主義」理念にもとづく適性配置が行われていきます。この意味でアメリカの人事労務管理は, 労働力管理重視の人事労務管理制度を構築する「労働力効率利用型」と特徴づけることができるでしょう。
　これに対して日本企業の場合では, 集団主義的な協働原理に立脚した「集団維持中心」の運用が指摘できます。日本では欧米的な意味での職務といった概念が確立・浸透していないために, 専門的な1つの職業ないしキャリアで身を立てて成功するよりも, 社会的に知名度のある大企業の一員となり, その企業の中でより高い地位に昇進していくことに人生の成功の意味を見い出しているといえます。またいくつかの権威ある調査では, 日本人の国民性の中には「和と妥協」の深層意識が根深くあるとされています。
　このため人事労務管理の場では, 企業への忠誠意識を高め, 職場仲間が一丸となって仕事に取り組む体制作りを志向し, チームワークの結果として獲得した成果は職場仲間と平等に分け合うことが「公正」(fair) とされていきます。労働力管理もそれなりの発達を見るのですが, 職務要件と人的能力をストレートに結びつけることで労働力の効率的利用を志向する労働力管理の「アメリカ的な発達」はあまり進んでいませんでした。この意味で, 戦後日本の人事労務管理は「経営労働秩序維持型」と特徴づけることができるでしょう。
　最後に「戦後日本型の現代人事労務管理」の内容について, その社会・文化的背景, 経営理念, 制度・慣行, 行動成果といった点から体系的に説明する公式を図表3のように示します。理解のための参考にしてください。

図表3　戦後日本型人事労務管理の特徴

社会・文化
- 同質社会
- 非階級社会
- 集団主義志向

経営理念
- 人的資源の重視
- 共同体志向
- 平等主義

↓

制度・慣行
- 新卒採用
- 継続的教育
- 幅広い内部異動

- 全人格的評価
- 年功昇進
- 年功賃金

- 企業内福利厚生
- 終身雇用慣行
- 企業内労働組合

↓

行動成果
- 帰属意識
- 労働意欲
- 長期勤続志向
- 多能的技能向上
- チームワーク
- 弾力的職務配置
- 職場規律維持
- 協調的労使関係

社会・文化・経営理念	社会構造	・民族的，文化的に同質。階級性の低い社会。階層間格差や断絶が小さい
	集団主義	・集団の利益を個人の利益に優先することが望ましいとする考え方。和の美徳，協調性重視，個人主義の排除
	人的資源重視	・経営資源の中で人的資源が戦略的な重要性をもつという信念。解雇しない。人は財産，企業は人なり
	共同体志向	・職場は賃金をえる場だけでなく，多面的な人間関係を形成し，多様な欲求を充足する場。職場仲間との職場内外にわたる交友
	平等主義	・階層の上下による権力や報酬の差はあまり大きくしないほうがよいという考え方（階層平等主義）。能力や業績による公然たる区別はなるべく避けるべきだという考え方（能力平等主義）
制度・慣行	採用	・職業経験のない新卒選好が強い。渡り歩く人間は好ましくない
	育成	・長期的勤続を前提し，継続的教育訓練，定期的人事異動，内部昇進
	人事評価	・職務能力や業績だけでなく，潜在能力や協調性・責任感・忠誠心などの態度的側面を重視する全人格的評価
	賃金	・昇進，昇給は年功・能力・態度・業績を総合的に勘案し決定。個人差は短期的には小さいが，長期的には累積的に大きくなる
	雇用保障	・人材管理の大前提に長期的な雇用関係の維持。景気後退時の人員余剰，技術革新による技能の陳腐化でも容易に解雇しない。帰属意識の強化，技術革新受容の容易化，配置転換への抵抗感削減，弾力的な職務行動を助長
	労使関係	・同一企業の従業員のみの構成員。労使間の長期的利害の一致を基本的に認めた行動様式

（資料）　石田英夫『日本企業の国際人事管理』日本労働協会，1985年を参照し作表。

III 戦後日本型の現代人事労務管理の動揺と再編

　日本の雇用制度の特徴を説明する場合の基本的要素として、終身雇用・年功序列・企業別労働組合があり、これらは日本的雇用慣行の「三種の神器」といわれています。もちろんこうした慣行を個別に見れば、諸外国にも例はあります。しかしこれらの要素が有機的に関連し合い、1つのシステムとして存在する例は他の国々には見られません。そして、これらの慣行から作り上げられる日本の企業社会は、次のようなイメージで語られてきました。

　戦後の日本では、労働者は学校を卒業し、いったん企業に就職すれば、よほどの経済的危機がない限り、原則として定年までは同じ企業で勤続できると信じている。一方、企業側もよほどのことがない限り、労働者は転出することはないと考えている。新しい技術や設備を導入する場合、企業は中途採用を避け、現にいる従業員を訓練して使用する。企業規模は年々拡大し、それに応じて賃金は上昇し、職場での地位も向上する。企業成長が大きければ、それだけ賃金の上昇も地位の向上も大きい。こうしてここには、企業と従業員との間に一種の運命共同体的関係ができ上がり、従業員の企業に対する帰属意識と忠誠心は強まり、従業員相互の仲間意識も深まっていく。そして、従業員だけを構成員とする企業別組合は、会社の繁栄が従業員の生活条件を向上することを信じ、労使一体的な運命共同体意識をいっそう強くしていく（堺屋太一『満足化社会の方程式』日本経済新聞社、1994年より）。

　しかし1950年代後半（昭和30年頃）から1970年代前半（昭和40年代後半）にかけての高度成長経済期に広く普及したこれらの諸慣行を内容とする戦後日本型の現代人事労務管理も、1973（昭和48）年の第1次石油ショックを契機とする安

LECTURE 2 日本の現代人事労務管理

定成長経済への移行と経営合理化の推進という大きな変化の中に新たな対応を余儀なくされるようになります。1980年代後半（昭和60年以降）からその動きが加速され，そして1991（平成3）年のバブル経済の崩壊以降の長期不況の中に，抜本的な経営合理化が全産業で展開され，戦後日本型の現代人事労務管理は大きな変容を迫られるようになるのです。

そこで，最初に産業界における「日本的雇用慣行」の意義を説明し，次に戦後日本型現代人事労務管理の再編の動きを概説していきたいと思います。

1 日本的雇用慣行の意義

終身雇用慣行

今日，従業員の長期雇用の慣行が「終身雇用」と説明されるようになったのは，アベグレン（Abbeglen J.C.）が日本の企業組織を調査してまとめた"The Japanese Factory: Aspects of its Social Organization, 1958"（邦訳『日本の経営』ダイヤモンド社，1958年）の中で使用した"Lifetime Commitment"という語を「終身雇用」と翻訳したことからとされています。このいわゆる終身雇用の慣行は，従業員の長期勤続を促すものとして，官公庁・財閥系企業の職員層や重化学工業の熟練工・養成工を対象としたものが戦前にも見られます。しかし職・工員を一本化したすべての正規従業員を対象とする今日のような形で広く産業界に普及したのは，戦後直後の混乱した日本経済の復興過程で解雇反対・雇用維持を強力に推し進めてきた労働組合運動の結果としての1955（昭和30）年頃からといわれています。

経営側にとって終身雇用慣行の価値は，従業員に雇用の安定感をあたえ，それが企業忠誠的な従業員モラールを高めることにあります。しかしここで留意すべき点の1つは，終身雇用とは「慣行」（custom and practice）であって，「定年まで雇用を保証する」といった明示的な規定が労働協約上にあるわけではなく，それが望ましいとする労使の暗黙的な了解事項に過ぎないということです。

企業が業績不振に陥り，雇用継続の努力を積み重ねた結果，従業員の解雇を行ったとしても，信義的にはともかく，法的には何ら問題はありません。

日本経済の高度成長が持続した1970年代前半（昭和40年代後半）までの時期は，労働需要が年々増大しており，労働力不足がその基調にありました。このため，「たとえ企業成長が一時的に頓挫しても1～2年すれば回復し，労働需要が増える」といった経験が企業内に過剰雇用や中高年者の高コスト雇用を継続させ，終身雇用が「結果的に」実現されてきたともいわれています。こうした経緯が終身雇用慣行を労使間の社会的信義にまで高め，広く日本全体に浸透したということができるでしょう。

終身雇用慣行に関する2つめの留意点は，従業員のピラミッド型年齢構造を前提として，年齢や勤続年数の増大が従業員処遇に直結する制度，すなわち年功賃金と年功昇進が効果的に機能するときに，もっとも効果的な慣行だということです。右肩上がりの経済の下に，年々ピラミッドの底辺が拡大していく企業の規模的成長が前提となって，単身者賃金として低い初任給で始まっても勤続が長期化するのにともない昇給し，同時により高いポストに就くことができる仕組みだからこそ，従業員に長期勤続を促すインセンティブの役割をはたすことができるのです。

終身雇用慣行に関する3つめの留意点は，人事労務管理のさまざまな制度が従業員の長期継続雇用を前提として設計・運用されているという意味で，終身雇用慣行は人事労務管理の基盤を形成する不可欠な慣行になっているということです。それは，次のような内容です。

1. 中途採用を極力行わず，新規学卒者のみを採用する採用方針
2. 定期的人事異動・OJT・社内教育訓練の積み重ねによる長期的視野に立つゼネラリスト育成型の人事・教育訓練制度
3. 従業員の生活にリンクした生活保障的性格をもつ年功賃金制度
4. 自己都合退職には懲罰的な掛率で支払い，定年まで勤め上げることで手にする高額な退職一時金制度

LECTURE 2 日本の現代人事労務管理

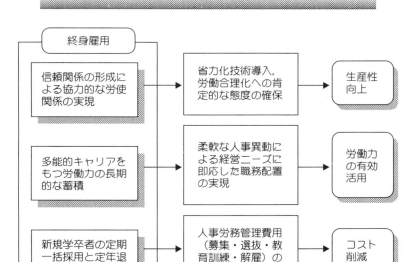

図表4 終身雇用慣行の経営的メリット

[5] 勤続年数の増加にリンクした有給休暇付与日数の増加
[6] 勤続年数にリンクしたよりグレードの高い福利厚生の提供(一般従業員用社宅と幹部社員用社宅,長期融資,企業年金の受給資格要件など)
[7] 正規従業員の解雇をできるかぎり回避する多段階的な雇用調整

　こうして終身雇用慣行は,従業員の失業不安を払拭し,安定した生活設計の基盤をあたえることで,企業忠誠的なモラール向上に役立ちます。しかし企業側の本来的なねらいは従業員の定着を促し,長期継続雇用の枠組みの中でさまざまな経営的メリットを追求していくことにあります。その大きなポイントは,長期的な雇用関係を前提とした従業員の長期的な育成と活用にありますが,その他にも定期一括の新卒採用など集中的な手続きによる人事労務管理コストの

削減といったことも実現されています。その全体像は，図表4のように示すことができるでしょう。

年功序列慣行

年功序列慣行（seniority practices）とは，従業員本人の年齢や勤続年数を基準にした組織・処遇秩序のための慣行のことです。具体的には「年功賃金」と「年功昇進」の2つの制度として現れ，終身雇用慣行を従業員処遇の面から支える重要な役割をはたしてきました。

年功賃金とは，一般的に「年齢や勤続年数によって賃金が決まる制度」と説明されています。従業員の年齢や勤続年数が賃金決定上の基準となりうる1つの理由は「生活賃金」の考え方です。年功賃金は，第1次大戦後のインフレ下にあって，従業員の生活難への対処として企業が生活給手当や現物給付を行ったとき，勤続年数に応じてその手当を増大させる年功加給を実施したことから始まったといわれています。

そして第2次大戦終戦直後の生活難や激しいインフレ下に，家族の最低限の生活を保障できる賃金が労働組合の強い要求となって現れました。その結果1946（昭和21）年，1発送電会社と9配電会社の企業別組合の産業別連合体であった電産協（日本電気産業労働組合協議会）が提案した「電産型賃金体系」が労使間で合意されました。この内容は，図表5に示されるように，本人の年齢で決まる本人給と抱えている家族の数に応じて支給される家族給とをあわせた生活保障給が大部分を占めていたのです。

そしてその後，この電産型賃金体系は，当時の実情に即した説得性の高い最低生活費に関する理論的根拠をもっており，インフレ下の生活防衛賃金のあり方として幅広い共感を呼び，広く産業界に普及していきました。賃金は家族数の増加など，年齢を増すにつれて高まる生活費をカバーするものでなければならないという考え方に立ち，この電産型賃金体系は日本的雇用慣行の三種の神器の1つとなる年功賃金の源流となったのです。

また，主として勤続年数が処遇決定上の基準となりうるもう1つの大きな理

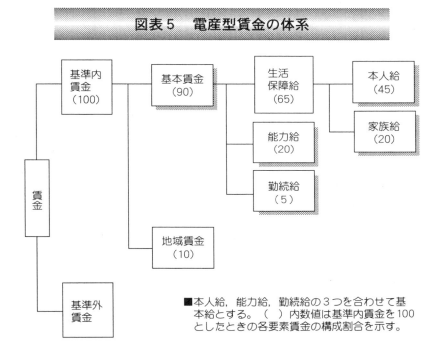

図表5　電産型賃金の体系

■本人給，能力給，勤続給の３つを合わせて基本給とする。（　）内数値は基準内賃金を100としたときの各要素賃金の構成割合を示す。

由は「職場経験の蓄積が仕事上の能力を高める」とする経験則の労使による広い合意です。従業員は新人段階におけるOJT，その後の職務・職場配転など，職場経験を積むに応じて職場事情に精通するようになり，その結果，多能的でより高度の職務能力を身につけていくと考えられます。そのため勤続年数の長さは職務能力の高さを表す代理指標とされ，勤続年数の長い者がより高い賃金支払いを受け，より高い職位（ポスト）につくことはごく当然の処遇とされるのです。これは，「年の功」として従業員本人が身につけたとされる職務能力への処遇であり，技能の習熟による年功的処遇として理解できるものです。

　年功賃金・年功昇進の制度は右肩上がりの高度経済成長期を通じて，うまく機能してきました。ピラミッド型従業員構成を基礎に置く企業の成長と規模の拡大によって従業員の賃金は年々上昇し，またポスト数の増加により，従業員

図表6　年功賃金と年功昇進

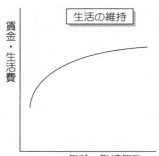

■賃金は年齢とともに高まる生活費を賄うものでなければならない。

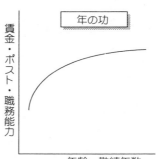

■勤続年数に応じて高まる職務能力ゆえに，賃金もポストも上がる。

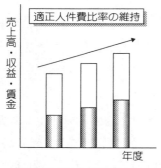

■右肩上がりの経済の下に，人件費支払額の増大は売上高の増大に吸収されていく。

■企業規模の拡大でポスト数も増加し，同期入社組はそのほとんどが昇進することができる。

全員がそれなりに昇進できる機会をあたえてくれたからです。経営側は人件費の年々の負担増という問題を抱えましたが，それは年々の売上高の増大で吸収するとともに，年功賃金のおかげで賃金の低い若年労働者を大量採用でき，また最新の機械・設備の導入によって高い生産性の向上を実現していくことで経営財務的に人件費負担増をカバーすることができたのです。こうした事情をイ

メージ的に示すと,図表6のようになります。

企業別労働組合

　日本の労働組合組織は,その圧倒的多数が個々の企業の正規従業員だけで構成され,かつ企業別に組織された「企業別労働組合」(enterprise union) です。主要な企業では,管理職などを除き正規従業員は採用されると自動的に組合員となり,逆に組合から除名されたり,組合を脱退した場合には自動的に解雇されるといった「ユニオン・ショップ協定」(unionshop agreement) を結んでいるのが普通です。労働組合を指導する組合役員は,会社の業務を離れて専従として活動しても,何年か後には職場に復帰する「在籍専従」の形になっています。このため彼らが企業の立場を考慮せず,労働組合としての独自の立場や論理を貫き通すことには相当な困難がつきまとう構造になっています。

　戦後直後の混乱した時代を経て今日に至るまで,労働組合はその主要な目標を賃金引き上げに置き,その精力の大半をこれに使ってきたといえます。1955 (昭和30) 年に始まる「春闘」は経済闘争主義を掲げ,1963 (昭和38) 年には「ヨーロッパ並みの賃金」の獲得をスローガンとします。そして1965 (昭和40) 年からは,産業発展に協力する代償として多くの成果をとろうという「労働組合主義」を指導理念とし,鉄鋼・造船・重機・自動車・電機など重厚長大型の産業が主導役をはたしながら高度経済成長期を通じてそれなりの成果を達成してきたのです。

　一方,労働者のもっとも基本的な要求としての雇用維持に関しては,解雇・合理化絶対反対の闘争理念を掲げ,たしかに1960 (昭和35) 年頃までは三井三池鉱山の争議などの激しい闘争も散見されました。しかしこの頃を境にして,企業の存続と発展こそが雇用機会の確保と労働条件の長期的な改善を確実にするといった立場から,新技術導入に肯定的な姿勢を強め,また従業員の配置転換・再教育など,経営側の労働力資源の開発と有効利用の施策に柔軟な対応を示すようになります。実際,高度成長経済下における労働力不足基調を背景として,実質的に雇用維持が達成されてきたこともあり,解雇に対する組合規制

への真剣な取り組みが看過されてしまったことは否めません。

　人員整理の際には，経営側の解雇計画提案に対し，もちろん絶対反対の立場を強力に主張しますが，結局は解雇人員数の縮小・指名解雇の希望退職への切り替え・退職金の割増し・再就職のあっせんなど，条件闘争で妥協せざるをえないのです。さらに深刻な問題は，解雇に対する労働判例の積み重ね（整理解雇の4要件）はあるものの，経営側の解雇対象者選択に対する組合規制が薄弱だったために，経営側は賃金の高い中高年者をまっ先に解雇することが可能だったことです。「会社がつぶれてしまえば組合もなくなる」といった企業別労働組合の弱点が露呈し，労働組合として中高年者解雇に絶対反対の姿勢を貫くことが困難なのです。

　こうした企業別労働組合を基盤とする企業別労使関係は，労働組合の企業防衛意識を強く刺激し，労働力資源の有効利用という人事労務管理機能を労働組合側に担わせるのに効果的です。賃上げなどの団体交渉は個々の企業レベルで行われるために，労働条件の企業間格差が大きく出てきます。このため労働組合は，たんに団体交渉による良き労働条件の獲得に奔走するだけでなく，企業業績の向上をめざした経営問題に関わるさまざまな提案を行い，生産性向上・コスト削減にも積極的に協力していく姿勢を一般的に示します。それはすなわち，「会社の繁栄が従業員の労働条件向上の前提である」「個人の幸せと会社の幸せは一致する」といった労使の運命共同体意識の現れということができるでしょう。

　以上，日本的雇用慣行の三種の神器とされる終身雇用・年功序列・企業別労働組合について概説してきましたが，ここでその基本的な役割をあらためて要約すると，終身雇用によって雇用の安定感を従業員にあたえ，また年功序列によって持続的な収入増加と地位上昇という従業員の期待を満たし，さらに企業別労働組合によって労使の運命共同体意識を醸成することで「和と安定の組織風土」を形成するとともに，高度の企業帰属意識と忠誠心をもつ従業員を生み出すことにあったということです。

2　戦後日本型現代人事労務管理の再編の背景

日本経済の基調の変化

　戦後の経済復興を遂げた1950年代後半から今日に至る日本の経済成長の基調は，大きく3つの画期に分けられます。図表7に示すように，それは，
　①1950年代後半から1973年の第1次石油ショックまでの実質経済成長率平均9.1%を誇った「高度成長経済期」
　②1970年代半ばから1991年のバブル崩壊までの実質経済成長率平均3.8%を維持した「安定成長経済期」
　③1990年代から今日に到る実質経済成長率平均がせいぜい2%という「低成長経済期」
の3つの画期です。押しなべて前期の成長率を半減する形で推移しています。

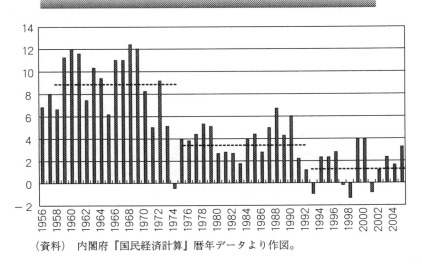

図表7　実質経済成長率の推移（1956－2005）

（資料）　内閣府『国民経済計算』暦年データより作図。

こうした経済成長の基調の変化は，企業の人事労務戦略として人事労務管理体制のあり方に大きな影響をあたえます。今，高度成長経済期と安定成長経済期における人事労務管理体制の特徴をとくに終身雇用・年功序列慣行の観点から見ると，以下のようなものになります。

1　高度成長経済期（1950年代後半〜1973年石油ショックまで）

　この時期は，日本的雇用慣行の三種の神器とされる終身雇用・年功序列・企業別労働組合が産業界に普及し，十分に機能してきた時代である。戦後復興期における労働組合がその運動を通じて獲得してきた解雇反対・雇用維持のための「終身雇用」と電産型賃金体系として年齢を重視する生活給を中心とした「年功賃金」が，王子製紙や八幡製鉄所など一部の大企業に職務給導入という動きはあったものの，年々拡大していく経済規模と労働力不足基調を背景にして，いわば無理なく受け入れられてきた。

　しかし1960年代半ば（昭和40年）ころより技術革新による年功的熟練の意義の低下が目立ち始めるとともに，年々増加する人件費負担感の増大から能力主義的な賃金制度改革の必要性が意識され始めるようになる。

2　安定成長経済期（1970年代後半〜1991年バブル経済崩壊まで）

　1973（昭和48）年の石油ショックを契機にして，経済成長率は高度成長経済期に比して半減していくことになる。この時期，重厚長大産業の一画を占める鉄鋼・造船・重機・電機，さらには繊維といった産業は構造的な不況に陥り，大規模な産業間雇用調整が進められた。ここに終身雇用慣行の崩壊が喧伝されるようになったが，終身雇用慣行は「一社限りの終身雇用」から関連会社への出向・転籍を主たる方策とする「企業グループ内終身雇用」へと雇用維持の受け皿を拡げることで，正規従業員の定年までの雇用保障機能を発揮していくことになる。

　一方，賃金体系は，生活給中心の年功主義的賃金から職能給中心の能力主義的賃金へと大きな変化を見せる。それまでの年功的人事制度に替

わり，新たに職能資格制度が導入され，従業員が保有する「職務遂行能力」の高さに応じて賃金処遇する「能力主義的人事労務管理」が体現されていくことになる。この賃金制度改革の背景には，経済規模の拡大が半減していく時代にあって，「従業員の能力的な向上が見られなければ，基本的に昇格・昇給なし」とすることで人件費の自動膨張を抑えるねらいがあった。しかし職能資格制度の運用部面では，標準在位年数の設定や自動昇格の実施などの年功的運用の要素が組み込まれていたために，「年功的運用の職能給」を結果し，人件費の年功的な自動膨張の圧力が払拭されることはなかったのである。

　1980年代（昭和55年以降）には，企業の規模的成長の停滞による雇用過剰感の高まりや職能資格制度の年功的運用による管理職ポスト不足や人件費負担増感が強く意識されるようになり，いわゆる「専門職制度」や「進路選択制度」の導入といった中高年者対策や，基本給体系における職能給比率の増加，30歳台半ば以降における本人給（年齢／勤続給）カーブのフラット化，50歳台半ば以降における昇給カーブのフラット／ダウン化といった人件費抑制の取り組みが進められていく。しかし基本的には，それなりの経済成長率が維持され，いわば「我慢できる限界内」にあったことや，1980年代後半（昭和62年以降）のバブル景気に助けられ，抜本的な問題解決の先送りがなされてきた。

以上の内容をまとめたのが図表8です。しかし1991（平成3）年のバブル経済の崩壊は，これまでの雇用慣行を含む「日本的経営」のあり方全体を抜本的に改革する大きな契機となりました。バブル崩壊後の長期的な経済停滞の中でほぼ全産業にわたって過剰債務・過剰設備・過剰雇用といった「三大過剰問題」が顕在化し，企業競争力を削ぐ高コスト体質の改善のために債務圧縮，不採算事業の統廃合，調達構造の見直し，従業員数の削減，人件費の圧縮等の取り組みが積極的に行われ，戦後日本型の人事労務管理体制は大きな再編を受けることになるのです。

図表8　人事労務管理体制の推移

	1950s後半〜1970s初頭	1973	1970s半ば〜1980s	1991
経済基調	・高度成長経済 ・成長率平均9.1%	第一次石油ショック	・安定成長経済 ・成長率平均3.8%	バブル経済崩壊
雇用方針	・終身雇用重視（一社限りの終身雇用）		・終身雇用重視（企業グループ内終身雇用）	
人事制度	・年功主義 ・年功的人事制度		・能力主義 ・職能資格制度	
賃金制度 賃金方針	・年齢重視の年功主義賃金		・勤続年数重視の能力主義賃金（職能給の年功的運用）	
賃金制度 賃金体系	・生活給＋能力給		・職能給＋年齢／勤続給	

企業環境の変化

　1990年代（平成3年以降）における戦後日本型の人事労務管理体制の再編は，経済のサービス化の進展，少子高齢社会化，女性の職場進出，情報技術革新，円高進行，アジアのNIEs（Newly Industrializing Economies：新興工業国経済圏）やBRICs（Brazil, Russia, India, China）といった新興大工業国の市場参入によるグローバルな市場競争の激化など，主として1980年代以降（昭和55年以降）の企業環境の変化を背景にした終身雇用・年功序列慣行にもとづく人事労務管理体制の制度疲労を払拭しようとする取り組みということができます。その制度疲労の概要は，次のようなものです。

　　1　　人口の少子高齢化は，直接的に従業員年齢構成の高齢化をもたらし，また企業の規模的成長の停滞は従業員年齢のピラミッド型構造を大きく

LECTURE 2　日本の現代人事労務管理

ゆがめる結果になった。このため年功的に管理職候補者の昇進年次が遅れたり，まったく管理職につくことができない者が出る管理職の「ポスト不足」問題が深刻化してきた。

2　経営合理化を進めたい企業にとって，人件費はコスト抑制（削減）の大きな柱である。しかし年功賃金による固定的で自動膨張的な人件費負担の増大は企業収益を圧迫するだけでなく，コスト削減要請のもっとも大きな障害として目につくようになった。

3　大規模な産業間雇用調整の必要性を認めるとともに，余剰労働力の抱え込みに限界をきたした企業では，従業員数の適正規模維持の指向を強め，雇用の流動化を進める必要性が高まった。

4　経済のグローバル化，サービス・ソフト化，標準的な商品の市場飽和化，情報通信技術革新の進展の結果，企業間競争がより激しくなり，スピード経営や柔軟な経営，高付加価値商品や新規事業の開発・開拓がもとめられる中，新たな専門性をもち即戦力となる人材や人件費抑制のための非正規人材の需要が高まりを見せるようになる。このため企業では，新卒定期一括の正社員採用一本の雇用方針や要員計画の見直しを進める必要性を認めるようになった。

5　グローバルな競争激化の中，企業は価格競争力の強化のためにとくにホワイトカラーの生産性向上の必要性を認識するようになった。また従業員の個人生産性格差の広がり，若手登用ニーズの高まり，企業が期待する人材像の変化（依存型から自立型へ），従業員の能力・成果主義的処遇への期待感の高まりなどから，貢献度に重きを置くインセンティブ効果の高い処遇制度の必要性が生じた。

6　女性社員の高学歴化，勤続年数の長期化，キャリア志向の成長が進む中，これまでの男性社員中心の人事労務管理体制との間で齟齬が生じ，男女の均等的な取り扱いや女性の能力発揮を進める人事労務管理制度の修正の必要性が高まった。また少子高齢化による長期的な労働力不足が予測される中，その補完として女性のさらなる活用が期待される。

図表9　経営合理化と終身雇用・年功序列慣行の桎梏

環境変化	経営課題	人事労務上の対策	終身雇用	年功序列
低成長経済	・企業の規模的拡大の停止／鈍化	・従業員の適正規模化 ・管理職の選抜化	●	●
商品市場の飽和化	・売上高増加率／収益率の鈍化 ・高付加価値のある商品の開発	・新たな専門性をもつ人材の確保	●	●
少子高齢社会の進展	・従業員構成高齢化 ・人件費負担増大 ・ポスト不足深刻化	・雇用流動化の促進 ・人件費の抑制 ・人事制度の複線化	●	● ●
女性の職場進出の進展	・差別的慣行の顕在化 ・女性社員の活用	・男女の均等的取り扱いのための制度修正		●
サービス経済化情報技術革新の進展	・新規事業・ビジネス開発の必要化 ・スピードや柔軟さ	・雇用方針／採用戦略の見直し	●	
	・個人業績／生産性の格差拡大	・貢献度に応じた処遇制度の工夫		●
円高の進行グローバル競争の激化	・価格競争力の低下	・人件費の削減 ・労働生産性の向上 ・事業の海外移転	●	● ●

　以上，主だった制度疲労の概要ですが，図表9にその全体的な状況をまとめています。こうした終身雇用・年功序列慣行の経営合理化上の課題は，1980年代（昭和55年以降）から強く意識されるようになり，そして1991（平成3）年のバブル経済の崩壊以降の長期的なデフレ不況克服のための抜本的な「事業の再構築」（restructuring）の過程で，終身雇用・年功序列慣行をベースとした人事

労務管理制度は大きな「修正」を受けることになったといえるのです。

③ 戦後日本型現代人事労務管理の再編

　戦後日本型人事労務管理を再編する動きは，終身雇用や年功序列の慣行が生みだす企業忠誠的な従業員モラールの涵養を犠牲にしても，企業存続をかけて経済合理性を追求する企業の意思を明確に示したものといえます。グローバルな企業競争の激化の中，柔軟性とスピードが企業経営で大きく意識されるのに応じ，終身雇用慣行による雇用の柔軟な調整の困難さや自動膨張的な年功賃金による人件費の硬直性の是正をその中心に据えながらも，トータルな制度変更が進められていきます。ここでは，これまでの日本型人事労務管理体制の変化の内容を「雇用の複線化」と「処遇の実力主義化」という視点で説明していきたいと思います。

雇用の複線化：選択のシステム

　雇用管理における入り口の管理とされる採用管理では，手続き上，これまでの一律的な「新卒定期一括採用」を即戦力人材の確保をめざす「戦略的中途採用」で補完するとともに，従業員構成上，正社員と非正社員の最適な組み合わせとなる「雇用ポートフォリオ」(employment portfolio) を追求する動きが鮮明になってきました。これまで大企業は，終身雇用を前提にして自前による従業員の内部育成の観点から中途採用をほとんど行わず，またパートなど非正社員の活用も，工場生産部門を除き，必要に応じた臨時的な措置としての位置づけでした。

　しかし現在では，これまで終身雇用・年功序列慣行が貫徹していた大企業レベルで，「必要な時に必要な人材を」という観点から，正規従業員の抱え込みによる雇用調整の硬直性と人件費の自動膨張を回避するために，企業事情の変化に応じた「雇用の数量的柔軟化」と「人件費の変動費化」を進める動きが活発化しています。

一方，出口の管理となる離・退職管理では，一律的な定年退職制度を改め，45～50歳に達する中高年者を対象にして複数のキャリア選択の受け皿を用意し，雇用の流動化を促すことで人件費の抑制をはかる「進路選択制度」を常設的な制度として導入する企業が増えています。こうした制度導入は「去る者は追わず」として，従業員の定着努力を放棄する1つの証左といえるかもしれません。

　しかし同時に，従業員の内部育成がなお大きな比重を占める状況では，新卒を重視し，全員を長期雇用の前提で採用し，会社への忠誠心を重視するという従来の長期雇用型を志向するのが平均的な企業像とされています。ただこれまでと違う大きな状況変化は，終身雇用が社会的な信義とされてきた時代では正規従業員の雇用調整を行う経営決断は大きな心理的な重荷でしたが，1990年代（平成2年以降）におけるリストラの一般化の中にそのタガが外れ，今日ではかなり容易に雇用調整ができる心理的な環境ができあがっているということです。それゆえ企業のホンネは「従業員に長く働いてもらいたいとは思っているが，必要な雇用調整は躊躇なく行う」といったことにあるといえるでしょう。

　実際アメリカでは，1990年代（平成2年以降），業績が好調な企業が不採算部門の統廃合などの「攻めのリストラ」を行い，さらなる企業体質の強化を進めてきました。今日の日本では，そうしたアメリカ型企業経営を範とする動きが加速しており，技術革新が激しい情報・家電業界などを中心にして，こうした攻めのリストラを行う企業が増えています。

　このことは，「雇用調整とは企業が不振に陥ったとき実施されるものだ」というこれまでの常識が通用しなくなることを意味しています。それゆえ将来的には，従業員は常に失業・転職のリスクがあることを心に留め，会社を頼りとすることなく自己啓発に心がけ，「社会に通用する能力」（employability）の獲得に励むことが要請されるようになるのです。

　雇用管理における入り口と出口の管理の変化は，マクロ経済的に見ると，図表10に示すようなこれまでの日本の労働市場の特徴だった「二重構造」の融解をもたらしているということです。終身雇用慣行が貫徹していた大企業レベルでは，新卒採用と定年退職の下で従業員の高い定着率が維持され，雇用の流動

LECTURE 2 日本の現代人事労務管理

図表10 日本の労働市場の二重構造

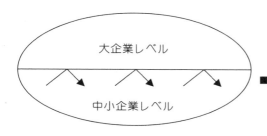

■これまで大企業では新卒採用を中心に、中途採用を極力行ってこなかった。このため中小企業で働く者は大企業への転職は困難だった。しかし今、この構造が崩れつつある。

性の低い安定した労働市場であったのに対し、中小企業レベルでは欠員補充の中途採用と良き労働条件をもとめる労働者の中小企業間の転職が日常化しており、相対的に流動性の高い労働市場となっていました。それが今、大企業における戦略的中途採用や早期退職が一般化し、二重構造の「見えない天井」が解消しつつあり、中小企業で働く労働者も実績と能力があれば大企業への転職も可能となっているのです。これまで大企業への就職のチャンスは新卒時の人生１回かぎりでしたが、現在では新たなキャリアアップのチャンスを得ることができるようになったといえるでしょう。

　以上のような雇用管理における入り口・出口の管理の部面に加え、今日における雇用管理の改革は、従業員の就労部面における配置・異動の管理でも、従業員の自発的な選択の機会をあたえるキャリアコースの複線化の動きが進んでいます。就職から退職にいたる長期のキャリア生活というスパンで従業員自らの意思によるキャリア選択の機会を提示する複線的人事制度の総体的な姿を図表11に示します。

　こうしたキャリア生活全般における選択的機会の提示は、会社に全人生の面倒をみてもらうような依存した生き方を廃し、若い時期から自らキャリア計画を描き、場合によっては転職も視野に入れ、実力で人生を切り開いていく「自立的な生き方」を従業員にもとめるメッセージでもあるのです。

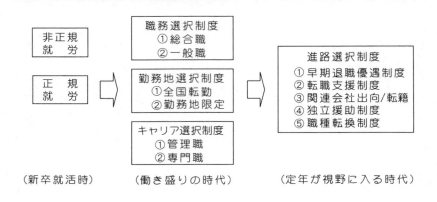

処遇の実力主義化：選抜のシステム

これまでの日本の企業では，職能資格制度が従業員の昇格・昇進・昇給といった処遇秩序をつかさどる人事制度として一般的なものでした。この人事制度は，従業員が保有する職務遂行能力のレベルに応じて処遇するものとして，1970年代半ば（昭和50年）以降，本格的に普及してきたものです。それゆえ日本企業における人事労務管理は，制度上はすでに能力主義化していたといえるのです。

しかし職能資格制度の運用では，自動昇格年数や標準在位年数といった習熟昇格年数基準の組み込みなどが行われ，その本来的な能力主義的処遇機能が制約され，勤続年数にもとづく年功的な制度運用が行われてきました。そのため，年功主義的人事労務管理慣行と何ら変わらないものになっていたのです。

その結果，処遇と貢献の乖離，人件費抑制・削減の困難さといった職能資格制度のもつ問題点が1980年代半ば（昭和60年）頃から強く意識されるようになり，その修正を試みる動きが見られるようになります。そして，その動きが加速されたのがバブル後不況の1990年代後半（平成7年）以降であり，アメリカの企業

図表12　職能資格制度と成果主義制度の時代

	職能資格制度の時代	成果主義制度の時代
時代観	①右肩上がりの成長経済	①低成長の経済 ②大競争の時代 　世界的な競争の中で開発力,生産性がきびしく問われる
基本的前提	①みんなが幸福になれる ②企業全体のモラール維持 　社会にも企業にも余裕があり,少々の人件費の増加は売上げの伸びで吸収できた	①必ずしもみんなが幸福になれるとはかぎらない。 　企業が期待する成果をあげられない人は退出を促されるかもしれない
	①能力を開発すれば昇格できる	①能力を開発しても,それを発揮する場が企業にないかぎり昇格できない
賃金観	①世帯主 ②男性が働きの中心 ③勤続・年齢別生計費 ④職務・成果より能力を重視	①世帯主という概念はない ②男女共稼ぎ ③成果・役割・能力に見合う賃金
企業と個人の関係	①企業に忠誠を尽くし,勤続を重ねれば,賃金も資格も次第に上がっていく ②企業と個人はウェットな関係 ③終身雇用・年功重視	①企業と個人は契約,ドライな関係 ②個人の自立,自己責任が前提

（資料）　河合克彦『成果主義人事・業績貢献度測定マニュアル』経営書院，2000年を土台にして筆者なりに作表。

経営を範とする日本的経営の全否定といった雰囲気の中で展開されたものでした。その主な内容は「年功型の賃金制度からの脱却」「貢献度に応じた賃金格差の拡大」といった金銭的な処遇面における成果主義への志向です。そして,

こうした成果主義的処遇を支えるものとして，職能資格制度から職務等級制度，ないしは役割等級制度といったものに人事制度の変更が進んでいます。
　これらの新たな制度改革は，人事評価の基準を仕事上の成果に置き，処遇と貢献の結びつきを強化する動きということができます。日本企業の処遇制度は「安定から刺激へ」と大きく成果主義型へ舵を切っており，基本的に「成果を出した者が報われ，出せなかった者はそれなりに」といった自己責任原理が幅をきかす「処遇の実力主義化」が鮮明になってきたといえるでしょう。
　また教育訓練・能力開発の場にあっても，若手幹部育成といった面で実力主義化が進んでいます。これまでのような従業員全体の能力的な底上げを行う教育訓練といった一律的な慣行を廃し，将来の中核となる若手人材を選別して重点的に経営者教育を行っていく早期選抜の傾向が強まってきています。
　これまでの日本では，職場の和とチームワークを重視した働き方の下に「みんなで一緒に頑張り，仕事の成果は平等に分け合おう」といった価値観があったように思えます。しかし成果主義的処遇の根底には，「機会が平等にあたえられるなら，結果の不平等は甘受する」といった新しい価値観があります。日本人が長年培ってきた価値観の大きな変更だけに，その浸透までには紆余曲折があることと思います。図表12は，これまでの職能資格制度の時代と今日の成果主義制度時代における諸側面の違いを対比した内容です。

LECTURE 3

トップ・マネジメントの人事労務管理

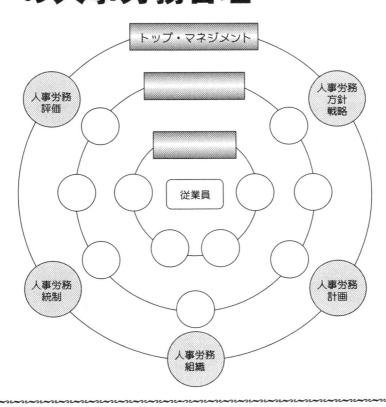

I 人事労務の管理過程

　これまで欧米諸国では，企業のトップ・マネジメントは労働組合との団体交渉でその交渉内容の最終的な決定を行うといった程度で人事労務管理に関与してきましたが，日常的な人事労務管理の段階ではすべてライン管理者や人事労務スタッフ部門に任せていました。たしかに企業規模が小さければ，企業活動の末端まで目が届くので，問題があれば適時に修正行動もとれるでしょう。しかし企業規模が大きくなればなるほどそうした行動は困難になり，人事労務管理が一人歩きし，企業経営をトータルに見ると各職場内で矛盾した人事労務管理が行われているといったこともマレではなかったのです。

　一方，20世紀初頭から経営活動の合理的な執行を追究する管理論とか経営管理論と呼ばれる学問領域（discipline of management）が発達してきました。テイラーの『科学的管理の諸原理』（1911年）やファヨール（Fayol F.）の『産業並びに一般の管理』（1916年）などは，その先駆的な成果として知られています。そこで，経営活動の一画を占める人事労務管理の合理的な運用をはかるためには，こうした管理論の成果を応用することが重要であるとする問題意識が生まれてきます。これが「人事労務への管理的接近」（managerial approach to personnel）であり，ここからトップ・マネジメントの人事労務管理への関与の必然性が浮かび上がってきます。

1 管理とは何か

　企業がその目的達成のために必要とする活動には，研究開発・財務・購買・生産・販売など，数多くの執行的な活動があります。そしてこれらの活動は，各々に課せられた役割や課題を効果的に達成するために研究開発管理・財務管理・購買管理・生産管理・販売管理といった形で，その諸活動の責任者となる

LECTURE 3　トップ・マネジメントの人事労務管理

図表1　管理過程要素の拡大

		計画	組織	指令	動機づけ	統制	調整	要員	結合	伝達	決定	創造革新
1916	ファヨール	●	●	●		●	●					
1928	デイビス	●	●			●						
1938	バーナード	●			●		●			●	●	
1943	アーウィック	●	●	●		●	●					
1947	ブラウン	●	●	●					●			
1951	ニューマン	●	●	●					●			
1955	クーンツ他	●	●	●				●				
1963	ミー	●	●		●	●					●	●
1964	マッシー	●	●	●				●		●	●	
1966	ヒックス	●							●			●

（資料）　藤芳誠一編著『新版経営学』学文社，1988年より作表。一部変更。

人々を中心にして運営されています。これらの責任者の仕事内容は職場の具体的な状況で異なっていますが，「管理者」(manager)と呼ばれる彼らは「管理する者」という意味で，管理という共通した仕事の進め方をしています。この管理者の仕事が「管理職能」(management function)であり，特定の目的を達成するために必要な効果的な仕事の進め方の手続きといってよいものです。そして，この管理職能の具体的な職務内容を追究していくのが「管理論」(management theory)といわれる研究領域です。

　こうした管理研究は20世紀初頭に始まり，管理の内容を構成する管理要素について，多くの研究者によってその整理や追加・修正が行われてきました。図表1はその一例を示しています。それぞれ意味ある内容ですが，こうした多様

な見解から管理要素としてもっとも一般的に指摘されるものは,「計画・組織・指揮・統制」の4つであるとされています。つまり管理とは,計画に始まり,順次,組織,指揮,統制へと進む「管理の過程」(management process)であり,しかも統制の結果内容をふたたび計画へフィード・バックする循環的な「管理サイクル」(management cycle)とされるものです。

そして1940～1950年代のアメリカで,管理研究におけるいちおうの管理過程概念が確立されたことを契機にして,企業活動を「管理的に運営する」といった「管理思考」(managerial thinking)が産業界に広く普及していったといわれています。この管理過程の要素を簡単に説明すると,

①計画(planning)とは,特定の目的を達成するためにその達成方法,時期,担当者などを決定する手続きである。

②組織(organizing)とは,目的達成に必要な諸活動を特定し,職務責任・義務・権限の関係を規定し,これらを各人に割り当てる手続きである。

③指揮(directing)ないし指導(leading)とは,人々を目的達成に向けて動機づけ,職務を有効に遂行できるように指導する手続きである。

④統制(controlling)とは,現在の活動状況を当初の計画と照らし合わせて評価し,問題がある場合は是正措置を検討し,次期計画に反映させていく手続きである

ということです。

実際に,こうした管理の手続きを企業経営の場に適用する場合,次のような大きく4つのレベルへの適用が想定されます。

1　企業経営の全般管理への適用

財務・購買・生産・販売など企業経営を構成する「諸活動全体」をいかに効果的に管理していくかという部面。最高経営者や取締役会など企業の最高意思を決定するトップ・マネジメントが担うべき領域。

2　企業経営の部門管理への適用

企業活動を構成する専門職能となる財務・購買・生産・販売など職能

別の部門活動の局面。各職能部門に課せられた目的ないし役割を達成するために「部門内の諸活動全体」をいかに効果的に管理していくかという部門の長となる上級管理者（senior management）が担うべき領域。

3　ライン管理者の職場管理への適用

職場単位となる各セクション（たとえば「課」）の責任者であるライン管理者（line manager）が各単位職場に課せられた目的を達成するために，自らのセクションの諸活動をいかに効果的に管理していくかという局面。いわゆる課長などが管理者として課の責任を達成していくための仕事の進め方を指導する内容になる。

4　従業員各人の仕事の進め方への適用

従業員各人が割り当てられた仕事ないし課題や役割を効果的に達成していく上で適用される局面。「自分の仕事を管理する」「部下の仕事を自己管理させる」といった言い方があるように，職場における従業員各人の日常的な業務遂行の部面での応用。

このような企業経営における管理思考の適用から，管理とは特定の目的達成のために必要な，いわば「仕事の進め方の原理・原則」として普遍化された手続きと理解することができます。そしてここから，専門的な職能部門活動としての「人事労務」を効果的に進めていくために，「人事労務活動を管理的に運営する」といった発想が生まれてきます。

2　人事労務の管理過程

これまで一般論として，管理とは特定の目的を達成するために必要な諸活動を「計画・組織・指揮・統制」していくことと説明してきました。しかしこの管理の過程要素の内容に関しては，数多くの意見や議論があり，学術世界で必ずしも定説があるわけではありません。一方，産業界における製造現場では，実務的に「計画（plan）・実施（do）・評価（see）」のPDS活動，あるいは「計

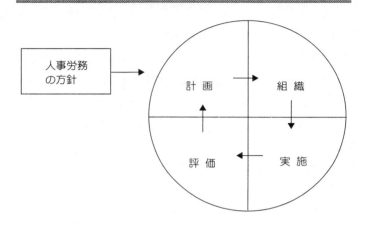

画 (plan)・実施 (do)・評価 (check)・是正 (action)」のPDCA活動と簡潔に定義して,これを「管理サークルを回す」などと表現しています。

ところで管理とは,理論的には計画から始まる手続き過程ですが,実務的には事前に決定された方針ないし目標を達成するために管理活動が動き出します。つまり管理思考を具体的な管理活動として展開していく場合には,方針ないし目標決定の手続きを含めて管理活動を考えていく必要があります。そしてその際,この方針ないし目標決定が企業の最高意思決定者であるトップ・マネジメントが担うべき責任になるのです。

こうした考え方から,この管理思考を人事労務活動に適用し,その内容を管理過程的に簡便に説明すれば,図表2に示す次のような内容です。

1 人事労務の方針(目標)決定

　　企業の最高意思決定者となるトップ・マネジメントによる「人事労務基本方針」と「人事労務戦略方針」の決定。

LECTURE 3　トップ・マネジメントの人事労務管理

2　人事労務の計画・組織

人事労務方針・戦略を基準として人事労務部門内諸方針が策定され，具体的な人事労務の施策・制度・手続き・担当者などの決定。

3　人事労務の実施

人事労務計画にもとづく人事労務の実施の過程で，人事労務部門の専管的なサービス業務だけでなく，職場管理者に対する調整活動や助言サービスの実施も含む。

4　人事労務の評価

人事労務計画に対して実績を評価する部面。問題がある場合は是正措置を検討し，次期計画や人事労務方針の再考にフィード・バックする。

以上の内容が「人事労務の管理過程」ですが，次に人事労務方針，人事労務計画・組織，人事労務評価の3つの内容について，さらに説明を加えていきたいと思います。

人事労務方針

「人事労務方針」（personnel policies）には，大きく2つの内容があります。その1つは人事労務の「基本方針」（basic policy）とされるものです。たとえば「自社の人事労務管理は能力主義でいく」といったように，それは人事労務管理に対する企業の姿勢の表明となって現れます。その結果，その方針に則して，たとえば従業員の職務能力を育成する教育訓練・能力開発制度が整備されていくとともに，能力や業績にもとづく昇進制度や昇給制度が設計され，人事労務管理の制度的な整合が保たれていくのです。

このように，人事労務管理の基本方針は，個々の企業の人事労務管理のあり方や性格を特徴づけるものであり，人事労務管理の具体的な制度や手続きを設計する場合の見取り図として，また人事労務管理諸制度・手続きを運営する指導指針の役割をはたしているということができます。

これまでの日本企業では，終身雇用慣行を前提とした年功序列を運用原理と

図表3　長期雇用と成果主義からみる雇用システムの理念型分類

（資料）　労働政策研究・研修機構『現代日本企業の人材マネジメント』2006年より作図。構成比率の数値は省略した。

する人事労務管理の諸制度が工夫されてきました。しかし現在では，第2講で述べてきたように，グローバルな企業競争と低成長経済化を背景として，そうした人事労務管理を支えてきた基盤が失われつつあります。このため個々の企業では，図表3に示すように，将来的にも終身雇用慣行を維持していくのか，あるいは非正社員を大幅に活用する柔軟な雇用をめざすのかといった決断を迫られています。また，伝統的な年功主義的人事労務管理を修正し，能力主義的ないし成果主義的人事労務管理への移行も真剣に問われています。もちろん，どのような人事労務管理を志向するかは個々の企業の事情によりますが，それは自社の人事労務管理の基本方針の決定責任として，トップ・マネジメントに課せられた大きな課題であることに間違いありません。

　もう1つの内容は，人事労務の「戦略方針」（strategic policy）です。基本方針はその性格上，容易に変化することはなく，原則として長期にわたって持続するものです。しかし企業を取り巻く環境は絶えず変化しており，企業はこうした環境変化に機敏に適応し，永続組織体として存続していくことが使命です。この企業の環境への適応行動を指導するのがトップ・マネジメントが策定する経営戦略（business strategy）です。そして，この経営戦略と呼応して適切な人

事労務管理の重点目標を設定し，人事労務管理の方向づけを行う役割をはたすのが「人事労務戦略」(personnel strategy) として策定される戦略方針です。

　現代の日本では，経済のサービス・ソフト化の進展，情報通信技術を基礎におく生産技術の革新，高学歴化・女性の職場進出などによる雇用・就業構造の変化，価値観の多様化による就業形態や従業員期待の多様化など，これまで未経験の企業環境の大きな変化が急速に進んでいます。またバブル経済崩壊後の1990年代を通じて，グローバルな企業競争がいっそう激化しています。このような環境変化に対して「自社の人事労務管理にあって何を重点的に行っていくべきか」を真剣に問い，人事労務の戦略方針を決定していくことも，同時にトップ・マネジメントに課せられた人事労務管理責任なのです。

人事労務計画・組織

　人事労務方針が決定されると，それを実行すべき人事労務の諸制度・手続きを合理的に設計するとともに，諸制度・手続きの有機的な関連や権限関係を明確にした「人事労務計画」(personnel program) を策定します。そしてそれらの具体的な諸職能を役割分担する「人事労務組織」(personnel organization) を形成していきます。これが人事労務の計画・組織といった手続き過程です。

　人事労務計画の1つの内容になる人事労務管理の制度設計で留意すべき点は，管理の効率性を高める考え方として「システム思考」(system thinking) を導入し，制度間の相互関連性を考えていくことです。これまでの制度設計の基本は，人事労務管理を構成する諸職能を個別にとらえ，他の職能との相互関連をほとんど意識せずに個々の制度を手続き的に精巧なものにしていくことにあったといえます。しかし実際，これらの諸制度は相互に関連し合っており，1つの職能における手続き変更は必ず他の職能に影響をあたえます。また，たとえば従業員の労働意欲の向上といった人事労務上の1つの目標を達成する場合にも，いくつかの制度の密接な連係の上で行う方が効果的であるために，制度設計においてもこうした点を配慮すべきことが必要とされています。

　他方，人事労務組織とは，専門職能としての人事労務スタッフ部門の職制だ

図表4　ライン・スタッフによる人事労務管理組織

人事労務の管理過程	トップマネジメント	人事労務部門	ライン管理者
人事労務方針	決定	立案・援助	—
人事労務計画	承認	立案	立案協力
人事労務組織	承認	立案	立案協力
実施	—	実施・援助	実施
人事労務評価	承認	立案・実施	—

けを意味しているのではありません。現代における人事労務管理の組織運用上の特徴は「ライン・アンド・スタッフ組織」(line and staff organization) を基盤としたトップ・マネジメント，ライン管理者，人事労務スタッフ部門の三者による分権的な組織体制で運営されていることにあります。

　つまり人事労務管理は，図表4に示すように，「トップ・マネジメントが人事労務方針を決定し，その方針を具体化するために人事労務スタッフ部門が人事労務の計画・組織を立案・設定し，その諸制度・手続きを用いてライン管理者が職場において人事労務管理を実施していく。そして最後に，人事労務スタッフ部門による人事労務の評価を通じてその成果を問い，そこで何らかの問題点が見出されれば，制度的な修正を行っていく」といった図式を描くことができるのです。

　さらに近年の日本におけるホットな動きは，1990年代のバブル経済の崩壊から進められたリストラの過程で，人事労務部門における業務の「アウトソーシング」(out-sourcing：外部委託化) が積極的に進められていることです。給与・社会保険料の計算事務，福利厚生施設の運営など基本的に定型的な実務業務を専門会社に委託し，人事労務の基幹的な戦略業務を自社に残すといったものです。人事労務業務の見直しと再編といった人事労務の「計画・組織」段階にお

ける新たな動向と理解してもよいでしょう。

人事労務評価

　人事労務の管理過程の最終手続きが「人事労務評価」(personnel appraisal)です。人事労務方針にもとづき策定された各プログラムが所期の成果を十分に達成しているか，もし達成していないとすれば，どこに原因があるのかを検討する必要があります。そしてこの評価内容が次期の計画立案にフィード・バックされ，人事労務管理はより効果的なものに修正されることになるのです。つまり人事労務評価とは，「人事労務管理全般の，あるいは人事労務管理の各制度の運用の成果が所期の目標を達成しているかを包括的に検討し，達成されていない場合にはその原因を見定めて次の計画立案に役立てる手続き」ということができます。実際の人事労務評価の内容はその評価領域に応じて，次のように大きく3つに分けることができます。

[1]　**制度評価**
　　　人事労務管理の諸制度をチェックしその整備状態を検討するもので，他社との人事労務管理制度比較調査や標準的な制度を並べたチェックリスト表などを活用。人事労務評価としてはもっとも基礎的なものである。

[2]　**効果評価**
　　　人事労務管理の諸制度が有効に機能して所期の目標を達成しているかを検討するもの。従業員に現行の人事労務管理の内容に関する不満や意見などを問う態度調査 (morale/opinion survey) といった「人事労務診断」はその代表的な方法である。

[3]　**費用評価**
　　　人事労務管理の諸制度の実施に必要とする費用とその成果との間の経済効果を検討し，人事労務管理費用の効果的な配分をはかるもの。従業員採用活動費・教育訓練費・労働安全衛生管理費・福利厚生費などの経済効果分析がその代表的なものである。

図表 5 「働きがいのある会社」モデル

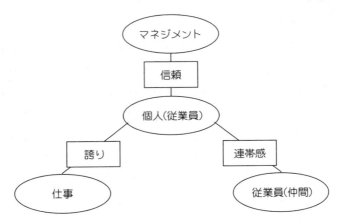

（資料） http://www.jmac.co.jp/gptw/index.html を参照（2007年12月）。

　こうした人事労務評価は，各企業の個々の事情に応じて実施されるべきものですが，この内容をすべて含めた人事労務評価を「三重監査制度」(triple audit system) と呼んでいます。

　なお効果評価における今日的な取り組みとして，「従業員満足調査」(employee satisfaction survey) が注目を浴びています。この背景には，従業員の早期離職が増大している今日，「自社は従業員にとって本当に働きがいのある場なのか」が問われ，経営風土の改革の重要性がいっそう認められるようになったことがあります。たとえば近年，図表5に示すように，働きがいのある会社を「従業員が勤務している会社や経営者・管理者を信頼し，自分が行っている仕事に誇りを持ち，一緒に働いている人たちと連帯感が持てる会社」と定義するアメリカのシンクタンク Great Place to Work Institute の診断モデルを使用した経営診断への関心が高まっています。従業員重視の経営理念の浸透をめざすとともに，企業ブランドイメージの向上を通じて企業競争力の強化を実現することが目論まれています。

III トップ・マネジメントの人事労務管理責任

1　人事労務管理の意義の認識

　企業経営上，管理思考が重視されていく背景には企業規模の巨大化や事業の複合化などにともなう経営管理の複雑化があります。人事労務管理も同様に，その諸施策・諸制度が著しく専門化・複雑化し，また領域も拡大するようになった結果，これらの諸施策・諸制度の間に理念や方向の統一性を欠くリスクが高まっていきます。こうした事態を避けるために管理思考が導入され，人事労務管理の「管理としての体系化」が促されていきます。

　しかし現実的に，トップ・マネジメントが人事労務の方針を決め，人事労務職制がこれに則した計画を立てるといった関係は，理論上はともかく，少なくとも1960年代になるまではそれほど実務的に意識されてはいませんでした。とくにイギリスでは，伝統的にトップ・マネジメントは団体交渉の最終決定以外，広く人事労務・労使関係事項には不関与の姿勢を示し，実務問題はすべて現場のライン管理者や人事労務部門に任せるといった態度が一般的で，通説的にこれを「経営の無責任」（managerial irresponsibility）と呼んでいたのです。

　またアメリカでも，伝統的に従業員の採用・昇進・昇給の決定など，人事労務の実質的な最終決定権限はライン管理者にあり，人事労務部門はその記録管理を行う純粋なスタッフ管理部門として調整的な役割を担うに過ぎず，その企業内地位は決して高いものではありませんでした。そのため，人事労務部門の幹部たちでも企業経営の中枢的な経営計画の策定に関与することはまったくなかったといわれています。

　しかし1960年代後半になるとアメリカでは，人的資本理論と行動科学にもとづく「人的資源管理」（HRM）といった新たな人事労務管理の考え方が主張さ

れ始め，企業経営の中軸に置かれるべき人事労務管理の意義がクローズ・アップされていきます。たとえばメギンソン（Megginson L.C., 1977）は，「これまでの人事労務管理は組織の重要な役割にほとんど貢献していなかったために，その組織内では低い地位しかあたえられていなかった。しかし，人的資源管理は組織の成功や失敗に直接影響をあたえるために，これからは経営過程の中枢的な地位に置かれるだろう」と予測したのです。

そして1980年代に入ると，この予測を裏づける調査結果が発表されていきます。その端緒はフォルクス（Foulkes F.K.）による「エクセレント・カンパニー」26社の人事労務政策の調査結果（1980年）です。その中で彼は，図表6のような体系図を示し，トップ・マネジメントの人事労務政策に対する信念の表明と彼らの支持に支えられた人事労務部門の権限の強さの2つが業績の好調さを説明する重要な要素であると分析しています。また，ピーターズ・ウォーターマン（Perters T.J. and Waterman Jr. R.H.）の「エクセレント・カンパニー」75社の調査報告（1982年）も，革新的な超優良企業を特徴づける要素として「人を通じての生産性向上」などを指摘したのです。そしてこの種の検証はイギリスでも行われ，比較的に業績好調な企業では，概して人事労務スタッフ部門の権限が強いことが指摘されています。

こうしてこの時期から欧米企業では，人事労務管理の見方に対するトップ・マネジメントの意識変革が迫られるようになり，人事労務管理をたんなる専門的な部門管理と見るのではなく，企業経営全体の指揮をとっていく「全般管理者」（general manager）が関与すべき必須の経営管理領域であるとする認識が促されていきます。そして，これを実証的に後押ししたのが1970年代末から1980年代半ばにかけて欧米諸国やアジア諸国で生じた「日本的経営ブーム」（the-After-Japan movement, Look-East movement）でした。戦後日本の高度経済成長の秘密を探るその過程で，日本企業の人事労務管理は企業経営上の中枢的な地位に置かれ，強力な権限をもっていることに関心がおよびます。「日本的経営で注目されるのは，効果的かつ強力な権限をもつ人事労務部門である。ライン管理者が人事権限を握る欧米企業と違い，日本企業の人事労務部門は新規採

LECTURE 3　トップ・マネジメントの人事労務管理

図表6　エクセレント・カンパニーの人事労務政策

```
トップ・マネジメントの信念の表明
（個人の価値，公平，リーダーシップなど）
［トップ・マネジメントの従業員に関する態度，価値観，哲学，目標］
```
↓
```
［実体的政策］
・環境要素と企業特色の効果的   ・満足のいく報酬と付加給付プ
　な管理                      　ログラム
・雇用保証                    ・効果的なフィードバック機構，
・内部昇進                    　コミュニケーション計画，不
・影響力があり，能動的な人事  　平処理手続き
　労務部門                    ・管理者の慎重な選抜，能力開
                              　発，評価
```
↓
```
協働という人間的価値と合致し，企業戦略の効率的・
効果的な長期実践に好ましい信用・協力・信頼の風土
```
↓

より柔軟な組織	従業員の積極的な態度と高いモラール	ストなし	より開放的で直接的なコミュニケーション	第三者の介入なし	より責任感があり献身的な従業員
従業員の安定と公平の認識	望ましい労働の場と会社がみなされ，空席をはるかに超える応募者	低い労働移動と無断欠勤	組合加入を望まない大多数の従業員	従業員と経営との間における敵対的な関係の払拭	

↓　　　　　　　　　　　　　　　　　↓

　より高い生産性　　　　　　　よりよい経営・従業員関係

（資料）　F.K.Foulkes, Personnel Policies in Large Nonunion Companies, Prentice-Hall, 1980 より作図。

図表7　人事労務管理の基礎概念の変遷

名称	PM	HRM	SHRM
年代	～1950s	1960s半ば～	1980s半ば～
労働者の意義	カネ／ヒト／モノ（3分割円）	カネ／**ヒト**／モノ（ヒト強調）	カネ／**ヒト**／モノ（ヒト強調）
労働者観	①機械の付属物としての労働力で，現有能力のみに関心 ②労働市場で容易に調達できコスト換算される生産要素	①教育投資により高まる生産能力（人的資本理論） ②高い付加価値を生む資産としての人的資源	①企業競争における競争優位の源泉（競争戦略論） ②企業生き残りのための戦略的資源
人事労務部門の地位	①利益部門（profit center）は技術，マーケティング，財務 ②人事労務部門は費用部門（cost center）で企業経営上，亜流	①人事労務部門の利益部門への昇格 ②人事労務部門トップの役員への配置	①人事労務部門は戦略的部門 ②HRMはトップ・マネジメント所管の責任事項

用・人事評価・昇進・解雇などの権限を一手に握り，会社への帰属意識を従業員に吹き込んでいる」（"NewYork Times" 1995.5.1）といったコメントや，「安定した協調的な労使関係の下で，必要な能力と技能をそなえた人材の長期的な供給を可能にしている雇用と経営のあり方」（Beer et al., 1984）といった評価がなされており，企業経営における人事労務管理の意義をあらためて彼らに教えたのです。

LECTURE 3　トップ・マネジメントの人事労務管理

　そこで次項では，これまでの伝統的な「人事労務管理」(PM) に代わり，主として1960年代後半以降に発達を見せる「人的資源管理」(HRM) という人事労務管理の考え方の重要な論点を確認するとともに，とくに1980年代後半以降のアメリカで新たに強調され始め，日本でも近年盛んに議論され始めている「戦略的人的資源管理」(SHRM：Strategic Human Resource Management) の考え方を紹介し，その中でトップ・マネジメントの人事労務管理責任を確認していきます。図表7は，アメリカにおける人事労務管理の基礎的な概念の変遷上の特徴を大まかにまとめたものです。

２　人事労務管理の戦略的役割

人的資源管理の基本的な理念

　これまでの人事労務管理の役割に関する見方をあらため，企業の生き残りを左右する人事労務管理の意義を重視するようトップ・マネジメントに要求する人的資源管理の主要な論点は，次のような3つの内容にあります。

　　１　労働者観の修正：もっとも重要な経済資源（人的資産）
　　　　これまで労働者（従業員）は，機械・原材料と同等の生産要素の1つとみなされ，それ以上でもそれ以下でもなかった。労働者は労働力に還元されコストとして計算された。しかし人的資源管理は，従業員を「富を生み出す創造的エネルギー」をもつもっとも価値ある経済資源であるとし，教育投資する価値のある「人的資産」(human asset) として優先的な順位をあたえるべきであるとしている。

　　２　事業計画への統合：人事労務管理の戦略的役割の強調
　　　　従業員がもっとも重要な経済資源であるならば，従業員を取り扱う人事労務管理は経営の中枢的な地位に当然位置づけられる必要がある。経営戦略上の事業計画確定後に，それをフォローするような二義的な役割

ではなく，技術・財務・マーケティングといった戦略的事業計画に統合された人事労務計画策定を担う戦略的な役割をあたえるべきであり，トップ・マネジメント層が担うべき経営管理領域である。

3 ライン管理者の人事労務管理責任の強調

従業員の投資的な価値を認め，彼らの能力を十分に活用することを真に望むならば，その直接的な責任は部下をもつすべてのライン管理者にある。というのは，日常の企業活動を第一線で支えているのは実際に職務を担っている部下たちであり，彼らの業績は上司としてのライン管理者の指導いかんにあるからである。企業の経済的成功が従業員の職務業績に依存し，従業員の職務業績がライン管理者の人事労務管理能力に依存することから，当然，ライン管理者の人事労務管理責任は重視されなければならない。

こうした人的資源管理が理念的に強調する人事労務管理の考え方は，アメリカでは1980年代後半になると，激しさとスピードを増す企業環境の変化を背景にしたグローバルな企業競争を勝ち抜くために，経営戦略論を基礎理論にもつ戦略的人的資源管理として発展していくことになります。

戦略的人的資源管理の考え方

戦略的人的資源管理には，「人的資源管理は戦略的に考えていかなければならない」といったメッセージがあります。その理由の1つは，企業環境全般の大きな，かつ急激な変化です。情報通信技術の発達，生産性の低下とサービス経済化の進展，ホワイトカラー労働の進展とプロフェッショナル化の加速，従業員諸権利の保護・拡大化といった経済的・社会的・政治的な圧力の高まりの中で，企業がこうした環境変化に適応していくためには人的資源管理を機動的かつ柔軟に運用していかなければならないとするものです。もう1つの理由は，アメリカ企業における財務業績中心の短期的な企業経営や人材活用の拙劣さを競争力低下の原因と認め，企業目標達成における戦略的手段として，組織業績

の向上を導く主要な影響因とされる人的資源管理を経営戦略の形成・実行過程に結びつけていかなければならないとする考え方の成長です。

戦略的人的資源管理の考え方は，1980年代半ば以降本格的な発展を見せますが，その理論的な基礎は，

①競争市場における競争優位を達成するための「競争戦略論」(business strategy theory)

②オープン・システム理論の発展としての「コンティンジェンシー理論」(contingency theory)

の2つです。その主たる論点は次のようなものです。

1 競争戦略論

競争戦略論の課題は，企業の「競争優位」(competitive advantage)の源泉は何か，そしていかにしてその優位性は生み出され，かつ持続されるかを説明していくことにある。その1つはポーター(Porter M.E.)を代表とする市場特性重視の戦略論で，ここでは自らの企業を取り巻く5つの市場構造特性（企業間の競合度，売り手の交渉力，買い手の交渉力，新規参入，代替品）を事前評価し，その上で自社の事業の位置づけ(positioning)を行い，もっとも適切な戦略（低価格戦略，差別化戦略，集中化戦略）を採用していくとするものである。もう1つの戦略論はバーニー(Barney J.B.)を代表とする内部資源重視の戦略論，「資源ベースの企業理論」(the resource-based theory of the firm)である。企業がもつブランド・技術知識・熟練労働者・取引交渉・機械・能率的な手続き・資本など，可視的・非可視的な資産を資源とみなし，その資源の質の違いが他の企業が模倣できない障壁になり，それが持続的競争優位を生み出す源泉になるとするものである。

2 コンティンジェンシー理論

環境変化に適応していくことが組織の使命だが，その際，対処すべき環境条件が異なれば，組織の対処の仕方も異なる。そして，状況要因と

組織との「最適適合」(best fit) が組織成果として高い業績を導くとする。これを「環境－戦略－組織構造－組織過程－業績」といった管理過程のパラダイムにもとづき説明すると，自らの組織を取り巻く環境を見据えて戦略を策定し，その戦略を実行していくために有効な制度等を構築していけば，期待される組織的成果が達成され，最終的に組織として業績向上が実現されるということである。その際，打ち出される戦略が異なれば，当然構築される制度も異なったものになる。

こうした競争戦略論とコンティンジェンシー理論の知見をベースにしながら，戦略的人的資源管理の考え方が形成されていきます。その主たる特徴的な論点は，次のようなものです。

1 人的資源（従業員）や人的資源管理制度は，企業により大きな付加価値をもたらすだけでなく，企業特殊的で簡単に市場から調達できるものでもない。またライバル企業に容易に模倣されにくい目に見えない資源という特性をもっているために，企業の持続的な競争優位を導く戦略的資源になるという理念的な前提をもっている。

2 企業の生き残りを左右する経営決定となる経営戦略の実行に資する人的資源や人的資源管理制度は，競争市場における持続的競争優位の源泉となるだけに，トップ・マネジメントは人的資源管理制度の構築を自らの経営責任としていかなければならないとする認識をもつ。

3 「環境－戦略－組織構造－組織過程－業績」パラダイムにもとづき，競争市場を企業環境と理解し，企業が策定する競争戦略を効果的に実行できる人的資源管理制度を構築すれば，期待される人的資源管理成果を導き出し，最終的に良き企業業績を結果すると考えている。

ここに戦略的人的資源管理のもっとも典型的なタイプとして，さまざまな競争戦略に対し，戦略実行に必要な従業員の資質や行動を特定し，そうした従業

LECTURE 3　トップ・マネジメントの人事労務管理

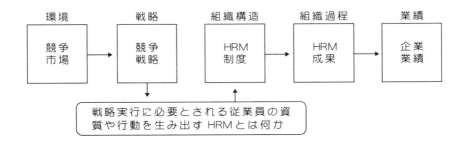

図表 8　戦略適合の人的資源管理の考え方

員を生み出すために効果的な人的資源管理制度を構築していくとする「戦略適合人的資源管理」(strategy-fit approach to HRM) という考え方が流布していくことになります。これを簡便に図示すると，図表 8 のようなものです。

　アメリカで戦略的人的資源管理構想が普及するにつれ，日本でもバブル経済崩壊後の長期不況に陥ったとくに1990年代半ば頃から，人事系コンサル会社や民間シンクタンクを通じて戦略的人的資源管理という考え方が提唱されるようになりました。その主たる論点は「企業経営の根幹となる経営戦略を実行するのに必要な人材を調達・育成・維持・活用する人的資源管理を構築していかなければならない」ということにあり，戦略適合の人的資源管理構想が「戦略人材マネジメント」といった名前で提案されています。そこでここでは，アメリカにおける戦略適合人的資源管理論の代表的な事例であるシュラー・ジャクソン (Schuler R.S. and Jackson S.E., 1987) の研究を紹介し，戦略適合の人的資源管理構想の具体的なイメージをつかんでもらいたいと思います。

　まずシュラーらは，ポーターの競争戦略概念を踏まえ，競争優位の達成に必要な 3 つの基本的な競争戦略を構想します。それらは，

①ライバル企業と異なる製品やサービスの開発によって差別化をはかっていく「革新戦略」(innovation strategy)

②製品やサービスの品質の向上を通じて差別化をはかっていく「品質向上戦

略」(quality enhancement strategy)

③コストの削減を通じて製品やサービスの低価格化で差別化をはかっていく「コスト削減戦略」(cost reduction strategy)

の3つです。

そして，これらの戦略を効果的に実行していくためには，それぞれ内容の異なる人的資源管理が必要になると考えます。というのは，戦略実行に必要とされる従業員の「役割行動」(role behaviors) は戦略によって異なるために，そうした従業員の役割行動を生み出すのに必要な人的資源管理施策も当然異なってくると考えているからです。そこで，3つの競争戦略の実行に必要とされる従業員の役割行動を，

①革新戦略に必要な役割行動

高度の創造的な行動，長期的な視点，相対的に高度の協力・相互依存的な行動，品質に対する適度な関心，過程と結果に対する同等の関心，高いリスクを引き受ける行動，あいまいさや予見不能さへの高度の寛容さ。

②品質向上戦略に必要な役割行動

相対的に反復的かつ予見可能な行動，中長期的な視点，適度な協力・相互依存的な行動，品質に対する高度の関心，生産量に対する適度な関心，過程に対する高度の関心，リスクを避ける行動，組織の目標への一体化。

③コスト削減戦略に必要な役割行動

相対的に反復的かつ予見可能な行動，かなり短期的な視点，主として自律的かつ個人的な行動，品質に対する適度な関心，生産量に対する高度の関心，主として結果に対する関心，リスクを避ける行動，相対的に高度の安定志向

とまとめ，計画・要員・評価・報酬・教育訓練／能力開発といった5つの職能領域から，それぞれの戦略実行上必要な従業員の役割行動を生み出す人的資源管理施策を特定していきます。図表9は，こうした作業を通じて提案される「競争戦略－HRM」整合モデルの内容です。

図表9　競争戦略と人的資源管理の整合

競争戦略	HRM施策の特性
革新戦略	①集団間で綿密な交流と調整を必要とする職務 ②長期的かつ集団ベースの達成を反映しやすい業績評価 ③従業員に企業内の他の職位で活用できる技術の育成を許すような職務 ④外部，ないし市場ベースの公平よりも，内部的な公平を強調する報酬制度 ⑤賃率は低めだが，株主になったり，賃金パッケージを構成する要素（俸給，賞与，ストックオプション）の複数選択を認める賃金制度 ⑥幅広い技能開発を強化する広いキャリア・パス
品質向上戦略	①相対的に固定化され，明白な職務記述書 ②直接の作業条件や職務自体に関わる決定への高度の従業員の参加 ③概して短期的で成果指向の業績評価だが，個人基準と集団基準を混成する ④従業員に対する相対的に平等な処遇と，ある程度の雇用保障 ⑤従業員の広範かつ継続的な訓練と能力開発
コスト削減戦略	①曖昧さの余地がほとんどなく，相対的に固定化された明白な職務記述書 ②特殊化，専門化，能率を促がす狭義に設計された職務と狭義に規定されるキャリア・パス ③短期的，成果指向の業績評価 ④報酬決定のために市場賃金の水準を綿密に監視する ⑤最小限の従業員訓練と能力開発

（資料）　Schuler and Jackson（1987）より作表。

戦略的人的資源管理の日本における示唆

　日本企業におけるこれまでの人事労務部門は，とくに歴史のある重厚長大の製造大企業や銀行・保険を中心とする金融業界では，企業経営上の中軸的な部門とされており，こわもてするエリート部門として位置づけられてきました。しかし実際的な業務運営では，定例的・定型的業務の繰り返しで，企業環境の変化に機敏に反応し革新的な提案を行っていく「変革者」（change agent）の役割をはたしてこなかったといわれています。それゆえ戦略的人的資源管理の考え方は，これまで経営戦略の変化といったこととは無関係に安定的に行われてきた日本の人事労務管理慣行の改革を迫るものとして，大きな意味をもつものといえるでしょう。

　しかし，これまでの理論的な成果として提起される戦略適合の人的資源管理編成は，シュラーらの研究に見るように，特定の戦略に対応した特定の人的資源管理モデルの提案となっており，いまだ実用的なものになってはいません。というのは，現実に多角的な事業展開を行っている企業では，コスト戦略型の製品，品質向上戦略型の製品，革新戦略型の製品，サービス戦略型の製品など，複数の性格の異なる製品を同時に扱っており，企業はいわば「複数の戦略の結合体」としてあるために，こうした場合，どの人的資源管理編成をどのレベルで適用できるのか，実務的には大きな課題として残っているからです。また1つの企業内に複数の人事制度が導入されることにより，従業員間に説明困難な処遇格差が生み出されるリスクもあります。

　とはいえ，戦略適合の人的資源管理編成の概念は，2000年5月の商法改正における会社分割制度の創設を機に，多角化した企業の柔軟な事業再編として製品単位別分社化が進行していけば，その適用の有効性を高めていく可能性はあります。基本的に各事業単位は1つの独立した小規模事業体として，取り扱う製品特性に応じた独自の競争戦略の設定，そしてその競争戦略の実行を支える機動的な分社独自の人的資源管理制度の構築を可能とさせるからです。

LECTURE 4

人事労務管理制度の設計と運用の基礎

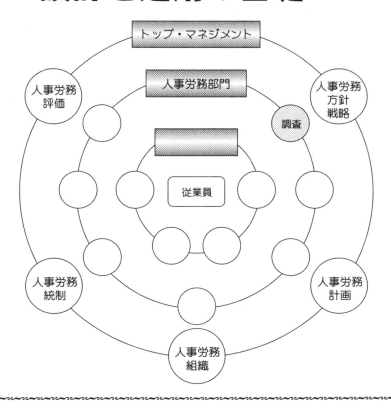

Ⅰ 人事労務調査職能

　人事労務管理の具体的な施策内容が十年一律不変であることは，まず考えられません。人事労務管理は常に環境の変化にさらされており，ある時期には有効であった施策も，時代が変わり環境が変化することで，その有効性に陰りが現れ，機能的な陳腐化を避けられません。そうした問題に対処する基礎的な情報を収集する役割を担うのが「人事労務調査職能」(personnel research) です。

1　人事労務情報の収集と活用

　自社の人事労務管理制度の機能的有効性を検討していくためには，人事労務にかかわるさまざまなデータないし情報を組織的・体系的に収集していくことが大切です。たとえば，広く産業界一般の人事労務管理の動向と自社の現行制度を比較することで，自社の現状の人事労務管理水準を特定することができます。また人事労務管理動向を知る情報の中でも，とくに競争相手となる同業他社の人事労務管理にかかわる情報は重要です。というのは，もし両社の技術的装備の水準が同じであれば，人事労務管理全般の整備とその運営の適切度の違いが企業業績の格差となって現れるといえるからです。

　それゆえこうした内容を自社の現行施策と比較・分析し，さらには従業員の「モラール・サーベイ（態度／意見調査）」などを通じて自社の現行施策の有効性を問うことを通じ，もしそこに著しく劣った事実や不具合が浮かび上がってきたとすれば，それらの点を自社の人事労務管理制度改善の課題として特定することができるのです。

　こうした個々の企業における人事労務管理制度・手続きの効果的な運用と改善のために必要な基礎的手続きが人事労務調査であり，そのために収集される情報が「人事労務情報」(personnel information) です。人事労務情報には，次の

ように大きく外部情報と内部情報の2つがあります。またその活用上，人事労務管理制度の整備状況を同業他社との比較という点から見出すための統計情報と，自社の現行の人事労務管理制度の改善と運用の整合性を維持・向上させるための情報に分けることができるでしょう。

1　人事労務の外部情報
- 労働関係諸法，労働経済の実態に関する政府諸官庁の調査資料
- 産業における，とくに同業他社の人事労務管理動向など，人事労務管理の専門情報誌から得られる資料

2　人事労務の内部情報
- 自社の職務に関する情報（職務調査から得られる職務情報）
- 自社の従業員に関する情報（人事評価などから得られる人事情報）
- 人事労務監査やモラール・サーベイなどから得られる情報

　外部情報としての政府諸官庁（主として厚生労働省や総務省）が取りまとめる人事労務諸統計は，広く産業界一般の人事労務管理動向と比較して，自社の現行の人事労務管理水準を特定するのに役立ちます。また人事労務管理の専門情報誌は，最新の人事労務管理動向を知るのに有力な情報源です。現行の人事労務管理が大きな問題もなくうまく働いている場合であっても，そこにより効果的な施策が開発されれば，それを積極的に取り込もうとする努力は人事労務管理の機能的有効性を向上させる重要なポイントです。とくに新たな施策の成功事例は自社の制度修正を考える際の有益な情報になるでしょう。図表1は，賃金制度，労働時間制度，人事・処遇制度など人事労務管理にかかわる企業内制度やマクロ経済的な諸統計の調査リストです。

　一方，人事労務監査やモラール・サーベイから得られる内部情報は，現行の人事労務管理制度について，「その制度が妥当であるか」「その制度の運用が適切であるか」「その制度が所期の成果をあげているか」などを知り，その評価結果を人事労務管理の制度改善のために活用していくものです。今日では，従

図表1　主要雇用関連統計調査一覧

調査名	調　査　内　容
毎月勤労統計調査	毎月，常用勤労者を5人以上雇用する事業所の雇用，給与及び労働時間について全国・都道府県別に変動を明らかにする
雇用の構造に関する実態調査	経済社会の構造変化を背景とした労働市場の大きな変化が雇用構造にあたえる影響などの実態を把握する。毎年，調査のテーマに沿って調査対象を設定
雇用均等基本調査	毎年，主要産業における女性労働者の雇用管理の実態等を総合的に把握する
賃金構造基本統計調査	毎年，主要産業の5人以上雇用される事業所の労働者について，その賃金の実態を雇用形態，就業形態，職種，性，年齢，学歴，勤続年数，経験年数別等に明らかにする
賃金引上げ等の実態に関する調査	毎年，民間企業（労働組合のない企業を含む）における賃上げ額，賃上げ率，賃上げ方法，賃上げ事情等賃上げの構造を明らかにするとともに，賃上げの企業経営への影響等を把握する
就労条件総合調査	毎年，年俸制，所定労働時間，週休制，年間休日総数，長期休暇，変形労働時間制等労働時間制度，定年制等の現状等を明らかにする。労働費用，福利厚生制度，退職金支給実態についても，ローテーションで調査し実態を把握する
労働組合基礎調査	毎年，労働組合数，組合員数，加盟組織系統等の状況を調査し，組合及び組合員の産業別，地域別，加盟上部組合別の分布等労働組合組織の実態を明らかにする
労使関係総合調査	労働環境が変化する中での労働組合の活動等の状況を明らかにする。毎年，テーマ別に5年周期で実施
労働安全衛生に関する調査	事業所が行っている安全衛生管理，労働災害防止活動及び安全衛生教育の実施状況等の実態，ならびにそこで働く労働者の労働災害防止等に対する意識を把握する。毎年，テーマ別に5年周期で実施
労働力調査	15歳以上の人口について，毎月の就業状態，就業時間，産業・職業等の就業状況，失業状況などを調査
就業構造基本調査	ふだんの就業・不就業の状態を調査し，就業構造の実態，就業異動の実態，就業に関する希望などを5年ごとに調査

（資料）　厚生労働省，総務省HPを参照（2015年8月）。

LECTURE 4　人事労務管理制度の設計と運用の基礎

図表2　適性配置のイメージ

```
┌─────┐    ┌──────────────┐
│ 職 務 │───▶│ 職務情報         │
│ 調 査 │    │ その職務が要求する │──┐
└─────┘    │ 職能要件はどのよう │  │   ┌───┐    ┌───┐
           │ な内容と程度か    │  │   │つ │    │配 │
           └──────────────┘  └──▶│き │    │置 │
                                   │合 │───▶│異動│
           ┌──────────────┐  ┌──▶│せ │    │昇進│
┌─────┐    │ 人事情報         │  │   └───┘    └───┘
│ 人 事 │───▶│ その従業員が保有す │──┘
│ 評 価 │    │ る職務能力はどのよ │
└─────┘    │ うな内容と程度か   │
           └──────────────┘
```

業員を重要なステークホルダー（利益関係者）と位置づけ，従業員の勤労意欲と人事・処遇制度に対する意識をつかみ，経営方針の決定や諸制度の導入・運用に反映させることを目的とした「従業員満足調査」を定期的に行っている企業も増えてきています。

　また内部情報として，職務調査（職務分析）から得られる「職務情報」と人事評価から得られる「人事情報」は，人事労務管理の日常的な運営に整合性をもたせるものとしてとくに重要な基礎情報です。というのは，これらの2つの情報は，雇用・教育訓練・賃金といった人事労務管理の基幹的な職能の制度設計や運用を効果的にするのに役立つだけでなく，図表2に示すように，とくに従業員の配置・異動や昇進といった面で「職務と人との能力的な適合」という適性配置を適切に行っていくための必須の情報になっているからです。

　たとえば，ある特定の職務について，その職務遂行に必要な人的能力としての職能要件が明確に把握されていればこそ，その職務に対する従業員の適切な配置基準を設定することができます。また逆に，特定の従業員個人について，現有の職務遂行能力が明確に把握されていればこそ，その従業員に対する適切な職務配置が可能になるのです。すなわち，職務が要求する人的資格要件と従業員が保有する職務遂行能力とのつき合せによる配置・異動，昇進が「適性配

置」になるのです。

　なお人事労務調査職能は人事労務部門の重要な役割であることは事実ですが，本来的に雇用・教育訓練・賃金などの個別の職能部門が担うべき責任となっており，人事労務職制上，独立した部門が形成されることはない点に留意してください。

2　人事情報システム

　人事労務管理の領域にもIT（Information Technology：情報技術）化の波が押し寄せています。当初人事労務管理におけるITは，給与計算，社会保険料計算，労働時間の集計といった「計算主体業務」に利用され，その効率性と利便性が追求されてきました。しかし1970年代後半以降になると，情報処理技術の飛躍的な発達にともない人事労務情報のデータベース化が促され，経営管理上の戦略的意思決定の基礎情報となる各種の資料作成や加工も可能になっていきます。その結果，要員計画・配置転換・労働条件・職務内容・教育訓練・組織開発などの「管理的業務」にも応用の範囲が拡がっていきました。そして今日では，「人事情報システム」（PIS：Personnel Information System）は人事労務管理にかかわる業務の情報システム化を意味するものとして，また人事労務管理諸制度運用のための基礎的な情報収集の役割を担うものとして認知されるようになりました。

人事情報システムの内容

　人事情報システムを構築するにあたって，そのもっとも基礎的なデータとなるのが従業員の個人別人事情報（個人別基礎データベース）です。その際，企業の業種や規模に関係なく，一般的に人事情報として入力されるべき内容には，
　①表示項目（社員番号，氏名など）
　②本人属性（性別，生年月日，入社年月日，学歴，職歴など）
　③住居（住所，電話，通勤時間，緊急連絡先など）

LECTURE 4　人事労務管理制度の設計と運用の基礎

④家族（氏名，生年月日，学歴，扶養の有無，健否など）
⑤健康・衛生（身長，体重，視力，既往症，身体障害，健康状態など）
⑥経歴（所属，資格，職級，役職，職群，職種など）
⑦給与（本給，基準内賃金など）
⑧人事評価結果（総合評価，評定区分など）
⑨自己申告（希望勤務地，希望職種，上司意見，異動希望時期など）
⑩教育訓練（コース名，修了年月，評価など）
⑪資格（公的資格，民間資格，取得年月日など）
⑫勤怠（遅刻早退回数，病欠，事故欠，有給休暇など）
⑬賞罰（表彰種別，罰則など）

といったものがあります。

こうした個人別の基本データベースをもとにして，各種の人事労務管理制度を運用していく上で必要な人事情報のサブシステムを構築していきます。その一例として，次のようなサブシステムが考えられています。

1　採用管理サブ情報システム
　　要員計画に始まり，従業員として受け入れるまでの採用予定者のデータを扱う。

2　就業管理サブ情報システム
　　主として従業員の勤怠データを扱う。給与計算，賞与計算に利用する。

3　給与管理サブ情報システム
　　給与計算，賞与計算，年末調整計算を主に行う。

4　福利厚生管理サブ情報システム
　　給与データをもとに社会保険料の計算，さらに従業員の健康管理データとして蓄積する。

5　人事評価サブ情報システム
　　人事評価，配置・異動，自己申告などの評価データを扱い，その履歴を蓄積する。

6　人材開発サブ情報システム

　　従業員個々人の教育訓練計画や，その教育訓練で得た知識および資格取得（スキル），職務経歴（キャリア）に関するデータを蓄積する。

人事情報システムの活用

　人事情報システムは人事労務管理制度を効率的に運用するのに効果的です。ここではその事例として，図表3に示すように，これからの企業の経営戦略上その重要性がいっそう増すと思われる人材開発にかかわる「人材開発サブ情報システム」の活用のあり方を教育計画の策定・教育受講管理・取得資格管理・職務経歴管理の面から見ていきます。その概要は次のようなものです。

1　教育計画の策定
- 教育研修マスターから教育受講歴や昨年の職務遂行能力達成度と目標などを「個人別の職務遂行能力一覧表」に印刷し各個人に配付する。
- 各従業員は，それを参考にしながら現在の職務遂行能力達成度や今年の職務能力目標，受講したい教育内容などを上司と面接しながら記入し，教育計画を立てる。
- 教育計画を回収し，従業員ごとに現在の職務遂行能力達成度と今年の目標，その他の特記事項などを入力する。そして「部署別・年齢別の職務遂行能力達成度一覧表」や「各職務遂行能力目標に対する達成度の一覧」などを出力し，今後の教育訓練の参考とする。

2　教育受講管理
- 教育研修マスターより，これまでの教育受講履歴や今年の職務遂行能力実績と目標を印刷した「個人別の教育受講申込書」を印刷，配付する。
- 各従業員に教育の申し込みを行ってもらう。
- 教育受講予算，教育受講可能人数や優先度を考慮し受講者を決定する。
- 受講予定者を入力し「教育受付状況一覧」や「教育受講票」を出力する。
- 従業員が教育を受講後，受講実績，評価，合否などを入力し教育研修マ

LECTURE 4 人事労務管理制度の設計と運用の基礎

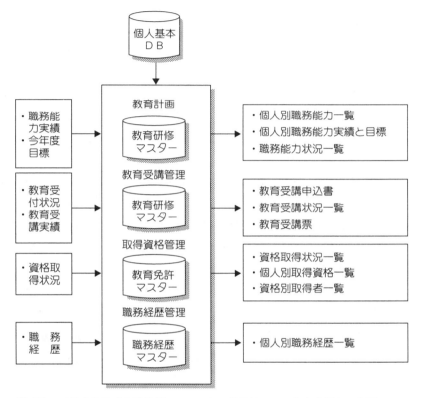

図表3 人材開発サブ情報システム

(資料) 下崎千代子『人事情報システム』日科技連,1993年を参照して作図。

スターを更新しておく。

3 取得資格（スキル）管理

・従業員が公的資格を取得したり公的試験に合格した場合に，その資格免許マスターに登録・蓄積する。

・随時,「資格取得状況一覧」「個人別取得資格一覧」「資格別取得者一覧」などを資格免許マスターから印刷し,今後の教育訓練の参考にする。

・人事異動の際の参考データとして検索にも活用する。
4　職務経歴（キャリア）管理
・職務経歴マスターから過去数年間の「職務経歴一覧」を出力する。
・従業員にこれを配付し，この1年間における職務内容，業績などを自己評価の上，上司と面談する。
・面談の結果を職務経歴マスターに画面会話形式で入力し蓄積する。
・人事異動対象者選出のための参考データとしてや，キャリア開発における「キャリア・インベントリー（人材目録）」として整備する。

　こうした事例から理解できることは，蓄積された個人的な人事情報データベースを基礎にして，必要に応じてその意図したデータを瞬時に加工・出力することができるために，これまで手作業的に行われていた事務の効率化が大幅に改善されるとともに，従業員の個別管理が大幅に向上していることです。つまり，コンピューターならではの技術的利便性を生かしたきめの細かい機動的な人事労務管理の運用を可能にしているのです。

　またこれらの人事情報システムは，現在の自社内にどのような人材が確保されているか，あるいは新たな事業展開に際し，どのような人材が不足しているかも瞬時につかむことができます。こうした数値的事実情報を基礎に置くことによって，より確度の高い中・長期的な要員計画や人材育成計画を立てることが可能になり，さらには経営戦略に即応した機動的な「戦略的中途採用」も効果的に行っていけるようになるのです。

　さらに今日では，人事労務業務のIT化は，①人事労務業務の効率化，②従業員サービスの拡充，③組織能力の向上，といった効果をもたらすものとして認められ，人事労務部門の業務再編に拍車をかけています。図表4に示すように，給与管理，勤怠管理，社会保険手続きなどはいうにおよばず，確定拠出年金における投資管理，インターネットを通じた採用管理，eラーニングによる自己啓発メニューの提供，社内FA制度や社内公募制度の情報のイントラネット公開などが展開されており，人事労務部門における人員やコスト削減だけで

LECTURE 4　人事労務管理制度の設計と運用の基礎

図表4　人事労務管理のIT化

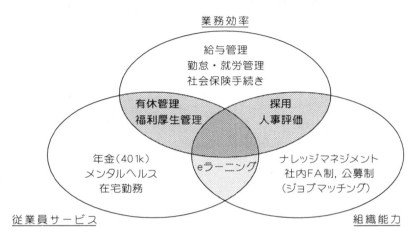

（資料）　舞田竜宣『10年後の人事』日本経団連出版，2005年。

なく，組織全体の能力向上にも大いに役立っているとされています。さらにまた，バブル経済崩壊以降のグローバル競争の激化の中，企業におけるコスト削減志向の定着は人事労務業務の「外部委託化」(out-sourcing)を促していますが，人事労務業務のIT化もそれに大いにかかわっているといえるでしょう。

II 人事制度

　労働者を従業員として賃金で雇い，分業と協業を通じて事業展開を行っていく企業組織では，従業員の組織階層的な人事序列と賃金処遇のための秩序を維持していくことが必須ですが，そうした人事・賃金秩序を維持していく施策の設計と運用の機軸となるのが「人事制度」といわれるものです。

　人事制度という用語は，多様な使われ方がされています。たとえば「わが社の人事制度は……」といった一般的な用法では，人事労務管理制度全般を意味しており，人事労務管理と同義です。しかしここで説明を加える人事制度とは，人事労務の個々の制度を設計し運用していく際の基盤として存在するものを意味していることに留意してください。

1 人事制度とは何か

　よく「人事制度とは，組織の中で働く人々を位置づけ，その働きぶりを確認し，それに対応した処遇を行う仕組みで，等級制度，評価制度，報酬制度の3つの制度で成り立っている」という説明を見かけます。この説明では，3つの制度が並列的に認知されています。しかし，等級制度にもとづき評価制度が設計され，その評価結果に応じて報酬が設定されるという手続きの流れから見れば，もっとも基礎的な位置にあるのは等級制度です。したがって，本質的な意味での人事制度とは，何らかの基準で従業員の組織階層的な序列を決定するとともに，賃金処遇手続きの設計と運用の機軸となる従業員の格付け制度としての等級制度ということができるでしょう。

　従業員を組織階層的に秩序づけるための基準は，大きく「人基準」と「仕事基準」の2つに分けることができ，それに応じて日本では，次のような大きく4つの人事制度を認めることができます。

LECTURE 4　人事労務管理制度の設計と運用の基礎

> **1　人基準の人事制度**
> ・従業員の個人属性となる学歴，年齢，勤続年数を基準とする「年功的人事制度」
> ・従業員が保有する職務遂行能力の高さを基準とする「職能資格制度」（職能等級制度，職能資格等級制度ともいわれる）
>
> **2　仕事基準の人事制度**
> ・担っている職務の価値の大きさを基準とする「職務等級制度」
> ・期待される役割の価値の大きさを基準とする「役割等級制度」

　これらの4つの従業員格づけ制度の中で，これまで日本でもっとも普及しているのは職能資格制度ですが，バブル経済崩壊以降，人事労務管理の成果主義的改革が叫ばれ，とくに1990年代後半から職務等級制度や役割等級制度を導入する企業が増えています。以下では，それぞれの人事制度に関し，日本の事情を絡めて説明していきます。

2　人基準の人事制度

年功的人事制度

　戦後の経済回復をはたした1950年代後半以降の日本の企業では，人事制度は「係長→課長→次長→部長」といった役職の階梯となる「職位制度（職階制度）」と「主務→主事→主査→参事」といった社内身分的な地位の階梯となる「資格制度」という2つの柱で構成されたものとしてありました。この人事制度の下で従業員の人事処遇として昇進と昇格があります。昇進とは職位制度上の上位の役職に就くことを，また昇格とは，資格制度上の上位の資格に遇されることを意味しています。従業員の長期継続雇用を前提にして生み出された日本独特の人事労務管理慣行といえるものです。

　高度成長経済の1960年代を通じ，一般的に学歴や年齢・勤続年数をもっとも

重要な基準として，従業員各人にふさわしい職位と資格をあたえる「年功的人事制度」(seniority-based grade system) が主流でした。この年功的人事制度がうまく機能してきたのは，企業内のさまざまな仕事を経験させて職務遂行能力を高めていく従業員育成方針（ゼネラリスト育成）の下で，「年齢や勤続年数が仕事経験の長さとして職務遂行能力の高まりを示す尺度になる」といった広い合意があったからです。また人事制度の運用面では，高度成長経済の下に年々企業規模が拡大し，それに応じて役職のポスト数も増えていき，年功的に管理職適格になった者はほぼ全員自動的に管理職になることができたという現実があったからです。その結果，本来二本立てであったはずの人事制度は，事実上，職位制度中心に一本化されて運用されてきました。

　しかし1960年代も後半に入ると，急速な技術革新の結果，とくに工場部門では職場経験の積み上げと職務遂行能力の向上が一致しない状況が目立つようになり，年功原理の説得力が急速に弱まっていきます。また，若年労働力の不足から初任給が高まり，それに応じて年功賃金ゆえに中高年者の賃金も引上げられるために，人件費の高騰が企業にとって大きな負担と意識されるようになっていきます。

　こうした結果，年功的人事制度に代わる新たな人事制度の模索が始まり，日経連は1969年に「能力主義管理」を提唱し，職務遂行能力を基準とする新しい人事制度，すなわち職能資格制度の必要性を主張していくのです。図表5は，これまでの年功的人事制度と職能資格制度の基本的な性格の違いを対比したものです。

　そして1973年の石油ショック以降の減量経営の下では，人件費総額の抑制が強く意識され，中高年者の高賃金に焦点を当てた年功賃金の見直しが表面化していきます。また，企業の規模的な拡大が停滞し，管理職ポストの増加も望めない状況が一般化していきます。こうした結果，「年功主義から能力主義へ」といった人事労務管理改革のスローガンの下に，職能資格制度を軸とした人事労務管理が1970年代後半頃から本格的に普及していくことになったのです。

LECTURE 4　人事労務管理制度の設計と運用の基礎

図表5　年功的人事制度と職能資格制度

	年功的人事制度	職能資格制度
基本的スタンス	勤続年数に応じて職務遂行能力は向上し続ける	勤続年数と職務遂行能力の向上が相関するとはいえない
人事処遇の基本	学歴・年齢・勤続年数に応じて役職をあたえ処遇する	職務遂行能力に応じて資格等級に格づけし処遇する
基本給の構成	本人給＋年功的能力給	本人給＋職能給

職能資格制度

　職能資格制度（skill-based grade system）とは，個々の従業員が保有する職務遂行能力の内容と程度に応じて，あらかじめ設定されている職能資格等級にすべての従業員を格づけし，その等級にもとづき人事・賃金処遇を決定していく人事制度のことです。理論上，従業員に職務遂行能力の向上が認められなければ，職能資格上の昇格はなく，したがって昇給も昇進もないということになります。それゆえに同学歴・同期入社の者でも，各人の職務遂行能力の成長度合いに違いが認められれば，異なる職能資格等級に格づけされ，その結果，職能資格等級にもとづく職能給上の格差が生まれるといったように，能力主義的人事制度として機能するものになります。

　こうした職能資格制度を設計していく場合，まず自社の職務調査から始めます。その手続きを簡単にいえば，

①仕事の洗い出し（わが社には一体どんな仕事があるのか）

②仕事の難易度の評価（それらの仕事はどれくらいのレベルの仕事なのか）

③資格等級別の習熟度の決定（その仕事を完全にこなすことを何等級に位置づけるのか）

図表6　職能資格制度のモデルフレーム

等級区分		定義	昇格基準	在位年数	対応職位
管理職能	M－9	統率業務	実績	－	部長
	8	上級管理業務		⑥	次長
	7	管理業務		⑤	課長
			登用試験		
中間指導職能	S－6	監督・指導業務	能力	3－⑤－	係長
	5	判断・指導業務		3－④－	主任
	4	非定型判断業務		2－③－	
			昇任試験		
一般職能	J－3	定型判断業務	勤続	2－③－	
	2	定型業務		②	
	1	定型補助業務		②	

(注)　在位年数における左端の数値は最低必要年数，丸数値は標準在位年数を意味する。また右端の－は自動昇格年数だが，その年数は企業の方針や事情によって異なる。

(資料)　労務行政研究所『98年版・人事労務管理実務入門』を参照し簡略化して作図。

　④資格等級別の職務遂行能力の抽出（どのような知識や技能があればその仕事をこなすことができるのか）

といった視点で全社的な職務調査を行い，その結果にもとづき，企業として期待する全社共通の資格等級別の職能要件を決定し，「職能要件書」をまとめあげていきます。

　そして最後に，各職能資格等級の名称，資格と役職の対応関係，昇格の要件や滞留年数などを考慮し，図表6に示すような職能資格制度のフレームを作り上げていくのです。その際，それぞれの項目について，次のような点に注意が払われています。

LECTURE 4　人事労務管理制度の設計と運用の基礎

1　等級区分と等級数

　まず，能力主義人事における評価や育成を考慮の基礎に置きながら，全体区分を「一般職能」「中間指導職能」「管理職能」と大きく3つの職能段階に層別し，さらにそれぞれの職能内部を3つほどに等級区分する。全体としての等級数は従業員数に応じるが，一般的に中堅・中小企業の場合は9等級くらいが適当とされている。

2　各等級の定義

　仕事を進める上での職務遂行能力レベルを抽象的に表現する。実際の運用では各レベルについて職務調査が行われ，具体的な基準が設定される。

3　昇格の基準

　昇格に関する基本的な考え方として，一般職能レベルでは勤続によって習熟が伸びるため経験年数を評価の中心に置き，中間指導職能レベルでは能力評価による個人差を明確にした評価を重視する。管理職能レベルでは企業経営の責任者的存在になるために実績を重視した評価を中心に据えるのが一般的である。また各職能レベルを越える昇格の節目には，業務遂行上で欠くことのできない知識や関連知識を問う筆記試験や論文試験，面接試験などを行うことも必要になる。

4　昇格のための在位年数

　上位等級への昇格に必要な在位年数は，運用上「自動昇格年数」「最低必要年数」「最長自動昇格年数」「標準年数」を考える必要があるが，最低限表記すべき年数は，自動昇格年数と最低必要年数の2つである。最長自動昇格年数は一種の救済措置的なもので，中間指導職能レベルに適用されるもの。丸数字の標準年数はあくまでモデルであり，これを重視すると運用が年功的になってしまう。

5　対応する役職位

　どの役職位がどの資格等級に対応するかを考える。図表6では，課長になるためには7等級以上の資格者から選ばれることを示す。ただし7

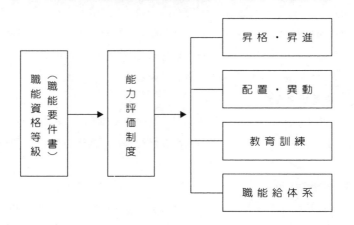

等級になったからただちに課長になれるのではなく、課長になれる資格を得たということである。実際に課長になる者は、7等級以上の者から昇進試験などを通じて選抜される。

このような内容をもつ職能資格制度は、
①職能要件書の能力基準にもとづく能力評価制度の設計
②職能資格等級に応じた配置・異動と昇進の決定
③職能要件書の能力基準にもとづく教育訓練・能力開発ニーズの発見
④職能資格等級に応じた職能給賃金制度の設計
といった形で人事労務管理を能力主義的に運用する基盤を提供できるものになっており、こうした職能資格制度を基軸とした人事労務管理の能力主義的運用の制度的な仕組みを「トータル人事システム」(total personnel system)と呼んでいます。図表7は、職能資格制度にもとづく人事労務管理の能力主義的制度のイメージを示しています。

そしてこの職能資格制度の特徴は、

①働き方（仕事内容）の異なる従業員を共通の基準で評価し格付けるものなので，公平性を維持し多様な従業員が協力し合うことを可能とする。

②実際に担う仕事の内容と賃金処遇を分離しているので，人材の異動や組織の柔軟性を確保できる。

③より高度の職務遂行能力を身につければ，昇格し昇給することが期待できるために，能力開発を促すインセンティブメカニズムになっている

といったことにあります。

ここで留意しなければならないことは，職能資格制度の能力主義的運用のかなめが職務遂行能力の格付けをする昇格手続きの厳正さにあることです。なぜならば，職務遂行能力の高まりを意味する昇格という事実があって初めて昇進や昇給が決定されるというように，昇格があらゆる処遇決定の決め手になっているからです。

しかし一方，職能資格制度の実際の運用の場にあっては，

①職能資格等級別に全社共通的な職務遂行能力レベルの定義づけが不明確である（＝資格等級別の能力的なレベル差を明確に表現しきれない）。

②職能資格等級別に昇格のための在位年数の設定という年功的な習熟昇格要件を組み込んでいる。

③いったん獲得した職務遂行能力は下がることはないとした前提的な取り扱いをしている（＝職能資格等級上の降格という事態は生じない）。

④年功的な本人給（＝年齢給や勤続給）と能力給としての職能給による2本立ての基本給を設定している

といったことがあったために，職能資格制度はその本来的な能力主義的な機能を十分にはたせず，実態的には勤続年数にもとづく「昇格，昇進，昇給の年功的運用」が行われ，結果的に年功主義的な人事労務慣行と何ら変らないとする批判が高まっていくことになるのです。もっとも，こうした年功的な運用要素の組み込みは，従業員のモラール維持のために意図的に行われたとの説明もあります（楠田丘編『日本型成果主義』生産性出版，2002年）。

そしてバブル経済崩壊以降，日本的経営の見直しが急速に進む中で，職能資

格制度をとりまく環境も大きく変わり始め,「能力と貢献の不一致」(職能等級に見合う仕事をしていない),「賃金と貢献の不一致」(賃金に見合う仕事をしていない)といった実態が強く批判の対象とされるようになり,ここに人事制度の抜本的な改革の必要性が大きく浮かび上がってきます。その改革の方向は,従業員の保有能力の高まりに応じて処遇するということに替えて,担当する「仕事の内容」にもとづいて資格等級や処遇を決定するというものです。すなわち,担当する仕事の価値の大きさによって資格等級と賃金が決まり,かつ担当した仕事の職責を達成したか否かで昇格や昇給が決まるというもので,いわゆる成果主義的処遇への志向です。

　実際,人事労務管理上で「成果主義」という用語が現れ始めたのは1990年代の前半であり,また企業における職能資格制度設置のピークは1990年代前半までとされており,1990年代後半頃からアメリカ企業に一般的な「職務等級制度」(job grade system)や,またそれを見習った日本的な工夫としての「役割等級制度」(mission grade system)を導入する企業が増えていくのです。

③ 仕事基準の人事制度

職務等級制度

　いま日本では,厳しいリストラを背景に,職能資格制度における管理職能層にある者に対し,その職位の役割や責任を厳しく問う姿勢から,賃金体系上,役割給ないし成果給の構成が大きなウェイトを占める成果主義的賃金処遇を行う企業が増えてきました。このことは,「この職位にある管理者ならば,このような仕事ができるのが当然である」といった前提の下に,職位上の役割責任を厳しく問い,その成果や実績に対して賃金処遇を行っていくこと示しています。こうした賃金処遇のあり方は,その職位のいわば職務価値に対する賃金支払いと考えることができ,これは欧米諸国で一般的な「職務給」という考え方に通じます。

LECTURE 4　人事労務管理制度の設計と運用の基礎

もし，こうした賃金処遇を管理職能層だけでなく，すべての従業員に適用していこうとするならば，アメリカで普及している「職務等級制度」を考えていかなければなりません。つまり，従業員各人が担う仕事の価値に応じて賃金を支払うとするならば，職能資格制度とはまったく性格の異なる人事制度設計をしていく必要があるのです。

アメリカ企業で一般的な職務等級制度とは，「職務の価値の大きさを評価し，それを等級区分して格付ける制度」です。そしてその内容は，

① 自社のそれぞれの職務の内容や職務遂行の特徴を調べる「職務分析」(job analysis) の実施

② 得られた情報を職務名，職務概要，職責と任務などに分類・記述した「職務記述書」(job description) とその職務遂行上必要とされる知識・技能などの人的資格要件をまとめた「職務明細書」(job specification) の作成

③ 知識・技能，精神的・肉体的負荷，責任度などの点から職務の難易度を点数化して評価する「職務評価」(job evaluation) の実施

④ 職務評価のスコアに応じた「職務等級」(job grade) の設定

⑤ 職務等級に対応する「職務給」(job rate) の設定

といった手続きを経て作り上げられています。

その中で，人事労務管理運用上もっとも重要なのが職務記述書です。すなわち，この内容にもとづいてすべての人事労務管理が運用されていくといっても過言ではありません。いくつかの運用の事例をあげれば，次のような内容です。

1　従業員の募集・採用

特定の職務に対する募集が行われる。募集要件として職務記述書の一部を構成する職務明細書から能力要件が示され，同時にその職務に対応する職務給が提示されている。こうした条件にもとづき，応募者との間で雇用契約が結ばれる。

2　従業員の日常の業務

何をなすべきかといった内容が職務記述書やマニュアルで明記されて

図表8　アメリカ企業の人事労務管理の運営

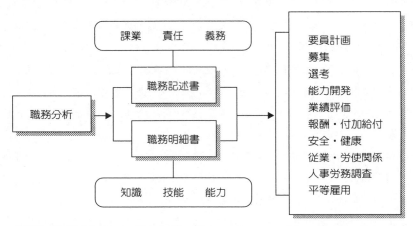

（資料）　R.W. Mondy and R.A. Noe, Human Resource Management, 5 th ed., Allyn and Bacon, 1993より作図。

いる。自分の仕事上の責任範囲が明確であり，記述書などに記載されていない仕事を命じられることはない。また，同僚の仕事を手伝うといったことも禁止されている。新たな仕事が付加された場合，それは職務内容の変更を意味し，新たに職務給が決定されなければならない。

3　従業員の昇格・昇進

職務等級制度とは，職務価値に応じた職務の階層的な序列化を行ったものである。したがって，ここには日本的な身分資格的な昇格概念はない。現在よりもグレード（格／等級）の高い職務につけば昇格となり，また，現在より職務価値の高い管理職という職務につけば昇進になる。

以上，職務等級制度をベースにしたアメリカ企業の人事労務管理の概要ですが，その全体像は図表8のようなものです。

また，職務等級制度に支えられる職務給賃金制度には，

図表9　職能資格制度と職務等級制度

	職能資格制度	職務等級制度
軸足	・従業員の職務遂行能力のレベルという人基準	・職務の職務価値の大きさという仕事基準
処遇基準	・能力評価にもとづく職務遂行能力の水準	・業績評価にもとづく職務が要求する職責の達成度
賃金形態	・本人給＋職能給	・職務給一本 ・年俸制（管理職者など）
特徴	・職務異動でも賃金不変（処遇と貢献の乖離） ・賃金は基本的に下がらない ・人件費の抑制・削減が困難 ・安定重視の賃金	・職務異動で賃金変動（処遇と貢献の一致） ・下位職務への異動で降給 ・人件費の膨張を抑制できる ・刺激重視の賃金

①従事する職務に対して支払う賃金なので処遇と貢献の一致がはかられるという意味で経営合理性が高い。

②職務に対する賃金なので職能給に比べて年功的な賃金増額を抑制できる。

③処遇向上のためには価値の高い職務につく必要があり，各人が従事する職務の専門性を高める動機づけとなる

といったメリットがあるとされています。図表9は，職能資格制度と職務等級制度の運用上の特徴を対比的にまとめた内容です。

役割等級制度

　アメリカ的な職務等級制度におけるメリットは，高コスト体質を払拭する人件費抑制という経営要求を充たすことにあるといえますが，しかし一方，これまでの日本企業の雇用慣行との絡みで見ると，

①日本では育成の観点から内部異動が頻繁に行われるが，職務給が下がる異

図表10　職務等級制度と役割等級制度

	職務等級制度	役割等級制度
定義	・各職務の価値の大きさを評価し格付ける等級制度	・各職位においてはたすべき役割の価値の大きさを評価し格付ける等級制度
設定方法	・職務分析，職務記述書の作成，職務評価を行い格付ける	・職務記述書より簡便かつ汎用性のある役割で定義するが，その設定の方法は各社各様
等級の昇降	・職務価値の異なる職務に異動になった場合 ・同じ職務につくかぎり昇降はない	・役割価値の異なる職務に異動になった場合。同じ職務で役割が拡大したり高度化すると等級アップがある（逆も） ・同職務同役割であるかぎり昇降はない

（資料）『労政時報』第3657号（2005年7月8日）を参照して作表。

動は難しく柔軟な異動の妨げになる。

②職位の重層的な構造として組織が作り上げられているために，上位に空きのポストがないと異動できず，職務等級が上がらないために社員のモラールを維持しにくい。

③職務内容が固定化され，臨機応変で柔軟な職務変更がしにくい

といったデメリットがあるとされています。

そこで，職務等級制度導入・運用の経験に乏しいことや日本企業における組織運用の現実を踏まえ，組織階層的に経営統括層・管理職層・中間指導層・一般職層におけるそれぞれの職位（ポスト）がはたすべき職責を，企業業績への貢献度，業務遂行上の権限・責任の範囲，業務遂行上の困難度といった点から評価した「役割価値」という概念で役割等級別に再構成し，その役割価値の大きさに応じて格付け・処遇する「役割等級制度」が工夫されています。図表10

LECTURE 4 人事労務管理制度の設計と運用の基礎

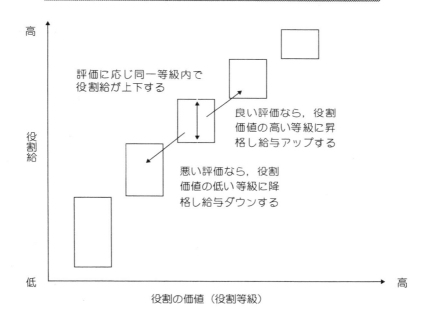

図表11 役割等級制度の運用イメージ

は，職務等級制度と役割等級制度の違いを示す内容です。実際，それぞれの職位にある担当者の役割の具体的な内容は，

　①その職位にあって，組織として期待する役割等級上の基本的な責務
　②その職位にあって，経営政策や業務計画などに応じて何をなすべきかといった点から掲げる達成目標

の2つから構成され，そのトータルの内容がその職位が実現すべき実際の「業務目標」となっていきます。そして，

　①困難な高い目標に挑戦しているか
　②目標達成を通じて企業に貢献したか

といった観点から「役割価値の評価」（本年度達成すべき業務目標の大きさの評価）と「役割達成度評価」（前年度達成すべきだった業務目標の達成度の評価）の評価結

129

果にもとづき本年度における役割給の昇給・降給が決定されていくのです。図表11は、それぞれの役割等級のグレードで賃金額に一定の幅のある「範囲役割給」を採用する役割等級制度のイメージを示しています。

それゆえ実際の役割は、常に固定された職責として職位に設定されているわけではなく、経営課題や本人の才覚・チャレンジ精神に応じた達成目標として柔軟に設定されるために、個人的にどのような業務目標を掲げ追求するかによって役割価値が高くなる場合もあれば、また逆に役割価値が低くなる場合も生じます。役割等級制度も基本的には職務等級制度と同様に、「担っている仕事に応じた処遇」が貫徹されるものです。現状、役割等級制度には一定の方式があるわけではなく、各社各様の運用が行われているのが実状です。しかしその導入に際しては、制度設計・運用上、

①報酬が毎年変動するため、賃金機能の安定と刺激という点から生活保障的な安定部分とインセンティブとしての変動部分を組み合わせた賃金体系を設計する。
②新卒採用が未だ中心であることから、職務経験と職務遂行能力の向上が相関する能力習熟時代にはその適用を猶予することも必要である。
③達成すべき目標設定とその評価が困難な職場がある場合には、一律的な導入を避ける

などの配慮と対応が必要とされるでしょう。

4 コンピテンシー・モデル

アメリカでの動き

日本企業では今なお職能資格制度が主流ですが、人事制度改革の新たな方向として、アメリカ企業の職務等級制度への関心が増大しています。それはいわば人中心の人事制度から職務中心の人事制度へのパラダイム転換といったものですが、一方アメリカ企業でも、これまでの職務等級制度の弊害を認め、職務

から人に人事労務管理運用上の軸足を変える新たな制度改革の動きが見られます。1990年代以降の新たな動きで,「コンピテンシー・モデル」(competency model), あるいは「コンピテンシーにもとづく人的資源管理」(competency-based human resource practices) といわれるものです。

職務の細分化と標準化を進め,その職務内容を厳密に規定していく職務等級制度は,職務権限・範囲の明確化が促されるという利点がある一方,職務記述書に規定されていない仕事はしない,あるいはしてはならないといった硬直性がありました。大量生産方式が主流であった時代にはうまく機能していた職務等級制度も,1970年代に入ると,ニュービジネスの誕生,技術革新や市場環境の急激な変化に対し,臨機応変な対応力に陰りが見え始めます。新たな職務の発生に対して職務記述書を作り上げても,すぐにその職務内容が変わってしまいます。人を異動させようとしても,厳密な職務定義から自由に人を動かすことができません。また工場現場では,チーム作業方式が導入され始め,チーム内で仕事配分が柔軟に決定されるため,本来の割当仕事とは異なる仕事を行うケースも多くなるといった状況が生まれてきます。さらに行動科学の知見から,人は本来的に自分の能力を開発し発揮したいとする欲求をもっているとされ,能力の開発と発揮を限定し制限する方向に作用する職務等級制度の欠陥も指摘されるようになってくるのです。

こうした職務等級制度の硬直性を払拭するために,似通ったいくつかの職務等級を1つの等級に大括りしていく「ブロードバンディング」(broadbanding) といった動きが生じ,新たに設定される職務等級内では職務内容,職務権限,必要な能力的要件といったものがより包括的かつ多様な内容に変化していきます。その結果,その等級内では,従業員の職務異動や新たな仕事内容の付加といったことがかなり柔軟に行えるようになりました。そしてこの新たな職務等級制度への移行は,「広範囲職務給」(broadbanding pay) といった新たな職務給制度の成長を促していくのです。

またこの新たな制度下にあっては,実際に従業員は「多様な職務遂行を行っている,ないし行うことができる」「多能的な職務能力を身につけている」と

いった状況が一般化していくために，職務と賃金の一対一対応が原則となる職務給制度ではその運用に限界が生じ，ここに従業員が身につけた職務能力に対して賃金を支払う「技能給」(skill-based pay) という新たな賃金制度の発達が1980年代になって見られるようになります。概念的には，日本企業の職能給に似ています。

このように，人事労務管理の軸足を職務から人の能力に転換する動きは，1970年代以降まず賃金制度の改革から生じていますが，人の能力に焦点を当てて人事労務管理制度全般の運用の軸にしようとするのが，「コンピテンシー・モデル」を活用した新たな動きです。

コンピテンシーという概念は，1970年代にハーバード大学の心理学者マクレランド (D.C.McClelland) が始めた達成欲求の研究から生まれたものです。そのきっかけは，学歴や能力レベルが同じだった外交官が外国赴任から帰国した後に，仕事上，人によって業績に差が出てくる理由をアメリカ国務省からの依託で調べたことにありました。数多くの役人を面接し，その結果，達成動機の高い人が高い業績をあげることが明らかにされていきます。

その後，同じことがビジネスの世界でもあるのではということで，コンサルタント会社の協力を得て数多くの高業績者の面接を行い，同様の結果を見出していきます。そして高い達成意欲をもつと同時に，ある具体的な状況や職務において高い業績をあげる者が示す「成果達成を導く行動能力」をコンピテンシーと称したのです。

こうして今日では，コンピテンシーは「高い成果を生み出すために，行動として安定的に発揮される能力」とか，「組織内の特定の職務にあって優れた業績をあげる現職者のもつ特性」とかいった定義があたえられ，手続き的には，

①各職務における高業績を定義し，

②その定義に合う高業績をあげている者を選別し，

③その者が高業績を生み出していると考えられる行動特性を抽出し，

④その中から重要な行動特性をコンピテンシーとして特定していく

といったプロセスを踏み，コンピテンシーのモデル化を行っていきます。その

LECTURE 4 人事労務管理制度の設計と運用の基礎

際,作られる「コンピテンシー・モデル」には,
① リーダーシップ,顧客サービス,チームワークなど,企業の中の組織階層を超えて共通に必要とされる能力・行動特性をモデル化していく「コア・コンピテンシー・モデル」(core competency model)
② 財務,マーケティング,情報技術など,それぞれの専門職能に属する従業員に共通して必要とされる能力・行動特性をモデル化していく「職種コンピテンシー・モデル」(functional competency model)
③ 職種を超えて,たとえば管理者に必要とされる能力・行動特性をモデル化していく「役割コンピテンシー・モデル」(role competency model)

といったものがあります。そしてこのモデルを,主としてホワイトカラーを対象にした人事労務管理のさまざまな局面で活用していく「コンピテンシーにもとづく人的資源管理」といった動きが,1990年前後からアメリカ企業で見られるようになるのです。

図表12は,アメリカ系の人事コンサルタント会社が提案するコンピテンシー・モデルを活用した人事労務管理の体系を示すものですが,具体的には次のような活用が考えられています。

1 採用,配置・異動,昇進・昇格手続きへの活用

ある特定の職務にもとめられているコンピテンシーを応募者がもっているか,また異動や昇進の対象者が,その職務が要求するコンピテンシーを備えているかどうかを見極めることで,より適切な人材を採用,配置・異動,さらには昇進・昇格させることができる。

2 人事評価への活用

ある特定の職務に従事している者に対し,職務にもとめられているコンピテンシーとのマッチング状況をチェックすることができ,もし不足状況が明らかになれば,それを能力開発目標とすることができる。

3 能力開発への活用

企業戦略に連動し高業績と直結した「持つべきコンピテンシー」を提

図表12　コンピテンシーにもとづく人的資源管理

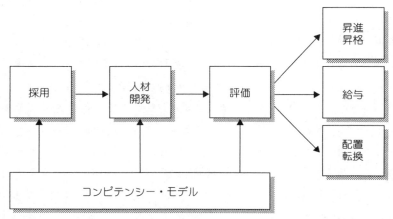

（資料）　ウィリアム・マーサー社『戦略人材マネジメント』東洋経済新報社，1999年より作図。

示することができ，企業としての従業員育成計画や従業員個人の将来的なキャリア開発計画への目標が具体的に設定できる。

4　賃金制度への活用

　いわゆる技能ベース給として，従業員の身につけているコンピテンシーの内容やレベルに応じた「コンピテンシー給」（competency-based pay）賃金制度の設計ができる。

　理論上では，上記のような活用の部面があるのですが，アメリカでは主として能力評価としてのコンピテンシー評価とそれにもとづく人材育成の分野で導入されており，賃金管理への適用は進んでいません。というのは，欧米諸国では職務給概念が社会的な労働市場でしっかりと定着しており，コンピテンシー給は労働市場における賃金水準と比較しにくいといった事情があるからだといわれています。

日本での動き

　日本におけるコンピテンシー・モデルへの関心は，1990年代後半以降，職務等級制度や役割等級制度といった成果主義的人事制度が普及していく中で高まりを見せていきます。その背景には，これまでの職能資格制度が対象とし評価してきた従業員が保有する職務遂行能力が本当に従業員の職務業績と結びついているのか，従業員の保有能力が即業績達成上の発揮能力となっているのかといった疑問が大きくなったことにあります。一方，コンピテンシー・モデルは，企業内に実在する高い業績を発揮した者の「業績に直結する仕事上の能力・行動特性」を提案するものだけに，その説得力は大きなものです。こうしたことから職能資格制度にもとづく評価制度の運用に限界を感じている企業を中心にその導入が進められています。

　たとえば電力供給T社では，社員の能力を①業務理解力・改善提案力，②状況判断力・対応力，③対人折衝力・調整力，④チームワーク指向性，⑤自己管理力，⑥業務知識・技能の習得・活用力，の6つの要素に分け，職能ごとに優秀な社員の行動様式を抽出し，会社が社員に期待するコンピテンシーを「役割遂行能力基準表」としてまとめています。そして，この基準表にもとづいて上司，本人などによる多面評価を行い，客観性や公平性，納得性の高い処遇の実現のために活用していきます。また化学メーカーK社では，評価の高い50人の社員に聞き取り調査を行い，製造，営業，経理など11の職種別にコンピテンシー・モデルを作り，このモデルにどれだけ近い仕事ぶりだったかを評価し，能力給の査定の参考に活用しています（『朝日新聞』2001.5.11）。

　さらにまた，職能資格制度の年功的な運用が批判の対象となる中，職能資格制度が定義する職能資格等級の職能要件をコンピテンシー概念を導入して根本的に見直すとともに，その職能要件を演繹的に「……できる能力」という表現から帰納的に「……している能力・行動」といった具体的に成果を達成してきた能力・行動に定義・表現を変更し，職能資格制度自体を再構築していく動きも見られます。図表13は，民間コンサル企業のHPを参照したものですが，店

図表13　販売職の職能要件とコンピテンシー

職能要件書	コンピテンシー辞書
①専門的な商品知識を持ち，コンサルティング・セールスが独力ででき，販売につなげることができる ②関連商品それぞれのセールスポイントを理解し，客が十分納得できる説明が独力ででき，販売につなげることができる	①客のニーズを把握するための質問を客のタイプ別に用意している ②専門用語や略語を使わず，分かりやすい言葉で話している ③客の様子を見ながら話の伝わり具合を確認し，会話の進め方を変えている ④自分の体験談や具体的事例，カタログを使い，分かりやすく説明している
・表現：「…できる」（潜在的保有能力） ・本来あるべき姿を表現する ・業績に直結するかは不明 ・具体的に何をすればよいかが分かりにくい	・表現：「…している」（顕在的発揮能力） ・実際にやっている姿を表現する ・業績に直結する ・具体的に何をすればよいかが分かりやすい

（資料）　http://www.tmcg-ri.com/hrm/system3_compe.htmを参照（2013年4月）。

頭販売スタッフを例にあげ，従来の職能要件書とコンピテンシー・モデルにおける能力・行動表現の違いを比較した内容です。

　こうした職能資格制度自体の修正は，滞留在位年数の廃止など年功的運用を払拭するとともに，職能資格制度を本来的な能力主義運用の軸に引き戻していく一環としてあり，成果主義的人事改革が叫ばれる中での職能資格制度生き残りの動きと理解できるものでもあります。また，職能資格制度に替えて職務等級制度や役割等級制度を導入した場合では，基本的に目標達成度を評価する業績評価が中心になりますが，同時にコンピテンシー・モデルにもとづく能力評価（コンピテンシー評価）を補完し，総合的に処遇を決定していくことも行われ

LECTURE 4　人事労務管理制度の設計と運用の基礎

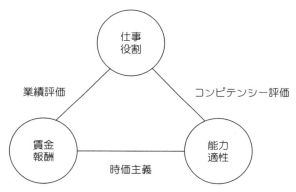

図表14　人事労務管理の成果主義的改革

（資料）『先進企業の人事制度改革事例集』労務行政研究所，2004年を参照し作図。

ています。図表14は，そうした評価制度の変更を行った企業における人事制度のフレームの全体像を示しています。

　しかし同時に，長らく職能資格制度に慣れ親しんできた日本では，職能資格制度が作り上げる職能概念と行動能力として示されるコンピテンシー概念の違いなどに受取り方のバラツキが見られるだけでなく，コンピテンシーを活用している企業にあっても，「設定したコンピテンシーの妥当性・信頼性の検証が困難」「結局のところコンピテンシーも抽象的表現にならざるをえない」といった意見が多くあることも事実です。

人事評価制度

　人事制度としての格付け制度は，従業員の組織階層的秩序と処遇秩序を形成していく根幹となる制度ですが，それを実際に行っていくためには人事情報が必要です。「人事評価制度」(personnel appraisal system) から得られる情報はその大きな情報源になっています。ここでは，まず職能資格制度下における人事評価制度を説明し，その後に成果主義的人事制度下における人事評価制度に話を進めていきたいと思います。

1　人事評価とは何か

　一定の目的達成のために組織される機能的集団としての企業には，図表15に示すように，その構成員である従業員の一人ひとりに役割や責任をあたえ，定期的にその義務をはたしているかどうかを評価し，その結果を昇格・昇給・賞与などの処遇と能力開発や人事異動に反映させ，組織としての活性を維持・向上させる必要があります。というのは，責任を達成してもしなくても処遇が同じならば，従業員としては前向きに仕事に取り組もうとする意欲がわかず，また能力が高くても低くても処遇が同じならば，自分を磨こうといった気持ちも起きず，こうした状態が持続していけば，企業の組織としての活力低下は目に見えており，将来的な飛躍など望むべくもないからです。

　企業がこのような事態を避けるために，また永続組織体として存続していくために必要不可欠な手続きが「人事評価」(人事考課) です。これを定義すれば，人事評価とは「個々の従業員の職務実績・職務遂行能力・勤務態度を合理的に制定された一定の評価項目にしたがって直接上司その他が評価する制度」ということができるでしょう。

LECTURE 4　人事労務管理制度の設計と運用の基礎

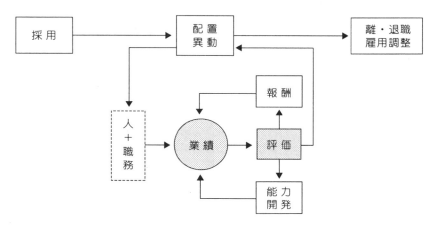

図表15　人事評価の人事労務管理上の位置づけ

2　職能資格制度下における人事評価制度

　従業員を評価する場合，どのような点を評価するのかを決める必要があります。これを評価項目といいます。職能資格制度の普及に大きな影響をあたえた日経連の報告書『能力主義管理』(1969年) は，「能力とは企業目的達成のために貢献する職務遂行能力であり，業績として顕在化されなければならない。一般的には体力・適性・知識・経験・性格・意欲の要素からなりたつ」としています。それゆえ職能資格制度下における評価項目の大分類としては，一般的に「能力」「業績（成績)」「態度（情意)」の３つとされ，その評価項目ごとに具体的な評価要素が組み込まれています（図表16を参照)。

　1　能力評価
　　　この評価は，職能要件書（職能等級基準書）の各等級にもとめられる職能要件にもとづき，従業員が知識・技能・理解力・判断力・交渉力など

図表16　等級区分別評価項目の事例

評価項目		一般職能	中間指導職能	管理職能
能力	知識	○		
	技能	○		
	理解力	○		
	管理指導		○	○
	交渉力		○	○
	判断力		○	○
業績	仕事の質	○	○	
	仕事の量	○	○	
	創意工夫		○	○
	部下指導		○	○
	計画達成			○
	課題解決			○
態度	責任性	○	○	
	積極性	○	○	
	規律・協調	○	○	
	挑戦性			○

（資料）　中部産業連盟編『人事と組織を革新する辞典』日刊工業新聞社，1997年より内容を簡略化して作表。

をどの程度保有しているかを評価する。そしてこの評価結果は，昇格・昇進・昇給・教育訓練ニーズの決定に利用される。

2　業績評価（成績評価）

この評価は，評価期間中における仕事の量や質，達成すべき数値目標

LECTURE 4　人事労務管理制度の設計と運用の基礎

図表17　等級区分別の評価項目比重（イメージ図）

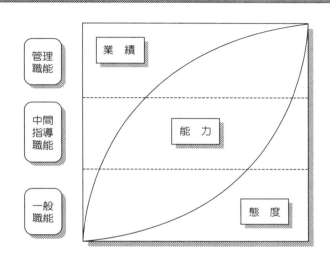

や課題など職務遂行の度合いを評価する。評価結果は主として賞与や昇進の決定に利用される。

３　態度評価（情意評価）

この評価は、評価期間中に従業員がどのような態度・行動・取り組み姿勢で業務を遂行したかを評価する。一般的には責任性・積極性・挑戦性・協調性・規律性などの面から評価する。この評価結果はあらゆる処遇決定の面で、補完的だがかなり重要な判断材料として利用される。

こうした内容をもとにして具体的な評価表を設計していく場合、たとえば能力評価にあっては、下位等級の一般職能層では仕事の知識や技能などの基本的な業務遂行能力の習得が、また中位等級となる中間指導職能層では、下位等級者の指導・育成力や日常業務における基本的な判断力などの習得が、さらに上位等級の管理職能層では、課や部を指導していく立場から高度の管理指導力・交渉力・判断力・問題解決力の習得が評価の重点に置かれていきます。

また評価項目が能力・業績・態度の3つで構成されている場合，職能等級における職責や役割の違いから，これらの項目に対する比重の置き方も変わってきます。一般的に下位等級から上位等級になるにしたがって，成果や実績などの業績項目の比重が増え，能力や勤務態度の比重が減ってきます。その基本的な考え方は，図表17としてイメージ的に示す次のような内容です。

1　一般職能層
　　組織人としての基本的な態度や行動を身に付けるとともに，実務的な基礎的職務能力を習得する段階にある。したがって評価の比重は能力・態度に置かれる。

2　中間指導職能層
　　職場の中堅的存在として能力的伸長が期待される層である。また上司の指示の下に部下の指導育成を任されたり，判断力を発揮する業務も任される。したがって，評価の比重は態度から能力重視に移っていく。

3　管理職能層
　　課や部を管理指導する立場として，企業に貢献する実績が問われるようになる。したがって，責任の重い職位ほど態度や能力より仕事上の成果そのもの，すなわち業績・実績中心の評価になっていく。

3　成果主義時代の人事評価制度

　職能資格制度下にあっては，人事評価は能力・業績・態度といった大きく3つの評価手続きで成り立っていましたが，担っている仕事の価値とその達成度としての業績が処遇決定の中心になるにつれ，将来的に人事評価は能力と業績の2つの手続きに集約されていく可能性が高いといえます。それはまた，勤務場所の自由化を含めて仕事の進め方に自由裁量の余地が多くなる職務の増加により，管理者が常に部下の勤務ぶりを監督することが困難になる状況が増していくことも，態度評価の意義を減ずるものになっていきます。

人事評価制度の改革

　人事評価制度の改革に関し，まずこれまでの人事評価制度のあり方と比較した全般的な変化の局面を指摘しておきます。そこには，次のような4つの大きな変化を見ることができます。

1　秘密主義を排した公開制の導入

　これまでの人事評価は人事労務部門と上司の評価者だけが行い，被評価者としての部下には，評価の基準や結果について何も知らされていなかった。こうした非公開の人事評価に対する部下の不満を排除し，人事評価制度のすべての過程を開示することで評価の納得性を高める努力が行われている。

2　減点主義を排した「加点主義」の導入

　これまでの人事評価は差をつけることに主眼があったため，ミスをしないソツのない者が厚遇されてきた。その結果，従業員行動として低い評価を受けないようにといった意識から保守的な「事なかれ主義」がまん延することになる。こうした弊害を除去するためには，マイナス要素をチェックするのではなく，個々人の長所を最大限に生かし，失敗があっても前向きにチャレンジする行動を積極的に評価する新たな人事評価を導入する動きが活発化している。

3　成績査定型から能力開発型の人事評価へ

　これまでの人事評価は人事の秘密性とも絡み，評価結果の部下へのフィードバックがないために，どのように自分の行動を改善すればよいのか不明だった。つまり人事評価は，昇給や賞与決定における一過性の手続きとしての意味合いが強かった。こうした人事評価の形骸化を除去するために，評価結果を本人と話し合い，自覚を促すことで本人の能力向上意欲に結びつけ，将来的なキャリア育成に役立たせる人事評価への転換が進んでいる。

4 人物中心の評価から能力・業績中心の実力評価へ

　これまでの人事評価は，チームワーク重視の働き方，職場の和といったものを重視し，勤務ぶりを評価する態度評価が重みをもっていた。それに対して今日では，企業に対する貢献度を評価するという成果主義的実力主義が強まる中，能力向上や仕事の成果を評価の中心に据えるものになってきている。

　こうした人事評価の制度改革は，新たな企業環境の変化に柔軟に対応しようとする企業の経営戦略と無関係ではありません。これまでの欧米諸国を目標にした「キャッチアップ（追いつけ）」体制の時代では，着実にあたえられた課題やルーティンワークをこなしていく堅実型のまじめな人材がもとめられていたといえるでしょう。しかし，技術面でトップ・ランカーに位置し欧米諸国という目標を失った現在では，新規事業・プロジェクト，高付加価値商品の開発などの面で，自らフロンティアを開拓していく積極的な行動ができる人材が必要とされているのです。

新たな能力評価：コンピテンシー評価

　成果主義人事が進む中，能力評価にも新たな変化が見られます。それは，これまでの職能資格等級にもとづく保有能力としての「……できる能力」ではなく，職務遂行行動に具体的に現れている発揮能力としての「……している能力・行動」を評価する「コンピテンシー評価」が成長していることです。図表18は，ある化学系企業のマーケティング部門における「情報収集・分析力」のコンピテンシーを抜粋した内容です。

　高い成果を生み出すために行動として安定的に発揮される能力や，組織内の特定の職務にあって優れた業績をあげる現職者のもつ行動特性を要素とする職務の「コンピテンシー・モデル」は，実際に高い業績をあげているという事実の上に浮かび上がってくる能力・行動特性だけに，職務遂行に必要な発揮すべき「能力・行動特性」（知識・技能，仕事のやり方，職務行動など）として高度の説

図表18 マーケティング部門のコンピテンシー

情報収集・分析力	
レベル1	上司の指導のもと,基本的かつ重要な情報収集・分析手法を理解し実行している
①上司の指導を受け調査のねらいを定め,基本的な情報を収集している ②情報収集のセオリーを理解し,既存的な調査手法を活用している ③既存的な分析を行うとともに他の分析手法を試行している	
レベル2	仮説に基づき情報収集,分析手法を工夫,応用している
①お客さまニーズをできるかぎり的確に把握できるよう調査手段,手法を工夫している ②市場調査を行うときは,調査のねらいを明確にし自分なりの仮説を想定している ③自分の仮説に対応して分析手法を工夫している ④時系列の観点も含め情報分析をしている	
レベル3	幅広い視点から効果的に情報収集を行うとともに,的確な分析手法を用いて市場分析をしている
①生活者の日常行動にアンテナを張り,必要と思われる情報を積極的に吸収している ②基本的に情報源が的確で,収集した情報の信憑性を確認している ③お客さまニーズを把握すべく定量的,定性的にさまざまな観点から調査手段・手法を組み合わせ情報収集している ④分析結果を確実に理解するとともに新しい意味や新たな仮説,課題を読み取っている	

(資料) 本寺大志『コンピテンシーマネジメント』日経連出版部,2000年を参照して作表。

得力をもつ内容です。

　たとえば,成績不良者にこうしたコンピテンシーを身につけさせれば,高い確率で高業績を達成できるようになるはずだということです。そこで,それぞ

れの職務について「こういう能力・行動特性を身につけるべきだ」という職務遂行上のコンピテンシー・モデルを作り上げ，その職務に従事している者がそうした能力・行動特性を発揮しているかどうかをチェックし，その結果を能力開発や処遇決定に結びつける「コンピテンシー評価」という新たな能力評価が開発されていきます。

　実際の企業事例では，評価の高い社員に聞き取り調査を行い，製造・営業・経理などの職種別にコンピテンシー・モデルを作り，このモデルにどれだけ近い仕事ぶりだったかを評価し，能力給の査定に活用しているというケースもあります。また，評価結果を直接処遇に結びつけず，従業員の能力開発への意識改革や自己啓発を促すための資料として活用している場合もあります。こうした新たな能力評価としてのコンピテンシー評価は，2000年以降大企業を中心に急速にその導入が進んでいます。

納得性を高める人事評価改革

　人事評価の結果は従業員の処遇に直結するだけに，その運用の適否は従業員のモラールに重大な影響をあたえます。それゆえ人事評価運用上の最大の要点は，いかに納得性のある評価を行えるかということにあります。こうした点からの人事評価改革としては，次の2つの制度が注目されています。

　その1つは「目標管理制度」(MBO:Management By Objectives) です。このMBOを応用した人事評価制度は，上司と部下が期初に評価期間における仕事上の達成目標を話し合い，期末にどの程度その目標が達成されたかによって評価する業績評価の手続きです。その際，上司と部下の合意で決定された業務目標が評価基準となり，これが評価基準の開示につながります。期末には，面談を通じて最終的な評価決定がなされるということで，評価の透明性が確保され，評価結果への納得性が大幅に改善されていくことになります。また，期末の面談では，プロセス評価された評価期間中の仕事ぶりも話し合われ，来期に向けての改善すべき能力開発目標も示されます。図表19は，その手順とポイントをまとめた内容です。

図表19　目標管理方式の人事評価手順

	手順	ポイント
期初	目標の設定 ①部下による業務目標の自己申告 ②上司との面談による調整 ③合意による業務目標の決定	・合意決定される業務目標が評価基準となる（評価基準の公開）
期中	・仕事のやり方はなるべく部下に任せていくが、中間時に達成状況を確認し、目標や課題の見直しや修正がある場合はこの時点で行う。上司は部下と面接し仕事の進め方などを含めてコメントする。	・目標達成をめざす職務遂行上の自己管理の徹底
期末	業績の評価 ①部下の自己評価 ②上司との面談による調整 ③合意による最終評価の決定 ④来期能力開発・改善目標の提示	・合意による最終評価決定（評価結果の開示） ・能力開発型人事評価の要素を取り込む

　このMBO方式の人事評価制度は，企業が期待する役割と従業員が自ら拡大しようとする役割を目標として展開される成果主義的人事における代表的な業績評価制度と位置づけられており，制度上，今日従業員の納得性をもっとも高められる方式と考えられています。

　しかし目標管理とて，万能とはいえません。というのは，営業部門における売上高や受注件数などのように，数値目標の設定が容易な場合は評価も客観性を確保しやすいのですが，事務・管理部門等のように具体的な数値表現が困難で定性的な目標が主たる場合では，達成度評価においてどうしても主観的な判断が含まれてしまうために，なかなか合意を得ることが難しいという事情があるからです。

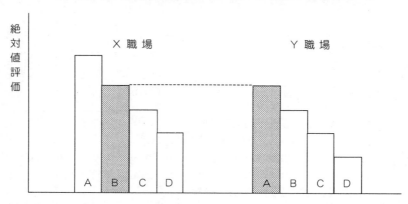

■絶対値で評価すれば，Ｙ職場のＡ評価者はＸ職場ではＢ評価になる。しかし職場単位で評価構成が設定されている相対評価の場合，日常的に生じる現象である。

　また成果主義的人事制度下にあっては，目標達成度といった結果主義になりやすく，職場仲間との交流も少なくなり自らの目標達成にエネルギーを集中する行動パターンが強化されていきます。その結果，目標管理制度には，
　①短期的な成果を追い求め，本質的な生産性向上を怠ってしまう。
　②中・長期的な成果のための，いわゆる将来への種まきをしなくなる。
　③プロセスを軽視し結果に着目しすぎるため，逆に成果が出にくくなる。
　④成果を出しやすい簡単な目標だけを設定するようになる。
　⑤組織全体の業績を上げるための協調的な活動をしなくなる。
　⑥部下，同僚等の指導に関心が薄くなり，人材育成が軽視される。
　⑦職場仲間の成功を素直に喜べなくなり，職場の人間関係が悪化する
といった運用上の陥りやすい傾向があるとされています。
　成果主義的人事化が世の流れとして定着しつつありますが，目標管理制度の運用にあっても，上記のようなデメリットを払拭するような制度的な修正や工夫を必要としているのです。

人事評価の納得性を高めるもう1つの方法は,「多面評価」とも「360度評価」ともいわれるものです。この評価制度は,直属上司のみならず,職場の同僚,関連する異部門,さらには取引先や納入業者といった者までを評価者として設定したもので,

①さまざまな角度から多くの者が評価を行うことで評価の納得性を高めることができる。
②自己と他者の認識ギャップを明らかにし,被評価者本人の意識改革・行動改革につなげることができる

ということから関心が高まっているものです。

しかし一方,あまりに多数者の評価への参加は,評価者の評価能力にバラツキをもたらす結果,評価結果が拡散してしまうだけでなく,評価結果の信頼性にも疑問を生じさせる恐れがあります。したがって,多面評価の結果を意識・行動改革といった教育訓練の資料として活用する場合には問題は少ないのですが,これを処遇決定に直接用いる場合には慎重な対応を必要とします。

最後に,従業員の人事評価に対する納得性を確保していく上で配慮しなければならない運用上の課題は,絶対評価と相対評価です。絶対評価とは,斟酌する余地のない絶対的な基準にもとづいて評価することであり,一方相対評価とは,評価する対象者の中での比較によりその優劣を序列化していく方法とされるものです。

その際,人事評価の公正さといった点から見て,相対評価は基準があいまいなために不公平感を生みやすいものです。たとえば図表20で示すように,職場単位で評価構成(A評価10%,B評価20%・・・など)が設定されている場合,優秀な人間が多数の職場で最低評価された者とそうでない職場で優秀な評価を受けた者と比較してみると,前者の方が絶対値では優秀であるにもかかわらず,低い処遇で対応せざるをえないという齟齬を生じてしまいます。

また相対評価に絡み,調整による最終的な評価決定という手続きも不満を生みやすいものです。今日では,企業・部門・個人の業績リンクの処遇(とくに賞与)が普及しているため,目標管理による業績評価では理不尽な面も出てき

ます。すなわち，個人目標は十分に達成したにもかかわらず，自分が属する部門としての業績が不振だったために，調整の結果，低い評価に甘んじなければならないといったことです。かつての日本企業では，会社としての業績が不振だった場合，従業員全員で平等にその痛みを分かち合ってきました。しかし成果主義的人事の下では，会社としての業績が不振でも，事業部門ごとの業績の良し悪しが勘案され，従業員間に処遇上の格差が生じています。個人の努力が及ばない事情で処遇が決定される事態は，やはり人事評価にもとづく「分配的公正」といった点で問題なしとはいえないのではないでしょうか。

評価者訓練

　人事評価の納得性を高めるもう1つの方法は，人事評価の担い手となる職場管理者の評価能力を向上させ，評価結果の信頼性を高めることにあります。人事評価の逃れられない弱点は「人が人を評価する」ということにあり，人間の主観的な判断が大きく関わるために，評価結果に関して評価する側・される側の両者が100パーセントの合意に達するのは不可能です。そうしたギャップを少しでも埋める努力の1つが評価者訓練であり，管理者がもつべき管理技能としてその習得をめざす管理者教育訓練の一環として行われるものです。

　評価者の評価能力の向上をはかる評価者訓練の目的は，
　①人事制度ならびに人事評価の仕組みやルールを理解させること
　②評価に対する評価基準を全社的に統合すること
の2つです。評価者訓練の進め方として，まずこうした目的にもとづいた教育項目を設定していきます。また今日では，人事評価の新たな役割として部下のキャリア育成や能力開発に資することが強調されているために，目標面接や育成面接などの「人事面接技法」(interview skill)の習得もプログラムの中に加えられたりしています。次に訓練の方法としては，映像資料や実例を数多く取り入れることが大切です。評価者訓練の基本的な教育項目は，
　①評価者訓練の目的と人事評価制度
　②評価のステップとそのポイント

図表21　評価エラーとその対応

エラー	評価エラーの定義とその対応
ハロー効果	何か1つ良いことがあるとすべてが良く見えてしまう傾向のこと。部分的な印象で全体的な評価をしてしまうエラー ①被評価者に抱いている日常的な先入観や個人的な感情を排除する ②部下の日常の職務行動について，客観的な評価のための情報や事実を収集し，この事実にもとづいた評価を行う ③各評価要素ごとに評価を行い，評価要素を2つ以上にわたって横断的に評価しないように留意する
寛大化傾向	評価者の自信のなさや心情的な人間関係への配慮から，評価があまくなりがちな傾向 ①個人的な関係や感情に流されず，客観的事実に基づいて評価にあたるよう努める ②人事評価を部下の能力開発を主たる目的として行うことにより，不足する能力に焦点を当て能力開発・向上に結びつける
中心化傾向	無難にしておこう，事を荒立てないでおこうといった気持ちで，標準的に評価結果が集中してしまう傾向のこと ①事なかれ意識を排除し，責任をもって評価を行う ②つねに部下の能力の水準や進展を的確に把握し，これにもとづいて評価を行う
対比誤差	評価者が自分を基準にして部下を見ることで，不当に低く評価したり，逆に不当に高く評価してしまうこと ①被評価者に対し求められる能力や期待水準以上のものを求めない ②自己と異なる能力や特性，専門能力を有する被評価者や自己と同じ経験を有する被評価者に対しては，とくに公平性に留意し評価する
論理的誤差	思い込みが先行して事実を正確に見ることができなくなり，誤った評価をしてしまうこと ①各評価要素ごとに独立・分離した評価を行うとともに，論理的飛躍や短絡的思考を排除する ②類似性の高い評価基準についてその内容・要素を的確に理解する

(資料)　中部産業連盟編『人事と組織を革新する辞典』日刊工業新聞社，1997年を参照し，抜粋して作表。

③評価エラーとその対応策
　　④管理者の役割と評価調整の仕方（面接技法の習得も含む）
　　⑤事例研究
の5点です。

　評価者訓練の場では，訓練参加者に具体的な技術ないし技法としての「評価能力」(appraisal skill) を体得してもらうことが大きな目的になりますので，たんなる講義だけではその目的の達成は困難です。実習ないし演習といった体験学習を組み込む必要があります。また評価の公平性を確保するためには，評価者間における評価基準の統一的な理解がもっとも必要です。この内容は，訓練参加者の個人的な判断や価値基準を時間をかけて修正していく局面でもあります。そのため一定の訓練成果を出すためには，どうしても最低2日間ほどの日程が必要であり，時間を有効に使えるセミナーハウスなどを利用した合宿研修はもっとも適切な方法といえるでしょう。

　ところで，人事評価は人が人を評価するという意味で，評価者の性格やクセが原因となって無意識的に行われる人間的なエラーとしての「評価エラー」が生じてしまうことがあります。そうした評価エラーの代表的なものとそれに対する対応を図表21にまとめています。

　こうした人事評価のエラーを少なくしその信頼性を高めるためには，まず人事評価の意義と目的を正しく理解することにあります。人事評価の役割には処遇の決定という査定の役割もありますが，今日とくに重視される人事評価の役割は，部下の能力育成・開発に資するということです。そのためには正しく部下の長所や短所を指摘し，長所は伸ばし短所は直すといった毅然たる態度と自信が職場管理者に必要とされています。

LECTURE

雇 用 管 理

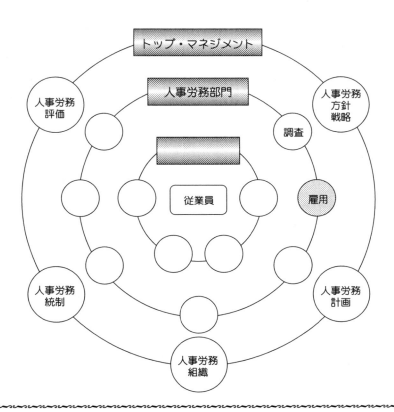

I 雇用管理とは何か

　人々は「就職→就労→退職」という過程で労働生活を過ごしていきますが，こうした労働者のキャリア形成を時間軸で見る雇用関係を大きく規定していくのが「雇用管理」(employment management) です。現在，そうした雇用管理の運用に影響をあたえる企業の雇用政策が大きく変化しています。そこでまず，変化している今日の企業の雇用政策の大きな動向を概観し，次に雇用管理の本質的な役割を述べていきたいと思います。

1　今日における企業の雇用政策

　これまで日本における大企業の雇用政策の基本は，従業員の定年までの長期継続雇用と従業員の職務遂行能力の内部育成の前提に立ち，中途採用を極力行わず，新規学卒者を正社員として定期一括採用することにありました。またパート労働者・期間工・季節工といった非正社員の活用も，工場現業部門などに限られた限定的なものでした。しかし今日，業界・業種を問わず，正社員と非正社員の複合的な雇用を常態化した「雇用の複合化」(employment mix) が進んでおり，今日の企業の雇用政策は大きく変化してきています。

　このような変化をもたらした背景には，
　①1990年代の長期不況とグローバルな企業競争の激化の中で，価格競争力を
　　維持していくために，コスト削減の大きな柱として人件費削減・抑制を強
　　力に進める必要に迫られている。
　②景気変動や企業業績変動に対する「雇用の柔軟化」の確保を強く志向する
　　ようになった結果，雇用調整しやすい労働者への選好を強めている
といった企業側の大きな経営事情の変化があります。また他方に，正社員身分にこだわらず，自主性の高い働き方を望む若年層の増加や仕事と育児の両立を

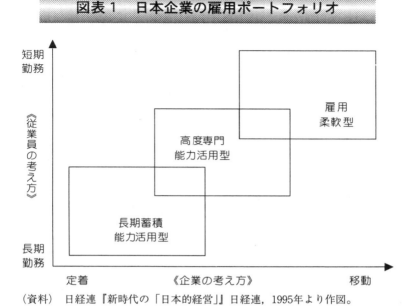

(資料) 日経連『新時代の「日本的経営」』日経連，1995年より作図。

望む女性たちの増加など，新たな就業ニーズの高まりが労働者側にも見られるようになったことがあります。

　日経連（現，日本経団連）は，日本における雇用の流動化の将来的な進展を見据えて1995年に『新時代の「日本的経営」』という報告書を出し，図表1に示すように，雇用すべき従業員を，

　①長期継続雇用する正社員としての「長期蓄積能力活用型」

　②有期雇用の専門職的契約社員に該当する「高度専門能力活用型」

　③有期雇用のパート・アルバイト・派遣社員などに該当する「雇用柔軟型」
の3つにタイプ分類し，将来的に「長期雇用する社員」(ストック型人材)と「流動化させる社員」(フロー型人材)との最適な組み合わせを行っていく自社の事情に応じた「雇用ポートフォリオ」(employment portfolio)という新たな雇用政策の必要性を提言しています。

図表2　労働者派遣法規制緩和の流れ

施行年	ポイント
1986	・常用労働者の代替を防ぐため，ソフトウェア開発や事務用機器操作など，高度で専門的な知識や経験を要する専門13業務（後に3業務追加）に限り，労働者派遣を認める。派遣期間はソフトウェア開発で1年，その他は9ヶ月以内
1996	・対象業務に研究開発やテレマーケティング営業，セールスエンジニア営業など10業務を追加し，専門26業務に拡大
1999	・製造や医療分野など一部を除き，派遣対象業務を原則自由化。派遣期間は専門26業務3年間（営業，販売業務は1年間），他の一般業務は1年間に限定
2000	・紹介予定派遣の認可
2004	・製造業派遣を解禁（最長1年間）。また専門26業務は無制限，他の一般業務は上限3年間に派遣期間を緩和
2007	・製造業への派遣期間制限を3年に緩和
2012	・派遣期間30日以内の短期派遣の原則禁止 ・派遣料金と派遣社員賃金の差額比率（マージン率）公開の派遣会社への義務づけ ・違法派遣に対する「みなし雇用制度」の導入
2015	・専門26種の業務区分の廃止し，原則1人の派遣労働者が同じ仕事に従事できる期間は最長3年 ・派遣先企業は3年ごとに有期雇用派遣労働者を変えることで当該業務を永続的に派遣労働者に任せることができる（派遣労働者が派遣元企業と無期雇用契約の場合は制限なし） ・派遣元企業は3年働いた有期雇用派遣労働者の新たな働き口を見つける義務を負う ・派遣元企業は派遣労働者への教育訓練を行う義務を負う ・派遣事業の許可制の導入

そしてその提言を後押しするかのように，当初，正社員を派遣に置き換える常用代替を防ぐために，コンピューターのシステム設計，放送番組等の映像・音声機器の操作，事務用機器の操作，通訳・翻訳・速記，秘書，ファイリングなど，専門的知識・技術を要する特定の13業務だけの派遣を認めるものとして1986年に施行された労働者派遣法は，経済活動の規制緩和が叫ばれる大きな流れの中で，派遣対象業務についてポジティブ・リスト方式からネガティブ・リスト方式に方針変更し，「製造業等を除く派遣業務の原則自由化」(1999年)，「最長1年間の製造業派遣の解禁」(2004年) と派遣対象業務の拡大が行われていきます。同時に派遣期間についても，「専門的業務26種無制限，その他一般業務3年間」(2004年)，「製造業派遣期間3年間」(2007年) と，派遣労働をより使い勝手のよい方向に制度変更が進められてきたのです。

一方，2008年のリーマン・ショックを契機に浮かび上がってきた労働者派遣のさまざまな問題に対し，民主党政権下で「短期派遣の原則禁止」「みなし雇用制度」(2012年) など，派遣労働者保護のスタンスで派遣法改正が行われましたが，一転して自民党政権下の2015年，これまでにない大きな原則変更をともなう派遣法改正が行われました。もともと労働者派遣は「一時的・臨時的な業務」とするこれまでの原則を変更し，今日の雇用労働における常態的な1つの形態として派遣労働を認めるというものです。具体的には，

①専門26種の業務区分をなくし，あまねく1人の派遣労働者が同じ仕事に従事できる期間を最長3年にする。

②派遣先企業は，派遣労働者（有期雇用）を3年ごとに入れ換えれば，当該業務を永続的に派遣労働者に行わせることができる

といった内容です。これにより常用労働者を派遣労働者に代替する歯止めがなくなり，たとえば定年退職や自己都合退職した正社員のポストを派遣労働者で永続的に置き換えることが可能になります。図表2は，労働者派遣法改正の歴史の概要をまとめたものです。

今日では，雇用の柔軟化や人件費の柔軟化をもとめ，総じて長期蓄積能力活用型人材（ストック型人材）の新規雇用を抑制かつ厳選採用する一方，雇用柔軟

型人材（フロー型人材）を積極的に活用するといった流れがほぼ全産業にわたって定着しており、その結果現在では、非正規雇用者が雇用者総数の40％を超えるまでになっています。

　こうした雇用構造の大きな変化は、バブル経済崩壊後の新卒正規採用者数の抑制とも絡み、今日では若年層における不安定就労者の急増という新たな雇用問題を引き起こしています。現在では、15～24歳の若年就労者の半数は非正規労働者として働いています。たしかに派遣社員や契約社員といった就業形態は、これからの若年世代における「組織に縛られない自由な働き方」として、バブル経済の時代には肯定的に評価される面もありました。しかし今日、派遣労働は二極化しており、若い女性・主婦層、専門職を中心に派遣労働を肯定的に受け入れ自由を享受している層がある一方、正社員になれなかったために非正社員の身分に甘んじ、常に雇用契約の打ち切りといった不安を抱えながら働いている層があります。とくにフリーターや業務請負・登録型派遣といった不安定就労者の場合では、その就労経験は意味あるキャリアとみなされず、正社員をめざす就職活動上の大きなネックにもなっているのです。

　そしてこうした現実は、日本人一億総中流の幻想を打ち砕き、生活保護水準以下の収入で生活している「ワーキング・プア」(working poor：働く貧困層)の急増をもたらし、経済的な格差社会を助長しています。そこで政府は、「勝ち組、負け組」を固定させない社会の仕組み作りを政策課題とし、2006年に「再チャレンジ支援総合プラン」を立ち上げ、企業実習と座学を連結させた教育訓練（日本版デュアル・システム）の導入などによるフリーターの常用雇用化の取り組みを展開しています。

2 非正規労働者の処遇改善

　主婦のパート労働や学生のアルバイトに代表されるかつての非正規労働は、あくまで収入を臨時的に増やす「家計補助的労働」でしたが、新卒を含む雇用情勢の悪化やシングル・マザーなど家族形態が変わっていく中で、今日の非正

規労働はその収入そのもので生活を維持する稼得労働という意味合いが非常に強くなってきています。ここに年収200万に満たないワーキング・プアの問題が大きく浮かび上がってきているのです。

そこで政府は、正規労働者と非正規労働者の不合理な処遇格差を改善する法的規制を強めてきました。「パートタイム労働法」(2007年改正法) は、職務内容など正規労働者と同一視できるパート労働者の均等待遇や正規労働者への転換推進を義務化しています。また「労働者派遣法」(2012年改正法) は、派遣労働者と派遣先企業で働く正規労働者の賃金バランスを配慮することをもとめています。しかし正規労働者と同一視できるパート労働者がきわめて少ないことや、規制が配慮義務にとどまるなど、その実効性は乏しいものでした。そこで非正規労働者の処遇改善を包括的に進めるために、改めて「労働契約法」(2013年改正法) で有期雇用労働者の労働条件を正規労働者より不合理に低くすることを禁止するとともに、新たに「同一労働同一賃金推進法」(2015年制定・施行) で、正規労働者と非正規労働者の待遇について、職務内容や責任の程度などを踏まえて「均等な待遇及び均衡がとれた待遇」の実現をはかるとする法的整備を進めています。

他方、昨今の正規雇用と非正規雇用の二極化を打開するために、職種や勤務地・勤務場所、労働時間などを限定し、期間の定めのない労働契約の下で働く正社員と定義される「限定正社員」という雇用形態が注目されています。正規と非正規の中間的な位置づけで、正規労働者に比して解雇リスクが高いものの、雇用が安定し「正規労働者並み」の労働条件が保証されるものです。企業にとっては、人件費は高まるものの流動性の高い有能な非正規労働者の引き留めとモラール向上に資する効果が期待されています。具体的には、①特定の職種にだけ就業する「職種限定正社員」、②特定の事業所、あるいは転居しないで通勤可能な範囲にある事業所だけで就業する「勤務地限定正社員」、③所定の勤務時間だけ就業する「勤務時間限定正社員」、といった3つが想定され、実際にはこれらの組み合わせで成り立ちます。たとえば「この勤務場所で、週30時間 (週5日、1日6時間) 勤務する限定正社員」として、勤務場所と勤務時間

図表3　雇用形態を巡る課題と解決策

	課　　題	対　応　策
子育て・介護を抱える正社員	・残業しにくい，引っ越せない	・限定正社員に転換しやすくする
	・限定正社員になるとキャリアが途切れる	・限定正社員から普通の正社員に戻りやすくする
非正規社員	・新卒で非正規になると固定化	・まず限定正社員として登用
企業	・事業閉鎖のときも解雇できない	・閉鎖のときは解雇されうることを労働契約に明記

（資料）『日本経済新聞』（2014年7月12日）より作表。

を限定した労働契約を結ぶことになります。

　厚生労働省は，こうした限定正社員制度の企業における整備について，①企業が従業員と労働契約を結ぶとき，働く場所や時間，仕事といった条件をはっきりと示す，②正社員と限定正社員を相互に行き来できる仕組み作りをする，③非正規社員から限定正社員への登用制度を設ける，④限定正社員の賃金は正社員の8～9割とする，といった指針を示すとともに，限定正社員に関わる課題と対応策を図表3のようにまとめています。

　限定正社員制度には，フルタイム女性正社員の結婚・育児退職の抑制やキャリアの継続，また非正規社員の正社員登用による雇用の安定と待遇改善という効果があります。しかし後者の場合，会社の経営方針の変更や組織の統廃合などによって労働契約に定められた仕事や勤務場所がなくなれば，解雇される可能性が高く，労働組合側はこの点を突いて「解雇しやすい正社員」といった批判をしています。しかし，育児中でもキャリアの継続を望むフルタイム女性正社員や正社員希望の非正規社員が数多くいるという現状が一方にあり，また他方に，国策として非正規雇用増加傾向を少しでも食い止めることができる可能性があることから，労働者側に多少の難（解雇リスクの高さ）があっても導入を促す価値はあるように思えます。

3 雇用管理の役割

　企業は「人を雇い，仕事につけ，その働きを評価して処遇する」といった行為を通じてビジネス活動を展開しています。こうした企業行動から見た現代企業における雇用管理とは，図表4に示すように，必要労働力，すなわち従業員の調達計画としての要員計画にもとづく採用手続きを通じて，従業員をその質と量という2つの基準から過不足のない適正な状態に維持するとともに，雇った従業員を適切な職務に結びつけることを役割とする基幹的な職能です。

　このような雇用管理の役割から見て，次のような4つのサブシステム（下位職能）で雇用管理は成り立っています。

1　採用管理

　企業が必要とする労働力としての従業員を，要員計画にもとづき新たに外部労働市場から調達する役割を担う。具体的には従業員の募集・選抜を主たる手続きとする。

2　配置・異動管理

　労働力としての従業員を適切な職務に配置・異動する役割を担う。いわゆる適材適所を原則とした従業員と職務との動態的な適合をはかるもので，人事異動管理ともいわれる。具体的には従業員の昇格・昇進・配置転換やグループ関連企業への応援・出向を主な内容とする。

3　退職管理

　従業員の退職にかかわるものである。これまで日本企業では定年退職が一般的だったために，従業員は定年に達した時点で自動的に退職する慣行になっており，退職管理上，特段の工夫の余地はなかったといってよい。しかし今日では，少子高齢社会の進展からさらなる雇用継続の工夫をもとめられる一方，組織活性化のために中高年齢者の雇用の流動化の工夫も同時にもとめられている。

図表4　雇用管理の人事労務管理体系上の位置づけ

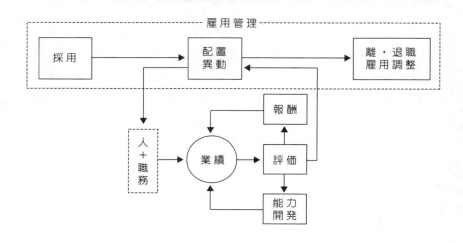

4　雇用調整

　　産業構造の変化による不採算部門の統廃合や，景気の循環的な変動による業務量の減少などのために余剰となった従業員を削減する手続きのこと。日本企業の場合，多段階的な施策が展開され，正規従業員の解雇は最終的な手段とされるのが普通である。

雇用管理はこのような4つの内容をもっていますが，従業員の採用，人事異動，退職の3つの内容がいわば通常の業務であり，そして景気変動や企業業績の悪化，事業の統廃合など応じて余剰労働力を調整する雇用調整手続きがこれに加わります。

II 採用管理

　雇用管理の内容を時系的に見ると，必要労働力としての労働者を労働市場から募集・選抜し採用決定にいたる「採用管理」(hiring) が最初の手続きになります。しかし採用活動を整合的に行うためには，企業が経営合理的に見て過剰でも過少でもない適正な要員数を前もって確定しておく必要があります。これが「要員計画」(human resource planning) であり，これを基礎として採用計画が策定され，実際の採用活動が動き出します。

1 要員計画

　欧米企業でも，要員計画は「一定の時期において一定の職務に配置する適格な従業員 (qualified people) 数を確保するための手続き」と定義され，広く行われています。とくに今日，企業の経営戦略目標と要員計画の統合の成否が企業の成功を大きく左右するといった「戦略的人的資源管理」の考え方が拡がっており，要員計画の意義が重視されるようになりました。こうした点から戦略的な要員計画策定までの基本的な手続きは，

　①企業の戦略的な目標の決定
　②戦略目標達成に必要とされる従業員の技能や知識と総数の決定
　③現有の従業員から見て，新たに調達すべき要員数の決定
　④必要な要員を確保すべき実行計画の策定

といった4つの過程を踏んだものになります。通常5年ほどのスパンをもつ長期要員計画が策定され，そしてこの長期要員計画にもとづき，実際の採用活動が展開されていきます。一方，こうした計画的な採用活動とは別に，欧米諸国では労働力の流動性が高く転職が一般化しているために，欠員が生じた場合に随時行う補充採用も行われています。

日本でも同様に，通常3～5年程度のスパンをもつ長期要員計画の策定が行われています。その場合，長期要員計画の策定には，次のような2つの大きな要素がかかわっています。

1 計画要員総数

企業の賃金支払能力，すなわち経営財務的に適正負担できる人件費総額から算定される雇用可能な要員総数。企業の長期経営計画の一環として，新製品開発計画・設備投資計画・資金調達計画・販売計画などにもとづく利益計画から算定される人件費総額を従業員の平均給与額で除すことでもとめることができるもの。

2 要求要員総数

各職能部門の業務計画を執行するために必要とされる人員を各部門が算定し，それを積み上げた要員総数。

通常の場合，要求要員数が計画要員数を必ず上回るといわれ，このため省力化・業務効率化・外注化などの可能性を検討し，各職能部門の要求要員数の削減調整が行われていきます。しかしこの長期要員計画も，経済情勢や労働市場動向など各種の変動要因が絡むために，つねに見直しと修正を行う弾力的な対応を必要とします。

2 採用管理の手続き

欧米企業の場合，欠員が生じたときに随時に募集する通年採用が広く行われているのに対し，日本の大企業を中心とした採用活動は，これまで正規従業員の定年退職までの長期継続雇用を前提として，中途採用を極力行わず，新規学卒者を定期的に一括採用していくことが原則でした。今日，非正社員を通常の業務に雇い入れる雇用の複合化や，新規事業などの展開のために正社員の戦略的な中途採用が進んでいるとはいえ，なお新卒定期採用が採用活動の中心にあ

図表5 新大卒採用までの手順

学生への情報伝達	①自社ホームページ ②自社主催の会社説明会・セミナー ③民間機関主催の合同会社説明会 ④就職情報サイト ⑤大学就職部

⇩

面接者の絞り込み	①適性試験（能力，性格） ②一般常識教養筆記試験 ③エントリーシート ④小論文・作文 ⑤基礎学力（成績証明書） ⑥履歴書

⇩

面接	①回数：3回程度（担当→部課長→役員） ②時間：15～20分／回 ③形態：個人，集団，プレゼンテーション

⇩

内定者フォロー	①内定者による交流会，会食，合宿等 ②メールや電話での定期的な連絡 ③必要な技術や知識の講習等（通信教育，Web等）

ることに変わりはありません。そこでここでは，新卒定期採用の内容について見ていきます。

　企業は，長期要員計画と経営見通しにもとづき，さらにその年度における定年退職・自発的退職による人員の減少と各職能部門からの増員要求を考慮しながら新規学卒者の採用予定人員の大枠を決定します。その内訳は，事務・管理

系，営業・販売系，技術・技能系といった大括りの職種を基礎として，中卒，高卒，短大卒，高等専門学校卒，大学・大学院卒といった学歴別の人数です。

こうして決定される次年度採用予定数を目標として実際の採用活動がスタートするのですが，採用活動の主管は人事労務部門にあります。欧米企業では直属の上司となるライン管理者が応募者の採否の最終決定権をもっている場合が多いのですが，日本企業の場合は他の職能部門の協力を仰ぐことはあるにしても，他部門が独自に採否の決定を行うことはほとんどありません。今日では採用手続き上，定型的なプロセスができ上がっており，それは図表5のような内容です。

採用基準

応募者の採用基準に関しては，欧米企業の場合，職務記述書と職務明細書にもとづき，募集した職務を遂行できるか否かを問う担当能力，これまでのキャリアや実績であるのに対し，日本企業の場合，とくに新卒採用に関してはこれまで企業人として組織に適合できるか否かを問う「基礎的な資質」が重視されてきたといえるでしょう。

大学・大学院卒の技術・研究職と工業系専修学校卒の場合は，その専攻分野に応じた技術関連部門への配属がある程度特定されているために，専門的な知識・技能を重視する割合がそれなりに高いですが，それ以外の事務・管理・営業・販売職種で採用する文科系の学生の場合では，特定職務に関する高度の専門的知識や技術・技能がもとめられることはほとんどなく，熱意・意欲，一般常識・教養，健康・体力，組織人としての適合的な性格などが重要な採用基準になっています。これは，従業員の長期継続雇用を前提として，企業が設定する教育訓練や人事異動を通じて幅の広い多能的な職務遂行能力を身につけさせる「ゼネラリスト育成」が基礎にあるために，特定職務に固着した専門性よりもこうした教育訓練や職場変化に耐えられ適合できる「素材としての基礎的資質」の有無を応募者にもとめてきたからです。

しかし今日，企業環境の変化の加速化やグローバルな企業競争の激化などを

LECTURE 5　雇用管理

図表6　FAQsに見る文系新卒採用のイメージ

1	採用にあたってもっとも重要視することは何ですか 　　大学で何を学んできたか，または大学生としての生活をどのような意識で過ごしてきたかなどです。さらにいえば，それらのことを相手にわかりやすく表現できるかを見させていただくようにしています
2	新卒者を採用する上で成績は重視されるのでしょうか 　　参考にはしますが，面接での評価をより重視します
3	資格は必要ですか。また，資格は採用の条件になりますか 　　一要素に過ぎません。ですので，当然条件にもなりません。ただし，目的意識を持って大学生活を送ってきたかどうかという観点において，評価の対象にはなりえます
4	年齢制限を設けていますか 　　一切ありません。仮に同期より年齢を重ねているのだとしたら，その年数分の蓄積に見合った生き方や姿勢などを感じさせていただきたいと思います
5	正直なところ英語が得意ではありません。それでも差し支えないのでしょうか 　　英語力を第一には考えていませんが，選考のひとつとして英語の筆記試験はあります（語学力によって免除のしくみもあり）。また，この業界（フィールド）にあって，まったく必要でないとも言いきれません。これはご自身の努力で解決する問題だと思います。慣れる機会はありますし，語学研修も用意しています。恐れずにチャレンジしてください
6	パソコンをもっていません。コンピューターもあまりよく知りません。不利な点はありますか 　　パソコンを所有しているかいないかでの有利不利はまったくありません。コンピューターに関する知識がないというのも同様です。興味や知ろうとする意欲があれば大丈夫です

（資料）　http://www-06ibm.com/jp/employment/jp/graduates/theme2.shtml を参照（2006年3月）。

背景にして，日本経団連は，

　①社会の一員としての規範を備え，物事に使命感をもって取り組むことのできる力（知と志）
　②情報の収集や，交渉，調整などを通じて困難を克服しながら目標を達成する力（行動力）
　③深く物事を探求し考え抜く力（知力）

の３つの力を備えた人材を産業界はもとめるとする提言を発表しています（日本経団連「21世紀に生き抜く次世代育成のための提言」2004年）。

　採用における判断基準は大きく性格的資質と能力的資質に分けることができますが，とくに能力的資質に関していえば，特定の職務に直結するものではなく，基礎的能力をもとめているという点ではこれまでの採用基準と変わりありません。しかしプレゼンテーション・説得力，コミュニケーション力，チームワーク力，情報収集・活用力，達成志向・行動力など，より具体化されたものが提案されているといえます。こうした今日的な採用基準に即した企業がもとめる学生像を端的に表現すると，「意思疎通ができて行動力と向上心のある学生」ということになるでしょう。図表６は，ある外資系企業の採用基準に関わるホームページ上に掲載されていたFAQs（2006年度）ですが，その応答内容から日本における文系新卒採用のイメージを想い浮かべることができるのではないでしょうか。

　ところで近年，企業環境の変化の速さや人材育成のゆとりの減少などを理由にして，採用後にじっくり育てるというよりも即戦力をもとめる「即戦力採用」を行う企業が増えているともいわれています。一般的に即戦力とは，人材育成の手間隙をかける必要がなく，特定の職務を遂行するための能力をあらかじめ備えている者を意味します。しかし新卒の場合，そのほとんどは就業経験をもっておらず，インターンシップを通じて多少実務に触れてきた場合も含め，教育訓練を受けずに職務に就くことはほとんど不可能です。それゆえ新卒にもとめる「即戦力」とは，教育訓練に時間がかからない人，より明確にいえば，入社後２年ほどで一人前になれる者を意味しており，こうした意味で即戦力と

LECTURE 5　雇用管理

なりうる人材とは進むべきキャリアの方向や配属すべき職場がかなりはっきりしており，かつ「意思疎通ができて行動力と向上心のある学生」といった基礎的な能力水準の高い人材ということになるでしょう。

選考方法

素材としての基礎的資質の良否がもっとも重要な採用基準になることから，そのための選考方法としては，次のようなものが広く利用されています。

1　書類審査
履歴書（応募用紙）・成績証明書・卒業見込証明書・健康診断書など。応募者が必要な学力・知識・潜在能力を備えているかを判断する。

2　健康診断
必要に応じて体力検査も行い，応募者の健康度や体力的な持続度を判断。場合によっては職務上不適格な欠陥をもつ応募者の抽出を行う。

3　学力試験
筆記試験・作文など。応募者の一般常識や英語，専門科目などに関する知識量を問う。また，思考力・発想力・表現力などを作文で問う。

4　適性テスト
一般知能・職業適性・性格テスト。応募者の知的基礎能力・職務適性・性格など，職務がもとめる性格的な適合性を判断する。

5　面接試験
応募者の意欲・性格・知識・個性など，個人を総合的にとらえる。人事担当・関連部課長・役員までの数段階にわたり実施している。

これらの方法の中で，書類審査・健康診断・学力試験・適性テストは，個々の企業の政策的な判断基準にもとづいて，第1次選考における二段階選抜のためのふるい落しに用いられるのが普通です。また，1997年の就職協定廃止を契機に急速に拡がったのが「メールエントリー制」です。これは，履歴書以外に

企業独自の応募用紙（エントリーシート）に「学生時代に打ち込んだこと」「入社後に取り組みたい仕事」など自己PRを書かせ，その内容から応募者の能力や適性，意欲や行動特性などを読み取り，第1次選考のふるい落としに利用するとともに，面接時における質問資料として活用していくものです。
　一方，選考手続き上，もっとも重要視されている方法が面接試験です。筆記試験を行わない企業があっても，面接を行わない企業はないといったことからも明らかなように，企業が面接を重視する姿勢がわかります。面接方法には個人面接，集団面接，ディベートの3つがあり，その評定項目も態度・表現力・判断力・積極性・理解力・協調性・意欲・一般常識・専門知識・論理性など多岐にわたり，いくつかの段階（一般的には三段階程度）にわたる面接を通じて応募者のふるい落としが行われているのが実態です。最近では，応募者に課題をあたえてプレゼンをさせる「プレゼンテーション面接」，本人重視の立場から応募者の大学名をきかない「大学名不問面接」なども工夫され，面接方法の多様化も進んでいます。
　また「コンピテンシー面接」といったものを導入する企業も増えています。コンピテンシー自体は第4講で説明していますので参照していただくとして，ここではその採用部面での応用といったことです。自社の職種や業務に合った高い業績を導くとされるコンピテンシーを定義し，そうした行動特性を有する学生を面接を通じて見出していこうとするものです。たとえば「学生生活の中でとくに力を入れたことは何か」「そこでどのようなことが大変だったか」「その問題を解決するために，どのように具体的に解決し成功に導いたのか」などの問いかけから応募者の実際行動を読み取り，そこから自社に適する学生を絞り込んでいくとするものです。

③ 採用管理の新たな動向

　大企業を中心とした戦後日本型人事労務管理における採用管理は，定年までの長期継続雇用を前提として，極力中途採用を行わず，また原則として職種も

特定せず，新規学卒者だけを定期的に一括採用してきました。しかし1980年代後半以降の産業構造の高度化（経済のサービス・ソフト化），グローバルな企業競争の激化，また1990年を境としたバブル経済崩壊以降の減量経営・リストラの進行や人々の就業意識の変化などを背景にして，従来型の採用管理のあり方を修正する動きが認められます。

戦略的中途採用の定着化

　これまでも中小企業レベルでは，中途採用は積極的に行われてきました。しかしその理由は「退職等による欠員の補充」や「新規学卒者の採用困難」といったもので，経営戦略的に積極的な意味合いをこうした中途採用に見い出すことはできません。ここで強調したい新たな動きとは，これまで中途採用を極力避けてきた大企業がそれを積極的に進めようとしている動きです。

　経済のサービス・ソフト化やグローバルな企業競争の激化を背景にして，多くの企業は新規事業展開や戦略的事業部門の拡大，高付加価値な新商品開発をもっとも重要な経営戦略課題としています。こうした経営戦略課題を効果的に実現していくためには，「多様な経験や才能をもつ人材」や「高度の専門性をもつ人材」を必要とします。しかし一般的に大企業は，「人余りの人材不足」の状態にあるといわれてきており，こうした新たに必要とする戦略的な人材を社内で育成するには時間がかかり，新規事業への参入の場合などはビジネス・チャンスを失ってしまう恐れがあること，またこれまでの画一的な「ゼネラリスト育成型」の人材教育では十分な対応ができないこともあり，ここに「即戦力」となる有能な人材を外部から調達する必要が出てきたのです。

　一般的にこうした人材調達を「戦略的中途採用」と呼んでおり，一般公募・人材斡旋機関・スカウトなどの手段が用いられています。新卒正社員採用計画とは別に，経営戦略と連動させた中途者の正社員採用計画をもつ企業も着実に増えており，要員計画上，確実にその役割の重要性を高めてきています。そして大企業を中心に展開されるこうした戦略的中途採用の成長は，大企業レベルでの非流動的で安定した市場，中小企業レベルでの流動的で不安定な市場と

171

いった，これまでの日本の「労働市場の二重構造」を融解させ，労働市場全体の雇用の流動化を促す大きな要因になってきています。

採用時期の分散化

これまで日本では，新規学卒者を大量に春季に一括採用する方式が一般的でしたが，今こうした採用方式を見直す動きが出てきました。とくにスーパーなどの流通業界では，採用時期を春季と秋季の2回に分散したり，新規出店の時期などにあわせた「通年補充型」に移行するなど，新たな採用方式を導入する企業が増えています。また家電業界でも同様に，「秋の定期採用」や「通年型採用」を行う企業が現れています。

こうした動きの背景の1つとして，バブル経済崩壊以降における終身雇用・年功序列慣行の見直しによるコスト削減志向が定着し，総額人件費管理重視の人事労務管理化を促していることが指摘できます。また人件費総額をいかに抑制するかだけでなく，人件費自体をいかに効率的に活用するかといった点から採用管理を見直すことも必要になってきています。たとえばスーパー業界における通年補充型採用による出店時期にあわせた人材調達は，出店時期までの間，余剰人員を抱え込む必要がないために，人件費の節約が効果的に行えるようになるのです。

採用時期の分散化を促すもう1つの大きな理由は，若年者を中心とする労働市場の変化です。入社後3年ほどの「第2新卒」といわれ適職探しに走る若年労働者の急増，セメスター制の下に9月に卒業する学生や異文化教育を受けた海外留学生・帰国子女の増大に目をつけ，こうした若年労働者を積極的に採用しようとする企業の採用方針の修正があります。その大きな理由は，第2新卒といわれる若者たちは社会性がある程度身についており，教育訓練に時間をかけずに即戦力として活用できるメリットがあること，また外国教育を受けた若者たちは，国際ビジネス要員として適格であり，また彼らの異文化経験はその発想力や行動力などの点で組織活性化に役立ち，新ビジネスの起爆剤として期待できるといったこともあるといわれています。

コース別採用（複線的採用）

　これまでは，とくに文科系学生の場合，原則として職種を特定しない「ゼネラリスト採用」が一般的でした。このため彼らの場合，入社後に就く仕事が特定されていませんでした。いちおう学生も「どんな仕事にも挑戦する」といった態度が一般的であったために，とくに大きな問題は生じていませんでした。

　しかし今日，たとえば大学卒で入社後3年間累計の離職率が30％を超える現実があります。労働白書はこうした若者の転職行動を適職探し，若者の職業へのこだわり意識の高まりと分析・説明しています。そのため専門知識を磨き，職業人としての自立をめざしたいとする学生意識と「自分の好きなことにこだわる」現代の若者の特徴をとらえ，たとえば財務経理・法務特許・知的財産・経営企画・情報システムといった職種で専門性をもつ学生を採用し，その道の専門職として育成していく「職種別採用」を行う企業も増えています。

　一方，女性の高学歴化・職場参加・キャリア志向の増大を背景に，1986年に施行された男女雇用機会均等法を契機として，数多くの企業で「コース別雇用管理」が導入され，それに応じて「コース別採用」が行われるようになりました。当初，コース別採用とは，これまでの男性社員の補助的業務に就く「一般職」と男子正社員なみの基幹的業務に就く「総合職」とに分けて女性社員の採用を行う方式でした。しかしこの女性を対象にしたコース別採用は，改正男女雇用機会均等法（1999年施行）によって性別管理ができなくなったために，男女の応募者に門戸が開放されるようになりました。

　さらに個人生活・家庭生活重視，ゆとり志向，地元志向といった人々の価値観の多様化を背景に，「全国転勤型社員」に比して処遇格差をもつ採用方式も生まれています。そうした中で「勤務地限定採用」がよく知られています。この勤務地限定コースとは，採用後に基幹的業務を担当することには変わりありませんが，転居をともなう転勤が免除される代わりに昇進・昇給の処遇上で一定の制約を受けるといったものです。とくに個人的な家庭事情で転勤が困難な人や地元志向の人にとっては，多少の経済的なデメリットさえ我慢すればよい

図表7　採用管理の新たな動き

	従来の慣行	新たな動き
採用対象	・新卒者中心。正社員中途採用原則なし	・戦略的な正社員中途採用の成長
採用時期	・毎年4月の定期一括採用	・春秋2回の春秋型採用 ・通年型採用
採用職種	・職種不問のゼネラリスト採用	・職種特定の職種別採用
就労条件	・女性一般職，男性基幹職採用	・総合職／一般職のコース別採用 ・全国転勤／地域限定勤務のコース別採用

という意味で，魅力的な制度といえるかもしれません。またこれを，とくに女性の場合で見ると，転勤が女性活用上の大きな障害になっているということから「地域限定（エリア）総合職」（あるいは準総合職）という職掌を設け，「勤務地限定社員」と同等の扱いを行っていくコース制として現れています。

　こうした複線的な採用の成長が意味するものは，キャリア志向・個人生活志向・ゆとり志向など，働く人々の価値観の多様化や働くことへの意識の変化が進み，これまでのような一律的・画一的な採用のあり方に限界が見えてきたということを意味しています。図表7は，これまで述べてきた採用管理の多様化の動きをまとめた内容です。

4　採用管理のフロンティア

雇用のミスマッチの回避

　今日，若年者の離職・転職行動が高まりを見せています。入社後3年以内に

中卒者の7割，高卒者の5割，大卒者の3割の者が勤務先を退職している実態があり，これは若者の離職行動の「七五三現象」と説明されるもので，好況・不況といった景気変動とは無関係に生じている傾向でもあります。

こうした若者層における高い離職率の背景には，バブル後不況期に企業が新卒採用を絞り込んだために多くの若者が希望する業種や職種につけなかったこともありますが，もっとも大きな理由は本人にとって「仕事が合わない，つまらない」といったことにあるといわれています。そしてその理由の背景をさらに探っていくと，はっきりとした職業意識も定まっていない段階で就職を決めたために，その仕事の就職前のイメージと就職後の実態との大きなギャップに遭遇し，挫折してしまう「雇用のミスマッチ」が浮かび上がってきます。

今，こうした若年層の雇用のミスマッチを回避する取り組みとして，
①インターンシップ制度
②新卒紹介予定派遣
③現実的職務情報の開示（RJP：Realistic Job Preview）
などの新たな方策が生まれています。

「インターンシップ制度」(internship system) とは，在学中の学生に対し，企業等で一定の就業体験をもたせることで自分の希望や適性に合った職業選択を可能とさせ，学校から職場への円滑な適応を促すことを目的に考案された制度とされるものです。学期休み期間を利用した2，3週間から1ヶ月程度のものが一般的ですが，中には半年間という長期におよぶものもあります。図表8は，そうしたインターンシップ制度をタイプ分類した内容です。

もともとインターンシップ制度は，学生の自らの職業適性や職業意識の形成を支援するものであり，企業の採用手続きとの直接的な結びつきはないとされています。しかし企業の中には，この制度を採用活動と結びつけ，目に留まった学生が応募してきた場合には採用上の優先順位をあたえたり，また課題を優秀な成績で達成した学生に対しては，入社内定の権利をあたえるといった方策をとっているところもあります。

次に，「紹介予定派遣」とは職業紹介を前提とした派遣制度で，2000年の労

図表 8　インターンシップ制度のタイプ

①長期実践型・社員型（期間：半年以上） 　社員が行っている業務を体験ではなく，実際に任せる。会社によっては基幹業務の一部を任せてもらえる場合がある。ベンチャー企業などに多い形態である
②業務体験型（期間：1〜3週間程度） 　企業の業務を理解することを目的として行われ，通常，社員が行っている業務の一部を体験する。主に夏休みや冬休みなどの長期休暇中に行われる
③プロジェクト型（期間：1週間程度） 　企業で定められた1週間程度のプロジェクトを，同じインターンシップに参加する学生とともに進める。インターンシップ先の採用業務の見直しや商品開発，新規事業開発などに取り組むことが多い
④講座・イベント型（期間：1〜3日程度） 　キャリア意識の向上，業界を知ること，その企業の業務を知ることなどを目的として行われ，その企業の仕事を疑似体験できるケーススタディーやビジネスゲームなどといった，通常の業務とは別の一定の課題に取り組む

（資料）　http://07.jobweb.ne.jp/contents/keyword.php？key_id＝2966 を参照して作成（2007年12月）。

働者派遣法の改正によって認められるようになったものです。派遣社員として一定期間，特定の派遣先で働き，派遣期間終了時に派遣社員がその派遣先に就職を希望し，派遣先にその派遣社員の採用意思がある場合，正社員採用としての雇用が成立する仕組みです。求人企業にとっては派遣社員本人の働きぶりや適性などを長期間観察できる一方，派遣社員本人にとっては仕事に対する適性や会社や職場の雰囲気などを十分検討できるものとしてあり，両者にとってより確実な採用と就職の意思決定ができるというメリットがあります。

　そして，この仕組みを新卒採用にも応用しようとするのが卒業時までに内定

がとれなかった学生を対象にした「新卒紹介予定派遣」という制度です。一定の条件を満たした新卒者を派遣会社から受け入れ，実際の仕事ぶりを見てふるいにかけ，欲しい人材を正社員として採用するというものです。面接などの手間などが省けるだけでなく，確度の高い新たな新卒採用手段として着実な拡がりを見せています。

　最後に，会社説明会などにおいて企業の実態や仕事の厳しさなど，実際の企業の姿を学生にむしろ積極的に開示し，自社に対する間違ったイメージや思い込みを払拭してもらうことを目的とする取り組みをいくつかの企業で見ることができます。普通，会社説明会やパンフレットでは，会社の明るい将来的なビジョンやミッションが語られ，また嬉々としてやりがいのある仕事をしている先輩社員たちの姿が浮き彫りにされており，厳しい仕事の現実は情報提供されていません。こうして作り上げられる職場生活のイメージと入社後に実際に体験する職場生活のギャップからモラール低下を引き起こし，離職していくケースも多いといわれています。

　そこでこうした事態を逆手に取り，自社の現実の仕事の内容・職場・社風などについて良い面や悪い面を積極的に情報提供し，学生の誤解しやすいイメージなどを払拭する努力をしていきます。たとえば「商社だからといって必ず外国勤務ができるとはかぎらない」「自社はかなり残業が多い」「お客のクレームはすごく厳しい」「華やかな仕事だけでなく，裏方の地味な仕事も多くある」などなどです。そして，こうした自社の現実を十分に理解した上で応募してくる学生であればこそ，入社後の定着率は高いと算段するのです。このような採用の取り組みを「ホンネ採用」，就職を前に会社や組織・仕事の中身についてイメージに頼ることなく，できるだけリアルに就職希望者に伝える「現実的職務情報開示」の手続きと呼んでいます。

男女雇用機会均等法と女性の採用問題

　戦後日本の企業では，伝統的に男性は将来的に基幹的な業務を担う一方，女性は男性の補助的な業務や周辺的な業務を担うことが前提となっており，その

前提の上に採用活動が展開されていました。しかしその後の女性の進学率の向上を背景にして，女性の社会進出や職場進出が進む中，雇用の分野における男女の均等な機会と待遇を確保することをねらいとした「男女雇用機会均等法」が1985年に制定され，1986年4月より施行されていきます。

この男女雇用機会均等法が企業の採用管理にあたえたもっとも大きなインパクトは，男女の職務上の住み分けを行うコース別雇用管理が工夫され，新卒採用において基幹的業務を担う総合職には男女学生（実際には多数の男子学生と少数の女子学生の採用）を，補助的業務を担う一般職には女子学生のみを採用対象にした「コース別採用」が生み出されたことです。均等法の目的は「男性に対する女性の均等を実現すること」にあり，女性が男性より優先されることには問題なしとして「一般職採用を女性に限定すること」を認めていましたが，バブル経済崩壊後の不況期に，企業はこの募集方法を逆手に取り，「一般職募集なし」ということで女子学生の就職機会の門戸を閉じて男性優先の採用に走り，女子学生の就職氷河期を深刻なものにしてきたことは周知の事実です。

その後，男女雇用機会均等法の欠陥を修正する改正が順次行われていくことになります。1997年の改正均等法（1999年施行）では，それまで努力義務とされていた募集・採用の差別を新たに禁止規定とし，女子のみ募集を原則的に廃止するよう要請しています。その結果，コース別採用を行っている企業では，「総合職〇名、一般職〇名」といった性別の表現を抜いた募集しかできなくなりました。このことは女性が総合職に応募する機会を拡げるとともに，男性が一般職に応募できる道も同時に開くことになり，企業としては男女別の採用人数を予定した性別採用管理ができないことを意味しています。

こうした混乱が予測される中で，改正均等法に準拠した対応の1つとして考えられることは，コース別採用を廃止し就労条件を同じくする「プール採用」を行い，入社してから数年後に本人の適性や能力を考課し，「職掌転換制度」などを通じてコース選択させる人事制度への変更です。つまり，コース別人事制度に直結するコース別採用を取りやめ，男女同資格のプール採用を行い，採用後の人事異動でコース別に振り分けていく方法です。もう1つは，コース別採

用を継続する場合です。コース別採用が適正に運用されるか否かは，一般職，総合職という「職種」に必要とされる職務能力という点で，いかに「公正な人的資格要件」(bona-fide qualification) を確立できるかにかかっているといえるでしょう。

　一方，コース別採用を入口とするコース別雇用管理制度を導入している企業におけるその運用の実態を見ると，「総合職には圧倒的多数の男性とごく少数の女性」「一般職には圧倒的多数の女性とごく少数の男性ないしは皆無」の就業といった構図が浮かび上がってきています。そして，管理職への昇進が総合職に限定され，かつ昇給カーブも総合職の方が高いという実態が，男女の昇進格差や賃金格差を生み出しています。そのためコース別雇用管理制度は男女差別の温床であるとして，その廃止を求める国連・女性差別撤廃委員会などによる国際的な批判があることも事実です。

　2006年の改正（2007年施行）では，新たに「間接差別」禁止規定が導入されました。間接差別とは「外見上は性に中立的な規定，基準，慣行などが，一方の性の従業員に相当程度の不利益をあたえ，しかもその基準が職務と関連性がないなど合理性・正当性が認められないもの」をいい，①社員を募集するとき仕事に関係ない身長や体重・体力などを採用条件として，事実上女性を排除しているような場合，②コース別雇用管理にあって，全国転勤を要件とする「総合職」募集・採用を行うことで，家庭をもち転勤が困難な女性を事実上排除するような場合，③転勤経験を昇進要件とすることで，事実上転勤経験のない女性の昇進を排除するような場合，が列挙されています。

　さらに2013年の均等法改正省令（2014年施行）によって，間接差別の禁止範囲の拡大という観点から，②の「総合職」の限定が削除されるとともに，募集・採用に「昇進・職種の変更」が加えられ，これによりすべての労働者の採用・昇進・配転などにおいて，合理的な理由なく転勤を要件とすることが禁止されることになったのです。

配置・異動管理

　従業員の「配置・異動」の管理とは，図表3に示しているように，雇用管理を構成する中核的なサブシステムとなる従業員に仕事を割当てる手続きのことで，「人事異動管理」ともいわれるものです。一般的に「異動が行われて配置が完了する」ことを考えれば，両者は一体的なものと理解してよいのですが，どちらかといえば，「配置」(placement) は従業員と仕事を結びつける仕組み・手続きをいうのに対し，「異動」(transfer) は，従業員の仕事履歴となるキャリア形成の仕組み・手続きという含みで語られる場合が多いように思われます。

1　配置・異動の原則

　従業員を職務に配置する「適正配置」(right placement) とは，その保有する能力を十分に発揮できる適切な職務に従業員を配置することです。日本的にいえば「適材適所」(the right man for the right job) ということであり，たとえば「四角の穴（職務）には四角の釘（人）を」といった職務と従業員との「能力的な適合」をはかる職能合理主義の実践が適正配置の原則です。

　この適正配置を実現するためには，その前提として2つの種類の情報の整備を必要とします。その1つは，企業内のすべての職務について職務分析／調査を行い，職務遂行上どのような知識・技能・経験などがもとめられるかを把握し整理した「職務情報」(job information) であり，もう1つは従業員一人ひとりについて，人事評価などを通じてどのような知識・技能・キャリア・実績などをもっているかを把握し整理した「人事情報」(personnel information) です。そして特定の職務に従業員を配置する場合，この2つの情報をつき合わせ，その職務が要求する人的資格要件をもっともよくみたす従業員を配置すれば，その職務はもっとも効果的に達成されると考えていくことができるのです。こう

LECTURE 5 雇用管理

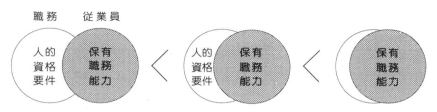

図表9 職務配置の遠足（イメージ図）

■職務が要求する人的資格要件と従業員が保有する職務能力の合致度が高いほど，望ましい業績が実現される可能性が高い。

した職務を固定して，そこに能力的に適合する従業員を配置していく「職務配置」の考え方がもっとも徹底しているのがアメリカ企業です。そして従業員の能力向上が認められないかぎり，能力的要件が異なる他の職務に異動することはほとんどありません。図表9は，そのイメージを示しています。

　従業員配置とは，従業員への仕事配分・割当という「従業員能力の発揮の場」を設定する手続きですが，日本企業の従業員配置は，適時の「職場内配置転換」や定期的な「職場間配置転換」を通じて従業員能力の幅を拡げていく「従業員能力の育成の場」を設定する手続きにもなっていることが特徴です。つまりこれまでの日本の企業は，従業員の終身雇用（長期継続雇用）を前提にして，さまざまな職場や仕事を経験させることで職務遂行能力の幅を拡げ，さらには社内各所の事情に精通した調整能力を身につけさせることを通じ，管理職昇進を目標とする「ゼネラリスト育成」を人材育成方針としてきたのです。

　日本企業の人材育成の特徴となるゼネラリスト育成は，自在な従業員配置・異動による「柔軟な人材活用」を可能とする基盤になっています。そして，それを支えたのが終身雇用の慣行です。すなわち定年まで働けるという保証があればこそ，従業員は家庭生活に大きなストレスを引き起こす転居をともなう転勤や単身赴任を甘受することができたのです。

　しかし終身雇用が実質的に崩壊し，また仕事の内容や成果で処遇が決まる成

果主義的処遇化が進み，さらには従業員自身の自己責任によるキャリア形成の必要化が喧伝されてきている現在，従業員の配置・異動の仕組みや手続きに再考する余地が生じることになります。従業員の配置・異動は，基本的に企業の経営ニーズにもとづく一方的な施策展開であり，企業主導的なものです。しかしそうした手続きの本質的な性格を認めながらも，従業員自身が主体的にキャリア形成を行っていく従業員主導型の制度運営への修正圧力が高まっているということができるでしょう。

2 従業員の配置の管理

従業員の配置と仕事の割当

　従業員を特定の仕事に配置する原則が職務の人的資格要件をみたす人材を配置する職務配置であると説明してきましたが，この原則が徹底しているのがアメリカです。アメリカ企業は，企業内のすべての職務を詳細に職務分析し，その内容を職務遂行上必要な人的資格要件を記述した職務明細書と各人が担うべき職務内容を規定した職務記述書にまとめ上げ，企業そのものを職務の重層的な組織構造と考えていきます。そして実際の職務遂行の場面では，特定の仕事に配置された従業員は「職務記述書に規定された仕事のみを行い，それ以外はやってはいけない」「たとえ同僚が仕事上で困っていても，それを手伝ってもいけない」といった厳格な規則にもとづく仕事の進め方が行われていきます。その理由は，仕事内容で賃金額が決定される職務給という賃金制度であるために，職務記述書に規定されていない仕事をするとそれは職務内容の変更となり，既定の賃金秩序をくずす結果になってしまうからです。

　しかし日本企業の場合は，新規学卒者の配置に代表されるように，入社後に本人の希望や適性が勘案され，人事部主導で「初任配属」としての「職場配置」が行われ，その後職場内で職場管理者の適宜な判断にもとづき，新人が担うべき仕事の割当が行われていきます。その際の仕事配分の原則は，「易しい仕事

LECTURE 5　雇用管理

から困難な仕事へ」「基礎的な仕事から応用的な仕事へ」というもので，本人の職務遂行能力の伸長に合わせてその内容は柔軟に変化していきます。すなわち「本人の能力的成長に応じた仕事配分」の考え方にもとづき，一定の職務遂行能力を獲得し仕事が十分こなせるようになった段階で新たな仕事を追加したり，より責任のある仕事を任せたりしていくのです。

こうした事情は新入社員にかぎらず，配置転換によって新たな職場に配属された従業員の場合でも同じです。これまでの職場で優秀な成績をあげていた者でも，まったく仕事内容が異なる職場に配属されると，新職場における実務知識・能力といった点では新人と同列になってしまう場合もあります。こうした苦労はありますが，それは，ゼネラリストとして管理職をめざすための1つの試練であり，努力して克服すべきものとされています。

実際，日本企業でこうした従業員配置と仕事割当が行われる背景には，職務を固定して人員配置を行う慣行が発達していないという事情があります。日本の企業では，組織上の仕事の基本単位として「課」というまとまりが考えられており，その課が担うべき責任を課員全員で達成していく「集団的な仕事遂行の仕方」「チームワーク重視の働き方」が特徴です。そのため課員が担う仕事内容は，課としての仕事の進捗状況などで変化し，場合によっては他の課員の応援や代行も行う非常にフレキシブルなものになっています。このため，職務内容を固定してそこに人を配置していくやり方にはかなりの制約があるといえるのです。図表10は，アメリカと日本の企業における職務割当のあり方をイメージ的に示したものです。

しかし，こうした職務遂行の慣行にまったく問題がないとはいえません。たとえば経営合理化で人員削減が行われた場合，課としての仕事量に変化がないために，課員1人当たりの仕事量が増えていってしまいます。また職場管理者が，とくに優秀な部下を頼りにし過重に仕事を課してしまう結果，部下に過労状態を引き起こしてしまうこともマレではありません。さらにいえば，同じ課員であるにもかかわらず，仕事がまったくあたえられない「窓際族」なる者を生み出す「職場いじめ」が横行しているのも，こうした仕事配分の慣行がある

図表10　日米企業における職務割当のイメージ図

欧米企業の組織（剛構造の組織）

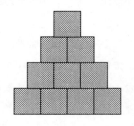

■明確な職務境界があり，個人の
　職務範囲は固定されている。

日本企業の組織（柔構造の組織）

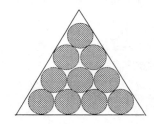

■白地の部分の仕事が適宜に分担
　されるために，個人の職務範囲
　は弾力的である。

（資料）　石田英夫『企業と人材』日本放送協会，1989年を参照し作図。

からと考えることができるのです。

　このように見てくると，職務と人との対応関係に関して日本の企業では，アメリカ的な意味での職務配置が実際に機能しているとはいえません。日本企業における適正な配置とは，人事評価結果や本人の希望や関心を配慮し，できるかぎりその意に沿って行っていく「職場配置」にあるといえますが，実際，本人希望が実現されるケースは少なく，直属上司の意向がとくに強く作用した会社都合による一方的な配置が当然のように行われてきました。しかし今，そのやり方が見直されています。従業員の仕事やキャリアへのこだわりといった新たな価値観が大きく台頭しつつあるからです。

個人の希望をみたす配置制度

　従業員の配置が会社都合による一方的なものであることがいまだ主流とはいえ，近年，人々の仕事やキャリアを重視する自己成長・自己実現の価値観が成長していることを背景に，従業員本人の意向を配慮して労働意欲の向上をはかる新たな配置手続きの導入が増えています。行動科学における「能力的には多

少問題があっても，本人の好きな仕事をさせると，期待以上の能力を発揮する」という挑戦意欲を刺激する示唆もさることながら，昨今の成果主義的処遇が強化される中で，不本意な仕事で評価されるよりも自分がやりたい仕事で評価された方が納得がいくという従業員の心情の拡がりも，こうした動きを促す要因になっています。そうした従業員の意向を配置に生かす制度としては，自己申告制度，社内公募制度（job posting system），社内FA制度，社内ベンチャー制度が主だったものといえます。

1 自己申告制度

この制度は，1950年代後半ころから導入され始めたもっともポピュラーな制度である。申告書に記入する主な項目は，①現在の仕事に対する適性，②現在の職場を異動したいか否か，③将来どんな分野で仕事をしていきたいか，④希望する勤務地はあるか，⑤家庭の事情，など。この申告書は職場の上司を経由して人事部に送られ，申告者本人の人事異動の際の参考資料として活用される。しかし実際，こうした希望がどの程度実現されるかといえば，その答えはあまりかんばしいものではない。職場の直属上司がその内容を見るということは，本人がそのホンネを出しにくいという事情につながっている。また人事部門としても，そう簡単に本人の希望を充足させるような職場を用意することが難しいという事情もある。

2 社内公募制度

この制度は，新規のプロジェクトや事業を展開する場合や特定の事業部門が人員の拡充を行う際に，必要人材を外部の労働市場にもとめるのではなく，社内にいわば「募集広告」を出し，個人は自由にこれに応募し，選考に通れば異動がかなうとするもの。導入各社によって運用のあり方は異なるが，この制度のポイントは基本的に直属上司を経由することなく，秘密裏に直接応募書類を人事部に提出できること。そして，当該部署との面接選考などが行われ，異動が決定されると直属上司はその

図表11　社内公募・FA制度の導入企業事例

企　業	概　　要
自動車部品 製造D社	・即戦力を必要とする部署が社内で人材を募集する「社内人材公募制度」と，同一部署に長く滞留する社員に異動希望部署との直接交渉権をあたえる「FAローテーション制度」の2本立て ・ともに年1回実施され，いずれも応募者と異動希望先が合意すれば，上司の拒否権なしで異動できる
電気機器 製造N社	・新規事業開拓，新商品開発などのため人材の流動化を図ることを目的とした「人材公募制度」と，挑戦したいポジションに自ら手をあげる自発的な異動の仕組みとしての「ポジション・エントリー制度」の2本立て。なお後者の場合には既存のポジションを希望する「Existing Position」と新たな価値を創造する新規のポジションを希望する「Proposed Position」の2種類がある ・ともに応募者所属部門に異動の拒否権はない
卸・小売 I社	・新規プロジェクトや新規部署に配属する社員を募集する「社内公募制度」と既存部署のポストに自由応募できポジティブなキャリアチェンジを希望する者に人事部との直接面接の機会を提供する「チャレンジ申告制度」の2本立て ・ともに所属長への報告・許可なしに応募が可能。結果は定期異動に反映させる
センサー製造 O社	・組織ニーズにもとづく各部署の求人に対して希望者が手をあげる「社内公募制度」と，求人の有無にかかわらず，社員の側から希望部署への異動を申請する「社内異動宣言制度」の2本立て ・ともに応募に当たって上司に連絡する必要はなく，異動決定まで応募の事実が明かされることはない
環境試験 機器製造 E社	・新事業などに即戦力を投入する「チャレンジコース」と既存部門の要員補強のための「キャリアアップコース」からなる社内公募制度を導入。定着状況を見て「FA制度」を導入予定 ・経営企画室が計画を立て執行委員会で公募内容を決定。応募時に上長への連絡，相談は不要

（資料）　労務行政研究所編『先進企業の人事制度改革事例集』2004年より作表。

決定に反対できないという仕組みになっている。もちろん不採用になった場合，その本人が応募してきたことは上司には秘密にされている。人間関係に悪影響をあたえないという配慮が働いているからである。

3 社内FA制度

FA（free agent）とは「自由な行為者」ということ。この制度は，社内公募制度の場合のように，必要人材の「募集広告」が出て初めて応募できるいわば「求人型」の制度ではなく，従業員本人の異動希望によって自由にどの部署のどのような職務にも応募できる「求職型」の制度である。仕組み自体は基本的に社内公募制と変わりなく，異動希望部署を人事部に申告しておき，その応募者リストを閲覧した当該部署の責任者との面談などを通じて「採用」が決定される。

4 社内ベンチャー制度

これまでの制度が，すべて既存の部署や職務に対する配置・異動にかかわるものであるのに対し，この制度はいわば自ら仕事を創り出し，その仕事に従事するというもの。新規事業のアイディアをもった従業員が応募しその提案が認められると，企業内であたかも独立した1つの企業のように新規事業を行っていく。従業員の自立性を高め，挑戦的な企業家精神を呼び起こす仕組みとされ，新会社設立も視野に入れたものになっている。

自己申告制度を除き，こうした新たな配置制度を導入する企業数は決して多いとはいえませんが，社内公募制度については半数に近い大企業が実施もしくは検討しているとの調査結果があります。新たな企業環境の下に，自ら重要課題を解決していく自主性のある人材が必要不可欠となってきたという企業事情や，既存の人事情報では把握しきれない隠れた適性や才能のある人材の新たな発掘手段としての有効性が認められてきたことから，今後こうした施策を導入する企業の増加が予測されています。図表11は，社内公募・FA制度の導入企業事例をまとめたものです。

3 従業員の異動の管理

人事異動と能力育成

　従業員の異動とは，基本的に「従業員を異なる職務（職場）に移すこと」であり，その結果従業員は新たな職務（職場）に配置されていきます。しかし日本では職能資格制度の下に，仕事内容も職場も変わらずに「昇格」という異動が生じることもマレではありません。また昇進は，水平移動（ヨコ異動）とされる配置転換とは異なりますが，責任の重いより高度の職務への垂直移動（タテ異動）と考えることで人事異動の1つの形態とされています。図表12は，日本企業における人事異動の全体像を示したものです。

　一方，アメリカ企業の場合，企業内の職務を分類・整理し，職務価値を等級区分した職務等級制度を作り上げています。このため企業組織は職務価値に応じた職務の重層的な構造と理解でき，それゆえに従業員の異動はすべて従業員の職務間の移動として説明することができます。

　たとえば配置転換（transposition）とは，これまでの職務と同等価値の別の職務に，昇進（promotion）とはこれまでの職務よりも価値の高い上位職務に，降格（demotion）とはこれまでの職務よりも価値の低い下位職務につくことを意味しています。もっともアメリカ企業におけるこうした異動は，

①仕事に空席（vacancy）が生じた場合
②従業員が現在の仕事に必要とされる以上の能力をもつようになった場合
③仕事内容が変化したために他の職務につける場合
④現在の責任を遂行することが困難と判断される場合

など，「必要が生じた時」に適宜行われるのが一般的です。また昇進人事の場合も，あくまで人事評価にもとづく従業員の能力と業績が決定要素となっており，候補者が複数で人事評価結果が同じ場合に「先任権（勤続年数）」（seniority）の大きな者が優先されることがありますが，それ以外は年功的要素の考慮はあ

図表12　人事異動の全体像

人事異動	社内異動	ヨコ異動	配属職場内	職務交代 課題割当 教育配置
			職場配置転換	職種転換 勤務地転換
		タテ異動	職位異動	昇進 降職
			資格異動	昇格 降格
	社外異動			派遣 出向 転籍

（資料）　清水勤『会社人事入門』日本経済新聞社，1991年を参照し簡略化。

りません。職務の人的資格要件を基準として，その要件をみたす人間をそのポストにつける「職務配置・異動」といった原則が貫かれているのです。図表13は，これまで説明した配置・異動慣行の日米の違いをまとめたものです。

　ところで，日本の企業における配置・異動の慣行には，アメリカ企業では見ることのできない「定期的人事異動」（regular job rotation）という特殊な慣行があります。これは，特定の職場ないし職務に一定期間（通常3〜5年）従事した従業員を対象に，定期的に年1回，これまでとは異なる仕事内容をもつ職場に配置換えしていくものです。こうした慣行が広く普及している背景には，従業員の長期継続雇用を前提として，日本企業の人材育成方針としての「ゼネラリスト育成」があります。多能的で職場事情に精通した従業員を育成し，経営事情に応じてあらゆる職場に自在に配置していくという日本企業の「柔軟な人材活用」を可能とさせる基礎的な役割を担っているのです。

図表13 配置・異動慣行の日米比較

	アメリカ企業	日本企業
配置原則	・職務配置 ・職務記述書の仕事内容	・職場配属 ・配属職場内で割振り
配置転換	・職務等級が同等の他の職務に移ること ・必要時に実施	・昇格や昇進をともなわない他職務に移ること ・定期的人事異動
昇進	・職務等級上の上級職務に移ること	・職位制度上の上位役職に移ること
昇格	・日本的な「昇格」概念はなく，昇進と同義	・職能資格上の上位資格に移ること
降格	・職務等級上の下位職務に移ること	・職能資格上の格下げが本来的意味。通俗的には役職の降格人事

　アメリカ企業における人事異動は，必要な時のみ行われるということができますが，日本企業における定期的人事異動は人材育成という教育訓練・能力開発目的と密接に連携している点に大きな特徴があります。日本企業に対して人事異動を行う理由を問うと，「多様な職務経験による幅広い職務能力の長期的育成」という答えが多く返ってくることからも明らかです。配置・異動の手続きは，本来的には従業員の「能力発揮の場」の設定にあるのですが，日本企業の場合は従業員の「能力育成の場」の設定手続きでもあるのです。

　次に，こうした内容を従業員のキャリア形成という面から見てみます。図表14は，従業員のキャリア形成における日米の違いをイメージした図です。アメリカの場合は，1つの職務（職種）につき経験と実績を積み上げ，その職務についてのより高度の職務能力を伸ばしていく「スペシャリスト的キャリア形成」が特徴的です。というのもアメリカ企業における従業員募集は，「この仕

LECTURE 5　雇用管理

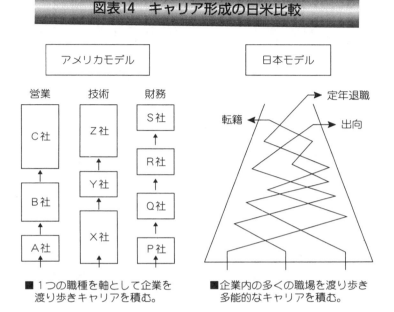

図表14　キャリア形成の日米比較

事についての従業員募集」として行われ，いわゆる職種別採用が普通であり，当然ここに応募する者は，そうしたキャリアを積み上げた者になります。最近では大企業を中心に空席のポストを外部人材に頼らず，現有の人材から有資格者を見出す内部昇進制も普及していますが，なお自分のこれまでのキャリアと実績を売り物にして企業間を渡り歩き，より高度のスペシャリスト的キャリアを獲得していく者も数多くいます。

　これに対して日本では，定年までの長期継続雇用を前提に，企業内のさまざまな職務を経験していくことを通じて職務能力の多能化と高度化をはかっていく「ゼネラリスト的キャリア形成」が特徴的です。そして，そうした職務能力の高まりに応じて職能資格等級の階梯を一つずつ昇格していき，最終的な1つの到達点として中間管理職（課長職）のポストがあり，さらには役員への昇進があるのです。

191

複線的キャリアコース

　1980年代以降，とくに顕著となってきた従業員の高齢化，女性の職場進出，キャリア・仕事志向の価値観の成長，個人生活重視の風潮の高まりなどを背景に，ゼネラリストとして管理職をめざすこれまでの単線的なキャリア形成のあり方が見直されるようになりました。その修正のキーワードが「キャリアの複線化」というものです。企業によってその名称は多様ですが，要するに複数のキャリア・コースを設定した「複線的人事制度」を通じ，従業員自らの選択によるキャリア形成の道を開くものです。いま，大企業を中心に導入が進んでいる複線的人事制度の内容を総体的にまとめると，図表15のようになります。

1　キャリア選択制度

　　この制度は，管理職のポスト不足問題を緩和する「専門職制度」の導入がその始まりだったが，その後従業員の仕事志向の価値観の成長を背景として，管理職昇進適格時に「管理職コース」「専門職コース」「専任職コース」という3つのキャリアコースから1つを選択させるもの。企業によって定義の仕方は異なるが，管理職とは従来型の職場管理者を，専門職とは特定の専門分野に特化した専門家を，専任職とは長年の経験により蓄積した実務知識・技能を駆使する高級実務者を意味している。なお，管理職コースの場合，役職に就任後一定年数が経過したときに，在任中の業績にもとづいて再任するかどうかを審査する「管理職再任制」や一定の年齢（55歳程度が一般的）に達した管理職は自動的に役職をはずす「管理職定年制」といった役職見直しの手続きを制度化した「管理職任期制」を導入している企業もある。

2　職務コース制度

　　この制度は，男女雇用機会均等法（1986年施行）への対応として導入された女性社員を一般職と総合職に区分する「コース別雇用管理」を基礎にしたもの。女性総合職活用の最大のネックが転居をともなう転勤に

図表15　複線的人事制度の種類

制度名	複線的内容	対象者	背景，導入意図
キャリア選択制度	・管理職コース ・専門職コース ・専任職コース	管理職適格者	・定年延長 ・ポスト不足 ・専門職志向の成長
職務コース制	・総合職 ・準総合職 ・一般職	男女	・均等法への対応 ・女性のキャリア志向
勤務地コース制	・全国転勤型 ・ブロック内転勤型 ・通勤圏内転勤型	男女	・女性のキャリア志向 ・個人生活重視の価値観の成長
進路選択制度	・選択定年制度 ・転職／独立援助制度 ・出向／転籍 ・職種転換	管理職者を含む中高年者	・定年延長 ・中高年者対策 ・自立志向

あったために、一般職と総合職の中間的な職掌として転勤のない「準総合職」が追加された。しかし今日、こうした男女という性別管理的内容が含意される制度は違法とされるため、男女平等に適用される制度として運用されているが、なお男女平等処遇における「間接差別」の温床として批判されることも多い。

3　勤務地コース制度

　海外を含む全国転勤の適用下にある社員と、転居をともなう転勤の適用を受けない社員にコース区分するもので、とくに後者を「勤務地限定コース」と呼ぶ。個人生活重視の価値観の台頭、単身赴任の社会問題化などを背景に生まれたものであるが、営業担当者を地域密着型の活動に特化させることができるといった営業政策上のメリットもある。一般的

にこのコースの適用下にある社員は，転居というわずらわしさを逃れる代わりに，全国転勤型の社員に対して昇給や昇進といった面で一定の制約を受けている。

4 進路選択制度

この制度は，もともと定年延長・従業員高齢化・管理職ポスト不足などを背景に，中高年者対策の一環として彼らの雇用の流動化を促すために導入されたもので，選択定年制度（早期退職制度）をコアの制度にもつ。しかしこの制度を，自らのキャリア設計を再編したいとする従業員の自立志向を実現する「個人尊重の制度」と考えることも可能である。しかしそのためには，あくまで従業員自身の自発的な選択という手続きが必要である。

以上のような複線的人事制度の成長は，終身雇用や年功序列の慣行の見直しと表裏一体の関係にあり，これまでの会社任せのキャリア形成ではなく，自立的な従業員として「自分の労働人生は自分で設計するように」といった企業のメッセージがその背後にあるといえるでしょう。

企業グループ人事

人事異動といえば，一企業内における「社内異動」が中心的なものですが，一方で「社外異動」としての出向や転籍といったものもあります。主として関連子会社をもつ大企業で実施されてきたものです。出向とは，会社の命令で別の会社に異動し，異動先の会社での指揮・命令を受けて業務を行っていくものです。この場合，本人のいわゆる「戸籍」は出向元の会社にあるために，賃金などの労働条件に格差があれば，その差を補填することが原則とされます。他方転籍とは，元の会社との雇用関係を解消し（籍を抜き），転籍先の会社の正社員になることをいいます。したがって労働条件も，転籍先のものが適用されていくことになります。

これまで出向といえば，ほとんど中高年者を対象としたものであったことか

ら、穏やかな雇用調整の手段として暗いイメージで受け取られてきました。しかし現在、企業競争の激化や減量経営志向の定着を背景に、積極的な事業展開やかぎられた人材の有効活用の必要性が高まりを見せており、このため関連会社を含めた企業グループとして出向や派遣を行う「企業グループ人事」（人材交流制度）が拡がっています。

　こうした新たな出向は、その対象範囲を若年層にまで拡げているのが特徴であり、企業グループ全体の体質強化や人材育成の一環として行われています。たとえば、経営幹部育成のために選抜した若年社員を子会社経営の中枢のポストにつけ、経営ノウハウを習得させる教育異動、特定の製品事業や経営機能強化をねらった交換人事異動などがあります。これらの出向にはまったく雇用調整的な意味合いはなく、人材の育成とその有効活用を目的としたいわゆる「戦略的出向」とされるものです。

　このような企業グループでの人材移動となる出向のパターンには、
　①親会社の社員が子会社に移動する一方向型
　②前述の内容に子会社社員の親会社への移動を加えた双方向型
　③前述の内容に子会社間の社員移動を加えた相互交流型
の3つがあります。これらの中で相互交流型の人事異動の内容は、たんに人材交流制度にとどまらず、企業グループ全体を1つの企業体とみなした「グループ人事労務管理」の構築につながっていきます。従業員の採用もさまざまな業種や事業を構成する企業グループとして行い、多様な適性や能力をもつ人材を採用して適切なグループ内企業に配属し、適宜にグループ企業間で人事異動を行っていきます。また従業員の研修や給与計算事務、福利厚生施設管理などの人事機能を別会社組織として独立させ、企業グループ社員全体を対象にした教育訓練・能力開発を展開したり、福利厚生施設の共同利用を行うこともできるようになります。今日の人事労務管理におけるコスト重視の運用やかぎられた人材の有効活用という課題解決のヒントとしての意味合いは大きく、また従業員にとっても、親会社社員・子会社社員といった身分格差による人間関係のあつれきも解消されるメリットもあると思われます。

IV 退職管理・雇用調整

　採用管理が労働者との雇用関係の形成を取り扱う「入り口」の手続きとすれば，退職管理は従業員との雇用関係の消滅を取り扱う「出口」の手続きといえます。これまでの日本企業では，従業員に長期継続雇用を保証しながらも，一方で一定の年齢に達した従業員を一律的に強制的に退職させてきました。いわゆる「定年退職制度」であり，退職管理の中心的な慣行でした。そして長期継続雇用がうまく機能している場合にあっては，退職管理として行うべきことは自己都合で辞めていく離職者と定年退職者に対する定型的な事務処理だけであり，とくに新たな施策を打つ必要性はなかったといえるでしょう。

　しかし今日，日本の少子高齢社会の進展を背景に，退職管理は相反する２つの経営課題解決の要請を受けています。１つは，日本の少子高齢社会化からのいわば社会的な要請として，定年延長を含めた定年後の継続雇用の推進をもとめられていることです。そしてもう１つは，主として中高年者のリストラの一環としてですが，組織活性化のために従業員の雇用流動化の促進を要請されていることです。とくに後者の部面は，経営戦略上，1990年代後半以降のアメリカ産業界に見るように，企業競争力のさらなる強化のために経済の好況時にさえ行われる「事業の再構築」(攻めのリストラ）の必要性の高まりから，従業員の自発的な離・退職を促す恒常的な新たな雇用調整策の問題として考えていくことができるものです。

1　退職管理

定年退職制度と雇用延長

　定年退職制度（mandatory retirement sytem）とは，従業員が一定の年齢に達

した場合に強制的に退職させる制度です。この定年退職制度が日本で導入されるようになったのは明治時代の中期頃からであり，広く産業界に普及するようになったのは大正から昭和の初めにかけてといわれています。当時の定年年齢は50歳がもっとも多く，次いで55歳でした。当時の日本人の平均寿命から考えると，まさに終身雇用が実現されていたわけです。

　一方戦後になると，復員や引き揚げ者の増大による過剰人員の整理を行う必要が生じたのですが，当時の強力な労働組合の解雇反対闘争に抗するために，戦時に中断されていた定年制を復活する企業が続出します。その結果，高度経済成長期を通じて「55歳定年制」が広く普及していったのです。当時の労働省調査（『民間企業定年制調査』1964年）によると，従業員数300人以上の企業の90％以上が定年制を導入し，その約80％が55歳定年制でした。

　しかし戦後の医療技術の進歩，保健行政の発達，栄養水準の上昇，社会保障の充実などによって平均寿命が著しく伸長する一方，出生率は長期低下傾向を示し，その結果，とくに1980年代になると人口の高齢化が目につくようになります。このため政府は，将来的な年金・医療の保険財政の悪化も考慮に入れ，高齢者の雇用確保のために精力的に定年延長の行政指導を展開し，1986年には高年齢者雇用安定法を制定して「60歳定年制」の努力義務を企業に課していきます。そして1994年に同法を改正，企業に60歳定年制を義務化していったのです。その結果今日では，ほぼ60歳定年制が定着しています。

　しかし60歳定年制がほぼ定着したとはいえ，老後生活を支える公的年金の支給開始年齢が将来的に65歳に引き上げられることが決定されている今日，この5年間の無収入期間を補うためにも60歳を超える高齢者の継続雇用を推進する必要があります。このため1994年の改正法では，定年後の「継続雇用制度」の導入を企業の努力義務としていきました。

　その結果，かなりの企業で65歳までの雇用を継続する何らかの制度を導入するようになったのですが，その実態を見ると，希望者全員の雇用延長を認めるものが少ないという現実があり，そこで厚生労働省は2004年，その実効性の確保という点からさらに同法を改正し，2006年から65歳まで働ける制度の導入を

企業に義務づけるようになりました。ここに企業は，
　①定年年齢を65歳まで引き上げる。
　②60歳定年制を維持しながら65歳まで働ける継続雇用制度を導入する。
　③定年制を廃止する
といった3つの選択肢の中からどれかを選ぶ必要に迫られていくのです。
　一般的にこうしたさらなる雇用継続は，それまでの年功昇給・年功人事・退職金の慣行が変わらないとすれば，大幅な人件費負担の増大や組織人事の停滞を招き，企業経営を圧迫する重大な要因となってしまいます。そのため企業では，60歳定年制を維持しつつ，65歳まで働ける継続雇用制度を導入するケースが圧倒的多数にのぼっています。その際，継続雇用制度には大きく「勤務延長制度」と「再雇用制度」の2つがありますが，一般的には賃金・社員資格・雇用形態を柔軟に変更できる再雇用制度の導入が多数を占めています。これらの2つの制度の特徴は以下のようなものです。

> **1　勤務延長制度**
> 　定年延長制度ともいわれ，定年年齢に到達した者を退職させることなく引き続き雇用していく制度。雇用契約の中断がないために，これまでの役職や資格，賃金などに基本的な変更もなく継続される場合も多い。
>
> **2　再雇用制度**
> 　定年年齢に到達した者をいったん退職させ，その後に改めて雇用契約を結ぶ制度。再雇用後の身分は嘱託とか準社員になり，役職も賃金もダウンするのが一般的である。

　しかし2004年の改正では，65歳までの雇用義務化が実現されたとはいえ，その厳しさゆえに緩和措置が用意されていました。それは継続雇用の対象となる労働者を労使協定で基準を設ければ選別できるとするものです。その結果，圧倒的多数を占める再雇用制度の場合，希望しても再雇用されない人が毎年6000～9000人ほど出ていたといわれています。

一方，年金改革の動きを見ると，「厚生年金の定額部分」は老齢基礎年金として2013年より65歳支給が完全実施されることになり，また「厚生年金の報酬比例部分」は老齢厚生年金として2013年から男性61歳支給となり，その後2025年にかけて3年ごとに支給開始年齢が段階的に1歳ずつ引き上げられ，最終的に65歳支給になっていきます。それゆえ60歳代前半での収入の完全空白を避けるために再雇用の対象者を限定できる規定を廃し，希望者全員の65歳までの再雇用制度の導入を義務づけるとともに，こうした雇用確保措置を行わない企業に対しては企業名を公表する制裁措置を盛り込んだ改正高年齢者雇用安定法が2012年に制定され，2013年4月から施行されました。その結果，就業継続希望者全員が少なくとも65歳まで，定年制の廃止を含めて何らかの形で働くことができる継続雇用制度の導入が進められていきます。

これらの方策はいずれも雇用の継続と収入の安定的な確保を期待させるために，一般的に従業員には基本的に好ましいことはたしかです。しかし企業経営の立場から見ると，新たに5年間分の賃金負担増と雇用継続という新たな事態に対し，いかにしてこの賃金原資を捻出するか，また新たな5年間にどのような仕事・職場を確保するのかといった問題が浮かび上がってきます。そのため企業の中には，

①従業員の残業時間を削減して浮いた残業代を賃金原資に回す。
②従業員の現役時の賃金カーブ全体を引き下げ，その引き下げ分を60歳以降の賃金原資に振り向ける。
③雇用継続者だけの関連会社を設立する

などの工夫を行っているところがあります。

雇用流動化と早期退職

少子高齢社会におけるいわば「時代の要請」として，企業では着実に雇用延長が進んでいます。しかし雇用延長は，終身雇用を前提として年功昇進や年功人事といったこれまでの慣行を変えないとすれば，人事の停滞や人件費の増大を招き，企業経営を圧迫する重大な要因となります。このため企業では，賃金

図表16　企業における中高年者対策

課題	目標	施策
人件費の増大	賃金制度の修正	能力／成果主義賃金化
	退職金制度の修正	退職一時金制度の修正 退職金の年金化
人事の停滞	人事制度の修正	能力主義昇進化 役職定年／任期制度
キャリアの再設計	適職開発	職務再設計 組織再設計
	セカンドライフ計画	進路選択制度
	退職後計画	退職準備プログラム

体系の能力・成果主義化，退職一時金制度の見直し，人事制度の能力・成果主義的運用といった「中高年対策」を一方で積極的に進めています。図表16は，これまでの企業における中高年者対策の全体像を示しています。

そうした中高年者対策の一環として，彼らの雇用流動化を促すために一律的な定年退職制度を修正し，実質的に退職年齢を引き下げる方策を導入する動きがあります。「選択定年制度」あるいは「早期退職制度」といわれるもので，定年年齢が55歳から60歳に引き上げられたことを直接の契機にして1980年代後半から拡がりを見せ，1990年代のバブル経済崩壊後のリストラの過程でその導入が加速されました。導入のねらいは，とくに管理職者層の肥大化と従業員の高齢化をいかに打開するかということにあり，雇用調整的な役割を担ったものでした。

現在では，そうした雇用調整的な役割に加え，定年が視野に入ってきた従業員に対して第2の人生設計を実現させる機会を提供するものとして，転身援助的な役割をこの制度にあたえています。そのため，中高年者の雇用流動化を促

すことで組織の活性化を実現しようとする場合，早期退職制度を中核的な手続きとしながらも，その他にいくつかの選択肢を準備して，その転身を容易にする制度的整備が進められています。企業によってその呼び名は異なりますが，一般的には「進路選択制度」といわれるものです。

この進路選択制度は，中高年者を対象にして一定の年齢（40歳台後半〜50歳台前半が一般的）に達した以降，第2のキャリアを選択させる制度ということができ，主として次のような5つの内容で構成されています。

1　早期退職制度（選択定年制度）
退職金支給率の増加，一定額の加算，支給時点での定年扱いなど，退職金支給の優遇措置を行うことで退職を促す。

2　転職支援制度
転職先の斡旋，各種資格・専門技術取得のための受講費用の援助や有給休暇（転身援助休暇）をあたえる。

3　関連会社への出向・転籍
本社定年年齢よりも数年定年が延長されるという交換条件で関連会社へ出向し，最終的に本社を退職して関連会社に籍を移す。

4　独立援助制度
独立して事業を起こす場合，資金を援助したり，起業のための費用やノウハウなどを提供する。

5　職種転換制度
いったん退職させ，改めて専門職や特別職として嘱託・契約社員といった身分で再雇用していく。

企業側のこうした制度導入の公式的な説明は，従業員の価値観の多様化を背景にして，新たな人生を選択したい従業員にはその機会を提供するというものです。しかし反面，このメッセージは「去る者は追わず」といった従業員定着努力の意識的な放棄を意味しており，一律的・画一的な定年退職制度の弾力的

図表17　進路選択制度の導入事例

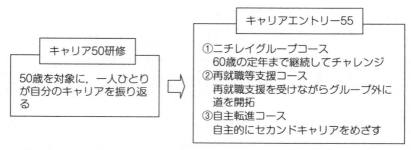

（資料）　http://www.lifeworks.co.jp/case/nichirei/（2014年11月参照）。

運用への方針転換と考えることができます。また今日の企業では，コスト重視の減量経営志向が定着しており，進路選択制度が従業員の個人的な期待を充足する「個人尊重の制度」といった評価がある一面，なお「穏便な雇用調整手段」として色彩を色濃く残しているといえます。図表17は，大手冷凍機器メーカーN社の進路選択制度の事例を示します。キャリア開発プログラムの一環として位置づけられ，45～55歳に達する管理職者を含む従業員を対象にしており，コース選択は本人自身の判断によるものとされています。

2　雇用調整

　産業構造の変化による不採算部門の統廃合や，景気の循環的な変動による業務量の減少などによって，企業が余剰雇用者数を削減する行動を一般的に「雇用調整」(employment adjustment) と呼んでいます。資本主義企業の経済合理性の論理から当然のことであり，こうした雇用調整行動は日本企業にかぎらず欧米諸国の企業でも見られます。しかしその方法には，かなりの違いがあるといえるでしょう。

アメリカ企業の場合

　アメリカ企業では，一般的に「必要時に必要数」が雇用政策の基本にあるために，一定時間までの時短，新規採用中止，交替制の削減などの手段もとられますが，短期的にかなりドライな人員整理が行われます。とくにブルーカラー労働者の場合では，先任権ルール (seniority rules) による一時解雇制度とも呼ばれる「レイオフ制度」(lay-off system) があります。この制度は，企業が景気回復時に再雇用することを約束して，一時的に従業員を解雇する制度です。解雇と再雇用の順位は勤続期間が長い労働者ほど仕事への優先的権利があたえられる先任権ルールに規制されているために，一般的に先任権順位の低い（勤続年数の短い）若年従業員から解雇され，先任権順位の高い（勤続年数が長い）中高年従業員から再雇用されていきます。このため，転職が比較的困難な中高年従業員の保護が進んでいる結果になっています。

　アメリカ社会では，解雇が日常化しているために，労働組合は解雇に対する組合規制を強め，労働者の諸権利保護の努力を怠りません。公正で公平な解雇順位決定のルールとしての先任権制度や，失業期間中の労働者の経済的安定を強化する「補完的失業給付」(supplemental unemployment benefits) の獲得はそうした努力の成果です。しかし一方，先任権ルールによるレイオフは，若年労働者の高い失業率を引き起こすリスクを含んでいるのです。

日本企業の場合

　通常日本では，企業業績が財務上，連続二期赤字になると雇用調整に入るといわれてきました。その際正規従業員の雇用については長期継続雇用が前提となっているために，できるかぎり雇用を維持するといった立場から，段階的なさまざまな手段が打たれ，人員整理としての解雇は最終的な手段とされるのが普通です。図表17は，日本企業の雇用調整施策の全体像を示していますが，これらの中から広く一般的に行われているものを説明していきます。

図表18　日本企業における雇用調整の施策

労働時間の調整	残業		残業規制
	正規労働時間		一時帰休・休日増加
労働者の配置調整	企業内	一時的	応援
		恒久的	配置転換
	企業外	一時的	出向・派遣
		恒久的	転籍
労働者数の調整	外部	中途採用者	欠員不補充・中途採用削減
		新規学卒者	新規学卒者採用の削減・中止
	内部	非正社員	パートの再契約中止・削減
		正社員	希望退職募集（誘導） 指名解雇（強制）

（資料）　通産省「労働力移動の実態調査」1981年を参照し簡略化。

1　残業規制

　　厳密にいえば，この手段は雇用調整とはいえない。しかし日本では，残業労働で通常の生産活動を維持することが常態化しているために，残業規制は生産活動の減少分を埋め合わす効果的な手段となる。

2　非正規従業員の削減

　　パート・季節工などの非正規従業員の雇用再契約を中止したり，解雇を行う。この手段が正規従業員の雇用を維持するために非正規従業員が犠牲にされ，景気の調整弁にされると批判される局面でもある。

3　新規・中途採用の中止

　　自発的退職者や定年退職者の補充を行わず，新規採用や中途採用を中止することで雇用者数の自然減耗をはかる。この段階までは正規従業員

への直接的な影響はない。

4　配置転換・出向・一時帰休

社内の他部門への応援・配置転換や関連企業への出向を通じて過剰人員の解消をはかる。また製造業では，生産調整のために一時的に操業を中止して人件費の抑制をはかる。これが一時帰休制であり，従業員には帰休期間中の休業手当が支払われる。

5　希望退職者募集

さらに調整が必要になった場合，初めて正規従業員の削減がはかられる。通常，退職に応じた者には退職金の割り増しがある。この手続きではあくまで本人の自発的な意思によるというのが原則だが，実際には企業が最初から募集目標人数を決め，目標に達しないといわゆる「肩たたき」などで圧力をかけるケースもあり，実態は退職勧奨と同じである場合も多い。

6　退職勧奨・指名解雇

雇用調整の最終的手段となる。具体的に解雇する人選が行われ，その対象者への説得交渉が始まる。退職金の割り増しや転職先の斡旋などの条件が示されるのが普通である。

このように日本企業における雇用調整の特徴は，図表18に示すように，労働時間・労働者配置・労働者数といった3つの領域から総合的な対策が取られ，できるかぎり正規従業員の解雇を避ける行動が取られることです。しかし問題がないわけではありません。解雇問題は労働組合との協議事項になっているとはいえ，退職勧奨・指名解雇における人選が実質的に会社側の一方的な決定に委ねられていることです。「身軽な者から」「人事評価の劣る者から」「扶養家族の多い者は外す」などの目安もないことはないのですが，総じて人選基準が不明確なために，もっとも効果的にコスト削減が実現できる人件費の高い中高年者から解雇されるといった「日本的レイオフ」が普通です。そして解雇された中高年者たちは，流動的な労働市場が未成熟な日本の現状から，厳しい再就

職の状況にさらされる結果になっていきます。

　こうした日本的レイオフとして，違法まがいの「追い出し部屋」（通称「リストラ部屋」）があります。これは，低迷する事業部にいたり，低業績の社員（low performer），希望退職への応募を断ったりした社員を新たに設置した「人材開発室」といった部署に配属させ，「単純労働をさせる」「社内の他の部署への就職活動をさせる」「評価や給料を下げる」など，対象者を精神的・肉体的に追い込み，最終的に自主退職に至らせる退職勧奨の場です。2008年のリーマン・ショック後の不況の中で，名だたる大企業でも行われてきたものです。その背景には，経営難を理由とする社員の解雇が過去の裁判例できびしく制限されているために，企業は社員に自主的な退職を促す必要に迫られていたことがあります。それゆえこうした追い出し部屋の拡がりは，「日本型の雇用調整」の限界を示しており，理不尽な退職強要といった疑いを避けるためには解雇規制をゆるめ，社内失業者を辞めやすくすべきだという議論も出てきており，政府は今，「解雇の金銭解決制度」の導入を検討しています。

　ところで，近年における雇用調整の新たな動きとして目につくものに，とくに技術革新と企業競争が激しいエレクトロニクス業界などにおける企業業績が好調な時期に行われる「攻めのリストラ」があります。これは，1990年代アメリカの好調な経済を支えた「雇用増なき繁栄」といった経験則を踏まえたものであり，また企業財務が健全なときにむしろ積極的に不採算部門の統廃合を行っていく方が，リストラ原資を用意しやすく好条件の希望退職者募集の提示も行え，円滑な雇用調整が可能であるとの思惑にもとづくものでもあります。こうした意味で，グローバルな企業競争が激化していく時代にあっては「雇用調整は企業が業績不振に陥った時に行われる」という常識が崩れ始めており，従業員として失業リスクが大きくなっていることを認識しておく必要があるでしょう。

LECTURE 6

教育訓練・能力開発管理

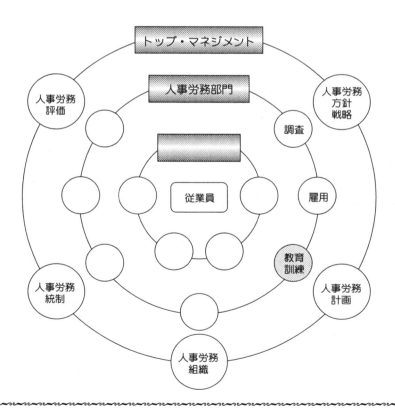

I 教育訓練・能力開発とは何か

　企業はよくヒト・モノ・カネ，さらに今日的には情報といった要素で成り立っているといわれています。円滑な事業運営を行っていく際，企業がヒトの面で重視するポイントは，企業が必要とする職務遂行能力をもつ人材を適切に確保できているかという点にあります。企業はその生き残りをかけて新技術の導入，事業の多角化，組織の統廃合などを行っていきますが，こうした経営革新は，往々にして従業員にもとめる職務遂行能力の内容の変化をともないます。

　その結果，企業が従業員にもとめる職務遂行能力と現有する従業員が保持する職務遂行能力との間にギャップが生じ，こうした事態に対して外部の労働市場から新たに必要人材を調達することも1つの方策ですが，同時に現有従業員に必要とされる職務遂行能力を身につけさせ，組織としての活性を維持していくという方策もあります。後者の一連の手続きが教育訓練・能力開発といわれるものであり，教育訓練・能力開発は従業員の職務遂行能力の育成を通じ，企業が必要とする人材の確保に貢献する役割を担っています。

1 教育訓練・能力開発の意味

　企業が従業員の職務能力を育成していく活動を表現する場合，教育，訓練，能力開発という専門用語がよく使われます。厳密にいえば，これらの用語はそれぞれ特定の意味をもっています。「教育」(education)とは教え込む，つまり従業員に職務遂行上必要な知識や技能を身につけさせることであり，「訓練」(training)とは教育によって身につけたものを実際に仕事の場で使いこなせるようにすることを意味しています。従業員が現在担当している仕事や担当することが予定されている仕事に関わる即時的な実務知識や技能が主たる内容とされており，企業主導的に行われています。しかし実務上では，教育と訓練が厳

密に区別されることはなく,「教育訓練」として一語化されて使用されるのが一般的です。さらに同義語に「研修」という用語もよく使われています。

一方,「能力開発」(development)とは,問題解決能力・論理的思考力・プレゼンテーション能力・企画創造力・外国語能力など従業員が現在担当している仕事を行っていく上で幅と深みをつけるために必要とされる知識・技能や,リーダーシップスキル・マネジメントスキルなど従業員が将来的なキャリア形成上で必要となると思われる知識や技能を身につける教育訓練活動を意味します。企業が従業員に即時的に身につけることを要求するものではないために,従業員主導・企業援助といった「自己啓発」(self-development)という形で行われています。しかし今日では,教育訓練を含め,企業における人材育成活動一般をさす包括用語として「能力開発」や「キャリア開発」といった用語が実務的に使用されるケースもかなり一般化しています。

2 教育訓練・能力開発の役割

企業が必要とする人材を「外部調達」するか,それとも「内部育成」するかといった点に関し,欧米諸国と日本ではかなりのスタンスの違いがあります。これまでの欧米諸国では,大学・専門的職業訓練施設・労働組合といった外部諸機関を通じ,職務能力は労働者本人が自助的な努力で獲得していくものとされており,それゆえに企業の雇用方針も伝統的に「必要な人材は外部労働市場から調達する」といった考え方が一般的でした。従業員能力の陳腐化には,いわば劣化した部品を新品に交換するといった発想の下に,従業員の置き換えで対応するものとされてきたといえるでしょう。また労働者本人も,実績とキャリアを積上げ,転職を通じてキャリアアップしていくことが一般化しており,企業における教育訓練はその投資効率に限界があるとされてきました。このため企業では,必要な人材を内部育成する必要性を認めず,通説的に欧米企業では従業員の教育訓練・能力開発への関心は薄いとされてきたのです。

しかし1980年代になると,とくにアメリカでは長期的な不振を続ける経済の

再活性化（reindustrialization）が国家的なスローガンとされ，労働者の生産性向上が企業の戦略目標とされるに応じてその役割を企業内教育訓練・能力開発にもとめる動きが強くなっていきます。こうした変化をもたらした背景には，
　①従業員は企業のもっとも重要な経済的資源であるとする人的資源管理の考え方が浸透していったこと。
　②日本企業の成功要因を長期的雇用関係下における従業員育成と活用の仕方に見い出す「日本的経営ブーム」
がありました。教育訓練・能力開発を通じた有能な人的資源の維持が企業の競争優位の源泉とする認識が普及し，人的資源管理上，教育訓練活動は「人的資源開発」（HRD：human resource development）としてその職能化が進められていくのです。

今日のアメリカでは，すでに知識や技能のある人材を中途採用し即戦力として活用する伝統的な人材調達が根強くある一方，企業負担による教育訓練で従業員に必要な知識や技能を身につけさせることは当然であるとする認識も進んでいます。大企業レベルでは，自前の独自の教育機関としての「コーポレート・ユニバーシティ」（corporate university：企業内大学）の設置や自己啓発プログラムとしての e ラーニングの導入など，企業業績の向上に資する教育訓練・能力開発プログラムに主眼を置いた教育投資を行う企業も増えています。

一方日本では，これまで職務能力も社会経験もない無垢の新規学卒者の定期一括採用が中心的な慣行になっており，このため日本企業における企業内教育訓練・能力開発は，必要な人材を内部育成する方針にもとづき，人事労務管理職能の中でも重要な役割を担ってきました。そして，日本企業における教育訓練・能力開発活動には，
　①あらゆる場面で担当業務における実務能力の育成が必要なことから，配属職場内で実施されるOJT（On the Job Training：職場内訓練）がもっとも重視されてきた。
　②新入社員から経営幹部にいたるすべての階層の従業員を対象にした階層別教育訓練を通じて，従業員全員の能力的底上げをねらいとしてきた。従業

図表1　日本企業のゼネラリスト育成型人材育成

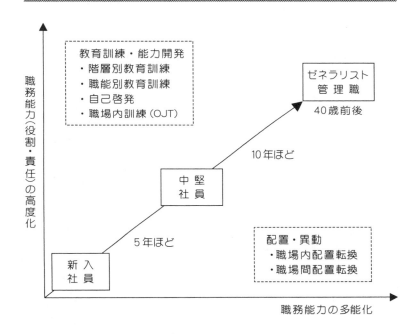

　員の長期継続雇用を前提として展開される日本独特の教育訓練制度といえるものである。

③特定の職務能力をより高度化していく欧米的な「スペシャリスト育成」ではなく，適時の職場内配置転換や定期的人事異動と連携し，社内調整力に長けた幅広い多様な職務能力の獲得をめざす「ゼネラリスト育成」を志向している。そしてその最終的な1つの到達点として，「ゼネラリスト管理職」への就任をめざしている（図表1を参照）

といった特徴があるといえるでしょう。

　日本では，これまで職務能力育成のための社会的な制度が未発達であったために，欧米諸国の場合のように出来合いの労働力を外部労働市場から調達する

ことが困難でした。それゆえ企業は，必要労働力を自ら育成する教育訓練体系を自前で整備していくことが必要だったのです。また終身雇用慣行が根付いている中では，能力的に陳腐化した従業員を容易に解雇することは許されず，従業員の能力的な再教育や開発をつねに行っていかなければならなかったという事情も，教育訓練・能力開発職能を人事労務管理上の主要職能として浮かび上がらせてきた大きな理由だったといえるでしょう。

　以上，日本企業におけるこれまでの教育訓練・能力開発の特徴を説明してきました。従業員の長期的育成にもとづく「OJT重視」「従業員全体の能力的底上げ」「企業主導の教育訓練」といった特徴は，日本企業の教育訓練・能力開発スタンスとしていまなお健在です。しかし同時に，とくにバブル経済の崩壊以降の1990年代から，終身雇用・年功序列慣行の動揺，雇用形態・労働観の多様化の進展，グローバルな企業競争のさらなる激化，柔軟さとスピードをもとめる企業経営の緊要化などの企業環境の変化が進んでおり，教育訓練・能力開発にも新たな課題が生まれていることも事実です。

　その1つは，新たな企業ニーズにあった人材を育成する制度の構築です。とくに今日では，企業の生き残りをかけた経営戦略とその戦略達成に資する人材育成の整合が強調されています。これまでのように企業経営のベクトル（進むべき方向）に大きな変化がなかった時代には，「既定の目標を効率的に実現する人材」や「同質的で，組織との協調を優先するような人材」が重視されていました。しかし今日のように新たなビジネス革新を必要とする時代では，自主的にフロンティアを開拓していく「創造的な行動がとれる人材」の必要性が強く叫ばれています。

　もう1つは従業員のニーズにあった制度の構築です。これまでのような「企業主導による一律的な教育訓練」を見直し，従業員個々人の適性や能力，期待などを織り込んだキャリア開発を促す制度的な仕組みを構築していくとともに，雇用の流動化時代に対応した「自立的な従業員」のコア・コンピタンスになる「社会に通用する能力」(employability)を身につけさせる仕組みを整備していくことも必要になってきています。

LECTURE 6 教育訓練・能力開発管理

 教育訓練・能力開発管理の内容

　企業における教育訓練・能力開発とは，基本的に従業員が業務を遂行していく上で必要な知識・技能・態度といった職務遂行能力を身につけさせる活動のことです。これまで日本企業では，長期継続雇用を前提とした人事労務管理制度の設計と運用が行われてきました。教育訓練・能力開発も同様に，入社から定年退職までの時間軸に沿った制度説明をすることができます。

1　教育訓練・能力開発の体系

　日本企業では，従業員の新卒入社から定年退職までの長期継続雇用を前提として，勤続年数の伸びに応じて高まる組織階層上の「立場」といったものから期待される働き方としての「役割」があるといえます。いま組織階層に応じた新入社員，中堅社員，中間管理職者，上級管理職者といった大くくりの従業員階層ごとに期待される役割と必要とされる職務遂行能力を概観すれば，次のような内容です。

1　新入社員時代

　社会経験もなく仕事自体がわからない「新入社員」時代には，基本的なビジネスマナーとともに，まさに割り当てられた仕事が確実にこなせるような「実務能力」(technical skill) の習得が中心である。そのため職場の上司や中堅社員としての先輩社員が，日常的な仕事遂行の過程でその指導役をはたしていく。

2　中堅社員時代

　仕事にも慣れ，職場のフロントラインとして中心的な役割が期待される「中堅社員」時代には，さらなる実務的な専門能力の習得のみならず，

213

職場に生じるビジネス上の問題を上司の適切な助言の下に解決策を考え処理していく職務遂行能力としての「問題解決能力」(problem-solving skill) や後輩（主として新入課員）の日常的な指導も任せられるので，仕事の教え方などを内容とする「対人関係能力」(social skill) も必要になってくる。

3　中間管理職時代

職場（部や課）の第一線の長としての「中間管理職」時代になると，自らは実務を離れ，その役割は部下を通じて部や課としての職責を達成していくことにある。部下を指揮・指導・動機づけ，職場のチームワークを維持していくことが主たる仕事になり，リーダーシップ能力やコミュニケーション能力などの「対人関係能力」の重みが増す。また経営方針や経営戦略にもとづき，部・課として新たな課題を設定し実践していく戦略思考 (strategic thinking) をベースにした創造的な「問題解決能力」も重要になってくる。

4　上級管理職時代

企業の命運を左右する経営戦略の決定に深くかかわっていく「上級管理職」時代になると，経済動向や市場動向など自社を取り巻く環境変化を敏感に察知し，それを経営戦略に反映させる洞察力や企画力を内容とするいっそう高度の「問題解決能力」が強くもとめられるようになる。また自社の任務 (mission) や将来方向を語り，従業員全体をまとめ上げていく経営者リーダーシップともいわれる「対人関係能力」も不可欠な職務遂行能力ということができる。

こうした従業員階層ごとに必要とされる基本的な職務遂行能力の内容に応じて，職場内で行われるOJT，職場外で行われるOff-JT（階層別教育訓練・職能別教育訓練），従業員主導的な自己啓発の3つを制度的な柱にしながら，それぞれの企業の個別事情に応じたコンピュータ教育・外国語教育・セクハラ防止教育・コンプライアンス教育などの目的別教育訓練や，女性社員教育・中高年社

LECTURE 6　教育訓練・能力開発管理

図表2　企業内教育訓練・能力開発制度の体系

組織階層	新入社員時代	中堅社員時代	中間管理職時代	上級管理職時代
職務遂行能力の内容	・仕事意識と態度 ・担当職務の理解 ・職務知識の習得	・中堅層の役割と責任 ・職場問題の解決 ・専門知識の習得	・部下指導能力 ・経営方針に即応した部門活動管理能力	・変化適応洞察力 ・新たな経営戦略が立案できる総合的な企画力
中心スキル	・実務能力	・実務的専門能力 ・問題解決能力 ・対人関係能力	・問題解決能力 ・対人関係能力	・問題解決能力 ・対人関係能力
階層別教育	新入社員教育	中堅社員教育	管理職教育	経営幹部教育
職能別教育	・販売職教育，技術者教育など各職能部門で専門的に必要とする知識や技能の習得機会の設定			
自己啓発	・通信教育や公的資格取得のための教育機会の設定			
OJT	・職場内で仕事を通じた個人指導と育成			
目的別教育	・コンピュータ教育，外国語教育，女性社員教育，企業倫理（コンプライアンス）教育，セクハラ防止教育など ・企業派遣の国内／海外留学			

員教育などの対象別教育訓練がそれに加わり，教育訓練・能力開発の制度的な編成が行われていくのです。図表2は，そうした教育訓練・能力開発の体系的な内容を示したものです。

OJT（職場内訓練）

　OJTは，従業員の実務能力を育成する上でもっとも効果的な方法とされています。とくに新入社員の場合，職場の責任者となる長（課長）が最終責任をとりますが，日常的な指導や世話は職場の先輩としての中堅課員が行っていくのが普通です。こうしたOJTの実施体制は，これまで「ブラザー・シスター制

図表3　BS制度とメンター制度の比較

	ブラザー・シスター制度	メンター制度
対象	・主に新入社員	・新入社員を含む20代社員
世話役	・入社2〜5年の先輩社員	・BS制より上位の年齢・経験・権限の層
期間	・相手が新入社員の間	・BS制より長期的かつ継続的
目的	・主として新人の定着や社会人意識の醸成	・定着，意識改革，能力・キャリア育成など広範囲
運用	・各社事情でさまざま	・BS制より制度化されて導入 ・コーチングなどのスキル技法の付与 ・メンター会議などの状況報告

（資料）　労務行政研究所『労政時報』第3691号，2006.12.8を参照し作表。

度」とか「エルダー制度」とか呼ばれており，仕事の基礎知識・スキルの伝授，職場内外での悩みの相談などを行い，新入社員の職場適応と定着化をはかってきたのです。

　しかし近年では，バブル経済の崩壊以降，組織のフラット化，成果主義的人事制度化が進むとともに，新入社員の早期戦力化が望まれていますが，一方で組織内のコミュニケーション不足による人間関係の希薄化や人材育成風土の風化が拡がっています。その結果，若年層の組織適応に十分な対応ができないために，彼(女)らの早期離職を招き，優秀な人材の確保・定着に悩んでいる企業が増えています。そこでこれまでの「ブラザー・シスター制度」に代わり，とくに新卒者や若年層の定着と戦力化の手段として，より体系的な「メンター制度」(mentor system) を導入する企業が目につきます。図表3は，ブラザー・シスター（BS）制度とメンター制度を比較した内容です。

　メンター制度にあって，経験豊富な先輩社員として面倒をみる方が「メン

ター」，みられる方が「メンティ（またはプロテジェ）」とされ，メンティの心理的な不安の解消，人間関係の問題解決，キャリア開発上の悩み解消，能力開発の支援，事業や組織への疑問の解消などにかかわっていきます。こうしたメンター制度における若年層の育成・定着に向けての年次別の課題としては，次のようなものが指摘されています。

1 入社前後の時期

学生から社会人への意識転換，リアリティ・ショックへの対応，組織への適応の支援。

2 2～3年目の時期

主体性開発，業務に必要な能力の開発，現在の業務や仕事の意味づけ，自分自身の有用感や成長実感をもつための支援。

3 3年目くらい以降

職務遂行や自己の能力に自信をもつ結果生じるキャリアプラトー（能力成長の停滞感）状態の解消，キャリア開発目標の設定支援。

こうしたOJTは，新入社員や若年層だけを対象にしたものでなく，トップ・マネジメントが後継者育成の一環として，その候補者を代理として会議に参加させたり，自らの業務を代行させるなどの方法を通じてトップ・マネジメントの業務を体得させることにも利用されていることをつけ加えておきます。

OJTのもっとも特徴的なメリットは，次のような2つの点にあります。その1つは，職務分掌規定とか職務マニュアルといった公式の文書では表現しきれない具体的な技能を伝授できることです。たとえば，1つの案件を実現していくにも，どの部門を初めに根回しするとか，また先輩社員との同行販売を通じて具体的なセールスのノウハウや成約の落としどころを学びとるといったことです。こうした経験や努力の積み重ねが実践的な実務能力の向上につながっていくのです。

もう1つは，部下一人ひとりに対して行われるので，部下の能力的状況や仕

事の必要に応じたきめ細かな個別的教育が行えることです。それは「部下の能力の発達度合いに応じた柔軟な教育訓練」ということですが，とくに新入社員の場合には，「基礎的な仕事から応用的な仕事へ」「易しい仕事から困難な仕事へ」といった原則にもとづき職務割当が適宜に行われていくことで，一人前の課員としての能力的な成長が着実に積み上げられていくのです。

　OJTの基本は上司や先輩の指導の下，部下が日常的な業務に従事し，その過程で実務能力の育成をはかっていくことにあります。しかし一方，その指導の内容が「仕事のやり方は盗みとれ」「人の背中を見て覚えろ」式の放任的なものであったり，「質問があれば答える」といったその場的なものでは制度化された教育訓練の実施ということはできません。

　OJTを教育訓練プログラムの一環として組織的に行うには，人事労務部門の積極的な関与が必要です。具体的には，管理者教育訓練の内容に部下とのコミュニケーション手段として「仕事の教え方」(job instruction) 技法や「コーチング技法」(coaching skill) の習得訓練を加えたり，OJT推進の小道具としてOJTマニュアル・OJT手引書・OJT進捗度チェックシートといったものを作成・配布することが考えられます。このような下準備があって初めて「計画的OJT」が可能になるといえるのです。

　図表4は，企業内で実施されているOJT手法をリストアップした内容です。これらの中で「仕事について相談にのる」といったものがもっとも一般的に行われていますが，「よりレベルの高い仕事にチャレンジさせる」「特定の仕事について責任をあたえる」「能力開発の目標を明確化させ，具体的な計画を作成させる」といった仕事への意欲を刺激することに主眼を置いたものが教育効果が高いとされています。

Off-JT（職場外訓練）：階層別・職能別教育訓練

　OJTはすべての組織階層を通じて，実際の職場内で行われる実務能力育成の教育訓練の1つの形態ですが，これに対してOff-JT（Off-the-Job Training）とは，日常の仕事を離れて行われる教育訓練・能力開発の形式的な総称です。

LECTURE 6　教育訓練・能力開発管理

図表4　OJT方法の主要な種類

OJT手法	内容
①管理・監督者の示範	・管理・監督者が実際に行動で模範を示す
②部下への職務割当	・部下の能力の実態を的確に捉え，その能力の度合をやや上回る職務や目標を付与する
③体系的OJT	・新入社員や配転者など，新職務に不慣れな者を対象。指導計画書や指導マニュアルによる実施
④部下との個別面接	・部下の考え方や意向，問題点，能力度合の把握や方向づけを行う。相互理解・信頼の確保
⑤上位の役職位の代行	・とくに後継者育成にあたって，自らの職務を代行させたり，職務権限の委譲を計画的に行う
⑥目標設定・責任拡大・特別な課題付与	・能力度合を考慮し，チャレンジ意欲を啓発する
⑦計画的ジョブ・ローテーション	・従来の単能型の専門能力から多能型・複合型の能力を有する人材を育成する
⑧会議やミーティング	・職場内情報交換，重要案件の討議や問題の提起・解決を行う場に参加させる
⑨担当職務の拡大・充実	・部下能力の開発度合や昇進・昇格を考慮して，その職能を高める
⑩重要な会議への出席	・管理・監督者が出席すべき会議へ，部下を代理として参加させる

（資料）　池田勝『社員教育制度の設計と運用』中央経済社，1994年を参照。

階層別教育訓練と職能別教育訓練の2つを中心的な柱にし，それに目的別・対象別の教育訓練や自己啓発が加わり運営されています。

　階層別教育訓練は，昇格や昇進といった節目ごとに，企業横断的に組織階層ないしは社内資格的に共通して必要とされる職務能力や，前述したような組織

階層における立場として期待される意識・態度・行動の育成を目的とするものです。大企業では，本社人事労務部門（教育訓練担当部署）が主管し，対象者を一箇所に集めて集合的に行うのが普通です。

　これらの研修内容は座学が中心ですが，今日ではビジネス・ゲームやロール・プレイングなどを取り入れ，実践的な感覚を養っていくことが流行しています。とくに中堅社員や中間管理職者における問題解決能力の習得や，上級管理職における経営計画の策定手法の習得などでは，セミナーハウスなどを利用した合宿訓練といった形で行われることもマレではありません。

　これに対して職能別教育訓練は，実際に担当している仕事を遂行していく上で必要となる専門的な知識や技能の習得が目的になりますので，教育訓練の具体的な内容は各職場によって異なります。このため教育訓練の実効性を上げるには，各事業部門内の総務的な職制に教育訓練担当者を配置し，現場の教育ニーズを的確に反映した教育訓練を企画・実施していくことが必要です。たとえば営業・販売部門では，市場動向，マーケティング，セールス・テクニック，法規関係などの，また技術・開発部門では新製品開発・見本市，新技術発表会・研究会などの数多くの情報収集・社外セミナー・講習会の機会があります。こうした情報を適宜に現場に流し参加を促すことが必要です。

　今日，バブル経済崩壊後のますます激しくなるグローバルな企業競争を背景にして，人材育成の重点対象が浮かび上がっています。階層別にはとくに若手社員，中堅社員，中間管理者，職能別には営業職の人材育成に重点が置かれているように思います。その理由としては，

①バブル経済崩壊後の正社員採用の厳選化と人材育成における時間的なゆとりの減少から，若手社員に対して即戦力化がもとめられている。

②職場における実務的な原動力としての中堅社員の役割がますます重視されてきている。

③企業環境の変化を的確に読み取り，積極的な事業戦略を打ち出すことができる企業家精神，ないしは戦略思考をもつ中間管理者が必要とされるようになった。

図表5　企業環境の変化と企業内教育訓練の課題

企業環境	企業内教育訓練の課題
グローバルな競争激化	・戦略思考や企業家精神をもつ中間管理職者の育成 ・商品ないし市場開発力強化のための開発技術者・営業職者教育
企業の国際化の進展	・現地事情の熟知，国際的経営センスなどをもつ国際要員の育成 ・従業員全員を対象とする外国語（英語）教育
情報技術革新の進展	・従業員全員を対象とするコンピュータ・リテラシー教育
少子高齢化の進展	・中高年者の積極活用をねらった能力開発や職種転換教育 ・セカンドキャリア支援のきめ細かい退職準備プログラム
女性の職場進出	・男女雇用機会均等法への対応とともに，将来的な労働力不足に対処する女性社員の戦力化のための教育訓練

　④御用聞きセールスではなく，顧客ニーズに対応した提案ができるコンサルティング，問題解決・提案型の営業職が必要とされるようになった
ことがあげられます。

　こうしたOff-JTとしては定型的な内容に加え，今日では多様な経営ニーズに合わせた目的別・対象別の教育訓練もOff-JTの形で行われています。グローバル競争のさらなる激化，企業の国際化の進展，情報技術の急速な進歩，少子高齢化の進展，女性の職場進出といった企業環境の変化は，日本経済の基底的な構造変化といってもよく，日本企業の経営体制を大きく修正させる圧力になっています。

　たとえば企業の国際化には，海外進出するための国際要員の養成もさることながら，諸外国との接触を必要とする事業展開が国内でも拡がるという含意があり，すべての従業員に対して外国語（とくに英語）が不可欠な職能要件になり

つつあります。また情報技術の革新は、ホワイトカラー職場のOA化（office automation）を促し、すべての従業員にコンピュータ・リテラシー（情報機器操作能力）の習得を必要とさせています。さらに少子高齢化の進展や女性の職場進出の増大は、将来的な労働力不足が確実視されている中で、これまで看過されてきた未開発の人材（中高年者や女性）の積極的な活用を実現する教育訓練体制の整備を企業に迫る一方、中高年者に対しては早期退職を促し第二のキャリアを提案していくとともに、定年退職後の軟着陸を指導する「退職準備プログラム」の用意も必要とされています。図表5は、これまで説明してきた企業環境の変化と企業内教育訓練・能力開発の課題をまとめた内容です。

Off-JT：自己啓発

　教育訓練の3つめの柱が自己啓発です。形式的には従業員の私的時間を使って行われるために、Off-JTの1つとして分類できるものです。しかし、これまで述べてきた教育訓練は企業主導的に行われ、現在の仕事に直結する職務遂行能力の育成に関わるものといえますが、自己啓発のめざす職務遂行能力とは、従業員本人が必要に応じて担当職務上の職務遂行能力に幅と深みをもたせるものや、将来的なキャリア形成との関連で必要となる職務能力を意味しています。そこでこうした職務能力の習得は、あくまで従業員本人の自発的な啓発努力で行うものとされています。

　そのため企業側の対応は、自己啓発努力を側面から援助する制度的・環境的整備にあり、自己啓発プログラムメニューの充実や自己啓発を促す金銭的・時間的な援助が主な内容になっています。プログラム内容としては、
　①通信教育講座の開設
　②公的資格・免許取得の援助
　③社外セミナー・講演会の開催や紹介
　④自主的研究会への援助
などが主なものです。

　図表6は、情報通信機器メーカーB社が広く従業員に提供している職能別の

図表6 自己啓発における通信教育講座の事例

分野	講座名	分野	講座名
経理・財務	簿記 財務諸表 原価計算	広報	広報計画 社内広報 社外広報
経営企画	経営企画概要 経営計画策定プロセス 経営戦略・イノベーション	広告	広告計画と管理 広告倫理と法規 広告クリエイティブ
人事	人事制度と運用 賃金 就業管理	生産管理 QDC	生産システム 工程管理 運搬・物流管理改善 品質管理 納期管理 原価管理
法務	企業法務 知的所有権法務 国際法務		
総務	総務業務総論 リスクマネジメント 社内管理	営業 マーケティング	マーケティング戦略 市場調査・購買者行動 営業概要
情報・事務	システム設計と開発 情報活用技術 事務管理	物流	物流管理手法 包装・荷役・保管 輸送

(資料) http://buffalo.jp/saiyo/edu/career/main.html を参照(2007年12月)

通信教育講座のラインナップです。また近年では，より高度の専門的能力の習得をめざし，社会人大学院に通学する者も増えています。なお各種の就職情報誌によれば，社内キャリアアップのために必要な資格として人気が高いのは，各種マイクロソフト・オフィス・スペシャリスト（MOS資格），簿記検定試験，ファイナンシャルプランナー，システムアドミニストレーター（初級，上級），TOEIC試験などとされています。そして，こうした従業員の自己啓発活動に

対して企業としては，
　①必要な受講料負担などの金銭的援助
　②受験や講習会などへの参加の有給休暇（教育訓練休暇）扱い
　③資格取得者の人事登録と資格手当の支給
などの援助を行っています。

　ところで今，こうした自己啓発を企業内教育訓練・能力開発の主流に押し上げようとする大きな圧力があります。その1つは，人事制度が年功序列から能力・成果主義へ変化していく中で，キャリア形成の自己責任が主唱され，従業員の評価指標の1つに資格が加わりつつある動きです。会社依存で自己啓発もしない者よりは，少なくとも自主的に資格取得を目指すような向上心をもった従業員を厚遇したいとする企業の従業員評価スタンスの変化です。

　2つに，従業員意識における「仕事（キャリア）志向」の成長を底流としながら雇用の流動化が進展していく中で，資格が注目されるようになったことです。とくに公的資格は，自分の付加価値を高める一種の保険として，あるいは社会に通用する能力の通行手形として注目されてきたのです。

　3つに，経済のサービス・ソフト化の進展や技術革新の急速な進歩を背景に，高度の専門能力や創造性・柔軟性をもつ人材の必要性が高まっていますが，こうした人材の育成には，企業が行う教育訓練だけでは限界があるとする認識が強くなってきたことです。

　各種の教育訓練・能力開発に関する調査結果を見ると，教育訓練・能力開発施策では「自己啓発援助制度」「公的・民間資格取得に対する援助制度」が高い導入率を示す一方，従業員調査で自己啓発を行う目的を見ると，「必要な知識・能力を身につけるため」「キャリアアップに備えて」「資格取得のため」が上位を占めていることがわかります。

組織開発（OD：Organizational Development）

　これまでの教育訓練・能力開発の内容は，従業員個人を対象としたものでした。そして従業員各人の能力が向上すれば，その集合体としての職場集団の能

力も必然的に向上すると，理論的には十分に成り立つ推論です。しかし一方，職場は分業と協業のシステムとしてあり，職場を構成する全員のチームワークを必要とします。そのため各個人の能力の単純な寄せ集めではなく，その「シナジー（相乗）効果」をもとめ，各人の能力が有機的に統合された職場全体としての「組織的能力」を高めることを通じてその業績向上をはかることに関心が集まっています。ここに，職場という組織自体を活性化する「組織開発」という考え方が出てきます。

今日のアメリカ企業では，「チーム形成」(team building) などが主な手法として展開されていますが，日本ではQC (Quality Control：品質管理) サークルやZD (Zero Deffect：無欠陥追求) グループなど，職場における自主活動として展開される「職場小集団活動」や，職場全員参加の合宿形式で行われる「職場ぐるみ訓練」(family training) といった形で行われてきました。これらの活動は，日本企業の競争力を生む日本的経営の特徴の1つとして指摘されてきたものです。

組織開発の主要な活動テーマは，自分たちの職場内に生じる業務上・組織上の問題の解決にありますが，具体的には，

①討議を通じた職場の問題点の発見
②問題の原因の全員による分析と診断
③問題解決の目標とその手段の全員による決定
④全員参加による問題解決のための役割決定と実行
⑤結果に関する全員での評価と検討

という5つの過程を踏んで実施されるものです。

この過程でもっとも重要な点は，職場を構成する従業員が「全員参加」し，問題解決のために皆で解決策を「自己決定」し，その実施結果についても「自己評価」するといった従業員の職務満足を導く行動科学的な原理が十分に生かされていることです。この結果，職場構成員の全員が自らの職場についてより多くの知識を共有することができ，また職場の人間関係の改善を通じてチームワークの向上を実現し，職場集団としての凝集力を高めることができるとされています。

② 従業員のキャリア形成と支援

　これまでの日本企業の教育訓練・能力開発は，①担当職務における実務能力を育成するOJT，②昇格や昇進という節目ごとに行われる一律的な階層別教育訓練，③職能専門的な職務能力を必要に応じて習得する職能別教育訓練，④従業員の任意で行われる自己啓発，として行われてきました。

　しかしここには，即時的にいま必要な職務能力の育成に主眼がある一方，従業員個々人の長期的な個別のキャリア形成・開発という視点も欠いているといった批判がありました。しかし近年，ここにきて，計画的な異動と適時の教育訓練を組み合わせ，従業員個々人の個別のキャリア形成を支援する長期的な人材育成プログラムへの関心の高まりを見ることができます。

CDP（キャリア開発プログラム）

　従業員が企業内で積み上げていく職歴（キャリア）を，企業として長期的・体系的な計画にもとづき形成・支援していく施策をCDP（Career Development Program）と呼んでいます。もともとCDPとは，アメリカのフーバー委員会人事部会が連邦政府組織の非能率性にメスを入れ，その人事と組織の活性化のために1955年に行った勧告によって広く注目されるようになった人材開発の考え方といわれています。その内容は，潜在能力をもつ人材を積極的に活用することを方針として，採用時から一人ひとりの能力を長期にわたって計画的に開発するというものです。その意味で導入当初のキャリア開発は，特定の個人に対し，企業側がその権限と責任をもって主導的に行う側面が強いものでした。

　しかし今日のアメリカでは，CDPとは「従業員に自分たちのキャリア目標を設定させ，その目標を達成するのに必要とされる教育訓練と経験を提供するためのプロセス」とされ，企業は「すべての階層の従業員が自らの価値，目標，技術，態度，抱負，期待そして潜在能力を分析するための援助をしなければならない。そして従業員各人の適切なキャリア目標，目的，活動，プログラム，

計画表を作成させ，それを従業員が実行するための支援を行う必要がある」としています。すなわち今日におけるCDPの最大の特徴は，従業員の個人的なキャリア期待を組み込んでいることにあるのです。

しかし，CDPが従業員各人の主体的な活動という面が強いとはいえ，それを従業員が自発的に行うには情報量の少なさから限界があります。そのため実際のCDP展開の場面では，上司となるライン管理者や人材開発スタッフの助言・援助が行われ，キャリア開発にかかわるさまざまな情報が提供されます。とくにライン管理者は部下の日常の仕事ぶりを観察しているだけに，その能力的な不足や仕事上の適性などを熟知しており，もっとも効果的な助言と指導ができる立場にあります。また人材開発スタッフは，職務やキャリア・パス，キャリア開発機会などに関する全社的な情報をもっており，従業員のキャリア計画作成上，有益な情報源の役割を演じることができます。図表7は，アメリカ企業のCDPにおける役割関係を示しています。

次に，実際にCDPを行っていく場合ですが，そのためには次のような3つの基本的な要素が必要とされています。

1 進路指導面接（appraisal and counseling）

自己申告や人事評価結果を通じ，これまでの職務が本人に適していたか，その職務で計画通りの能力開発ができたか，次の職務は能力育成上どこがよいかといった内容にかかわる進路指導のためのカウンセリングを上司である管理者と部下本人との間で行う。そして短期・長期のキャリア目標達成に必要な業務割当や訓練計画を作成する。

2 異動・昇進の経路（career paths）

将来の目標職位にいたるまでの道筋のことで，職能域別にどの職務からどの職務に異動・昇進できるかを明確にしたもの。職能域別・職務系列別に必要とする専門能力の内容・レベルや経験年数も明示されており，部下本人にとって将来進むべき方向や目標とすべき能力開発の内容がわかり，学習の強い動機づけとなる。

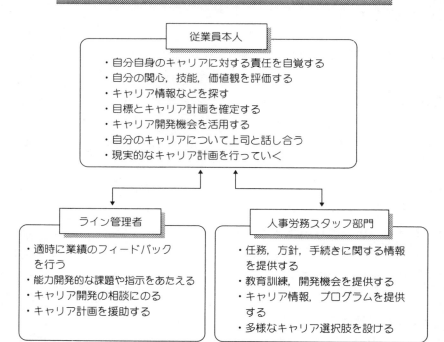

（資料） D. Dessler, Human Resource Management, 7th ed., Prentice-Hall, 1997 を参照して作図。多少の語句の変更を行っている。

3 段階的な訓練プログラム（development schedules）

進路相談の結果として作成された訓練計画を実行に移すために必要な能力開発の訓練計画のこと。部下各人の育成状況に応じた段階的できめ細かい対応が必要とされる。

日本におけるCDPの展開

CDPという概念そのものは1960年代前半に日本にも紹介されたのですが、

当時の日本の企業には，従業員各人の将来的なキャリア目標をあらかじめ決めて計画的に育成するという考え方はありませんでした。しかしここにきて，従業員個々人の自律性と自己責任にもとづく個人主導型のキャリア形成・支援プログラムを展開する企業が増えています。

その背景には，大きくバブル経済崩壊後の終身雇用慣行の崩壊と社会的な雇用の流動化の進展，年功序列慣行の終焉と能力・成果主義的人事・賃金制度化の進展といったものがあります。その事情を具体的にいうと，
- ①企業一任の時代が去り，自ら意識的に専門性を高める努力をしなければ生き残っていけないという危機意識が従業員に広まった。
- ②自分のキャリアパスや異動・配置が賃金に直結するようになり，能力や適性にマッチした職務につきたいとする意向が従業員に強まった。
- ③雇用の流動化の進展から，社会に通用する能力・職歴を説得的に説明できる「意味あるキャリア経歴」を希求する意識が従業員に高まった。
- ④市場や経営環境の激変や業務の複雑化・専門化の中で職務能力が多様化しており，企業として一律のキャリアを示すことや教育的対策を適時に行うことが困難になった

ということです。こうしてここに，従業員が主体的にキャリア設計を考えることが，より自発的な能力開発や仕事への取り組み姿勢を導き出し，企業業績の向上につながるとの認識の下に，「従業員主導のキャリア形成を企業が支援する」といったことを基本にして，日本ではCDPが考えられているといえるでしょう。従業員個人が自らのキャリア形成を考えていく場合，
- ①現在の自分の職務能力を把握する。
- ②次にめざす職務に必要とされる能力要件を把握する。
- ③必要とされる職務の要件と現有する能力とのギャップを知る。
- ④ギャップを埋めるための能力開発プログラムを立案する。
- ⑤OJTやOff-JT（とくに自己啓発）を通じて能力習得を実施する

という基本的なステップを踏んでいきます。

こうした従業員主導のキャリア形成・支援を積極的に行っている企業の1つ

図表 8　コンピテンシーにもとづくキャリア形成・支援

ステップ	支援策
①自分の現在の実力をたな卸しする 　自分自身のコンピテンシーデータの作成	・キャリア開発シートの配布
②次にめざす仕事の人材要件を知る 　めざす仕事に必要となるコンピテンシーデータの把握	・コンピテンシー辞書の作成と社内公開
③不足している能力の理解 　コンピテンシーデータの比較による能力ギャップの把握	
④キャリア開発計画の立案 　ギャップを埋める実行計画の作成	・ラーニング・リソース・ガイドのネット公開
⑤研修の受講 　めざす仕事の人材像の達成	・研修プログラムの提供

（資料）　原井新介『キャリア・コンピテンシー・マネジメント』日本経団連出版，2002年を参照し作表。

に情報通信機器製造F社があります。同社は職務遂行に必要な能力・技術・知識・行動を「コンピテンシー」(competency) という概念でとらえています。そしてまず，社内のすべての職務を調査しその内容を職務遂行に必要な能力要件としてまとめあげた「コンピテンシー辞書」(competency dictionary) を作り上げ，LANを通じて社内に一般公開しています。次に，自分が現在もっているコンピテンシーのたな卸しができる「キャリア開発シート」をすべての従業員に配付し，従業員自身が保有するコンピテンシーと将来希望する職務に必要なコンピテンシーとのギャップを確認させていきます。そして最後に，そのギャップを埋めるために必要な教育プログラムを「ラーニング・リソース・ガイド」(lerning resource guide) としてネット上に公開し，従業員はキャリアアップに

必要な研修メニューを自己選択し，研修を受講するといった体制を整えています。図表8は，キャリア形成のステップにおける企業側の支援策をまとめた内容です。

また，この図表の中には現れていませんが，従業員がキャリアを考えていく上で「キャリア相談」(career counseling)は必須の支援策です。具体的には，直属上司との目標設定面接の中で行ったり，人事部門が専門の相談窓口を設置してキャリアカウンセリングを行っている企業もあります。さらに，次にめざす職務を決定するにしても，従業員の意向が円滑に実現するためには，それなりに工夫した配置・異動の手続きも必要になります。今日，とくに関心がもたれているのが社内公募制度や社内ＦＡ制度です。これらの内容については，第5講で説明していますので参照してください。

以上，今日的なＣＤＰの基本的な概念の説明と先進的な企業事例を指摘してきましたが，こうした内容の企業での実践度はまだまだといった回答をせざるをえません。従業員個々人のキャリア開発支援と関わりのある「自己申告制度の導入」「人事評価結果の本人へのフィードバック」「仕事やポストに求められるコンピテンシー・職務要件の明示」といったものの実施率はそれなりに高い数値を示していますが，一方で肝心の「従業員一人ひとりのキャリア開発プランの作成」「上司との面接結果情報を人事配置に生かす仕組み作り」「人事情報データベースの活用」などは，あまり進んでいないとされています。ＣＤＰの個々の施策要素は個別的には導入されているのですが，ＣＤＰとして体系的な運用が成り立っていないという実態が浮かび上がっています。

また，環境変化が激しく長期的な経営見通しが不確実な中では将来的なキャリア見通しをもつことそのものが困難であることや，減量経営が浸透し従業員の業務量が増大しているため，従業員個々人にとって日々の業務が優先されてキャリア開発を考えるゆとりがないこと，さらにはキャリア支援者としての上司も日々の責任達成に追われ，ＣＤＰに対する理解や認識も薄いことなど，今日的な経営事情も作用し，キャリア開発・支援が思うように進んでいない背景になっているようです。

III 教育訓練・能力開発管理の新たな展開

　バブル経済の崩壊以降，全産業におよぶ大規模なリストラの実施による雇用情勢の大幅な変化，グローバルな企業競争の激化，情報技術革新のさらなる進展といった中で，企業内教育訓練・能力開発のあり方にも大きな変化の波が押し寄せています。1990年代以降，不況克服のための大規模な雇用調整が全産業にわたって実施され，終身雇用慣行に動揺が見られるようになったことに加え，とくに若年層の間にキャリア意識の多様化と「一社主義的価値観」の崩壊が拡がり，その結果従業員に対する意識変革として，転職や転身も視野に入れた「キャリア形成の自己責任化」を訴える企業が増えてきています。

　またその一方で，企業競争の激化と経営環境の複雑化の中にあって，経営戦略の実行に資する人材育成の必要性が高まりを見せており，これまでの画一的な人材に代わる高度な専門性を発揮するプロフェッショナルな人材や，柔軟な発想と実行力をもつ変革型リーダーの必要性が高まったことに加え，経営幹部の早期育成を必要とする経営事情の大きな変化が生じています。

　こうした新たな状況変化は，不況が深刻化した1990年代後半頃からとくに目につくようになり，教育訓練・能力開発の施策展開に新たな動きを見ることができます。そうした事情を端的に反映した教育訓練・能力開発体系の再編を示す1つの企業事例として，図表9のようなものを指摘することができます。

1　自律・自立型の人材育成

経営者団体の提案

　1990年代のバブル経済の崩壊以降，終身雇用・年功序列慣行が動揺していく中，日経連（現，日本経済団体連合会）は『エンプロイヤビリティの確立をめざ

図表9　教育訓練・能力開発体系の新たな編成

職場での人材育成強化
1. キャリア申告・面談の実施
   ・キャリア申告をもとに面談実施
   ・育成プランの作成
2. 育成プランの具体的推進
   ・課題設定力，達成力の強化
   ・必要な研修の受講推進
   ・育成ローテーションの実施

教育研修体系の強化
1. 階層別プログラムの強化
2. 選抜型プログラムの強化
3. 職務能力強化プログラムの充実
4. 選択受講型プログラムの充実

社員の意欲導出の強化
1. 社内公募制度の導入
2. 選択受講型プログラムの受講しやすい運用の構築
3. 育成的観点での人材配置

人事部面談制度の強化
　上長，所属部門以外の相談窓口

──── 自社が求める人材 ────
1. 経営を担っていく人材
2. プロフェッショナルな人材
3. マネジメント推進人材
4. 創造的で自立した人材
5. グローバル人材

（資料）　http://www.fujifilm.co.jp/corporate/environment/direction/upskilling を参照し，一般化して作図（2007年12月）。

して－「従業員自律・企業支援型」の人材育成を－』（1999年）という報告書を出し，「大企業なら潰れる心配はない」とか「いったん企業に勤めれば定年までは雇用が保障される」といった状況ではないことをしっかり認識し，労働者に対して企業の内でも外でも発揮でき，社会にも通用する「エンプロイヤビリティ」（employability：雇用されうる能力）を主体的に身につけることを提唱するとともに，今後の企業の人材育成のあり方を「従業員自律・企業支援型」にす

図表10　エンプロイヤビリティの構成

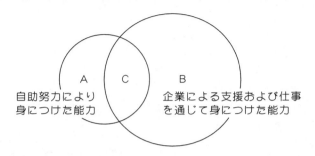

A＋B＝エンプロイヤビリティ（雇用されうる能力）
A　＝労働移動を可能にする能力
B　＝当該企業の中で発揮され，継続的に雇用されることを可能にする能力
C　＝当該企業の中と外の両方で発揮される能力
A－C＝当該企業の中では発揮することができない能力
B－C＝当該企業の中だけで発揮することができる能力

（資料）　日経連『エンプロイヤビリティの確立をめざして－「従業員自律・企業支援型」の人材育成を－』1999年を参照して作図。

べきであると提案しています。

　このエンプロイヤビリティとは，1980年代のアメリカにおいて，ホワイトカラーのリストラを進める中で労使関係を安定させ従業員モラールの維持をはかるために作り出された概念といわれています。すなわち「自社での安定雇用を保障しない代償として，従業員に対し他社でも通用する専門知識や技術を身につけさせる教育訓練の機会を提供し，いざという時の転職を助ける」というものです。日経連の報告では，図表10に示すように，エンプロイヤビリティを「労働移動を可能にする能力」に「当該企業の中で発揮され，継続的に雇用されることを可能にする能力」を加えた広い概念でとらえ，習熟期（ヤング層）・発揮期（ミドル層）・拡充期（シニア層）・再構築期（ハイシニア層）といったキャリア・ステージに応じて，従業員の自発的な自助努力と企業のキャリア開発・形成支援プログラムによるエンプロイヤビリティの獲得を提唱しています。そ

して，こうした従業員のエンプロイヤビリティ獲得のための教育訓練・能力開発のあり方を「従業員自律・企業支援型」の人材育成と称するのです。

しかしこのエンプロイヤビリティ，具体的なイメージがなかなか見えてきません。たとえば，会社の自己啓発プログラムを通じて，経理職の者が簿記1級の資格を取り，その資格を生かして仕事の幅と深みをつけていく，また人事労務の仕事についている者が社会保険労務士の資格を取り，その資格を生かしてより高度の仕事をしていくといった図式を描くことはできますが，このようなことがすべての従業員の仕事に当てはまるものではありません。むしろこうした事例は，例外的なものといってもよいものです。

現実的な対応としては，説明できる意味あるキャリア・パスを踏めることを前提として，その時々の仕事において企業が提供するさまざまな職務能力向上の支援プログラムを利用して職能的な幅と深みを身につけると同時に，当該の仕事を通じ「アピールできる成果」をあげていくことにあるでしょう。つまり，

①どのような意味のあるキャリアを踏んできたのか

②そのキャリア過程でどのような成果・実績をあげてきたのか

といった事実内容が，本人の「社会にも通用する説得力のある実力」の証明になります。こうした実績をあげている人間ならば，当該企業も当然のこと，その者の雇用継続を企図するであろうし，他方，応募先企業における中途採用の面接現場では，必ず応募者のこれまでのキャリア実績が問われ，配属予定部門の人間がそれを見聞すれば，だいたいどの程度の仕事ができる人間かがわかるものです。したがって「当該企業で雇われ続けていく能力」を高めるためにも，また「他社でも通用する能力」を高めるためにも，いま取り組んでいる仕事をしっかり行い，実績をあげればよいということになるのです。

連合の提案

いわば企業側の事情から「自立的な働き方」が従業員に要請される一方，こうした働き方を促す無視しえないもう1つの大きな圧力があります。それは，経済的な豊かさの達成と高学歴化を背景にした，人々における「キャリア（仕

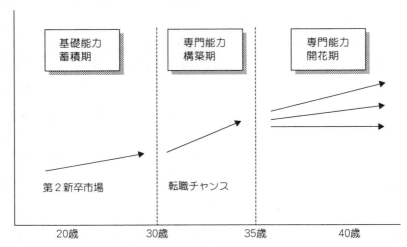

（資料） 連合総合生活開発研究所編『新しい働き方の創造をめざして』1995年より。

事）志向」といった価値観の成長です。会社任せのキャリア形成によるのではなく，自分がやりたい仕事を積極的に志向し，そのキャリア形成を自分の職業人生のコアにしていくという考え方であり生き方です。

こうした仕事志向の価値観の成長と雇用の流動化の加速という現実を見つめ，連合（日本労働組合総連合会）は「自分の職業人生は自分で設計し，自分で進路を決めること」が新しい働き方としてもっともふさわしいと主張し，図表11のようなホワイトカラーの職業生活におけるキャリア形成のイメージ・プランを提案しています。

1　基礎能力蓄積期

20歳前後から30歳くらいまでは，職業生活の初期段階として基礎的な能力を蓄積していく時期である。この間，自分でもとめる仕事に巡り合

えない，会社の水に合わない場合は第2新卒市場を通じて転職可能な道を探っていく。

2　専門能力構築期

30～35歳は職業人生の中でもっとも能力を高める専門能力構築期である。自分の仕事の適性や社内の自分の位置を確認し，自らの中核専門能力を確立する。また職業人生二毛作の観点から転職を考えるとすれば，この時期である。

3　専門能力開花期

35歳以降は構築してきた専門能力を発揮し評価される開花期である。その開花の仕方は多様であり，それぞれのもつ専門性やコース選択によって異なってくる。

連合が提唱するこのキャリア計画は，基本的には長期継続雇用を前提としながら，30歳代半ばころまでに自分自身の職業能力の核となる「コア・コンピタンス」(core-competence) を確立し，それを基礎にしてその後の職業人生の展開を考えていけというものです。

連合のこの提案は，30％を超える大卒採用者が3年以内に適職をもとめて転職していく実情を踏まえ，若年労働者における適職探し，キャリア設計の時系的な指針を示したものといえるでしょう。雇用の安定を信条とする労働組合が転職そのものを是認する画期的な提案ですが，同時にこのキャリア計画そのものは，現状多くの企業で導入が進められている複線的人事制度と計画的なCDPの連携の上で成り立つものでもあります。

ある意味で転職を前提として，労働者の自立を支援するこのようなキャリア計画に対して企業側の評価は分かれるところです。しかしこうした若年労働者の動きの底流には，自分のキャリア形成に対する強い自己啓発意欲があるといえます。それゆえ，彼らのこうした積極的な意欲を自社側に有利に取り込もうとするならば，彼らの自主性を尊重し自分のキャリア形成に適した教育訓練・能力開発の再編が必要となるでしょう。この点は，企業が従業員を引きつける

魅力としての「エンプロイメンタビリティ」(employmentability：人材を引きつける力）の中核的な要素になるものです。

生涯キャリア設計

　終身雇用の動揺や能力・成果主義化が強化されつつある今日，自分の進路は自分で考える「自立的な働き方」が要請されています。このことは従業員の仕事志向の価値観の成長とも絡み，入社から定年までの生涯職業人生という時間軸の中で，自らのキャリア形成を考えていく必要性を示しています。

　キャリア形成上，若年者の場合はその適応力の高さからそれほど深刻な問題は生じないのですが，中高年者の場合，とくに定年が射程内に入ってくる世代では，今後の職業生活をどのように考えていくかは大きな心理的な負担となってのしかかってきます。そのため40歳代半ばを1つのめどとして，キャリア・カウンセリングと同時に，定年までの職業生活と定年後を含めた人生設計について支援を行う「退職準備プログラム」の導入が企業の間に広まっています。中高年者のためのこうした教育プログラムが重視されてきた背景には，

　①中高年者の活性化をはかり，残りの職業生活を充実したものにさせる。
　②中高年者に対して自らの職能開発に取り組ませ，その戦力化と能力の有効活用を行う。
　③自らの生涯設計とその計画的な取り組みにより，より充実した人生を実現させる。
　④定年退職後における自らの人生設計と心の準備をさせる。
　⑤早期に定年後における自らの第2の職業人生に向けた準備として，自らの専門能力の開発や資格取得へのチャレンジを行わせる

といった企業側のねらいがあります。

　従業員の福利厚生の一環としてあるこうした退職準備プログラムは，40歳代後半以降のすべての従業員を対象として1泊2日程度の合宿を通じ，生きがい・職業人生・老後・経済などに関する講義とグループ討議によって行われるものです。場合によっては，その妻も参加することが義務づけられ，会社主催，

図表12　生涯職業設計の段階

年齢	キャリア形成の方向	適用制度
〜30	・基礎的能力の多能化期間	・ローテーション ・CDP
31〜35	・将来を見極めての能力習熟期間 ・次期のコース選択の模索	・ローテーション ・CDP
36〜45	・専門分野を見極めた進路別の職能化 ・管理職，専門職，および専任職のコースに分かれる	・キャリア選択制度
46〜55	・進路別の複合化による総仕上げ期間 ・この時期，出向・転籍・早期退職・再就職・独立などのコース選択	・進路選択制度 ・退職準備プログラム
55〜	・習熟能力の活用による定年後の進路確定の期間 ・定年延長，再雇用，独立など	・進路選択制度 ・退職準備プログラム

（資料）　清水勤『会社人事入門』日本経済新聞社，1991年を参照し，一部加筆。

労使共催の形で実施されています。企業によって，「オレンジプラン」「シルバープラン」「生涯生活設計セミナー」「熟年プランセミナー」など，多様な呼び名があります。

　企業内教育訓練・能力開発の役割をきわめて限定的に理解すれば，従業員に対する企業が必要とする職務能力の育成にあります。しかし今日，従業員のキャリア形成への援助という立場から，広く社会的に通用する能力の育成，中高年者の定年への軟着陸など，その役割は拡がりを見せています。そのためには，雇用管理，さらには福利厚生管理との連携を深め，よりシステマティックな運営が必要とされています。図表12は，従業員の生涯職業生活におけるキャリア形成の内容を年齢段階で示したものです。それぞれの段階でキャリア開発

の基幹的制度としてのCDP，キャリア・パスとしてのキャリア選択制度などの複線的人事制度が重要な役割をはたしています。

２　経営戦略と人材育成

　グローバルな企業競争が激化していく中，企業競争力の向上につなげる教育訓練・能力開発の必要性が増大しています。これまでの一律的な階層別教育訓練を基本として，新入社員から経営幹部まで従業員全員の能力的底上げをねらいとするものに替えて，経営戦略の実行に資する人材育成といった目的別の，さらには実務上の職務遂行能力向上により密着したニーズ別の研修制度を構築していく企業が増大しています。そうした中で注目される人材育成の新たな施策が「選択型研修制度」と「選抜型研修制度」といわれるものです。

選択型研修制度の導入

　選択型研修制度とは，複数の研修メニューの中から必要な研修を選んで受講する仕組みで，カフェテリア型研修制度ともいわれるものです。必要な人に対して必要な時期に学習の機会を提供することができるものとしてあり，従業員本人が自発的に学ぶ仕組みであることから，自律・自己責任を重視した成果主義的人事労務管理ともなじみやすい研修制度とされています。こうした新たな研修制度を導入する場合，

　①これまで一律的に行われてきた階層別教育訓練に替えて導入する。
　②これまでの福利厚生的な自己啓発プログラムに替えて導入する。
　③これまでの自己啓発プログラムを整理・縮小するとともに，別建てで新たに設置する

といったパターンがあり，従業員一人ひとりの能力的成長が企業の力を高めるという観点から各社各様の取り組みがなされています。図表13は，計測・制御機器製造Y社の選択型研修の概要ですが，上司の指示で受講させる技術基礎教育以外は自己啓発と位置づけられており，応募は本人の自由で，費用は本人負

図表13　選択型研修プログラムの事例

	汎用能力開発	専門能力開発	
		技術基礎教育	キャリアアップ技術教育
対象者	グループの一般社員	グループの技術系社員	グループの一般社員
実施時間	・自己啓発と位置づけ，主として就業時間外に開講（主として休日）	・業務の一環と位置づけ，主として就業時間内に開講	・自己啓発と位置づけ，主として就業時間外に開講（主として終業後）
講師	社内・社外講師	社内・社外講師	社内講師
教育カテゴリー	・課題対応力（企画力，実行力） ・人間対応力（折衝力，チームワーク） ・知識・スキル	・電気電子設計 ・規格対応設計 ・ソフトウェア ・管理技術 ・その他	・ソフトウェア技術 ・品質技術 ・規格対応 ・知的財産権 ・管理技術 ・その他
定員	1講座30人程度	1講座10～20数人	1講座50～60人
募集方法	・イントラネット上に講座案内を掲載 ・マネージャー向けにメールで案内	・マネージャー向けにメールで案内	・イントラネット上に講座案内を掲載 ・マネージャー向けにメールで案内

（資料）　労務行政研究所『労政時報』第3693号，2007年1月12日を参照し作表。

担なし，研修の受講状況がその人の評価や配置に影響することはないとされるものです。

　一般的に選択型研修制度の運用の仕方には，2つのタイプがあります。その1つは，資格や役職，年齢などに応じて何らかの講座を受講することを義務づけ，その他のものの受講については本人の自由とする「必修型選択研修」とい

われるタイプです。社内資格に応じて受講するものを義務づけているという意味で，これまでの階層別教育訓練を取り込む形で運用されるものと理解できます。もう1つは対象者の限定もなく，しかも受講する・しないもすべて本人に任される「自立型選択研修」といわれるタイプです。能力開発に対する従業員の自己責任意識を高めることに大きな効果をもつものといえます。また，その受講体制を「必要なときにすぐに」(on demand) という観点から情報インフラを整備し，eラーニングをベースにした「オンライン研修」として運用していくケースも増えています。

一方，こうした従業員が主体的に学び，研修成果を仕事につなげる仕組みとして選択型研修を整備したものの，「活用してほしい人に活用されない」「上司の理解不足により活用しにくい雰囲気がある」「研修メニューにより応募にバラツキがある」といった問題を抱える企業もあるといわれ，制度設計・運用に工夫をこらす必要もあるようです。一例として，受講に際して上司との話し合いで受講計画を立て，本人と上司の双方が受講と修了に責任を負うといった手続きを導入している企業もあります。

選抜型研修制度の導入

とくに1990年代からのグローバルな企業競争の激化を背景に，将来的に企業が生き残っていくためには，自ら考え自ら行動する人材，定型的な発想から脱却し新たなモノ・価値・ビジネスモデルをつくることができる革新・創造型の人材，特定分野で高度な専門性を発揮し成果に貢献できるプロフェッショナルといった新たな経営ニーズにあう人材を育成・輩出していくことも強くもとめられています。

しかしこうした人材の育成に際し，OJT主体の教育では幅広い経営上のノウハウの習得やリーダーシップの強化のためには限界があり，また従業員全員の能力的底上げといった画一的・一律的な教育訓練では不可能であるといわれています。そのためここに，潜在能力の高い人材を早期に見出し，そうした人材を将来的な経営幹部やビジネスリーダーとして戦略的に育成していく「選抜

図表14　選抜型研修プログラムの事例

企業事例	概　要
イノベーションリーダー研修制度（T社）	・経営・事業革新を成し遂げる強力なビジネスリーダーを早期に選抜，育成 ・課長級と一般社員層最上位資格者から年20人ほど選抜 ・先端企業のケーススタディ，他企業幹部・証券アナリストの講演，自社経営トップとの意見交換など ・研修終了後，改革案を実行すべく他部門や関係会社幹部として優先的に配置
ビジネスリーダー育成制度（U社）	・新規事業の立ち上げや新たなビジネスモデルの構築を手掛ける事業家タイプの人材の育成 ・31～36歳をメインに年5人程度の選抜 ・半年間の経営スクールで基礎知識を習得後，配置で修羅場を経験させる ・41～45歳までに事業部長（執行役員）に成長させることを目指す

（資料）　労務行政研究所『先進企業の人事制度改革事例集』2004年を参照。

型研修」の導入という新しい動きが見られます。経営戦略の実現に直結する企業主導型人材育成の新たな展開として意味づけられるものです。

　図表14は，選抜型研修の企業事例として電力供給T社の「イノベーションリーダー研修制度」と総合化学メーカーU社の「ビジネスリーダー育成制度」の概要を示したものです。こうした研修は，受講者を少数に絞込み，ケーススタディーや討論を取り入れた双方向型の研修方式が採用されることが多いとされています。また，研修で得た成果を即現場で実務として実践していくことをねらいとしてもち，人事異動制度と連動した非常にプラグマティックな運用を行っていることも特徴的です。

　また企業によっては，こうした研修を「コーポレート・ユニバーシティ：企

図表15　CUと従来型研修との相違

	CU	従来型研修
組織戦略	戦略的教育	終身雇用前提の教育
組織戦術	全体最適	均質化・同一化
主体	独立部署　教育資源集中	人事部・教育研修担当
教育内容	経営戦略にリンク 外部資源の積極的活用	社内統一された定型的内容
受講者の意識	キャリア形成　自律	業務の一環　受け身
予算	多額	少額

（資料）　http://hrd.php.co.jp/shainkyouiku/cat21/post-518.php（2015年8月）。

業内大学」（CU：Corporate University）の形をとり，特別のプログラムを組んで展開しているケースもあります。企業内教育の一形態としてのCUは，もともとアメリカのゼネラル・エレクトリック社がリーダーシップ・センターを1953年に設立したのが最初であり，その後1980年代半ば頃から普及し始めます。企業内の各部門に分散していた教育部門を統合し，企業の経営戦略の一環として行われる教育訓練の形態をとった事業であるともいわれています。今日では，欧米諸国の名のある大企業がこぞってCUを設立しています。

　日本では，バブル経済崩壊以降，アメリカの先進的企業の経営を学ぶ動きの中でCUに関心が高まり，2000年頃から多岐にわたる業種で大企業を中心に設置が進められました。既存の社内研修制度とは異なり，トップ・マネジメントの積極的な関与をともなう戦略的人材育成の場として，次世代リーダーを継続的に育成する機関になっています。企業によっては，「○○カレッジ」「○○アカデミー」「○○経営塾」などと銘打つ特別なプログラムとして行っています。図表15は，CUと従来型研修の違いを対比した内容です。

LECTURE 7

作業条件管理

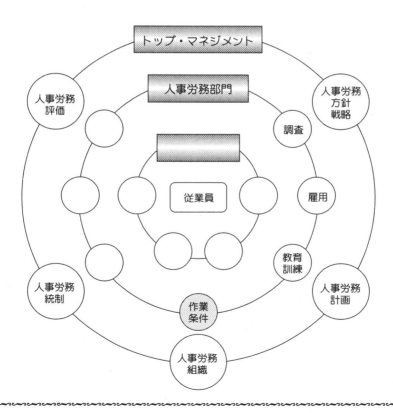

I　作業条件管理とは何か

　雇用管理，教育訓練・能力開発管理とともに，従業員の労働力としての側面を対象にした労働力管理群の3つめの施策が「作業条件管理」です。企業は生産活動に必要な生産要素（労働力）として労働者を雇用し，そのもっている労働能力を活用するのですが，その際，企業はその能力を長期間，かつ十分に活用できる環境的な条件を設定していく必要があります。教育訓練を通じて従業員に適切な職務能力を身につけさせ，雇用管理を通じて適正な配置を行ったとしても，実際の従業員の労働は一定の物理的な職場環境や制度的な就業条件の下で行われているために，そうした作業条件のあり方によって従業員の労働能力発揮の結果としての仕事の量や質，さらには責任の達成度といった「従業員業績」（employee performance）が大きく変わってくるのです。

1　作業条件管理の意義

　従業員が特定の仕事を割り当てられ仕事を行っていく場合，その仕事は真空状態の下で行われているわけではなく，その仕事の遂行を規制する一定の「作業条件」（work conditions）の下で行われています。
　この作業条件とは，次のような2つの種類の環境条件のことです。その1つは物理的・化学的な「作業場環境」（workplace environment）です。すなわち従業員が働く職場は，採光・照明・換気・気積・温度・湿度・騒音・振動，塵埃・粉塵・臭気・化学物質，各種の機械設備など，物理的・化学的なさまざまな要素で取り囲まれた空間環境としてあります。このことは，従業員はつねに何らかの労働災害や職業疾病をこうむる危険性のある状態の中で働いていることを意味しています。そのためこの作業場環境の状態によっては，従業員の業績やモラールに重大な影響をあたえます。

労働災害によって死傷したり，さまざまな職業病に罹患する危険性が高ければ，従業員は生命や身体が脅かされる不安をつねに抱きながら仕事を行うために，気持ちを仕事に集中することができません。また場合によっては，従業員の欠勤や離職を増大させ，生産能率の低下や欠員募集のコスト増を企業側にもたらす結果になってしまいます。一般的に「危険・汚い・きつい」といった言葉で表現される「3K職場」では，人々の生命・身体の安全を脅かす危険が隣り合わせているために，こうした職場や仕事で働くことに難色が示されるのはごく普通の人間的な心情です。

さらに，従業員の健康被害の大量発生や大規模な工場事故などの発生は，企業にとって補償問題を含め大きな経済的損失を生じさせるだけでなく，企業の安全確保に対する姿勢や安全管理体制が疑われ，その社会的な評価を下げるとともに，最悪の場合は企業の存亡の危機をも招きかねないのです。

従業員の働き方を規制するもう1つの作業条件は，所定労働時間・休憩時間・休日・残業時間など労働能力の発揮（労働力の費消）の局面における，主として労働時間にかかわる組織としての「制度的環境」（就労条件）というべきものです。とくに1日の労働時間の長さは重要な留意点です。基本的に労働の投入量（労働時間）と産出量（仕事の成果）には正の相関があるために，長時間労働はそれだけ産出の増大に結びつき，短期的には企業業績の向上に大きく貢献するものです。しかし一方で長時間労働は，従業員に過重の身体的・精神的疲労をもたらすために，作業能率の低下，労働災害の増加，誤作の増加など生産上の問題も同時に抱え込むことになり，長期的には生産増大に結びつかない可能性も大きいものです。

もし長時間労働が残業という形で行われるならば，従業員に残業収入の増大という経済的なメリットをもたらします。しかし一方，人間としての従業員の生活は，会社で自らの身体的・精神的エネルギーとしてある労働力の費消という形で労働し，家庭での休養・食事・睡眠を通じて労働力（体力）を回復し，翌日ふたたび労働するといった生理的な循環のメカニズムの中にあります。そのため，過度の長時間労働は労働力の回復を遅らせるだけでなく，十分な疲労

回復ができなければ疲労が蓄積し，労働力の疲弊が進んでいきます。長期的には従業員本人の労働寿命を縮める結果となり，生涯収入の減少をもたらすことにもなるのです。

このように，従業員の実際の労働は物理的・制度的環境に規制されながら行われているわけですが，これまでの説明は工場労働を想定し，従業員の労働能力の発揮に悪影響をあたえるネガティブな側面に焦点を当て，労働力の長期的な保全といった面での作業条件管理の重要性を説明したものです。

しかし今日，労働災害や職業病の防止といった活動の重要性を否定するものではありませんが，産業構造の変化や労働者の就業構造の変化に応じて，ホワイトカラー労働が主流になるにつれ，ホワイトカラー労働者の生産性向上といった側面に光が当てられるようになります。すなわち「労働能力の発揮により良い影響をあたえる就業条件の確立」といったポジティブな面における作業条件管理の役割が問われているのです。

とくにオフィス労働における情報化の進展から，定型的な事務仕事はOA化され，ホワイトカラー労働者には知的・創造的な労働がもとめられるようになりました。その結果，こうしたホワイトカラー労働の知的生産性を高めるために必要とされる労働時間管理や勤務形態のあり方に関する新たな就業条件の工夫が大きな課題として浮かび上がってきます。また，ますます激しくなるグローバルな企業競争を背景にして，先進諸外国に比較して劣っているとされる日本企業におけるホワイトカラーの労働生産性を向上させるためにも，労働時間管理を中心にした新たな作業条件管理の必要性が唱えられているのです。

2 労働安全衛生の管理体制

職場の安全衛生管理

作業条件管理とは，端的にいえば従業員の労働災害・職業病・過労の発生を防止することで労働力の保全をはかり，長期的に労働力の有効利用を実現する

LECTURE 7　作業条件管理

役割を担うものです。しかしたとえば，より積極的な労働災害防止活動を推進していくためには，回転部分に対する防護カバーの取り付け，誤動作防止のための二重スイッチの設置など，機械設備の安全対策上，追加的なコストを必要とします。一般的にこうした設備投資は，コスト増要因としてのみ作用し，直接的な利益増加に結びつくものではありません。このため経営者の中には，労働安全・衛生の意義を軽視し，「余分な出費はできるだけ抑え，法的な最低基準さえ守ればそれでよい」と考える人も少なくありません。とくに高度成長経済期までの日本では，こうした考え方が大企業を含めて一般的だったといわれています。

企業における労働安全衛生問題が社会的な関心を高め，その管理体制の強化を促した契機は，1960年代後半以降の産業公害問題の深刻化を背景にして，1972年に「労働安全衛生法」が制定されたことにあります。この法律は「労働基準法と相まって労働災害防止のための災害防止基準の確立，責任体制の明確化および自主的活動の促進の措置を講ずる等，その防止に関する総合的計画的な対策を推進することにより，職場における労働者の安全と健康を確保するとともに，快適な作業環境の形成を促進すること」を目的としています。そして労働安全衛生の管理体制の強化のために，一定規模以上の事業場に対して総括安全衛生管理者・安全管理者・衛生管理者・作業主任者，総括安全衛生責任者・安全衛生責任者・産業医などの選任と，安全衛生委員会などの設置を義務づけています。図表1は，そうした労働安全衛生管理体制の一例として，安全点検における役割分担をまとめたものです。

企業における労働安全衛生管理の最低限の対応は法的基準の遵守です。また一方で1970年代以降には，「人の命は地球より重い」といった人権重視の思潮を背景に，「職場の安全は自らの手で」をスローガンとした職場の労働安全衛生の確保をめざす自主的な取り組みが進められてきました。日本における職場の自主的安全確保の活動は，職場の「小集団活動」を通じて行われているのが特徴的です。これは職場のQC（Quality Control：品質管理），あるいはZD（Zero Defects：無欠点）運動として始まった職場小集団活動の対象を「職場のゼロ災

図表1　安全点検の実施体制

点検者	点検対象
工場長	・生産の量や質の変化が作業の安全におよぼす影響 ・工場設備のレイアウトの適否 ・作業方法の自動化，機械化の可能性 ・安全についての基本施策の実施状況 ・現場幹部の安全に対する認識の度合い ・関係現場と下請事業または下請事業相互間の連絡状況など
安全管理者	・法規で定められた事項 ・建設物，設備，作業場所，作業方法などについての危険の有無 ・安全装置，保護具などの性能の良否
部課長	・所管する作業場全般についての安全
現場監督者	・所管する職場全般についての安全
専門技術者	・危険な設備（ボイラー，クレーンなど）の安全性 ・点検にあたって特殊な技術を要する設備（電気設備，制御機器など）の安全性 ・危険物（爆発性，引火性料品など）の取り扱い，貯蔵の適否
作業者	・自ら取り扱う機械設備，工具，安全装置，保護具などの性能の良否（始業点検）

（資料）　厚生労働省認定通信教育『安全衛生2』産能大学，1999年を参照。

害確保」にまで拡げ，全員参加による安全意識の高揚・職場の整理整頓・不安全作業の追放・標準作業の遵守・安全パトロールなどの活動を通じ，職場の安全を自分たちの手で確保していこうとするものです。

　こうした職場安全活動は，人事労務部門や生産技術部門の安全スタッフによる画一的な活動とは異なり，自分の職場を熟知した人々が中心となるために安

全管理活動の有効性を高める効果をもっています。労働安全衛生管理のライン化といったことであり、とくに製造現場では職場の自主的取組みとされているとはいえ、実質的には職場管理の責任者となるライン管理者の重要な人事労務管理責任の1つとされているのです。

労働安全衛生マネジメントシステム

職場における日常的な安全管理活動は、これまでともすれば法令遵守に主眼が置かれるとともに、目に留まったものへの「その場的な対策」に終始する傾向があり、管理的な活動として機能しているとはいえない側面もありました。これに対して今日では、企業における労働安全衛生対策に関する国際的な潮流として、従来の受動的な法的遵守は最低基準とした上で、自主的かつ能動的な安全衛生管理の仕組みとなる「労働安全衛生マネジメントシステム」(OHSMS: Occupational Health and Safety Management System) を導入しようとする動きを指摘することができます。

こうした安全衛生対策の自主的対応の考え方が重要になってきた背景には、生産工程の多様化・複雑化が進展するとともに、新たな機械設備や化学物質が導入され、さまざまな安全衛生リスクが複合的にしかも速いテンポで現れるようになると、従来の法的規制だけでは追いつかないという現実があるからといわれています。

労働安全衛生マネジメントの取り組みで最先端の動きを示しているのはイギリスですが、日本でも1999年に「労働安全衛生マネジメントシステムに関する指針」が旧労働省から告示されました。それによると「労働安全衛生マネジメントシステムとは、事業者が労働者の協力の下に『計画-実施-評価-改善』という一連の過程を定めて、連続的かつ継続的な安全衛生管理を自主的に行うことにより、事業場の労働災害の潜在的危険性を低減するとともに、労働者の健康の増進および快適な職場環境の形成の促進をはかり、事業場における安全衛生水準の向上に資することを目的とする新しい安全衛生管理の仕組みである」とし、

①安全衛生方針を表明する。
②機械，設備，化学物質などの危険または有害要因を特定し，それを除去または低減するための実施事項を特定する。あわせて労働安全衛生関係法令にもとづき実施事項を特定する。
③安全衛生方針にもとづき，安全衛生目標を設定する。
④安全衛生目標を達成するため，上記②で特定された実施事項などを内容とする安全衛生計画を作成する。
⑤安全衛生計画を実施および運用する。
⑥安全衛生計画の実施状況などの日常的な点検および改善を行う。
⑦システム監査を実施し，必要な改善を行う。
⑧定期的にシステムの全般的な見直しを行う。
⑨①から⑧までを連続的かつ継続的に実施する

といった実施手順を示しています。

また中央労働災害防止協会は，このOHSMSの運用上の特徴を，
①トップの安全衛生方針にもとづき，事業実施にかかわる管理と一体となって運用される組織的な取組みであること。
②「計画（plan）－実施（do）－評価（check）－改善（act）」のPDCAサイクルの構造をもっていること。
③明文化・記録化により，安全衛生活動の確実で効果的な実施を可能としていること。
④危険性や有害性などの調査（リスク・アセスメント）およびその結果にもとづく対策の実施による本質安全化が推進されること

にあると指摘しています。すなわちこうした新たな安全衛生管理は，これまでの経験や勘に依存した安全衛生活動ではなく，図表2に示すように，管理としての機能性を確保するPDCAの管理循環を意識した安全衛生管理として，パフォーマンスを継続的に改善していく仕組みといえるものです。

企業の経済活動のグローバル化が進む中で，工業標準の国際規格を策定するISO（International Organization for Standardization：国際標準化機構）による品質

LECTURE 7　作業条件管理

図表2　OHSMSの体系

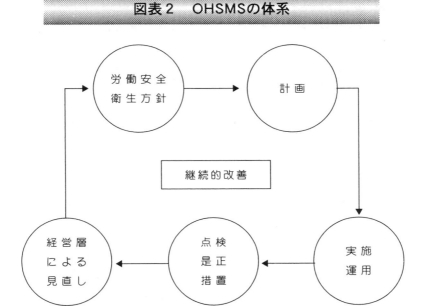

（資料）　吉澤正監修『増補版　OHSAS18001・18002労働安全衛生マネジメントシステム』日本企画協会，2004年を参照。

管理のISO9000や環境管理のISO14001に続く第3のグローバル・スタンダードなマネジメントシステムとされるのがこのOHSMSです。今日では，英国規格協会（British Standard Institution）が中心となり，日本も加入している国際コンソーシアムで作成された労働安全衛生マネジメントの国際規格OHSAS18001の認証取得をめざす企業が日本でも増えています。また2006年に改正された労働安全衛生法は，この労働安全衛生マネジメントを行っている企業に向けた優遇措置（計画の届出の免除）を規定し，このシステムの導入を企業に促しています。

253

労働安全・衛生管理

　労働安全衛生法によれば，労働災害とは「労働者の就業にかかわる建築物，設備，原材料，ガス，蒸気，粉塵等により，または作業行動その他業務に起因して，労働者が負傷し，疾病にかかり，または死亡すること」と説明されています。この定義から労働災害の防止活動とは，事故による労働者のケガや死亡を防止するための「労働安全管理」と，いわゆる職業病に代表される身体的な疾病を防止するための「労働衛生管理」に区分することができます。

1　労働安全管理

　外傷性の労働災害は，原材料や部品による切傷，工具や重量物の落下による打撲・手指の骨折といった比較的に軽度のものから，回転物に巻き込まれた結果としての手腕の切断，切削物の飛来による失明，高所からの転落による死亡といった重大災害までさまざまです。また実際にケガをしなくとも，「ハッとした」「ヒヤリとした」事故といったものもあります。
　こうした労働災害・事故については，有名な「ハインリッヒの法則」という経験則があります。この法則は，アメリカの損害保険会社の研究部長であったハインリッヒ（Heinrich H. W.）が労働災害の事故を統計学的に分析して出したもので，「1：29：300の法則」といわれます。この数値の意味は，1件の重体・死亡事故の背後には，29件の軽傷の事故があり，さらにその背後には300件ものヒヤリ・ハットした傷害のない事故が起きているというものです（図表3を参照）。それゆえこの法則から，ヒヤリ・ハットした事故の情報を吸い上げ，従業員の不安全行動，職場や機械設備の不安全状態をあぶり出し，それに対する有効な対策を打つことで，重大な労働災害の発生を未然に防ぐことができるという考え方が導き出されます。

図表3　ハインリッヒの法則と労働災害の発生原因

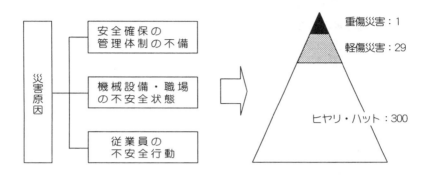

　一般的に労働災害の原因は，図表3に示すように，大きく次のような3つの内容に整理することができるといわれています。

1　機械設備的原因

　たとえば安全装置がない，モーターの回転部分に安全カバーが取りつけられていないなど，機械設備自体の危険部分に対する安全対策上の措置が施されていないこと。

2　労働者の個人的原因

　身体的・心理的特性，経験や訓練の不足，不注意・過失・怠慢・標準作業無視など，労働者本人の個人的事情にもとづく内容。しかしこれらの中には管理的に対応できるものもあり，厳密な意味で個人的原因としてよく指摘されるのは「不注意」といったこと。

3　管理的原因

　職場監督者自身の安全に対する意識の欠如，部下に対する標準作業指導の不徹底，安全マニュアルなど安全確保対策上の管理手続きの不備，職場の整理整頓の不徹底など，安全管理に対する管理体制上の欠陥。

このような労働災害の原因について分析を進めると，労働者の個人的原因に帰するものは意外に少なく，機械設備・管理的な原因によることが大きいといわれています。環境問題や製造物製造者責任（PL:Product Liability）などを含めて企業の社会的責任を問う環境が厳しくなっている昨今，労働安全確保に対する責任と義務の履行を求める論調も強くなっており，企業の取り組み姿勢を問う状況がより厳しいものになっています。

　労働災害・事故の原因が主として人的要因にあるとされていた時期では，安全対策の中心は従業員の安全教育と注意の喚起といった「安全意識の高揚」にありました。もちろん今日でも，こうした活動の意義は失われてはいません。しかし，労働災害の原因として機械設備・管理的原因が大きく浮かび上がるのに応じて，より総合的な対応が必要とされています。一般的に，次のような方策が指摘されています。

1 安全パトロール

　工場など働く場所を定期，不定期に見てまわり，災害に発展しそうな不安全状態や作業行動を指摘し，その場で是正したり，後日，報告書によって改善させるもの。

2 安全作業手順

　現在実施している作業の手順を書き並べ，各手順ごとに災害危険の有無を調べ，作業の順序，方法を変えることで危険を除去する。

3 災害調査

　職場で事故が生じた場合，安全管理者などの担当者が事故の内容，原因および再発防止対策を検討し，報告書にまとめて責任者に提出する。

4 安全朝礼

　作業現場単位で，週1回くらいの割合でケガを防ぐ方法などの情報を仕事を始める前に全員を集めて伝達する。また，ケガ防止のために作った安全心得を朝礼のときに作業グループの各人が交替で読み上げ，遵守事項をお互いに確認する。

5　危険予知訓練

安全意識を高める対策の1つで，作業の一部を絵に描き，災害危険の所在や除去対策をお互いに話し合いながら問題を解決していくもの。

6　安全週間

毎年，6月1日から1ヶ月間を準備月間とし，7月1日からの1週間を安全週間として安全標語の募集，表彰，専門家による講演などの行事を実施する。

しかしこうした施策が励行されたとしても，なお「ヒューマン・エラー」といわれる誤動作・誤作業の部分を完全に排除することはできず，人間面へのアプローチによる安全確保には一定の限界があることは否めません。この限界を克服するためには，機械設備面からの対応が必要になります。たとえば，故障したら自動的に機械が停止するといった「フェイル・セーフ」(fail safe) の原則や，またどんなに熟練した用心深い人でも過ちをおかすのだから，未熟者が誤って使っても事故が起きないような構造にするべきだといった「フール・プルーフ」(fool proof) の考え方を機械設備の安全設計思想の中に盛り込む必要があるでしょう。

2　労働衛生管理

労働安全管理が従業員を「ケガ」から守ることを任務とするのに対し，労働衛生管理は従業員を「疾病」から守り，その労働力を保全することを任務としているといえます。疾病は大きく「身体的疾病」と「精神的疾病」に分けることができますが，これまでは身体的疾病への対応が中心でした。しかし今日では，リストラによる人員削減，長時間労働の持続，成果主義的人事労務管理化の進展などを背景にして，従業員の精神的健康への対応も大きな課題となってきています。

従業員の身体的健康の管理

　従業員が働く職場の環境は，さまざまな物理的・化学的・生物的な要因や作業内容・方法的な要因で成り立っており，これらの要因は常に従業員に刺激をあたえています。そしてそれらの刺激が適切な状態に維持されていないと，仕事上で過度の身体的・精神的緊張を負わせ，結果的に従業員に各種の疲労を起こさせ，作業能率の低下を招くといった事態が生じてしまいます。さらにそうした状況が改善されずに放置されていると，慢性的な身体的機能障害が生じる職業病罹患という最悪の結果をもたらしてしまいます。古くはアスベスト（石綿）によるじん肺問題が，最近では印刷業務で使用されていた化学物質が原因とされる胆管がんの大量発症問題が記憶に新しいものです。

　このような事態を避けるために，職業病の早期発見と予防を目的として行われるのが「作業環境測定」と「特殊健康診断」です。前者は，日常的に従業員が働く職場の環境が健康障害を引き起こさない適切な状態に維持されているかをチェックする仕組みです。他方後者は，実際にそうした危険職場で働く従業員の健康状態をチェックし，もし異常が見つかれば，早期の治療が当然のこと行われていきます。ともに労働安全衛生法などで定められたものや，法では規定されていないが実施することが望ましいとされるものがありますが，図表4は，特殊健康診断が必要とされる代表的な職場・業務事例をまとめた内容になります。

従業員の精神的健康の管理

　今日，企業環境の急激な変化や情報処理技術を中心とする技術革新の進展，大規模な雇用調整による人員の削減，長時間労働の継続，成果主義的処遇の強化などによる労働環境の急激な変化が，企業で働く人々に大きな心理的負担（ストレス）をあたえ，「心の病」に陥る人々が増えています。各種の調査によると，成果主義の導入により個人で仕事をやる機会が増え，職場の助け合いやコミュニケーションが減り，孤立感を深める人々が増えるとともに，とくに働き

図表4　特別健康診断を要する職場・業務

健康診断	職場・業務
じん肺健診	・じん肺にかかる恐れのある粉じん作業
有害業務における健診	・高気圧室内作業，または潜水業務 ・X線，その他の有害放射線にさらされる業務 ・鉛等を取り扱う業務，またはその蒸気，粉じんを発散する場所での業務 ・四アルキル鉛の製造，混入，取扱い。あるいはそのガス，蒸気を発散する場所での業務 ・有機溶剤（トルエン，クレゾールなど）を取り扱う業務，またはそのガス，蒸気を発散する場所での業務
振動病健診	・チェーンソーやその他の振動工具の取り扱い業務
腰痛健診	・重量物取り扱い作業，介護作業など腰部に著しい負担のかかる業務 ・立ち・座りなどの同じ姿勢をとり続ける，ひねり，前屈・後屈・ねん転など，不自然な姿勢を業務中とりがちな職場
頸肩腕健診	・事務所におけるディスプレー，キーボードによって構成されるVDT機器を使用し，データ入力，検索，照合，文書作成，編集，修正プログラミング等を行う業務
VDT健診	

（資料）　http://www.toshc.org/12kankyo-1.html を参照（2007年12月）。

盛りの30～40歳代の従業員を中心にして，「定年後を含め今後の生活や将来に対する見通し」「給与を含む自分に対する評価」「仕事上での身体的・精神的・物理的負担感」といったものに対してストレスの高まりが顕著に出ています。そしてその結果，体調を崩し，自律神経失調症・心身症・内因性精神疾患・アルコール依存症といった精神疾患に陥る人々が増えている実態が明らかにされています。

　そうした中で関心が高まっているのが従業員の精神的な健康，すなわち「メ

ンタルヘルス」(mental health) です。一般的に，人々の精神的に健康的な状態とは「精神科の病気がなく，仕事の荷重・不快な職場環境・人間関係の葛藤等から受ける過度な職場ストレスがなく，能力の発揮が十分にできる精神状態」とされています。しかし不幸にも，何らかの原因によって職場不適応を示す不健康な精神状態にある者は日常行動も不健全になりやすく，生産障害や事故，職場摩擦を起こす可能性が高いために，職場全体の業務の円滑な遂行にも支障をきたす結果になってしまいます。また，本人が身体の不調以上の無理を重ねた結果，過度のストレスが高じて「過労死」や「職場自殺」などの深刻な事態に至ることもマレではありません。

　これまで日本では，福利厚生の一環として人事相談制度や人事カウンセリングなど，従業員の個人的な悩みを相談する制度を設置していましたが，それが人事施策として効果的に利用されておらず，また職場不適応状態に陥った従業員への対応も，カウンセリングを中心にした事後的なケアがほとんどでした。しかし，状況が深刻化している今日では，職場不適応者を出さないという予防的な観点からの「心の健康づくり」の取り組みを必要としています。

　厚生労働省「事業場における労働者の心の健康づくりのための指針」(2000年) によれば，メンタルヘルスの体系的な取り組みのためには，
　①従業員自身がストレスや心の健康について理解し，自らのストレスを予防・軽減，あるいはこれに対処する「セルフケア」
　②従業員と日常的に接する管理監督者が心の健康に関して職場環境等の改善や従業員に対する相談対応を行う「ラインによるケア」
　③事業場内の健康管理の担当者が心の健康づくり対策の提言を行うとともにその推進を担い，また従業員と管理監督者を支援する「事業場内産業保健スタッフ等によるケア」
　④事業場外の機関や専門家を活用しその支援を受ける「事業場外資源によるケア」
といった4つのケアが，継続的・計画的に行われていくことが重要であるとしています。

図表5　職場不適応の兆候

兆候領域	具体的な内容
身体のサイン	・体は悪くないのに，頭が重いとか，胸に圧迫感があるなどの自覚症状の出現（心気症状） ・胃潰瘍や高血圧など身体がだるくなる（心身症）
行動のサイン	・日常生活や対人関係の乱れ，時間にルーズになる，アルコール依存，事故多発，ギャンブルにふける，電話魔，蒸発，サラ金
精神のサイン	・些細なことによる怒りや興奮，急激な気分変化などの情緒不安定，抑鬱状態，被害念慮

（資料）　筑波研究学園都市研究機関協議会『職場のメンタルヘルスQ and A』至文堂，1988年を参照。

　その際，まず取り組まなければならないメンタルヘルス対策の第一歩は「メンタルヘルス教育」にあるといわれており，
　①職場におけるメンタル・ヘルスの意義
　②職場におけるメンタル・ヘルス対策の体制とその活用
　③職場不適応の態様
　④職場の人間関係
　⑤プライバシーと人権
　⑥職場におけるストレスと心の健康法
　⑦職場復帰者との対応と再発防止
といったものをその教育内容としています。
　これらの教育の中で，精神的障害者の早期発見のためにもっとも重要な内容は管理・監督者に対するものです。というのは，一般的に仕事ストレスは仕事そのものや仕事の負荷，上司との関係から引き起こされることが多いのと同時に，その一番の理解者はその仕事の状況をよく知っている上司であるからです。

したがって管理・監督者に対し，ストレス障害の初期兆候を理解させ，部下の日常の行動や態度に十分気を配るよう努めさせることが大切です。

　図表5は，ストレス障害による職場不適応の兆候をまとめたものです。そして早期発見した場合には，カウンセリング技術を活用し，本人との話し合いを通じてその気持ちを理解するなど，的確・敏速な対応をすることが必要です。しかしこの段階での解決が困難な場合には，臨床精神科治療の専門家による相談に任さなければならないでしょう。

　一方，「ストレス管理」(stress management) の立場からいえば，従業員が自らの精神の健康状態を自覚し，それをコントロールし，さらにはそのストレスに対応できるように自己管理 (self-control) できるようにさせることも必要です。自己コントロールの方法としては自律訓練法・リラクゼーション・ヨガ・めい想法・自信回復法などがあります。また自己管理には，オーバーワーク管理・対人ストレス管理・昇進競争ストレス管理などがあるとされています。

　こうした従業員のセルフケア意識の向上と企業の職場環境の改善に資することをねらいとして労働安全衛生法が2014年に改正され，従業員のストレス状態を調べる「ストレスチェック」の実施（年1回）が2015年12月から従業員50人以上の事業所に義務化されています。従業員各人が職場における仕事量，職場の人間関係，上司のマネジメント，仕事や家庭の満足度などに関わる質問に回答し，その結果を点数化してストレス度を計測していきます。そしてその計測結果にもとづき，高ストレス状態にある従業員にはその「気づき」を促すと同時に医師の面接指導を勧め，企業に対しては職場のストレス状況を把握させ，職場環境の改善につなげていくことが望まれています（『朝日新聞』2015年11月27日）。

　他方，近年では従業員のメンタルヘルスを総合的に行う取り組みとして「従業員支援プログラム」（EAP：Employee Assistance Program）に関心が高まっています。EAPは，1940年代のアメリカでアルコール依存症患者への援助プログラムとして生まれものですが，今日では精神的なストレス・不安を抱えた社員に対し，適切なサポートを通じて再び職場に復帰させることを目的とした従

LECTURE 7　作業条件管理

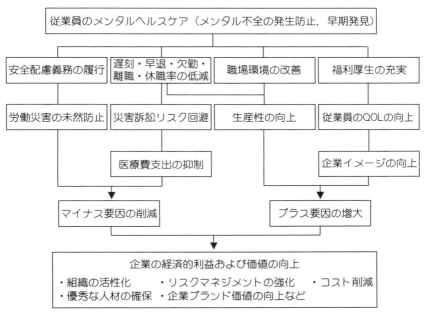

図表6　EAPの経営的な意義

（資料）http://www.kenko-program.com/mental/eap/neccessity.html を参照し作図（2007年12月）。

業員援助施策となっています。アメリカでは，EAPによるメンタルヘルス対策への投資が対策をとらなかった際の損失・補償にかけるコストを大きくカバーすることが実証され，EAPの効果と信頼性が大きく認められています。そのため Fortune 誌のトップ500企業の95％が社員の心の健康を守るためにEAPを導入しているといわれています。図表6は，EAPを企業全体の利益に直結した投資価値のあるプログラムであることを示すチャート図です。

日本では，介護や育児，家族との人間関係といった従業員の個人的問題や，キャリアプラン，異動，職場の人間関係といった仕事にかかわる問題の発見・解決をサポートすることを通じて職場全体の生産性の向上を支援するメンタル

ヘルスプログラムとして導入されており，外部専門機関との連携による「事業場外資源によるケア」の新しい展開といえるものです。EAPの具体的な内容としては，カウンセリング（面談，電話，E-mail），個人ストレスチェック，職場ストレス診断と評価，メンタルヘルス教育，復職者支援プログラム，従業員満足度調査などがあり，企業の個別の事情に応じたプログラム編成で行われています。

③ 労働環境の快適化と新たな勤務形態

　労働環境の快適化とは，作業条件管理を構成する従業員の安全・衛生，健康管理が今日追求すべき目標のシンボル的表現です。これまでの労働安全・衛生管理は，労働災害や職業病の発生による生産性低下を防止するために，労働基準法や労働安全衛生法を遵守するといった最低限のネガティブな要因を払拭する対応を旨としてきたといえます。しかし今日，経済のサービス・ソフト化や情報社会化の進展，労働者構成のホワイトカラー化，よりグローバルな企業競争の激化を背景に，いっそう創造的な業務の遂行や，より生産性を高めるために必要とされる快適な労働環境の創造というポジティブな問題意識をもつようになったということができます。

　ここでは，従業員のモラール向上とともに知的生産性を高める労働環境の快適化の典型的な事例としての「ニューオフィス運動」と，勤務場所の変更や労働時間管理の柔軟化を通じて展開される新たな勤務形態（new working style）としての「テレワーク」（tele-work）について説明していきます。

ニューオフィス運動

　労働者構成のホワイトカラー化と情報社会化の進展を背景にして，1980年代半ば頃からホワイトカラーのオフィス環境の改善をめざす「ニューオフィス運動」（new office movement）が高まっています。ニューオフィス運動とは，レイアウト・作業スペース・休憩所・色彩・照明・空調などに工夫をこらすことで，

機能的・心理的により働きやすい職場環境を形成し，従業員の心身の安定と生産性の向上を実現しようとするものです。当時，欧米企業と比較すると，日本企業のオフィス環境の劣悪さが目立ち，労働者が生活時間の多くを過ごす職場に関して生活空間としての感覚的な配慮を欠いていることが指摘され，大きな話題になりました。

　また，最近のニューオフィス化を促している要因の1つは，近年とくに関心をもたれているホワイトカラーの知的生産性をいかに向上させるかという経営課題です。欧米諸国と比較して，日本のホワイトカラーの生産性は低いとされています。グローバルな企業競争激化の中で，オフィスワークの効率化によるコスト削減努力を必要とするだけでなく，経営戦略上，創造的で知的な生産活動によるニュービジネスの展開や高付加価値商品の開発が最重要課題と位置づけられるようになり，こうした創造的なオフィスワークの知的生産性を向上するために，落ち着ける雰囲気などの「快適なオフィス環境」が必要とされるようになったのです。

　さらに情報化の進展も，ニューオフィス化を促す大きな要因です。情報化は生産現場の無人化を促すFA（Factory Automation）化だけでなく，ホワイトカラー職場への情報機器の導入というOA（Office Automation）化も促します。そのため企業は社内情報ネットワーク（LAN：Local Area Network）を構築し，こうした情報化のメリットを最大限に利用する抜本的なオフィス再編計画にも乗り出したのです。そして同時に，紙による文書の保管をなくす「ペーパーレス化」を促すことで職場空間にゆとりをもたせたり，机のレイアウトや会議室のデザインを工夫するとともに，自分用の固定机をなくし，適宜に自分の好きな場所や机で仕事をしていく「フリーアドレス制」(free address system)といった新たな執務形態を採用する企業も出てきています。

　労働環境の快適化の運動は，快適でうるおいのある職場環境を作り出すことで従業員に精神的なゆとりをあたえるだけでなく，従業員間のコミュニケーションとコラボレーションを促し，それがひいては創造的な知的生産性の向上につながるという考え方に導かれたものです。

図表7 ニューオフィス運動：快適職場化の事例

①生活の場としての環境の整備

　執務空間を明るい雰囲気にするため，カラーリングを暖色系に統一する。またフィットネスコーナーやシャワールームを設置するだけでなく，トイレのデザインにまでこだわって快適化を図っていく

②アメニティの工夫で快適環境を実現

　屋上に池をつくったり，多目的バルコニー，レストラン風の社員食堂などの設置でリフレッシュできる環境を整える。また床材や壁材をノンホルムアルデヒド，ノンホルマリンのものにして社員の健康面にも配慮していく

③社員の自主性を尊重したオフィスづくり

　社員食堂を開放的にして，食事だけでなくミーティングスペースとしても利用できるようにする。また「公園」と呼ぶスペースを屋上に設けて，自由にリフレッシュできるようにしていく

④安全面の追求で快適環境を実現

　地震対応のガラスカーテンウォールの採用や，防災・空調・BGMを一体化したシステム天井を設置する

⑤光を重視して明るいオフィスを実現

　自然光を採光するため天井高5580mmの吹き抜けを設ける。また自然光と間接照明を組み合わせることで，どの時間帯でも「目にやさしい」オフィスにしていく

⑥多彩な空間によるオフィス環境の演出

　コミュニケーション空間，個人研究スペース，ビジネスセンター，リフレッシュコーナーと，オフィス内の空間を目的により使いわけられるようにする。同時にワイヤレス型電話の導入で，デスクに縛られずに仕事をできるように工夫する

（資料）　三幸エステート（株）『オフィスマーケット』1999年11月号を参照し作表。

ニューオフィス運動の取り組みにはさまざまなタイプがありますが、こうした快適職場化の取り組み事例をまとめたのが図表7です。

テレワーク

テレワークとは、「Tele（離れて）－Work（働く）」という意味で、「情報通信技術を利用した場所と時間にとらわれない働き方」の総称です。もともとテレワークはエネルギー危機とマイカー通勤による大気汚染の緩和を目的として、1970年代アメリカのロスアンゼルス周辺で始められたといわれています。1980年代後半には、情報通信ネットワークの整備・拡充と呼応して、「アスファルトのハイウエイの代わりに情報通信ハイウエイを利用した方が有効だ」という考えが打ち出され、また大規模災害時における行政・企業のリスク分散対応策としても注目されるようになり、その普及に弾みがついたとされています。

日本におけるテレワークへの取り組みは、1988年に埼玉県志木市において富士ゼロックス、内田洋行、NTT、鹿島建設、リクルートの企業5社が参画した志木サテライトオフィス実験が始まりです。その後、インターネットを中核とする情報通信ネットワークの拡充や情報通信機能を備えた携帯端末の普及とあいまって、テレワークが注目されるようになりました。

テレワークをSOHOの展開として活用し、長時間労働の克服、ゆとりの確保を実現しようとするのが「職住接近」という考え方です。今日の日本では、企業内での長時間労働も大きな問題ですが、同時にあらゆる機能の大都市集中が進み、その結果片道2時間の長時間通勤もマレではありません。こうした状況の中で、通勤時間の削減を主たるねらいとして登場したのが「サテライトオフィス」(satellite office)での働き方です。従業員の居住地近くに本社オフィスと通信回線でつないだサテライトオフィスを設け、そこで勤務させる仕組みです。富士ゼロックスでは、サテライトオフィス勤務者と通常勤務者の業績を調査してきましたが、その結果、サテライトオフィス勤務者の方が創造的な業務をこなしている思考時間が20％も長いことが明らかになりました。また管理職と日々顔を会わさないために業務命令が明確になり、サテライトオフィス勤務

者の方が高い生産性を上げているとも報告しています。

　こうしたサテライトオフィスでの働き方の発想をさらに拡げ，自宅で仕事を行う「在宅勤務制度」(telecommuting system)の導入も進んでいます。当初は研究開発技術者を対象にしていましたが，今日ではホワイトカラー業務全般に拡がっています。また子育て中の男女従業員に対する就業支援措置としても注目されています。

　他方，こうした恒常的なSOHO以外に，一時的に勤務場所を変えて創造的な業務を行う「リゾートオフィス」(resort office)といった働き方もあります。オフィスの中にリフレッシュできる空間を設け，従業員の知的生産性の向上をはかろうとする発想をさらに飛躍させ，阿蘇や安曇野などのリゾート地にある貸し別荘などにOA機器などオフィス機能を持ち込み，そこでたとえば1ヶ月といった期間，電話の応対など日常的な雑事から解放させ集中的に仕事を行わせることで，質の高い労働成果の実現をはかろうとするものです。新規プロジェクトの構想や新商品企画など，豊かな発想と創造性を必要とする仕事に適しているといわれています。

　さらにまた，主として外勤営業セールスを対象にした「直行直帰制度」を導入する企業も増えています。いわゆる「モバイル・ワーク」(mobile work)といわれるものです。営業セールス各人に1台情報端末機器を携帯させることで日常的な業務連絡等をEメールなどで処理させ，毎日職場に出社する必要性をなくし，顧客サービスの徹底を通じて営業セールスの時間生産性の向上をねらうものです。同時に営業セールスにとっては，職場出社への通勤時間がなくなるためにゆとりの確保につながるとされています。

　テレワークは従業員にとってより効率的な働き方であり，仕事と生活の両立を実現する有効な手段とされています。また企業にとっては，直接的には生産性向上やオフィスコストの削減，さらには従来型の組織やビジネスの仕方そのものの根本的な変革に役立つ有効な経営戦略になるともいわれています。さらにまた，在宅勤務が可能なことから障害者の雇用を広く促す手段としても注目されています。図表8は，雇用型テレワークの内容をまとめたものです。

図表8　雇用型テレワークのタイプ

	外勤型	内勤型	通勤困難型
定義	営業マンやサービスマンなど，あらかじめ定められた勤務場所（オフィス等）以外の場所を中心として仕事をするテレワーク	スタッフ部門の企画・人事・総務など，あらかじめ決められた勤務場所（オフィス等）を中心として仕事をするテレワーク	通勤が困難な身体障害者や出産・育児・介護など，在宅勤務を中心として仕事をするテレワーク
ワークスタイル	書類の作成やメールの受発信などが自宅や立寄り型のオフィス，さらには喫茶店や車中といった場所で行われる一般にモバイル・ワークと呼ばれる勤務形態。週に1，2回程度営業会議や必要に合わせてオフィスに行く他は自宅から直行直帰する	仕事（業務）の内容に合わせ，勤務先のデスクに限らず自宅やサテライトオフィスなどを含めて，その仕事を遂行する上での適切な場所と時間を自由に使った柔軟な働き方をする	実施形態としては困難さの度合いにより必要に応じてオフィスに出向くケースもあるが，常時在宅勤務となるケースが多い
メリット	モバイル・ワークは移動時間の短縮により，顧客との面談時間を増やし，顧客満足度の向上をはかり，営業効率を上げることができる。さらには会社に行く頻度が週に1～2回程度なので個人デスクのフリーアドレス化によるコスト削減をはかることができる	最適な場所と時間を選んでの業務遂行は，その効率を高めるだけでなく，新しいアイディアを生み出すことができる。自宅で行うことが最適な業務であれば，電話などで集中力を中段される心配もなく業務の効率化がはかれ，通勤疲労の軽減にもつながる	働きたいと願っている身体障害者や出産・育児・介護などで通勤が困難な人々の継続雇用を可能にし，優秀な人材を確保したい企業にとっても有効な手段となる

（資料）　http://www.japan-telework.or.jp/about/tokucho.html を参照（2007年12月）。

労働時間管理

　数ある労働条件の中で，労働時間はもっとも重要な要素の1つです。労働基準法でいう「労働時間」（work/working time）とは，労働者が使用者の指揮命令下にあって，現実に労働を提供している時間のことをいいます。そして，人事労務管理の一環としての労働時間管理の役割は，法的規制を遵守しながら従業員からもっとも大きな労働成果が期待できる労働時間運用の仕組みを工夫することにあります。その場合，労働時間運用の仕組みの内容には，1日／週当たり労働時間・休日・休暇といった「労働時間の長さ」にかかわるものと，始業／終業時間・休憩時間・交替勤務制度・柔軟な勤務時間制度など「労働時間の配置」にかかわるものの2つがあります。

1　労働時間管理の原則

　労働時間管理運用の適否は，従業員の労働成果に大きく影響することは明らかです。たとえば長時間労働は，短期的には企業業績の向上に大きな貢献をはたしますが，長期的には従業員の労働力の疲弊を早めるとともに，誤作業や労働災害・従業員不満の増大などを招き，結果的に大きな経営コストを負うことになってしまいます。そのため適切な労働時間管理制度を構築するためには，ただ経済効率の論理からだけでなく，法的・社会的・科学的な配慮をしていくことが大切です。

労働時間に関する諸規制

　まず，国際労働機関（ILO：International Labour Organization）の条約や勧告による「1日8時間，週40時間労働」の提言があり，これは労働時間にかかわるいわば世界標準ということができます。1日8時間労働制の実現は，1919年の

ILO第1回総会における「工業的企業における労働時間を1日8時間，週48時間に制限する条約」の採択が契機になり，徐々に西欧諸国で普及していったことにあります。この1日8時間労働制の普及は「8時間労働・8時間休養・8時間睡眠」の実現という19世紀後半以降の長年にわたる労働組合運動の成果でもありますが，同時に労働科学にもとづいた「労働時間と生産量の関係」に関する数多くの実験・調査から，労働能率に良い結果をもたらす労働時間として確認されたことも大きく影響していたといわれています。

その後1935年には，世界大恐慌から生じた深刻な失業問題を背景に「労働時間を1週40時間に短縮することに関する条約」がILO総会で採択され，今日の「週5日40時間労働制」という国際的な規範の基礎が形成されていきます。そして第2次大戦終了後，とくに1960年代以降の高度経済成長の時代にかけて労働者の賃金水準が上昇し，人々の間に余暇選好が強まったことを背景に広く普及していくことになります。

今日では，この「週5日40時間労働制」は法定労働時間を定める場合や労使間交渉の最低基準の目安とされています。たとえばアメリカでは，公正労働基準法によって週40時間を超えて労働させる場合は，その超えた時間に対して通常の5割増しの賃金を支払うことが義務づけられています。ここでは，週40時間を超えて働かせること自体を禁止しているわけではないのですが，企業にとって割増賃金支払いが大きな経済的負担と意識されるために，労働時間にかかわる経済的制約として機能しているのです。一方，日本の労働基準法は労働時間の上限を1日8時間・週40時間として法定化しており，原則としてこの労働時間を超えて働かせることを禁止しています（労基法36条による労使協定を結ぶことで，その制約から逃れることはできます）。

労働基準法による「法定労働時間」は，これを超えてはならないとする最低基準として存在するに過ぎません。労働者が実際に働く労働時間は，就業規則などで規定される「所定労働時間」であり，この所定労働時間が法定労働時間を超えたものであれば無効です。これまでは，労働組合との交渉で締結される労使協約にもとづくものが一般的でしたが，今日では労働組合のない企業も多

図表9　労働時間の概念

```
9:00              12:00 13:00                    17:00 18:00      20:00
 |                 |    |                         |    |           |
始業時刻          休憩時間                       終業時刻 法内残業時間 時間外労働時間

 |←―――― 所定労働時間（休憩時間を除く）――――→|
 |←―――― 法定労働時間（休憩時間を除く）―――――――→|
 |←―――――――――― 拘束時間 ―――――――――――――→|
```

種類	内容
拘束時間	・出勤から退勤までの全時間をいい，休憩時間も含まれる
労働時間	・拘束時間から休憩時間を除いた時間をいう ・この労働時間は，使用者の指揮監督のもとにある時間をいい，必ずしも現実に精神や肉体を活動させていることを要件としていない。したがって，使用者の命令があればいつでも作業ができる状態で待機している時間，手待時間は労働時間に含まれる ・始業前の準備，終業後の後始末時間も，使用者の指揮命令下に行われる限り同様である
所定労働時間	・就業規則等で定めた所定始業時刻から所定終業時刻までの時間のうち休憩時間を除いた時間をいう ・所定労働時間は，変形労働時間制による場合を除き法定労働時間の範囲内で定めなければならない
休憩時間	・拘束時間中ではあるが，勤務から解放され，労働しないことが保障されている時間をいう

（資料）　労働省労働基準局監督課監修『人事・労務担当者のやさしい労務管理』労働基準調査会，1999年を参照し作図，作表。

くあり，法規制の重みが増しています。図表9は，日本の労働基準法における労働時間にかかわる用語を説明したものです。

人間の生理的・心理的特性

1日8時間労働がもっとも効率的な労働時間であるとしても，それは一般論でのことです。人間には機械と異なる生理的・心理的な限界があります。たとえば鉱山における採掘などの重筋労働，精密検査などの注意力を極度に集中する作業，OA機器のVDT（Visual Display Terminal）作業など一部位を集中的に使用する作業，身体的に有害な作業環境下での作業などでは，小休憩を挿入して一連続作業時間を短縮したり，1日の労働時間そのものを短縮しませんと，労働者にストレスや疲労が蓄積される結果，過労状態が進み，職業病や労働災害発生の可能性が極度に高まっていきます。

このように労働時間管理の最適化のためには，1日8時間労働が一般的には適切であるにしても，仕事の性質や労働の強度，労働者の生理的・心理的・衛生的な特性を十分配慮し，労働能率と労働災害・過労・疾病防止などの観点から労働時間の長さだけでなく，休憩時間の設定など労働時間の適切な配置も行っていく必要があるのです。

労働者欲求の高度化

労働者は企業内では生産要素の1つとして経済的な存在ですが，企業を離れた家族や地域社会の中では自らの生活を享受する人間的存在です。とくに第2次大戦後，高度成長経済を背景として人々の生活・教育水準が向上していくのにしたがって，賃金上昇による収入の増大よりも精神的なゆとりとしての「余暇の増大」に対する選好が強まっていきました。仕事生活と家庭生活のバランスを考え，トータルな「労働生活の質」（QWL：Quality of Working Life）を高める基礎として，労働時間短縮を強く要求するようになるのです。

一般的に労働時間短縮の動きは，欧米諸国では週当たり労働時間の短縮，年間労働時間の短縮，生涯労働時間の短縮の流れで，相互に補完しあいながら進

んできました。つまり1日の労働時間が10～12時間といった長時間であったものが8時間程度になると，週休2日制の普及と絡めて週40時間制をめざして週当たりの時短に力が注がれていき，週5日40時間に近づくと，有給休暇の増大によって年間の労働時間の短縮が進められ，さらには早期退職による生涯にわたる労働時間の短縮を実現する要求が強まってきます。

このため今日の労働時間管理では，日常的な生産活動における適切な労働時間運用の仕組みだけでなく，トータルな労働時間短縮といった観点からの年間労働時間や生涯労働時間のあり方も重要な論点になってきています。具体的には，有給休暇制度の拡充，疾病有給休暇・教育有給休暇などの充実，早期退職制度などが議論の対象になっていきます。

他方，労働時間短縮の問題は，労働者の仕事生活と家庭生活の適切なバランス，すなわち「ワーク・ライフ・バランス」(WLB：Work Life Balance) 達成のためばかりではなく，若年者，高齢者，女性といった多様な労働者の雇用と就労の改善をはかる「ワーク・シェアリング」(work sharing) のための有効な手立てとしても議論されています。

企業活動や仕事内容の個別事情

労働時間の長さや配置の問題には一律的な解答はなく，企業活動の実態を考慮し，その上で経済効率的な労働時間の長さや配置を設定することも必要です。たとえば膨大な設備投資を必要とする装置産業などでは，操業度を高めて投資設備の減価償却を早めるために，24時間操業の交替勤務制の導入が普通です。またサービス業における営業時間の管理では，顧客のニーズにあわせた営業時間の設定や業務の繁閑にあわせたムダの少ない人員配置が労働時間の効率的な利用になります。さらに企画・調査・研究開発など集中力や創造的な発想を必要とし，労働時間の長さだけでは有効な成果が期待できないような職種には，労働時間管理の自己裁量の程度を高めることも必要とされています。

こうした企業活動や仕事内容の実態に即した効果的な労働時間管理の方向性を示し，また働く労働者の個人的な期待も充足することができる労働時間管理

の仕組みを表すキーワードが「労働時間の柔軟化」です。すなわち，企業にとっては労働時間活用のムダを省くことで「時間生産性」の向上が期待でき，また従業員にとっては，時短促進やゆとりのある生活パターンの確保が期待できるとするものです。

以上のように，適正な労働時間管理の仕組みを工夫する場合には，法規，人間の生理的・心理的特性，社会的な動向，企業個別的な条件を総合的に勘案しつつ対処することが必要です。今日の日本における労働時間管理が抱えるもっとも大きな課題は，仕事生活と家庭生活の調和をめざすべき先進経済国としては貧弱な「労働時間短縮」をさらに積極的に進める一方，グローバルな企業競争が激化する中で労働生産性（時間生産性）の向上を通じて企業の競争力強化をはかる「労働時間の柔軟化」を推進することにあるといえるでしょう。

2 労働時間短縮への取り組み

政府の取り組み

日本における労働時間短縮への関心が急速に高まった契機は，欧米諸国からの長時間労働批判にあります。とくに1970年代後半以降，日本は洪水的な製品輸出によって貿易摩擦を引き起こし，自国産業の衰退と失業者の増大から欧米諸国は日本の長時間労働による価格競争力を強く批判し，日本人は生産至上主義の「エコノミック・アニマル」と揶揄されました。

その当時の日本の年間総実労働時間は，アメリカ・イギリスを200時間，ドイツ・フランスを500時間以上も上回り，先進工業国として唯一2000時間台にある実態が浮き彫りにされました（図表10を参照）。また国内的には，過酷な長時間労働による働き過ぎが原因とされる「過労死」や統計上には現れない隠された残業としての「サービス残業」も社会問題化していき，労働時間短縮に対する国民的な関心がいっきょに高まっていきます。そして労働組合も，労働時間短縮を積極的に闘争方針の中に組み入れるようになっていくのです。

図表10　1980年代の年間総実労働時間の国際比較

(単位：時間)

年	日本	アメリカ	イギリス	ドイツ	フランス
1981	2146	1888	1910	1656	1717
1982	2136	1851	—	—	—
1983	2152	1908	—	—	—
1984	2179	1937	1947	1671	1647
1985	2168	1929	1952	1659	1643
1986	2150(212)	1930(177)	1938(161)	1655(83)	1643(−)
1987	2168(224)	1940(192)	1947(177)	1642(78)	1645(−)
1988	2189(253)	1962(203)	1961(187)	1642(83)	1647(−)
1989	2159(254)	1957(198)	1989(187)	1638(94)	1646(−)
1990	2124(219)	1948(192)	1953(187)	1598(99)	1683(−)

(注) 1　数値は製造業・生産労働者の場合。(　)内は所定外労働時間。
　　 2　フランスの所定外労働時間は不明。
(資料)　日本生産性本部『93年版活用労働統計』日本生産性本部，1993年。

　欧米の先進諸国と比べて日本の労働時間が長い原因は，主として
　①週休2日制の普及の遅れによる労働日数の多さ
　②終身雇用慣行を背景とする所定外労働時間（残業時間）の多さ
　③消化率50～60％という年次有給休暇取得率の低さ
といった3つの点にありました。
　そこで政府は，諸外国から高まる膨大な貿易黒字削減要求と長時間労働批判を踏まえ，「年間総労働時間1人平均1800時間達成」の目標を掲げ，その具体的な推進策として「週5日40時間労働制の促進」「残業の削減」「年次有給休暇の完全消化の促進」「連休制の実施促進」などを提唱していきます。そしてこの目標実現を促進するために，
　①週休完全2日制の促進をはかるために週労働時間を48時間から40時間に法

定化

②労働時間の弾力化をはかり，残業削減にも効果のある各種の「変形労働時間制」の拡充や「裁量労働制」の新設

③１年間継続勤務者に対する年次有給休暇の最低付与日数の６日から10日への引き上げ

といった内容をもつ労働基準法の大幅な改正を1987年に行い，さらに1992年には「生活大国５か年計画」にもとづき，労働時間の短縮の促進に関する臨時的な措置として「時短促進法」（2006年３月まで）を制定し，国民的課題となった時短に対する積極的な対応を示していくのです。

産業界の取り組み

1980年代後半以降の労働時間短縮に対する労働組合を含めた国民的関心の高まりに応じて，産業界における時短への取り組みも本格化しました。政府が目標に掲げた「年間1800時間」は，１日の労働時間を８時間として，週休２日と祝日，年次有給休暇が完全に取得され，残業がほとんどない状態で達成される労働時間です。そのため産業界では，

①週所定労働時間を国際並みの40時間に近づける。

②完全週休２日制の導入を進める（週休日の増加）。

③有給休暇付与日数，週休日以外の休日を増やす。

④有給休暇の完全消化を促進する。

⑤所定外労働時間の削減を進める

といった方策を組み合わせ，総合的に時短努力を行ってきました。

その結果，完全週休２日制の漸進的な普及や休日数の増加により，たとえば改正労働基準法が施行された1987年には1944時間だったものが1996年には1825時間といったように，「年間所定労働時間」は着実に短縮されてきます。また実際に働いた労働時間である「年間総実労働時間」を見てみると，1987年の2168時間に対して1996年は1993時間という結果になっています。

こうした状況を見ると，政府が掲げる年間総実労働時間1800時間の目標達成

には遠くおよばず、目立って労働時間の短縮が進んだと評価することはできません。そのもっとも大きな理由は、恒常的な残業を前提としながら、景気変動による生産調整としての労働投入量の調整を、人員の増減ではなく労働時間の調整で行うきわめて日本的な企業行動にあります。好況で仕事量が増えると従業員の残業時間を増やし、不況で仕事量が減ると労働時間を減らすという生産調整の仕方です。好況期に新規雇用した従業員を不況期に容易に解雇することができない終身雇用慣行があるために、企業としては限界的な要員数で対応する必要があったのです。

　時短を進みにくくさせているもう1つの大きな要因は、年次有給休暇の消化率が依然として50％台という低さにあることです。その大きな理由は、個人の職務内容が確定されず、柔軟な職務割当てにもとづくチームワーク重視の労働慣行を背景に、「忙しくて休めない」「休むと職場の仲間に迷惑をかける」「休むと人事考課で不利な扱いを受ける」といったことにあります。また有給休暇に対する考え方として、欧米諸国では年休は労働者の基本的権利であり、完全消化が当然であるとされるのに対し、日本では企業があたえる一種の「恩恵」と考える意識が強く残っているとされ、年休を取得することに後ろめたさを感じる者も多いといわれています。

　これを要するに、「恒常的な残業を組み込んだ限界的な要員数」「柔軟な職務割当やチームワークによる仕事の進め方」「態度評価のウェイトが高い人事考課制度」などが、いわば終身雇用を基礎にした「休みにくい構造」を作り上げてきたといってよいでしょう。

時短の今日的状況

　バブル不況を乗り越えた今日、日本の労働時間を公式に説明する際に使用される厚生労働省『毎月勤労統計調査』によれば、今日、年間総実労働時間は1800時間を下回っており、労働者全般で見ると、年間平均の総実労働時間は着実に減っていることは事実です。

　しかしこの数値は、時短が進んだ結果ではなく、バブル経済崩壊以降の人件

費削減のために正規雇用者が減らされ，パート・アルバイト・派遣など非正規の短時間労働者の雇用増大が進んだことによるものです。正社員に限った場合の年間総実労働時間は依然として2000時間を超えており，とくに男性の20歳代後半から40歳代前半にかけての働き盛りの長時間労働者の比率が増加しています。このため労働時間についても，長時間労働の正社員，短時間労働の非正社員といった「労働時間分布の長短二極化」が進行しています。

　こうした正社員に関して労働時間短縮が進まず，長時間労働化が持続している原因として，

　①経済活動のグローバル化が進み，中国をはじめとする新興工業発展国との競争が激化し，賃金引下げと労働時間増大の圧力にさらされている。
　②情報通信技術は勤務形態の柔軟化を促すとともに，仕事がどこまでも追いかけてくる状況を作り出している。
　③利便性とスピードを志向する消費社会の進展は，労働者を昼夜の区別なく忙しく働くよう圧力を高めている。
　④非正規雇用の増加により，絞り込まれた正社員の責任と仕事量が増大し，その処理のために長時間労働が増えている。
　⑤株価至上主義の進展で，短期の利益追求からコスト削減のためのリストラが進められ，個人の仕事量が増え労働時間が長くなっている。
　⑥成果主義処遇の拡がりで，企業業績アップに短期で結びつく成果を達成できるまで頑張って働かざるをえない状況が強化されている

といったことが指摘されています。すなわち，バブル崩壊後の長い不況の中でアメリカ的な市場主義・新自由主義の考え方にもとづく構造改革・規制緩和・民営化・成果主義などの名の下で進められてきた短期的利益追求の「コスト削減中心経営」への志向が，労働者の働く環境をより厳しいものにしているということができるのです。

　こうした労働時間の長時間化の圧力がますます高まる中で，さらにその状況を深刻化させているのが「サービス残業」の存在であり，それが近年増加する傾向にあることです。働いた労働時間に対して賃金が支払われない「不払い労

働時間」であるとともに，統計に現れてこない長時間労働の働き過ぎの実態を映し出しています。

現在，日本の労働者の労働時間を把握する統計資料には2つの源があります。その1つは，全国の事業所が報告する賃金を支払った労働時間をまとめた厚生労働省の「毎月勤労統計調査」であり，もう1つは労働者個々人の実際の労働時間を収集した総務省の「労働力調査」です。この2つの調査数値を比較すると，無視できない大きな差が存在し，厳密ではありませんが，その差がサービス残業時間とされます。かつては「毎月勤労統計調査」の数値を1.1倍しないと「労働力調査」の労働時間にならないといわれており，200時間ほどがサービス残業時間とされてきました。

しかし近年では，さらにその深刻度が増しています。たとえば労働政策研究・研修機構の調査（2005年）は，全体的に労働力調査と毎月勤労統計調査の労働時間格差が拡大傾向にあり，業種に差はあるものの年間400〜600時間になっていると報告しています。こうしたサービス残業は，図表11に示す長時間労働と不払い労働時間の関係にあって，①残業代は一切支払っていない，あるいはその一部しか支払っていない，②残業時間に上限を設け，それ以上残業が超過しても残業代を支払わない，③残業時間を自己申告とし，本来の残業時間を把握せず申請のあった分しか支払わない，④実際の残業時間にかかわらず，残業代は毎月固定している，⑤労働基準法上の管理職でないにもかかわらず，残業代を支払わず管理職手当のみ支払っている，といった形で現れています。

いっこうに改善しない長時間労働や過労死・過労自殺問題に対し，厚生労働省も手をこまねいていたわけではありません。たとえば，①月間45時間，年間360時間を時間外労働の上限とする告知（1998年），②労働時間の適正な把握のために使用者が講ずべき措置の通達（2001年），③月間80時間の残業を過労死ラインとする認定基準の通達（2001年），④専門業務型裁量労働制従事者に対する健康・福祉確保措置を指導する改正労働基準法の施行（2004年），⑤月間60時間を超える部分の残業時間に対し50パーセント以上の割増賃金の支払いを命ずる改正労働基準法の施行（2010年），⑥長時間労働の抑制や過労死の撲滅をねらい

図表11 長労働時間と不払い労働時間の関係概念

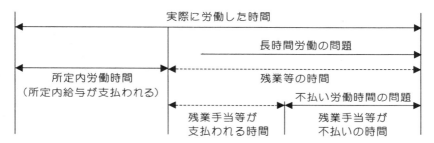

（資料）　労働政策研究・研修機構『日本の長労働時間・不払い労働時間の実態と実証分析』2005年を参照。

とする「過労死等防止対策推進法」の施行（2014年），⑦労働局（東京，大阪）における違法な長時間労働を取り締まる「過重労働撲滅特別対策班」の設置（2015年），などを通じ，長時間労働の抑制・削減と労働者の健康確保やワーク・ライフ・バランスの改善をはかる法的・行政的な指導を強化していることも事実です。しかし従業員のワーク・ライフ・バランスに熱心な一部の先進的企業の取り組みを除き，全般的に見れば産業界にその実効が上がっていないのが実態です。

　長時間労働が常態化しているとはいえ，時短に真剣に取り組んでいる企業があるのも事実です。先の労働政策研究・研修機構の調査では，①ノー残業デーの実施，②退勤時刻の際の終業の呼びかけ，③長時間労働の者やその上司への注意・助言，④長時間労働やストレスに関するカウンセリング，といった施策を行っている企業では，それらを行っていない企業に比して不払い労働時間が短いという結果が出ており，こうした意識的な取り組みが多少なりとも効果をあげていることがわかります。また最近では，「ノー残業デー」を週に複数日設定するとか，「午後8時以降の残業を原則的に禁止する」など，強制的な残業時間削減の取り組みが目立ってきているようにも思えます。

3　労働時間の柔軟化

　残業の多さが労働時間短縮の最大のネックであるとするならば，いかに残業時間を削減するかが最大のポイントになります。そこには大きく2つのアプローチがあります。その1つは「業務改革アプローチ」といえるもので，要するに多過ぎる仕事を見直し，ムダな仕事や不要な仕事をなくしたり，あるいはOA機器で代替できるものは積極的に替えていくなど，従業員1人当りの仕事量の軽減化と業務遂行の効率化をはかっていくことにあります。このアプローチは，製造現場におけるQC活動の手法を事務・管理職場に応用することで，業務改善提案活動の形をとることができるものです。図表12は，労働（時間）生産性の向上をはかる施策を小売業と製造業の場合で見たものです。

　もう1つのアプローチは就労形態にかかわる制度的なもので，労働時間の配置の自由化・柔軟化を通じて労働時間の効率的な利用を実現し，結果的に残業をなくすことで時短の促進をはかるとするものです。労働時間配置の自由化・柔軟化策として「変形労働時間制」「フレックスタイム制」「裁量労働制」の3つを指摘することができます。

変形労働時間制

　変形労働時間制とは，特定の季節や月，あるいは週や日によって繁閑の差が大きい事業や仕事の場合，一定期間を平均したときに1週間の労働時間が法定労働時間を超えないことを条件として，特定の日において8時間，また特定の週において40時間を超えて労働させることができる制度です。具体的には1週間単位・1ヶ月単位・1年単位の3つの制度があり，それぞれ法律によって導入するための条件と手続きが細かく定められています。

　この制度は，従業員にとっては残業の削減，経営側にとっては人件費（残業時間に対する賃金支払い）の削減というメリットをもたらします。つまりこの制度は仕事の繁閑に合わせ，仕事が忙しい時は法定労働時間を超えて働き，仕事

図表12　生産性向上の具体策

小売業の場合	製造業の場合
①補充発注・物流作業・事務作業などの改善による投入労働時間の削減	①ＯＡ化・ＦＡ化などの省力化投資による投入労働時間の削減
②短時間勤務従業員の増加による時間当り投入コストの削減	②工程改善・機器改善・整理整頓などによる空き時間の削減
③客待ち時間の有効活用などによる労働時間の効率利用	③業務の外部化，雇用・就業形態の多様化などによる業務の効率化
④作業環境改善・情報機器の活用などによる投入労働時間の削減	④営業部門等の就業時間帯，要員配置の見直しによる投入労働時間の効率化
⑤管理職の指揮能力・マネジメント能力の向上による投入労働時間の削減	⑤管理職の指揮能力・マネジメント能力の向上による投入労働時間の削減
⑥作業分担・作業時間帯の見直しによる投入労働時間の削減	⑥部門間・担当者間の役割分担進捗管理の改善による投入労働時間の削減
⑦本部と店舗の役割機能分担の改善による店舗業務の効率化	

（資料）『週刊エコノミスト』1991年12月16日号を参照。

が閑な時は法定労働時間よりも短く働き，トータルして平均で見ると，法定労働時間（1日8時間，週40時間）の枠に納まっているとするものです。

　1週間単位の変形労働時間制の適用は，常時使用する労働者が30人未満の小売業・旅館・料理店・飲食店に限定されているものですが，旅行シーズンや年末・年始だけ忙しくなるホテル・旅館業などで利用価値のある制度です。また1ヶ月単位の変形労働時間制は，繁忙期が月末に集中するなど，月内の一定時期，一定の曜日に業務が集中する企業などで活用されています。1年単位の変形労働時間制は，季節によって売り上げに大きな幅がある季節商品を製造する事業所や，中元・歳暮シーズンが忙しいデパートなどで活用されています。

図表13 フレックスタイム制と変形労働時間制のイメージ

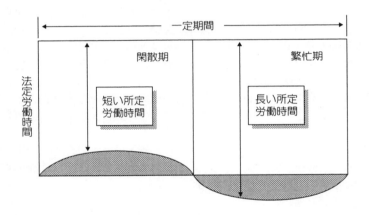

フレックスタイム制

　フレックスタイム制 (flexible work-time system) は変形労働時間制の1つの形態ですが，1日の就業時間の開始と終了を従業員の自己判断にもとづいて自由に決定させる制度です。一般的には，従業員が必ず勤務していなければならない時間帯（コアタイム）と従業員がその自由裁量で勤務する時間帯（フレキシブルタイム）を設けて運用されています。

　この制度の従業員にとってのメリットは，保育所への子供の送り迎え・専門学校への通学・ちょっとした私用の処理・通勤ラッシュの回避など，個人的な生活事情に応じた働き方を可能とさせるために，仕事と生活の調和がはかりやすくなることにあります。また企業側にとっては，従業員の労働時間の効率的

な利用に対する意識を高めさせる結果，労働時間の浪費の減少・残業の削減・早退や遅刻の解消といった「時間生産性」の向上をもたらすメリットがあるとされています。図表13は，フレックスタイム制と変形労働時間制のイメージを示すものです。

裁量労働制

　裁量労働制（discretionary work system）は「みなし労働時間制」の1つの形態です。みなし労働時間制とは，企業側の具体的な指揮・監督がおよばず，実労働時間を正確に把握することが困難であるとの理由から，業務の遂行方法や時間の使い方を従業員個人の裁量に任せた方がよいとする職種に対して「一定の時間を労働した」とみなす労働時間算定を行う制度のことです。このみなし労働時間制としての裁量労働制には，

①研究開発，情報処理システムの分析と設計，取材・編集，デザイナー，プロデューサー・ディレクターなど19業務を対象とする「専門業務型裁量労働制」

②事業の運営上，重要な決定が行われる企業の本社などで企画・立案・調査および分析の業務を行う従業員を対象とする「企画業務型裁量労働制」

の2つの種類があります。なお現在（2015年10月），後者の企画業務型では，新たに課題解決型営業（ソリューション・ビジネス）や全社的な品質管理計画を担う者を含めることが検討されています。

　こうした裁量労働制は，実際に働いた時間とは異なり，前もって決められた時間数労働したとする「みなし労働時間制」として運用されます。しかし対象者は，管理職のように労働時間規制の適用除外労働者ではないために，時間外労働などの法規制の適用があり，みなし労働時間数が法定労働時間を超える場合や休日出勤や深夜勤務を行う場合には割り増し賃金の支払いが必要になります。実際の企業の中には，月次所定労働時間に加え，たとえば月20時間残業するとみなし，月次給与にその残業代分を裁量労働手当として加えて支給するという形をとっているところもあります。

しかし現在，従来型の裁量労働制に代わる新たな裁量労働制として，①年収1075万以上，②仕事の範囲が明確な専門職（金融商品の開発・ディーラー，アナリスト，コンサルタント，研究開発など），を対象として，残業代や深夜・休日手当が一切出ない「残業代ゼロ制度」とも揶揄される「高度プロフェッショナル制度」なるものが，労働基準法の改正を通じて導入することが検討されています。審議未了・時間切れということで2015年の国会審議では廃案になりましたが，現在の政治情勢からすれば，改めて上程される可能性が高いものです。

　一般的にこうした自己管理型労働時間制度では，仕事の成果を問う成果主義人事評価がともなうのが普通であり，従業員は課せられた目標達成のためにはサービス残業もいとわない働き方を余儀なくされます。このため労働界からは，労働時間の歯止めがなくなり，長時間労働をさらに助長するといった批判が出ています。実際，労働政策研究・研修機構の調査（2014年）は，現行の「裁量労働制下で働いている者の労働時間は通常の労働時間で働いている者よりも長い」と報告しています。また，同制度の歴史が長いアメリカの「ホワイトカラー・エグゼンプション制度」（white-collar exemption）の場合でも，この制度の対象者の労働時間は対象外の労働者より長くなる傾向にあり，本来もらうべき残業代の支払いを求める集団訴訟が相次いで起きているといわれています（『朝日新聞』2015年2月14日）。

　現在の労働基準法は，週15時間，月45時間，年360時間の残業を上限とするものの罰則の定めがないために，労使が協定を結べば事実上無制限の残業が許されています。そのため実際の企業の「36協定」には，年間1000時間前後もの延長時間を認めている例も少なくないといわれています。労働時間管理にかかわるこうした企業風土や慣行が一般的で，違法なサービス残業が横行し，しかも実効ある残業規制もない現行日本の企業で，こうした制度の導入が労働者の働き方にメリットをもたらすとは考えられません。

　将来的に産業構造の高度化，経済のサービス・ソフト化，技術革新がさらに進み，高度の専門性を必要とする職種や非定型的な業務が増加していくために，時間的・場所的な拘束を必要としない自律的な業務遂行が多くなっていくとい

う意味で,こうした「自由な働き方」の必要性を認めることはできます。しかしその前提として,働く時間を意識させ,明確な歯止めをかける仕組みの導入とともに,従業員個々人に課せられる仕事量や達成目標が無限定に拡がっていく現行の職務割当の仕組みの改善がなければ,労働負荷の無限定な増大を止めることは困難です。また,こうした自己管理型労働時間制度の要諦は,知的労働成果の質的向上を通じて企業競争力の強化をはかることにあるのであって,決して知的労働過程における労働密度の強化や,人件費(残業代)削減による相対的な知的生産性の向上をめざすものではないはずなのです。

ワーク・ライフ・バランスへの取り組み

世界の動き

近年,欧米諸国を中心に,労働時間の短縮や休暇制度の充実を通じて「仕事と生活の両立」ないし「仕事と生活の調和」を実現する取り組みへの関心が高まっています。「ワーク・ライフ・バランス」(WLB) と呼ばれるこの運動は,とくに1980年代以降,女性の社会進出,共稼ぎ世帯やひとり親家庭などの家族形態の多様化,男女労働者の価値意識の変化,人口の少子高齢化などを背景に,子育てや介護に直面した女性労働者に対し,「ファミリーフレンドリー」(family-friendly:家庭に優しい) な就業環境の整備を通じて「仕事と家庭のバランス」を実現し,その就業継続を支援する取り組みとして始まり,その後1990年代になって,より広範囲の男女労働者を対象にした「職業生活と私生活のバランス」を実現するための取り組みとして今日に至っているものです。なお,ワーク・ライフ・バランスという用語は,1990年代のアメリカで生まれたものといわれています。

しかし,同じ問題意識をもつものとはいえ,その具体的な取り組みは各国によって異なっています。大きく分けると2つのアプローチがあります。その1つは,公共政策として国・地方自治体が中心となってワーク・ライフ・バラン

スのためのサービスに取り組んでいるヨーロッパ型で，たとえば北欧諸国の場合，男女を対象とした「両立支援策（保育サービス，育児休業制度など）」と充実した「長期休暇制度」が特徴的であり，またフランスの場合は，家族に対する手厚い「経済的支援」と「働く母親へのサービス提供」に力を入れています。

もう1つは，企業経営上のメリットという観点から企業主導で取り組みが進められているアメリカ型のアプローチです。伝統的に「家庭は個人の領域」という考え方が強く，公共サービス水準の低いアメリカでは，「結婚・育児のために優秀な人材が辞めてしまうことは企業にとってマイナスになる」という考え方から，先進的な企業を中心に1980年代以降，ワーキング・マザーを対象とした育児支援を中心に「ファミリーフレンドリー施策」を整備するようになりました。そしてその後1990年代には，広く従業員一般を対象に，正社員の働き方に柔軟性をもたせる「フレキシブル・ワーク（フレックス・タイム，ジョブ・シェアリング，在宅勤務など）」をワーク・ライフ・バランス施策の中核に置き，保育・介護サポート，教育サポート，従業員支援プログラム，休暇制度といったプログラムを導入するようになってきました。

企業がこうしたワーク・ライフ・バランス施策に関心を示すのは，やりがいのある仕事と充実した生活を調和させることができれば，より優秀な人材を確保でき，生産性や業績，顧客の満足度，さらには社員のモラールの向上につながると考えているからといわれています。

日本の動き

こうした世界の動きから見ると，日本は10年遅れの動きを示しています。1986年の男女雇用機会均等法の施行以降，日本でも着実に女性の職場進出が進みました。しかし男性中心の働き方の中に，結婚・出産・育児を理由に退職する女性も数多くおり，仕事と育児の両立が困難な状況が一般的でした。このため1991年に育児休業法（1995年，育児・介護休業法に改正）が制定され，企業に対して育児休業制度や介護休業制度の設置を義務づけていきます。

一方，女性が仕事を続けていくには，未婚であること，あるいは既婚でも子

どもをもたないことが現実的な要件になっていったこともあり，全般的に女性の晩婚化・非婚化も進んでいます。この結果，出生率の長期的な低下傾向が生じており，今日では少子化が大きな社会問題にまでなっています。

他方，企業内に目を向けると，

①男性は恒常的な長時間労働のために，育児などの家庭責任がまったくとれない状況にある。

②均等法が施行されたとはいえ，コース別雇用制度の導入に見るように，企業内における賃金や昇進などの面で男女格差が相変わらず続いている

といったこともあり，政府は，少子高齢化の進展，家族形態の多様化，地域社会の変化など，社会経済情勢の急速な変化に対応していくためには，性別にかかわりなくその個性と能力を十分に発揮できる「男女共同参画社会」の実現がもとめられるとして，男女共同参画社会基本法を1999年に制定し，2000年には男女共同参画基本計画を閣議決定していきます。そして，その具体的な取り組みの1つとして「次世代育成支援対策推進法」（通称次世代育成法）を2003年に制定し，次の世代を担う子どもの育成を社会全体で支援するための国，地方公共団体，事業主等が担う責務を定めていきます。

次世代育成法（2005年施行）では，事業主は次世代育成支援対策として多様な労働条件の整備など，仕事と家庭の両立ができるような雇用環境の整備を行うよう努める「一般事業主行動計画」を策定し，その旨を記載した届出書を都道府県労働局に提出することが義務づけられています。労働者の仕事と家庭の両立をめざす雇用環境の整備のための行動計画に盛り込まれる取り組みは，

①子育てを行う労働者等の仕事と家庭の両立を支援するために必要な雇用環境の整備

②働き方の見直しに資する多様な労働条件の整備

の2つが大きな課題とされ，具体的には図表14に示すようなものです。

ここでは，女性だけでなく男性をも対象とした育児支援の取り組みや，これまでの男性の長時間労働の克服といった働き方の根本的な見直しをも視野に入れた総合的な改革をめざしていますが，なお女性の育児支援に重きを置いてい

図表14　仕事と家庭の両立のための行動計画

取り組み	具体的な行動施策
主に育児をしている労働者を対象とする取り組み	①子どもの出生時における父親の休暇取得の促進 ②育児・介護休業法の規定を上回る育児休業制度の実施 ③育児休業期間中の代替要員の確保や育児休業中の労働者の職業能力の開発・向上など育児休業を取得しやすく職場復帰しやすい環境の整備 ④短時間勤務制度の実施など労働者が子育てのための時間を確保できるようにするための措置の実施 ⑤育児等を理由に退職した者についての再雇用特別措置などの実施
主に育児をしていない労働者を対象とする取り組み	①ノー残業デー等の導入・拡充等による所定外労働削減のための措置の実施 ②年次有給休暇取得の促進のための措置の実施 ③職場優先や固定的な性別役割分担等の企業風土を是正するのための情報提供・研修の実施

（資料）　http://www.work2.pref.hiroshima.jp を参照し作表（2007年12月）。

るといった感は否めません。しかし何より先に日本で取り組まなければならないことは，男性社員の長時間労働の克服です。同時に男性社員の家事・育児参加の促進です。たとえば共働き家庭で育児や家事に充てる時間は妻が5時間，夫は1時間未満であり，また男性の育児休業取得率は2％未満で，しかもその取得期間も1ヶ月未満が大半といった現状です。柔軟な働き方と長期休暇を通じて職業生活と私生活の双方を享受できる社会作りを追求する欧州諸国と比較すると，そこには大きな開きがあるようです。

　政府は，希望出生率1.8の目標を掲げ（現状は1.4前後），次世代育成法の取り組みを拡充した内容をもつ「女性活躍推進法」を2016年4月から施行させています。しかしその法的効果は未知数といったところです。

LECTURE 8

賃 金 管 理

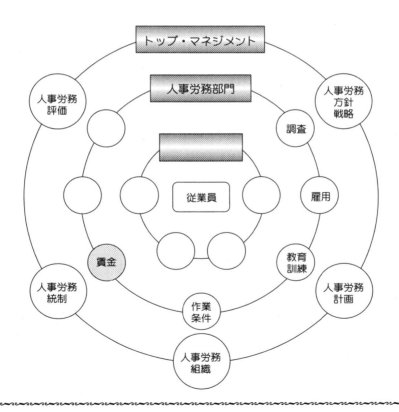

I 賃金管理とは何か

労働基準法は「賃金とは，賃金，給料，手当，賞与その他名称の如何を問わず，労働の対償として使用者が労働者に支払うすべてのものをいう」(第11条)と賃金の範囲を規定しています。しかしそうした法的な根拠はともかく，労使にとって賃金のもつ意味は大きく異なります。すなわち，賃金は企業側にとってコストであり，労働者側にとっては生活の糧なのです。

1 賃金の意味

労使にとっての賃金の意味

企業の本質的な活動の1つの局面は，労働市場から労働力を調達し，それを生産活動に結びつけていくことにあります。その際，企業はその労働の対価として賃金を支払います。こうした企業の経済活動の面から賃金を理解していくと，賃金とは「雇用した労働者の労働サービスに対する現金給与」を意味しており，財やサービスを生産するために必要な費用として労働費用を構成するものになります。そして図表1に示すように，この現金給与は，労働者を正規雇用することによって生じる労働費用(人件費，労務費ともいわれる)総額の非常に大きな割合(80%前後)を占めています。企業が利潤の極大化を実現していくためには，この労働費用全体をできるかぎり低く抑えていく必要があり，それゆえ労働費用の大半を占める賃金は，企業にとってできるかぎり低い方が望ましいということになります。

一方，労働力の提供者であり労働の具体的な担い手となる労働者にとって賃金は，唯一の生活の糧になるものであり，労働者本人の労働力の再生産ばかりでなく，その家族の生活を支えるために必要不可欠なものです。また労働者は，

LECTURE 8　賃金管理

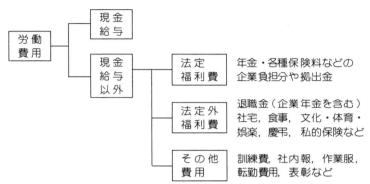

図表1　労働費用の構成

（資料）　厚生労働省「就労条件総合調査」を参照し簡略化して表記。

　企業から見れば生産活動に必要な要素，すなわち労働力としての経済的な存在ですが，同時に人間として，健康的で文化的な生活を営む権利をもつ「人間的な存在」でもあります。人はただ「働くために生きる（we live to work）」のではなく，人間として「生きるために働く（we work to live）」のであり，そのためには賃金はできるかぎり高い方が望ましいのです。労使の団体交渉で，基本的な労働条件として賃上げがもっとも重要な交渉事項となる現実は，労働者の経済的な生活水準の維持・向上をはかる唯一の手段として賃金をとらえているからにほかありません。

　このように賃金をめぐる労使の利害関係はまったく相反しているために，実際の賃金額の決定には労使の力関係が大きく作用しています。資本主義経済の初期段階で広く見られた「長時間労働」「低賃金」「劣悪な作業場環境」といった過酷な労働条件下での労働は，企業（資本家）の力が圧倒的に強かった「原生的労働関係」の下に直裁的に利潤極大化をはかる企業の本質的部分があからさまに現れた局面でした。

　しかしその後，労働組合運動の発達，労働者の諸権利を擁護する労働者保護

諸法の制定など，企業行動を監視・制約する諸環境が整い，またとくに第2次大戦後の持続的な経済成長・発展の結果，社会保障制度の充実，労働者自身の経済的ゆとりの増大，多様な就業機会の増大などが生み出され，労働者の経済生活上の「安全ネット」(safety net) が補強されてきました。このため労働者の賃金に対する意識の変化が見られるようになってきます。

　労働が食べていくための手段であるならば，賃金の多寡が仕事を選択する場合の唯一の尺度となるために，人が賃金の安い仕事を選ぶことは考えられません。しかし今日，現実には賃金の多寡よりも「働きがい」「やりがい」「自己成長」など，仕事そのものから得られる精神的な充足に価値をおく職業選択行動が成長しています。一国経済の発展段階が高まるのに応じて，国民の欲求構造上，物質的な経済欲求充足の比重が低下し，ゆとりや余暇，職務満足などの精神的欲求充足の期待感が増大していくということです。

　しかしそうはいっても，企業の業績不振や不況などによって賃金がダウンし，労働者の生活上，その経済的基盤が脅かされるようになると，あらためて賃金に対する要求が表面に出てきます。こうした意味で賃金は，労働者にとって考慮外に置くことのできない重要な要素であることには変わりありません。今日の日本では，収入格差による「労働貧困層」(working poor) が増大しています。このような人々にとっては，仕事の内容よりも賃金額の高さが最大の関心事になっているものと思われます。

賃金の決定要素

　現在多くの国々では，賃金取引上で弱い立場にある労働者を保護するために，最低基準賃金を法的に規制しています。日本では「すべて国民は健康で文化的な最低限度の生活を営む権利を有する」(第25条) と日本国憲法で宣言し，それを受けて労働基準法は「労働条件は労働者が人たるに値する生活を営むための必要を満たすものでなければならない」(第1条) と規定し，さらに最低賃金法は「使用者は最低賃金の適用を受ける労働者に対し，その最低賃金額以上の賃金を支払わなければならない」「最低賃金額に達しない賃金を定めるものはそ

の部分について無効とする」(第5条) と定めています。

　こうした法的規制は，社会的に見た賃金水準の下支えの役割をはたすことはできますが，労働者の生活向上に必要な賃上げ圧力としての効果は期待できません。今日の日本では，賃金額決定の主たる場面として「春闘」(spring fight) がありますが，その際企業は，企業別の労使交渉を通じ，「企業業績」「世間相場」「労使関係の安定」「労働力の確保・定着」「物価上昇」などを考慮しながら賃上げを判断していきます。

1　企業業績

　賃上げに対して企業がもっとも重視する要素であり，企業財務の健全性を阻害することのない「支払い能力」を意味している。実際に企業業績が良くなければ，「無い袖は振れない」として賃金は上げられない。逆に企業業績が良ければ，支払い能力が向上し，賃上げに耐えうる余力をもつことができるようになる。

2　世間相場

　日本社会の横並び体質の一局面ともいえるが，これまでは鉄鋼・電機・自動車といった産業がパターン・セッターとして相場作りに貢献してきた。そしてこれに自分の属する業界やライバル他社の動向を勘案し，政策的な配慮を加えて賃上げ額を決定していく。

3　労使関係の安定

　従業員モラールの維持をはかる経営政策的・政治的な配慮要因ということができる。たとえば賃上げが不十分な場合，従業員間に不満が拡まり，労働組合がなければ労働組合が作られたり，労働組合があれば争議に発展するリスクがある。こうした事態を避けるためには適正な賃上げが必要になる。交渉終結宣言としてよく出される「経営的には苦しいが，労使関係の安定のために今回の賃上げ要求をのむ」といった経営側のコメントは，安定的な生産協力体制を維持したいとする経営政策的な配慮といえる。

4　労働力の確保・定着

労働市場における労働力の需給関係によって左右される変動要因である。労働力需給がタイトな時期に従業員の新規採用を円滑に行うためには，魅力ある賃金水準を提示しなければならず，また現有従業員の離職を防止するためにも相応の賃金水準を維持する必要がある。一方，需給が緩んでいれば，賃上げへのインパクトは弱い。

5　消費者物価の上昇

労働者にとって賃金は自らの経済生活を維持・向上させる唯一の手段である。賃金が変わらずに消費者物価が上昇すれば，それだけ生活が苦しくなってしまう。そのため春闘では，前年の消費者物価の上昇分を補てんすると同時に，生活向上分をプラスした賃上げ要求となって現れる。一方デフレなどの状況下では，賃上げ要求の理由にはなりにくい。

企業における実際の賃上げ額が上記の1つの要素だけで決まるということはありません。しかし今日では，グローバルな企業競争の激化の中，コスト中心経営が一般化しており，コスト増要因となる賃上げをめぐる環境はかなりシビアな状況になっています。それゆえ企業の賃上げに対する姿勢は，同業他社の事情や世間相場とは関係なく，「自社の支払い能力が基本であり，総額人件費をもとに判断する」とし，また従業員一律の底上げ的な賃上げを回避し，特定の年齢層の賃金改定を行う「賃金改善」を通じて個別的な対応をはかるとする姿勢を強めているといえます。

ただここで留意すべき点は，日本では企業別労使関係が一般化しており，団体交渉が企業別に行われ，交渉事項の決定権が個々の企業の裁量範囲内にあるという現実が，こうした企業行動を可能としていることです。欧米諸国では，とくにブルーカラー労働者の場合，産業別・職種別・地域別に組織された企業横断的な労働組合と関係使用者団体と交渉が行われていく結果，妥結・決定された賃上げ額は個々の企業の事情に左右されることはなく，一律的に適用されていきます。そのため日本の場合のように，賃金の大きな企業間格差といった

ものは生じにくい仕組みになっていますが，経営体力の弱い企業にとっては大きな負担となってしまいます。

一方，俸給が支給されるホワイトカラー職種の給与水準に関しては，労働組合との交渉によって決定されるケースは少なく，人事関係の調査会社やコンサルタント会社が行う各種の給与調査にもとづく給与情報が「社会的な相場」を作り上げていきます。転職がごく普通の社会で，企業が有能で優秀な従業員を調達すると同時に自社に引き止めておくためには，「他社に引けをとらない給与水準」（＝外部公正）を提示することが必要です。こうした企業間における給与額競争の繰り返しが労働市場を通じて社会的に横断的な給与水準を形成していくのです。

生産性向上と賃金

現実の賃金は，賃金のもつ性格や賃金にかかわる利害調整が関連しながら決定されるということができます。しかし労働者の労働力の再生産費として賃金の社会性を示す生計費要因と，企業の賃金支払い能力の基礎となり賃金の企業性を示す生産性要因の2つは，賃金に対する労使の基本的な要求と期待を示す部分としてもっとも重要な基準です。労働者側には「賃金はできるだけ高い方がいい」，企業側には「賃金はできるだけ低い方がいい」といった，表面的には相反する労使の要求・期待のように見えますが，実際にこれら労使の要求・期待を同時に実現できる経済的な基盤を確保することは可能です。

それは，賃金に対する理解の仕方にあります。企業にとって賃金とは，生産物1単位当りに占める「賃金コスト」であり，労働者にとっての賃金とは，実際に手にする「賃金総額」であるということです。企業にとって労働者の収入の増加となる支払い賃金の総額増があったとしても，それを生産物1単位当りの生産コストに換算し直し，その構成比率が増大していなければ，企業財務的には問題がないのです。すなわち図表2に示すように，労働の高い生産性が実現され，結果的に賃金コストが低下すれば，企業の価格競争力が高まるためにより高い利益を確保することが可能となり，労働者の要求する賃上げにも十分

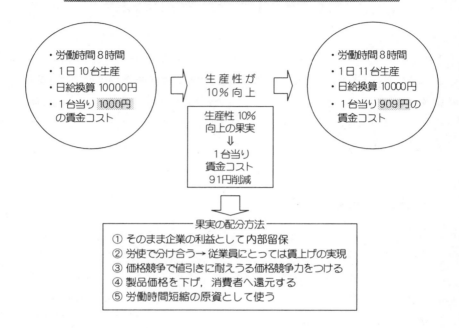

応えることができる経済的基盤を確保することができるのです。

　賃金の決定は労使の経済的利害がもろにぶつかり合う局面ですが，それを克服する「高生産性→低コスト→高利益→高賃金」といったよき循環が形成されることで，労使の Win-Win 構造，すなわち企業は成長・存続するための企業競争力を維持することができ，労働者はより豊かな経済的生活を享受できるようになれるという図式が描かれるのです。

2　賃金管理の意味

　アメリカで雇用労働における賃金支払い手続きが，たんなる「賃金支払い制度」（payment system）としてではなく，「賃金管理」（wage management）として

図表3　日本企業における賃金管理の内容

領域			基本的な課題
賃金管理	賃金額管理	総額賃金管理	・適正人件費と社会的賃金水準との調整
		個別賃金管理	・基礎年齢別の最低・標準賃金額の設定
	賃金制度管理	賃金体系管理	・賃金の構成項目とその算定方法の設定（基本給と手当の構成，基本給の算定方式の設定）
		賃金形態管理	・賃金の計算方式の設定（時給制，日給制，月給制，年俸制）
	特殊賃金管理	賞与管理	・賃金後払的要素と利潤分配的要素の充足と調整
		退職金管理	・賃金後払的要素と老後保障的要素の充足と調整（企業年金を含む）

（資料）　森五郎『労務管理』日本労働研究機構，1993年を参照し作表。

一般的に説明されるようになったのは，1940年代後半頃からといわれています。賃金のもつ多様な機能を総合的に考慮し，人事労務管理の一環として賃金関連手続きを運用していく必要性が生まれたためです。

　賃金管理の内容は，大きく2つに分けることができます。その1つは賃金を適正な水準に維持するための「賃金額の管理」であり，もう1つは賃金を公正に配分するための「賃金制度の管理」です。そして，この賃金水準のあり方と賃金を構成する諸要素やその個別配分基準のあり方によっては，人事労務管理の他の制度の機能的有効性に大きな影響がでてきます。たとえば，少なくとも世間一般並みの賃金水準を確保しなければ，優秀な人材の確保や定着が困難となり，雇用管理上の大きな障害となります。また職務能力や業績の向上を賃金に反映させる仕組みが不十分であれば，従業員の能力開発に対する関心や仕事

に対する労働意欲を減退させ，教育訓練・能力開発管理の意義を失わせる結果になります。さらに，個々の従業員に対する賃金配分の基準が不公平かつあいまいなものであれば，従業員の経営に対する不信感を募らせ，労使関係管理の機能を著しく阻害してしまいます。こうした意味で賃金管理は，広く多角的な機能をもつきわめて影響力の強い管理であることが理解できます。

それゆえ「賃金管理とは，企業が支払うべき賃金の額や制度のもつ経済的・心理的・社会的・倫理的等の機能を人事労務管理の目的達成に役立つように管理する一連の統一的な施策」と定義することができます。賃金管理の内容は大きく賃金額と賃金制度の管理の2つにありますが，その具体的な内容は賃金の多機能的な性格からさらに細かく分けることができます。また日本企業における賃金管理を見る場合，欧米企業と比較してきわめて高額になる賞与と退職金も賃金管理における「特殊賃金」の管理として考えていく必要があるでしょう。図表3は，日本企業の賃金慣行に則して賃金管理の内容領域をモデル化したものです。

賃金管理の内容

　賃金管理は，企業の利潤極大化の追求と労働者の賃金収入の向上といったせめぎ合いの中で展開されています。そしてそれは，まず企業の賃金水準を示す賃金額の管理として現れます。

1 賃金額の管理

　日本における賃金決定のもっとも大きな特徴は，同業他社の賃金水準・世間相場など，企業外の社会的な状況の影響を受けながらも，基本的には企業ごとに独自の判断で賃金水準の決定ができることです。欧米諸国では横断的で開放的な労働市場が成立しているために，職種ごとに賃金水準についての「社会的な相場」が形成されています。つまり欧米諸国では，賃金額ないし賃金水準の決定に対する個々の企業の統制力が弱く，企業外的・社会的に決定される傾向にあるといえます。

　これに対して日本では，企業内労働市場の機能が強く，企業ごとの経営判断にもとづき個別的に決定されるために，図表4で示すようにさまざまな局面で賃金水準の格差が大きく出てきます。「社会的な公正」(social justice)の実現や横断的な社会的労働市場の確立といった点では問題となる局面ですが，企業経営的には柔軟な対応が可能なきわめて効果的な慣行となっています。そのため日本における賃金管理の1つの特徴は，欧米企業と比べて賃金額に対する管理的関心が高いということにあります。

総額賃金の管理

　日本の企業にとって直接的に関心の強い意思決定領域は，「企業財務の面からどれだけの賃金総額を支払うことができるか」「企業の支払い能力から見て

図表4　賃金格差の諸局面

賃金格差	内　容
年齢間格差	賃金は能力・成果重視に変わりつつあるが，実態は依然として年功的色彩が残っているため，現在でもわが国の賃金の年齢間格差は高い状況にある
学歴間格差	高学歴の者は，通常であれば能力が高く，高度の職務遂行が可能であり，同一年齢でも学歴によって賃金に差が生じることは結果として職能の差であり，とくに問題はない
男女間格差	賃金の男女間格差は縮小されつつあるが，年齢・勤続が高まるにしたがって格差が開いていることも事実である。担当している職務の違い，職能の違いなどいろいろな要因があるため，格差だけを問題視することはできないが，いまだに格差があるのが実態である
産業間格差	賃金が支払い能力や労働需給によって決まるため，産業間でも格差が生じることになる。一般的には高成長，高収益を上げている産業は賃金が高く，低成長，低収益のところは賃金は低いということになる
規模間格差	賃金格差でよく問題になる局面である。労働側は労使交渉の場で大企業と中小企業との格差問題を提示し，格差是正を訴えるが，賃金は結局は支払い能力や生産性によって決まっていくため，労使が努力してそれらを向上させつつ縮小していくほかない
地域間格差	地域の生活水準，労働需給，あるいは企業の生産性，支払い能力などが反映された結果である

（資料）　労務行政研究所『98年版・人事労務管理実務入門』労務行政研究所，1998年を参照，要約し作表。

どれくらいが適正な賃金になるか」といった「賃金総額」の決定です。この賃金総額は，退職金・年金・各種社会保険料・法定外福利の費用とともに人件費

LECTURE 8　賃金管理

を構成する主要な項目です。この人件費は同業他社との価格競争力の優劣を決定づける労働費用となるために，どこまで人件費コストとして支払うのが妥当かといった「適正人件費」を算定し，一定の枠内に賃金総額を抑えることが望ましいのです。

適正人件費のだいたいの目安としては，労務費率（現金給与総額÷製造品出荷額）や労働分配率（現金給与総額÷純付加価値額）が用いられます。同一業種内の同等の企業規模をもつ企業群に，ある程度共通する労務費率や労働分配率を自社の適正人件費の目安として利用するのです。また今日では，経営計画の中で売上高計画，投資計画，利益計画などと整合した人員計画を定め，それを基準に必要な人件費を予測し，これを適正人件費におさめるといった努力が定着してきています。

こうした適正人件費による賃金総額の管理は，企業の賃金支払い能力を基準とした管理ということができます。しかし，この場合の賃金水準は「現状の支払い能力はこれだけだから，これだけしか支払えない」ということです。したがってこの賃金水準は，必ずしも社会的に適正な賃金水準とはかぎりません。もしその賃金水準が社会的水準から見て低いものであれば，従業員の不満は大きなものになるでしょう。このため総額賃金管理には，ただ賃金の企業性からだけではなく，労働者の生活維持という「社会性の配慮」（外部公正）も必要としています。

総額賃金管理の立場から企業の財務的健全性を損なうことなく，同時に賃金の社会的水準をクリアする賃金水準を実現するためには，企業の賃金支払い能力の向上，すなわち生産性の向上をはかることが大きなポイントです。これまでの「現在の生産性がこれだけだから，賃金はこれだけだ」という考え方を改め，「これだけの賃金を実現するには，これだけの生産性の向上が必要だ」という発想の転換が必要です。社会的な賃金水準を実現するための賃金・人件費総額を目標として最初に決定し，それを適正人件費内におさめる生産性向上の経営努力を行っていく「事後支払い能力による総額賃金管理」が，賃金の社会性を充足する上で必要なアプローチになるでしょう。

個別賃金額の管理

　企業財務面から見て「適正」な賃金水準・額であっても，それが世間相場から見て，また同業他社の賃金水準から見て遜色がないものでなければ，真の意味での適正ということにはならないと思います。ここに，社会的にも均衡がとれた適正な賃金水準を個々の従業員に設定するための「個別賃金管理」の意義が出てきます。

　欧米諸国では，労働組合運動や各種機関の給与調査などを通じ，社会的に横断した賃金水準が労働市場で形成されていきますが，日本ではそういったケースはほとんどなく，学歴別の新卒初任給水準くらいしかありません。そのため日本では，中央労働委員会，東京都労働経済局，各種の経営者団体・商工会議所，研究所・シンクタンクなどが行っている「賃金調査」結果が社会的な賃金水準を決定するための一定の役割をはたしています。個々の企業では，これを参考資料としながら自社の賃金水準との賃金比較を行い，そのギャップに対する調整をはかっていくのです。

　賃金調査の1つに「モデル賃金」というものがあります。これは，年齢・勤続・職務・性などによって標準的な労働者（モデル労働者）の賃金がどのような水準になっているかを調べたもので，

　①終身雇用慣行を前提に学校を卒業してただちに入社し，標準的に昇進・昇給していった場合にたどる賃金を説明した「理論モデル賃金」
　②たとえば高卒男子・勤続12年・年齢30歳・扶養家族2人といった標準モデル条件にあう実在者を選び出し，実際に彼らが昇進・昇格に応じて受け取る賃金額をフォローしていった「実在者モデル賃金」

の2つの種類がありますが，個々の企業の個別賃金比較を行うには「実在者モデル賃金」の方が実態に即したものとされ，個別賃金の高さ・格差・カーブの傾斜などの社会的適合度を判断するために利用されています。

　またこうしたモデルを想定せず，標準的に入社した者全てを対象に，その年齢に該当する者の平均値や中位数値などを見ていく「実在者賃金」というもの

もあります。スポット的な視点にたつものですが，終身雇用慣行が崩れ，雇用の流動化が進んでいる今日的な状況では，勤続年数をベースにしたモデル賃金の意義が薄れつつあるといわれており，こうした実在者賃金調査は「今」の社会的な相場を知るために有益な資料です。また，職種別賃金体系を採用している外資系企業などでは，自社と同じ職務内容をもつ職務が社会的な相場ではいくらになっているかを調べ，その中位数値の額に見合う職務給額の設定を行うといった使い方をしているところもあります。

2　賃金制度の管理

　たとえば従業員が月給としてもらう賃金総額は，いくつかの賃金要素，賃金項目の総計として計算されたものです。こうした賃金支払いの仕組みを作り上げるのが，賃金管理のもう1つの領域となる「賃金制度」の管理です。これは，総額賃金管理で決定された賃金額を個々の従業員の間に，どのような要素賃金をどのような基準で配分するかといった「賃金体系」と，どのような方法で賃金を計算し支払うかという「賃金形態」をあつかうものです。

　バブル経済崩壊以降，年功主義から能力・成果主義へと処遇制度の大きな変化が進んでいますが，まだ根強く旧来の賃金制度も生きていることを踏まえ，ここではこれまでの伝統的な賃金制度の説明を行い，次に節を改めて今日的な新たな変化を見ていきたいと思います。

賃金体系の管理

　賃金は，ふつう何種類かの賃金要素で構成されています。この賃金を構成する要素とその配分基準の組み合わせの内容を「賃金体系」と呼んでいます。

(1)　**賃金の構成要素**

　まず，現金賃金の内容を日本の企業における標準的な構成要素で示すと，図表5のようになります。これらの賃金要素の中で賃金体系の中心となっているのが「所定内賃金」であり，これは通常「基本給」(base pay) と「手当」(bene-

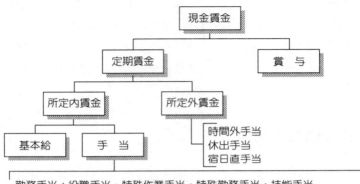

fits) の 2 つの要素で構成されています。

　基本給は賃金の基本的部分で，同一の賃金体系を適用する従業員すべてに支給されるものですが，手当はそれぞれ受給資格をみたす従業員に支給されるもので，その内容は多様で企業によって異なります。しかし大きくは，

　①職務と関連する役職手当・特殊作業手当などの「勤務手当」

　②生活補助的な家族手当・住宅手当などの「生活手当」

　③精皆勤手当・業績手当などの「その他手当」

の 3 つの種類に分けることができます。

　日本企業の所定内賃金の特徴は，欧米企業には見られない生活補助的な手当の項目の多様さです。1970年頃までの日本では，基本給を上げずに生活補助的な手当の支給によって賃金総額をかさ上げし，従業員の生活維持をはかってきたという歴史的な経緯があります。たとえば，新卒新入社員は独身であるために自らを養う単身者賃金で事足りるとする一方，結婚し扶養家族が増えるにしたがい生活費がかさんでくる従業員には家族手当を補填するといったように，

生活給的な色合いの濃い年功賃金慣行が今日まで続いてきたといえます。

欧米諸国でも，従業員が手にする現金給与の内容は基本給と手当で構成されていますが，

①手当がなくとも生活できる額が基本給で確保されている。

②手当は交替勤務手当，特殊勤務手当など勤務手当がほとんどである。

③職務との関連のない手当は「付加給付」(fringe benefits) として賃金とは区別されている

といった違いがあります。

日本企業の所定内賃金における基本給と手当の構成割合をごく大ざっぱにいえば，基本給が90％を占めており，企業規模が小さい企業ほど諸手当の割合が多くなっています。賃金の構成要素をどのように設定するかは，個々の企業の賃金方針によって異なります。生活者としての労働者の立場からすれば，欧米諸国の場合のように基本給だけで生活できることが望ましいのですが，基本給を算定ベースにした高額な賞与や退職金の存在という日本の賃金慣行の特殊性から見て，総額賃金管理上，その実現には大きな困難がともないます。

しかし賃金体系合理化の1つの局面として，従業員の労働生活の現実に即した手当類の統廃合は可能でしょう。たとえば，基本給の年功的体系が崩れ，職務遂行能力や仕事の成果，さらには職務の価値を基本給に反映する仕事給化が進んでいる現状では，こうした仕事給の中には本来的に職務要素が勘案されているはずですから，技能手当や業績手当の必要性は少なくなります。また生活手当にしても，たとえば単身赴任者の増大にともない単身赴任手当を充実させるなど，従業員の労働生活を的確に反映した手当類の改廃を行う必要があると思います。

(2) 基本給の類型

基本給を個人別にどのように配分するかを決定するルールが配分基準です。その際，どの要素をもっとも重視するかによって基本給を類型化することができきます。

基本給の配分基準としては，

①学歴・年齢・勤続年数・性などの「属人的要素」

②職務や職種における仕事上の「職務遂行能力」

③職務の重要度，困難度や責任度の大きさといった「職務価値」

の3つが一般的なものです。

これらの配分基準の中で，主としてどの要素にもとづいて賃金額が決定されるかに応じて，

①日本でなお基本給体系として一定の意味をもち，属人的要素を基準として勤続給や年齢給として現れる「年功給」(seniority-based pay)

②西欧諸国になお多く存在し，職種別にその労働者本人の熟練度をもっとも重視する「職種給」(skill-based pay)

③アメリカを中心に，職務分析と職務評価によって決定される職務価値を基準とする「職務給」(job rate)

④日本独自の工夫としてあり，従業員本人の職務遂行能力の高さを基準とする「職能給」(ability-based pay)

といった4つの基本給のタイプ分類を行うことができます。詳しくは図表6を参照してください。なおこれらに加えて最近の日本では，成果主義的処遇化が進展していく中で，

⑤従業員がはたすべき仕事上の役割価値を基準とする「役割給」(mission-based pay)

といった新たな名称の基本給が現れています。これは，従業員が担う仕事の価値を基準とするといった意味で職務給と同じ考え方に立つものですが，日本的な運用の工夫のある「日本型職務給」とされるものです。

(3) 日本企業の基本給体系

日本企業における基本給は，これまで年功給として説明されてきました。それは，第2講で説明した電産型賃金のように，その基本賃金部分となる基本給の大部分が年齢，勤続といった属人的要素で決められてきたからです。しかし1960年代に鉄鋼や電機などの主要企業で職務給が導入されはじめ，一種の「職務給ブーム」が1970年頃まで続き，その後1970年代になると経済成長の鈍化，

図表6　基本給の4つの類型

	内　容
職種給	・1960年代まで広く欧州で適用されていた賃金。大工や施盤工など社会的に広く通用する職業や職種に対してその技能の熟練度への賃金の支払いとなる属人的な一種の仕事能力給。機械化の進展で熟練的技能は不要になるため、その存立基盤は徐々に失われつつある
職務給	・1920年代以降のアメリカで大量生産方式の発達にともない企業の技術構造に特殊化した職務に対する支払い。職務には社会的な共通性がなく、社会的に労働市場で価格決定できないために、企業内のすべての職務に相対的な価値づけを行い、その価値の大きさに一定の賃金率をあてはめたもの。職務への賃金支払いとなる
年功給	・日本で戦前から存在するが、戦後に普及したもの。賃金を年齢、勤続、学歴といった属人的要素で決定する。職場経験の積み重ねが職務能力の向上に見合うことが前提とされるために、終身雇用慣行の中で年齢、勤続年数は合理的な賃金指標となり、人への賃金支払いとなる。しかし、技術革新によって職場経験年数と職務能力の向上との相関性が崩れつつあるために、その正当性が脅かされている
職能給	・職務を遂行する能力の質や大きさを格付けし、その資格に応じて賃金を決定する。年功給の矛盾を払拭する「同一能力同一賃金」という職種別熟練度別賃金の合理性を充足すると同時に、昇格運用面で滞留年数を設定するなどの年功的配慮も行う日本で開発された賃金支払い方式である。基本的に属人的な職務遂行能力への賃金支払いとなる

従業員能力の伸長、職務給運用上の限界などから、職能資格制度や職能給の検討が進んでいきます。そして1970年代半ば以降、職能資格制度にもとづく職能給を本格的に導入する企業が増大し、バブル経済崩壊後の1990年代半ば頃まで

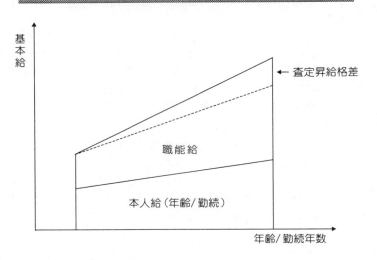

図表7 職能資格制度下の基本給体系

日本企業の賃金制度の主流として君臨してきたのです。

一般的に職能資格制度下の基本給は，そのすべてを職能給とする企業は少なく，図表7に示すように，多くの企業は年齢給や勤続給といった名で支給される生活給的な色彩をもつ「本人給」と職務遂行能力を基準とする能力給としての「職能給」という2つの賃金要素で構成された「併存型職能給体系」を採用しています。この併存型職能給体系は，年功給と職務給の両極端の欠点を克服し，賃金の安定と刺激の機能，生計費充足の原則と労働力対価の原則の両立的均衡を可能とする日本的能力主義賃金体系とされてきたものです。

(4) **給与の増額**

職能資格制度をベースとした併存型職能給体系の下で，従業員が手にする給与の増額をもたらすものは，

①賃金表（賃金テーブル）自体の一律的な底上げ改定としての「ベースアップ」
②賃金表上で年齢・勤続年数・職務能力という従業員本人の個別属性の変化に応じて増額する「昇給」

図表8 昇給の内容

種類	具体的形態	説明
定期昇給	自動昇給	・年齢や勤続年数などによる本人給部分の昇給
	査定昇給	・職能給の同一等級内での習熟による昇給
適格時昇給	昇格昇給	・職能給の昇格時における昇給
	手当昇給	・昇進時の役職手当や，扶養家族の増加による家族手当など
調整的昇給	個人調整	・プロパー社員と比較した中途採用者の賃金是正など
	全体調整	・賃金体系是正時における昇給

といった2つの要素です。ベースアップ（base-up）は，春闘における労使交渉の結果としてもたらされるもので，単純にいえば，従業員全員の基本給を「定期昇給を除き，前年対比〇％増，〇〇〇円アップ」するというものです。企業業績が良くない場合は，当然その増加は小さなものです。

一方昇給（wage increase）は，図表8に示すように，大きく定期昇給・適格時昇給・調整的昇給の3つのタイプがありますが，通常の昇給は「定期昇給」と「適格時昇給」の2つです。定期昇給には，年齢・勤続年数といった要素で本人給部分の昇給となる「自動昇給」と，同一資格等級内での習熟度査定による号俸昇給となる職能給部分の「査定昇給」があります。適格時昇給には，昇格査定にもとづく職能資格等級の上昇によって生じる「昇格昇給」と，管理職昇進による管理職手当や扶養家族増による家族手当の増などの「手当昇給」があります。

これらの複雑な昇給手続きの中で，人事評価による能力査定が反映されるのは，定期昇給における職能給部分の等級内昇給（号俸昇給）と，適格時昇給における職能給部分の昇格昇給の2つです。その際，能力査定の原則は年功的要素

図表9　職能等級の定義の例

等級	等級定義（抜粋）
5等級	極めて幅広い経営知識を有し，……
4等級	大変幅広い経営知識を有し，……
3等級	幅広い経営知識を有し，……

■これは実際の企業にあった等級定義の事例で，「……」の部分はすべて同じ記述。「極めて」「大変」といった副詞が多用されているために期待するレベルがあいまいになっているという（産業能率大学総合研究所人事システム開発プロジェクト編著『機能する成果主義人事実践ガイド』産業能率大学出版部，2005年）

を考慮しないことにあります。しかし実際には，
　①職能給と本人給の体系で，少なくとも本人給は毎年必ず上昇する定期昇給制度を組み込んでいる。
　②昇格手続き上，標準在位年数設定や自動昇格があり，勤続年数の伸びを考慮した運用が行われている。
　③従業員が一度獲得した職務遂行能力は下がらないという前提があり，降格による職能給の引下げは生じない仕組みになっている。
　④職能資格等級上の能力基準や定義が抽象的だったために（図表9を参照），職務遂行能力を間接的に表現する代理指標として勤続年数や年齢に依存することが一般化している
といったことから，「職能資格制度の年功的な運用」が行われてきました。その理由は，職能資格制度の機能的な欠陥というよりは，従業員モラールの維持という観点から「経験の評価」をむしろ意図的に組み込んだものであるとする説明もあります。
　こうした職能資格制度の年功的運用の結果，従業員の基本給は企業業績の良否に無関係な下方硬直性をもっていたために，企業にとっては年々人件費負担

LECTURE 8 賃金管理

が自動的に膨張していく構造になっていました。また年功的な昇格が行われる結果,「仕事内容が変わらないのに給与だけが上昇する」「能力が上がっているのに仕事内容が変わらない」といった現象が日常化していくために,「賃金と貢献の不一致」「能力と貢献の不一致」が大きな問題点として浮かび上がってきました。日本経済の成長率がある程度維持され,バブル経済にも助けられてきた1980年代までは,企業としてこうした状態に「我慢できる限界内」にあったのですが,バブル経済が崩壊した1990年代以降,厳しいコスト削減要求の中で賃金制度の大幅な見直しが進んでいくのです。

賃金形態の管理

賃金形態とは賃金支払い形態ともいわれ,賃金の計算方法にもとづく賃金説明用語です。賃金形態は,時間単位で計算する「定額賃金制」(fixed wage)と生産量ないし出来高で算出する「出来高賃金制」(piece wage)の2つの方式に分けることができます。定額賃金制には時給制・日給制・月給制・年俸制の4つの形態があり,出来高賃金制では保険外交員・訪問販売員・タクシー運転手などのような契約高・売上高・水揚げ高に応じて賃金が変動する能率給や業績給がよく知られています。

出来高賃金制は労働努力が賃金に直接反映するために,仕事に対する取り組みの努力を促す効果は大きなものです。しかしこの方式を採用するためには,客観的に労働の成果が把握できることが必要であり,また標準的な出来高をどのように設定するかが大きなポイントになります。標準に達しなかった場合,どこまで賃金を保証するかも重要な課題です。賃金の刺激機能だけでなく,安定的な収入の維持といった賃金の安定機能への配慮が必要だからです。

現在の日本企業では,出来高賃金制は例外的なもので,ほとんどの正規従業員に対して定額賃金制の賃金形態が適用されています。定額賃金制の普及は,安定的な生計の維持を労使共に望んでいることの結果です。「時給制」(hourly pay)は正規従業員に適用する場合は少なく,ほとんどがパート労働者など非正規従業員に対するものです。また「日給制」(day pay)は,建設業界などにお

ける現業一般職に適用される場合が普通で，支払い期日は月末といった日給月給制での運用が多いとされています。

　欧米諸国の現業職の場合では時給制が普通であるのに対し，日本の大企業レベルでは現業一般職の大半にも「月給制」(monthly pay) が適用されています。戦後日本の職員・工員一本の企業別労働組合における身分制廃止・平等処遇実現の成果ともいえるものです。

　一方「年俸制」(annual pay) は，前年の業務実績を踏まえ，翌年の年間給与を決定していくものです。欧米諸国における管理職・専門職などのホワイトカラーには一般的な賃金形態です。日本ではとくに1990年代以降，処遇の成果主義化が進む中で上層ホワイトカラーを対象にその普及の勢いを強めています。

③ 賃金制度の改革：成果主義化の進展

賃金制度改革の背景

　まず，図表10を見てください。これは戦後の高度経済成長期から1973年の石油ショック以降の安定経済成長期までの日本の人事制度の特徴を一覧したものです。しかし1991年のバブル経済の崩壊は，これまでの雇用・処遇慣行を含む日本的経営のあり方を抜本的に改革する契機となりました。

　バブル経済崩壊後の長期的な経済停滞の中で，ほぼ全産業にわたって過剰債務・過剰設備・過剰雇用といった「三大過剰問題」が顕在化し，企業競争力を削ぐ高コスト体質の改善のために債務圧縮，不採算事業の統廃合，調達構造の見直し，従業員数の削減，人件費の圧縮等の取り組みが積極的に行われてきました。さらに，韓国を含む東南アジア諸国を中心としたNIEs（新興工業国経済圏）やBRICs（ブラジル，ロシア，インド，中国）といった新興経済大国の市場参入によるグローバルな市場競争が一段と激化し，日本企業はよりいっそうのコスト抑制・削減を通じた企業競争力の維持・強化が要請される状況に至り，多くの企業で賃金制度の改革が行われるようになったのです。

図表10　人事労務管理体制の歴史的推移

	1950s後半-1970s初頭	1973	1970s半ば-1980s	1991
経済成長	・高度成長経済 ・経済成長率平均9.1%	第一次石油ショック	・安定成長経済 ・経済成長率平均3.8%	バブル経済の崩壊
雇用方針	・終身雇用重視 ・一社限りの終身雇用		・終身雇用重視 ・企業グループ内終身雇用	
人事制度	・年功的人事制度		・職能資格制度	
賃金制度	・年齢重視の年功主義賃金 ・生活給＋能力給		・勤続年数重視の能力主義賃金 ・職能給＋年齢／勤続給	

　その改革のねらいは，1つに職能資格制度下における賃金制度の修正という観点から，「人件費の自動膨張をいかに抑えるか」ということにありました。もう1つは，企業が従業員にもとめるのは仕事の成果であり，企業にどの程度貢献したかであり，職務遂行能力は成果や貢献を出すための手段にすぎないという観点から，「いかにして能力や仕事内容，業績や成果に見合う賃金支払いをするか」ということにあったのです。

職能資格制度の運用の修正

(1) ベースアップ・定期昇給の廃止

　人件費の自動膨張を直接抑える方策として出てきたのが，ベースアップの廃止です。定期的に賃金表の見直しをすることはあるにしても，賃金表を経年にわたり固定化し，年々の収入増は企業業績に応じた賞与の支給増で対応しようとするものです。このケースでは，企業業績が年々好調に推移していれば，前年よりも多額の賞与が支給されるために大きな問題はないかもしれませんが，

企業が不振に陥った場合は，前年より年収が下がることになります。このため賃金の生活給的意味合いが薄れ，住宅ローン返済など従業員の長期的な生活設計に重大な支障をもたらす可能性は否定できません。給与は年々上昇していくものだという常識を払拭するショック療法的な色彩の強いものです。

　一方，定期昇給の廃止に関しては，本人給のような査定をともなわない自動昇給の廃止が中心ですが，職務遂行能力の査定昇給の場合でも「評価が悪ければゼロ昇給や降給もありえる」といった変更が中心であり，職能給の習熟昇給そのものが廃止されているわけではありません。

(2) **職能資格制度の能力主義的運用の強化**

　能力に見合った賃金支払いという観点から，職能等級別の能力要件定義の見直しを前提にして，職能資格制度の能力主義的運用を強化するケースもあります。たとえば，昇格条件における自動昇格年数を撤廃し，能力的向上が見られない場合は同一資格等級に滞留させ，職能給の昇給も頭打ちとするといった穏やかなものがあります。

　また，基本給部分における職能給比率を大きくすると同時に，昇給査定における昇給額（率）に大きな較差を設けることで処遇にメリハリをつけたり，さらには本人給を廃止して基本給を職能給に一本化するとともに，昇給査定にあって「昇給ゼロ」ないし「マイナス昇給」もありうるといった運用を行う企業事例もあります。こうした点から，職能資格制度でも運用の修正によって十分に能力主義的な処遇を行うことができるといえるのです。

賃金制度の成果主義化

(1) **職務給／役割給制度の導入**

　人件費の自動膨張の抑止と貢献に見合った賃金支払いという2つの要求を同時に実現するものとして出てきたのが，属人的な職能給に替わる仕事給としてある，職務等級制度にもとづく職務給や役割等級制度にもとづく役割給です。ともに課せられた業務責任や業務目標の大きさと，それらの達成度が賃金額の決定に大きく影響する「成果主義賃金」（PBP：Payment By Performance，ない

し Pay for Performance）とされるものです。

　職務給制度は，全社的にすべての職務を業務遂行上の難易度・重要度・負荷などから職務評価し，その職務価値の大きさに応じた階梯となる職務等級に格付け，そしてその職務等級に相応の職務給額を設定していくものです。職務記述書に示される職責の遂行度が評価の対象となり，その成績の良否によって次年度における職務給の昇・降給が決定されていきます。

　他方，役割給制度は，まだ歴史の浅いために各社各様の運用がされており，一定の合意が形成されていないのが現状です。そこでここでは，一例としての説明になることに留意ください。

　まず役割には，「こういった職位や役職ならば，こういった働きを期待する」というように，組織階層上の立場にあって企業が期待する「期待役割」と，実際にある特定の職位や役職についている担当者が期待役割を基準にしながら各人の才覚によってはたしている「実際役割」があるとされます。そして，組織階層上の期待役割を責任度・重要度・難易度・利益貢献度などの点から役割評価し，その役割価値の大きさに応じた階梯となる役割等級に格付け，相応の役割給額を設定していきます。

　実際の業務遂行の場面では，目標管理制度を活用して期待役割に応じた業務目標や課題を実際役割として決定し，その遂行度や目標達成度を評価対象とし，その成績の良否によって次年度における役割等級の昇・降格や役割給の昇・降給が決定されていきます。また，前年度の総合的な人事評価結果と翌年度に設定する実際役割の評価を通じて役割等級の昇・降格や役割給の昇・降給を決定していく企業もあります。

　以上のように，今日の日本企業で導入されている成果主義賃金には２つの種類がありますが，アメリカ型の職務等級制度の場合，ポストの空きがないと異動ができないとか，配置転換が困難だといった理由から，日本企業のこれまでの労働慣行の実態に合わせにくい事情があります。このため，職務等級制度の日本的な工夫としての役割等級制度を導入する企業の方が多いといわれています。なお，職務等級制度と役割等級制度については，本書第４講で詳しく説明

していますので参照してください。

　職務等級制度や役割等級制度の下では，賃金額は物価の大きな変動とか世間相場との大きな乖離などによる賃金ベースの全体的な見直しがないかぎり，経年で固定されたものとなり，ベースアップや定期昇給といった概念の入り込む余地のないものです。また，従業員が担う仕事内容とその達成度に見合う給与といった点から，「人」ではなく「仕事」に払う賃金として経営合理性が確保されたものになっています。従業員が年々着実に昇給を勝ち取っていくためには，課せられた職責を着実に達成し続け，より高いグレードの仕事に昇格していくことしかありません。一方，信賞必罰なところがあり，成績不良の場合にはグレードの低い，すなわち賃金の低い仕事に降格されることになります（第4講図表11を参照）。

　多くの企業が，2000年以降に成果主義による人事制度の改定に取り組み，同時に降格を制度として組み込んでいます。企業調査によれば，制度上，降格を定めている企業は約6割に達し，そのうち実際に降格の実態のあるものが4割近くあるとされています。また同時に，「降格者のモチベーションの低下」「降格後の配置」「降格の裏づけとなる評価の信頼性確保の困難さ」といったものがとくに大きな問題になっているといわれています。

　成果主義化の最大の要諦は，人事評価結果が処遇に直結するために，いかに人事評価の信頼性と納得性を高めるかにあります。それゆえ賃金制度改革におけるこの成果主義化は，職務ないし役割等級制度を機軸にして，

　①職能資格制度における従業員の保有能力ではなく，職務遂行上で発揮した能力や行動を評価する「コンピテンシー評価」
　②事前に決定された職務上の責任や目標をどの程度達成したかを見ていく目標管理による「業績評価」

といったものと一体化して導入されるのが普通であり，今日における人事労務管理制度の成果主義的改革の本流といえるものです。図表11は，第4講でも示したその理念的な改革のイメージをあらためて示したものです。

　また，こうした成果主義的処遇が全従業員一律に適用されるものではなく，

図表11 人事労務管理の成果主義的改革

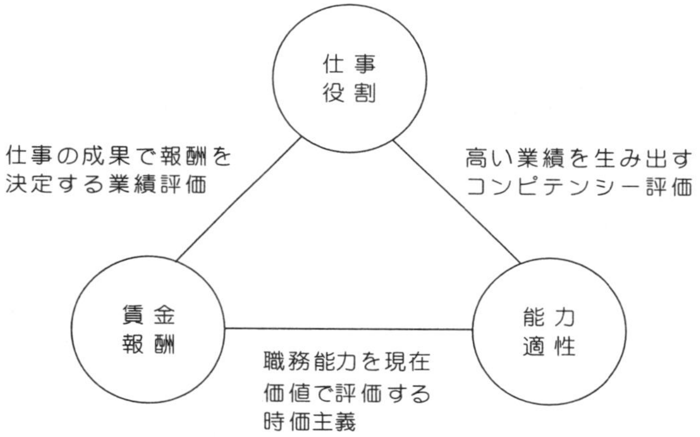

```
            仕 事
            役 割
         ／        ＼
  仕事の成果で報酬を   高い業績を生み出す
  決定する業績評価    コンピテンシー評価
       ／              ＼
   賃 金 ─────────── 能 力
   報 酬              適 性
       職務能力を現在
       価値で評価する
       時価主義
```

（資料） 労務行政研究所編『先進企業の人事制度改革事例集』2004年を参照し作図。

日本企業の労働慣行を前提にすれば，図表12に示すような組織階層に応じた段階的な適用が好ましいといえます。

1 一般職能層

実務能力の蓄積が中心になり，また勤続年数の伸びに応じて職務能力の向上が期待できるので，勤続年数に応じた能力給重視の構成とする。

2 中間指導職能層

職場の中堅層として上司の補佐的役割やその指示にもとづく問題解決案の策定といった高度の職務能力が問われるとともに，職場の第一線として企業業績への貢献も問われるため，能力と役割のバランスのとれた賃金構成が望ましい。

図表12　組織階層に応じた賃金構成

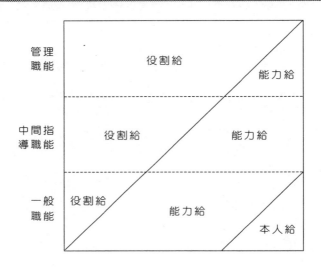

3　管理職能層

　　企業経営の幹部として，その役割や成果を厳しく問うことが必要になるので，その職位のもつ役割や成果に応じた賃金を処遇の中心におく。

(2) **年俸制の導入**

　年俸制とは，前年度の成果や実績を踏まえ，本年度における責任や期待目標といったものを基準としながらも1年単位の総額賃金を直接上司との個人交渉で決定する方式です。従業員個人の業績にもとづいて報酬が決定されるという意味で，成果主義賃金の1つの形態です。

　日本では，バブル経済が崩壊し不況が深刻化していく1994年頃から，主として管理職層を対象にして導入が進んできました。そのもっとも大きな理由は，1990年代の不況下に管理者の企業全体の成果に対する役割や責任が大きく見直され，企業業績に対する貢献度が大きく問われるようになったことにあります。

また導入手続き上，管理者は非組合員であるために，管理者の賃金制度の変更には労働組合との交渉を必要としないといったこともありました。

実際の年俸制の運用にはさまざまなタイプがありますが，日本では欧米諸国の場合のように年俸一本でいくあり方は少なく，伝統的な賃金・賞与制度の慣行を踏まえ，これまでの月給総額に相当する「基本年俸」と賞与総額に相当する「業績年俸」で構成するケースが多いといえます。すなわち，職能給をベースにした基本年俸で賃金の安定性を確保し，企業業績と個人業績を反映させて支給額を決定する業績年俸で賃金の刺激性を確保する「日本型年俸制」が圧倒的に多いといわれています。それゆえ日本型年俸制は，前年度の実績，本年度への期待，職務能力などの点からいちおうの目安としての標準的な基準額（期待年俸）が決定されるものの，賞与部分としての業績年俸が企業業績，部門業績，個人業績の結果によって上下するといった意味で，確定年俸制ではなく「期待年俸制」としてあるという特徴があります。

ホワイトカラーへの確定年俸制が普及しているアメリカでは，業績不良者の場合，年俸一本のために年俸額が大きく下がることが推察されます。しかし実際は，年俸が据え置きにされることはあっても，減額されることは少ないともいわれています。ただ，年俸据え置きは成績不良を意味し，実質的には解雇宣告を受けたのと同じとされています。そのため，こうした評価を得た者は，据え置き年俸をそのまま甘受することはなく，年俸市場賃金が社会的に成立している流動的な労働市場を通じて他企業に転職していくのが普通ともいわれています。

III 賞与・退職金の管理

　日本の賃金管理上，欧米諸国には見られない特徴的な制度として賞与・退職金制度があります。現在，賞与は所定内賃金の3～4ヶ月分ほど，従業員の年間総収入の25％前後を占めています。また退職金も，定年退職時に退職時基本給の40ヶ月分ほどという大きな額になっています。

　もちろん欧米諸国でも「賞与」(bonus)は「利潤分配」(profit sharing)として制度化されたものがありますが，主として経営者や上級管理者に対するインセンティブとしてあり，企業の業績が悪ければ支払われません。また，欧米諸国では私的年金制度が発達しており，「退職金」(retirement pay)の支給がある場合でも，その額は功労的な意味で決して大きなものではありません。

　日本における賞与・退職金は，その支払い額の顕著な大きさだけでなく，すべての正規従業員を対象にして，景気の変動を受けながらも恒常的に支給されるという意味で，欧米諸国には見られない特有な制度ということができます。

1 賞与の管理

賞与の性格

　賞与は，期末手当・一時金・ボーナスといろいろな呼び方がありますが，一般的には年に2回，定例的に支給される「特別給与」のことです。そしてその支給額の大きさから，企業には総額人件費管理上，従業員には生活設計上，かなり重要な地位を占めています。

　賞与には，その性格をめぐって労使で大きな意見の対立があります。労働組合は賃金の一部を年2回別払いするものと理解して「一時金」と呼び，賃金と同様に企業は支払うべき義務があるものだと主張しています。これに対して企

業側は，企業業績や利益における従業員の貢献に対する功労報酬ととらえ，文字通りボーナスとしての「賞与」と理解しています。

　企業側の「賞与功労報酬説」は，賃金のもつ労働意欲向上の機能を重視した考え方です。特定の従業員の特別な働きによって，あるいは全従業員の協力的な働きによって企業の収益が向上した結果，その働きに対して成果の一部をもって企業が報いるという労働対価の原則に則した考え方です。

　戦前の日本では，工員に対する賞与は形式的なものでしたが，職員・管理職に対する賞与は相当なもので，支給率で5～10倍の格差があり，企業業績にも敏感に反応していたといわれています。また，ホワイトカラーの職員は高等教育を受けた将来の幹部社員と位置づけられており，企業側の人間としてその忠誠心を高める労使関係上の配慮もあって，かなりの差が設けられていたといえるでしょう。

　一方，労働組合が主張する「賞与賃金別払い説」の原点は，江戸時代の商家の奉公人に対する盆・暮の「もち代」ないし「お仕着せ」を原型に，明治時代半ば以降，工員の定着奨励策として盆・暮に支給されてきた「精・皆勤賞与」を定例的な賃金支払いと理解することにあったといわれています。

　そして戦後を通じ，労働組合はこうした特別給与の制度化を要求するとともに，職・工員の格差のない平等支給を強くもとめました。その結果今日まで，企業業績や利益の大小にかかわらず，たとえ赤字であってもほとんど定例的・恒常的に支払われてきたのです。その意味で賞与ないし一時金は，労働者の生活設計における恒常的な収入源となり，賃金の一部と化しています。企業側もこうした事情は認めており，安定的な賞与支給を義務と考える経営者が多いことも事実です。

　以上のような賞与の歴史的な経緯から，今日における賞与の慣行は日本における独特な1つの賃金支払い形態になっており，生活費充足の原則を強く反映したものになっています。しかし最近では，処遇の能力・成果主義化が強調されるようになり，個人配分における労働対価の原則が大きく浮かび上がってきました。このため同学歴・同期入社の者でも，基本給と同様に能力・業績差に

図表13　賞与の個人別算定

個人賞与	定例賞与	・生計費維持要素ゆえに査定なし ・算定額＝算定基礎額×支給月数
	業績賞与	・成果配分要素ゆえに査定あり ・算定額＝算定基礎額×支給月数×個人査定率

算定基礎額	・通常ではその従業員本人の基本給，あるいは基本給に一部の手当を加えたものになる
支給月数 （支給率）	・労働組合がある場合，労使交渉で従業員1人当りの平均支給月数が決定され，その内訳として定例賞与何ヶ月，業績賞与何ヶ月とされる
個人別査定率	・賞与算定期間における従業員個人の業績評価を行い，平均を1とし査定結果に応じて「0.7，0.85，1.0，1.15，1.3」といったランク付けをし，これを業績賞与支給月数分に掛ける

よって賞与支給額に大きな格差が生じることになりつつあります。

賞与の配分

　特別給与としての賞与は，その性格から見て一般的に固定的な生活一時金的な「定例賞与」と企業業績・個人業績で変動する「業績賞与」の2つの部分で構成されています。定例賞与は従業員の生活を充足するものとして査定はないのですが，業績賞与は査定を通じて個人配分に格差が生じるものです。実際に従業員個人が受け取る賞与の配分方法は，企業によってさまざまですが，図表13で示すように，一般的には3つの基準で算定されています。
　しかし今日では，成果主義的処遇の強化の中で，個人別査定率に加え，部門業績や全社業績を勘案し，より査定幅のある賞与支給への動きが強まっていま

す。これまでの賞与支給でも企業業績が不振であれば，前年を下回ることは当然あったのですが，その痛みは従業員全員がいわば平等に負うものでした。しかし成果主義が強化されることで，部門間に業績の差があり企業への貢献度に違いがあれば，業績の良い部門と不振な部門で賞与支給に差が出るという仕組みになっていきます。従業員の個人的な立場からすれば，個人目標は十分に達しているにもかかわらず，部門業績が悪かったので賞与が下がったという事態も生じることになるのです。

こうした点は，本人にとっては何か割り切れない部分としてありますが，それ以上に問題となるのは，たとえば成熟ないし衰退期に入った商品を扱う部門では業績の大幅な上昇はかなり厳しいために，こうした部門への異動に難色を示す従業員が多くなるのではないかということです。日本企業の人材活用のカナメともいえる「柔軟な配置・異動」を阻害する大きな要素になっていくものと思われます。

2　退職金の管理

退職金の性格

退職金とは，退職という事実にもとづいて支給される現金給付のことですが，退職金の性格についても賞与の場合と同様に，永年の勤続に対する「功労報償説」と「賃金の後払い説」にわかれています。退職一時金は江戸時代の商家の「のれん分け」を原型として，明治時代末から大正期にかけて工員の定着を高めるために使用者から恩恵的・功労的に支給される給付として制度化されたといわれています。そして戦後，労働組合は退職金の制度化とその増額を強く要求しその実現をはかってきました。そのため今日では，退職金は労働組合との交渉事項とされ，賃金後払い説が有力視されています。

欧米諸国には，日本的な意味での退職金制度といったものはありませんが，退職後の生活保障のための付加給付として「企業年金」が発達しています。

退職金制度の改革

これまで退職金といえば、退職一時金をさすのが普通であり、その算定の仕方は「退職時基本給×勤続年数別支給率×退職事由別係数」というものです。勤続年数が長くなるほど支給額が増加する方式で、とくに勤続10年を越えると勤続年数別支給率が急上昇を描くカーブとなっており、従業員の定着促進をねらった施策として設計されてきました。

しかし現在では、退職金制度はこの「退職一時金制度」に加え、「退職年金制度」との2本立てで運用することが普通になっています。考え方としては、これまでの退職一時金支払総額を、半分を退職一時金で、残りの半分を企業年金として10年間ほど支給するというものです。企業規模が大きくなるほど、こうした退職金制度の2本立ての運用が行われています。

こうした退職一時金と退職年金の併用は、定年退職する従業員が毎年増大するにつれて大きくなる退職金の現金支払い負担の緩和をねらったものです。しかし今日、定年年齢の延長、年功的な基本給の上昇などの事態に直面し、さらなる退職金負担の増大を抑制する改革を必要としています。また一方で、雇用の流動化や能力主義・成果主義的処遇が進展する中で、そうした事情を退職制度の改革に結びつける動きも出てきました。

(1) 退職一時金制度の改革

退職一時金制度の改革は、年功賃金体系と従業員の勤続長期化（定年延長）によって退職金支給負担の増大が大きな経営問題となり、退職金倒産を引き起こしかねない状況から生まれたものです。そこでまず、退職金算定方式を見直す一連の方策を見てみると、次のようなものが一般的な施策としてあります。

1 第2基本給の導入

算定基礎となる基本給部分に新たな給与項目（いわゆる第2基本給）を設け、ここにベースアップ分の一部を繰り入れることによって退職金への跳ね返りを抑制する。

2 支給率の削減

定年延長による退職金の増大を抑制するために,旧定年年齢(一般的には55歳)で退職金支給額や支給率を固定化したり支給率自体を引き下る。

3 基本給と切り離した算定基礎額の設定

ある年の基本給表を凍結して退職金算定基礎額表として使い,その後は数年ごとに退職金世間相場を見ながら基礎額表の修正を行っていく。定期昇給やベースアップによる退職金の自然増を抑制する。

4 勤続年数と職能資格基準に応じた定額退職金

職能資格制度を導入している企業の中に,職能資格と勤続年数に応じた定額退職金制度を設けているケースが見受けられる。

5 職能資格基準のポイント制退職金制度

職能資格ごとに点数をつけ,それぞれの在位期間の累積点数を計算し,それに一定の点数単価を乗じて退職金支給額を計算する。

これらの退職金算定方式見直し策の中で,人事労務管理の能力・成果主義化に応じて退職金制度自体の能力・成果主義化をストレートに反映した施策として「ポイント制退職金制度」を指摘することができます。

この制度では,より上位の職能資格等級,すなわち企業に対してより貢献度が大きい上位資格ほど,大きなポイントが設定されています。職能資格制度の下では,原則として従業員の職務遂行能力の向上がないかぎり上位等級への昇格が行われないために,ポイントが小さい下位等級に長く滞留することになります。その結果,退職時の累積合計ポイントが伸びず,支給される退職金額もそれほど大きくならないということになります。図表14は,ポイント制退職金制度のモデルを示したものです。

退職金の負担増の抑制をねらう算定方式の見直しとはいえ,年功主義から能力・成果主義への大きな流れの中に,従業員各人の企業に対する貢献度に応じて退職金支給額に大きな差が出る退職金制度の出現は,賞与の場合と同様に,退職金の性格上,経営側の立場を明確に示した制度改革です。

図表14 ポイント制退職金制度の仕組み

	資格等級	点数
幹部	6級	80
	5級	70
	4級	60
一般	3級	40
	2級	20
	1級	10
1点＝1万円		

従業員A	在位点数
13年	80×13
8年	70×8
7年	60×7
4年	40×4
3年	20×3
3年	10×3
累積点数計	2270点
退職金額	2270万

従業員B	在位点数
―	―
10年	70×10
12年	60×12
8年	40×8
5年	20×5
3年	10×3
累積点数計	1870点
退職金額	1870万

＊　A，B氏はともに同学歴同期入社，勤続38年，60歳で定年退職するが，A氏はB氏より高位まで職能昇格をはたし，会社への貢献度がB氏より大であったために退職金額に格差が生じた。

(2) 退職金前払い制度

　退職金制度の見直しに関連し，これまでの日本的雇用慣行を支えてきた退職金制度そのものを廃止する企業も出てきました。1998年に松下電器が先鞭をつけた「退職金前払い制度」です。雇用の流動化を踏まえ，長期雇用を前提にした制度の見直し対応策の1つとして工夫されたものといわれています。「中途で退職しても中途で入社しても損をしない退職金制度」をスローガンとして，会社が将来の退職金支払いのために積み立てる費用を従業員に賞与などに上乗せして毎年払い，精算してしまう仕組みです。

(3) 企業年金制度の改革

　もともと日本の企業年金制度は，1950年代半ば頃から主要大企業で退職金制度の一環として功労報奨的な退職年金制度が設置され，定年退職者に退職金の一部が年金で支給されるようになったことが始まりとされています。そしてこの当時の退職年金制度は，企業ごとに任意に設計され管理される自社年金であ

り，年金給付財源を社内準備する社内年金が圧倒的でした。

その後，退職金制度の定年退職後における所得保障機能という点から年金形態の合理性が認識され，また当時の社会保障制度の水準の低さを補完する企業年金の役割に期待が寄せられるようになったことから，政府は1962年に「適格退職年金制度」を，1966年に「厚生年金基金制度」を発足させていきます。

当初この企業年金制度は，退職一時金制度とは別途にそれに上乗せする形で設置されることが多かったといわれています。しかしその後，この企業年金制度は退職金の事前積み立て制度として利用することもできるということから，新たに企業年金制度を導入する場合，上乗せによる設置ではなく，既存の退職一時金を取り崩して退職年金化する形での設置が増えていきます。厚生年金基金制度と適格退職年金制度との間には，

①運営主体が，厚生年金基金の場合は企業が設置する厚生年金基金であるの対して，適格退職年金の場合は企業である。

②運用資金面では，厚生年金基金の場合は厚生年金保険料（一部）と企業の掛け金を合わせたものであるのに対し，適格退職年金の場合は企業の掛け金のみである

といった違いがありますが，ともに一定の運用利回り（5.5％）を前提として将来の給付額を保障している「確定給付型年金」(defined-benefit plan)でした。1960年代の高度成長期，1970～80年代の安定成長期を通じ，安定した資金運用の下にその財政基盤は健全に推移していましたが，バブル経済崩壊以降，株価の大幅な下落などが続いたために，積み立て資金の運用収入が予定収入を下回る事態が続き，その不足分を企業として埋めなければならない「積み立て不足問題」が深刻化し，企業年金を解散する企業も続出したのです。このため厚生労働省は，年金制度運用の自由度を高める法律改正を行い，運用予定利率の引き下げ，予定年金給付額の引き下げ，掛け金の引き上げなどを内容として企業年金の立て直しを進めました。

しかし，その後も状況の大幅な改善は見られず，また「会計基準の国際化」による「退職給付債務」の考え方が2000年より導入されたために，年金の積み

立て不足は負債とみなされるようになり，企業の財務体質を悪化させる重大な経営問題となっていきます。こうしたことから政府は，企業年金制度の抜本的な改革に乗り出し，アメリカの「確定拠出型年金」(defined-contribution plan)をモデルとする新たな年金制度の導入を認める「確定拠出年金法」(2001年)と，これまでの厚生年金基金や適格退職年金の抱える問題を解決するための「確定給付年金法」(2002年)の立法措置を行いました。その結果今日では，図表15に示すような多様な企業年金制度が生まれています。

確定給付型企業年金制度には従来の厚生年金基金とともに，「規約型」と「基金型」の2つがあり，前者はこれまでの適格退職年金制度の，後者は厚生年金基金制度の改訂版といったものです。旧来の企業年金は，長引く不況による株価低迷などの影響で本来予定していた運用利益を得ることができず，社員に約束していた給付ができなくなってきましたが，新しい制度ではこのようなことが起こらないように，毎年きちんと給付に必要な資金が準備できているか確認していく仕組みとされています。

しかし2012年2月のAIJ投資顧問による年金消失事件の発覚を契機にして，数多くの厚生年金基金が運用難のために基金の保有する資産が公的年金の代行部分に必要な積立額（最低責任準備金）に満たない「代行割れ」に陥っている実態が明らかになりました。このため厚生労働省は，厚生年金基金の再建は困難との判断のもとに厚生年金基金制度を将来的に廃止する方針を打ち出し，2013年に厚生年金基金制度の見直しを柱とした年金制度改正法を成立させます。これにより，財政的に健全な一部の基金を除き，代行割れしている多くの基金が解散するに至っています。

他方，確定拠出型企業年金制度は，アメリカで1980年代後半から急速に普及した「401kプラン」を模したもので，「日本版401k」と呼ばれています。企業はあらかじめ毎月の掛け金だけを決めておき，積立金の運用実績の結果で将来の年金給付額が事後的に決まるというものです。その基本的な仕組みは，従業員の個人口座に毎月掛け金を払い込み，企業が運用先の選択肢を複数用意し，その中から従業員が自己責任で運用先を指定し運用していくというものです。

図表15　企業年金制度の種類

確定給付型	厚生年金基金制度	従来の厚生年金基金制度。厚生年金の一部代行を行い，それに企業の掛け金を上乗せする
	基金型企業年金制度	従来の厚生年金基金型から厚生年金の一部代行を除き，企業独自の掛け金で運用
	規約型企業年金制度	従来の適格退職年金制度の改定版。旧来の適格退職年金制度は2012年をもって廃止された
確定拠出型	キャッシュバランス型企業年金	確定給付型と確定拠出型の特徴を合わせもつ確定給付型年金。変動金利型だが，元本は保証される
	企業型企業年金	会社が中心となり，社員から同意を得たルールに基づいた制度。従業員自身の運用
	個人型企業年金	会社に企業年金がない場合，個人が自分の意思で外部の機関に加入する制度

そして，この年金制度のもう1つの大きな特徴は，転職するときにその時点で積み上げていた自分の口座資金をそっくり転職先にもっていくことができる「ポータブル性」(portability)です。こうしたことからこの年金制度は，雇用流動化の時代にふさわしい年金制度とされています。またこの制度は，確定給付型年金の積み立て不足問題をいっきょに解決してくれるという企業側のメリットは大きいのですが，その反面，従業員にとっての最大の問題点は，運用に失敗して年金額を減らす事態になっても本人の自己責任とされ，年金受給者保護の仕組みがなく片手落ちの状態にあることです。

そこで，運用利回りが予定利率を下回ると企業の追加負担が増大するという確定給付型のデメリットと運用リスクを従業員が負うことによる将来の給付の不安定さという確定拠出型のデメリットを相互補完するハイブリッドな制度として，「キャッシュバランス型」(CB：Cash Balance)といわれる企業年金が生

図表16　3つの企業年金制度の対比

	確定給付型年金	CB型年金	確定拠出型年金
給付額	予定利率にもとづき事前に決めておく	一定の利回り保証。最悪でも元本保証	運用の結果しだいで事後的に決まる
運用利率	事前に予定利率を決定	市場金利に連動	運用しだい
運用主体と運用リスク	企業が行い，企業が負担する	企業が行い，企業と従業員とで分担する	従業員が行い，従業員が負担する
個人別口座	なし	あり（仮想個人別勘定）	あり（個人別勘定）
ポータブル性	なし	あり	あり
制度固有の留意点	運用利回りが予定利率を下回ると，給付額の引下げか掛金の増額が必要	企業にとって確定給付型年金に比べて運用リスクが軽減される	従業員に対する入念な投資教育が必要

まれています。この企業年金は，長期金利などに連動して年金額が変わる変動型ですが，従業員に対し最低限元本の支給を保証した上で，運用成績が低迷した際のリスクを企業と従業員が分担して負うのが特徴で，「確定拠出型の性格をもった確定給付型年金」とされるものです。図表16は，確定給付型，確定拠出型，CB型の特徴を対比的にまとめたものです。

　このCB型企業年金は，日本では2002年から認可されていますが，厚生労働省は，なお企業年金の加入者が会社員の4割程度（約1600万人）にとどまっている現状を見て，老後の生活資金を補てんする企業年金の導入を促すために，こうした運用リスクを労使で分担するさらなる新たな年金制度（仮称「リスク分担型確定給付年金」）を2016年にも導入する方針を固めています（『日本経済新聞（電子版）』2014年9月11日，『朝日新聞』2015年9月12日）。

LECTURE 9

福利厚生管理

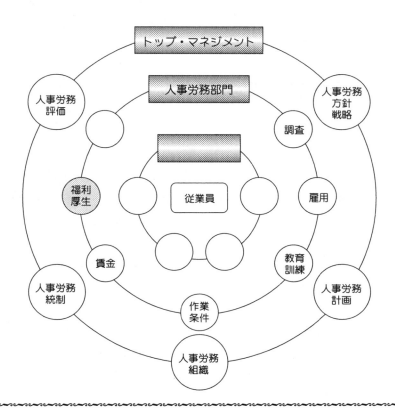

I 福利厚生とは何か

　今日の企業では人事労務管理を構成する専門職能の1つとして限定的な位置にある「福利厚生（企業内福利厚生）」は，人事労務管理生成の歴史から明らかなように人事労務管理の起源ないし原型（proto-type）として認められており，かつては今日における人事労務管理の諸領域を広くカバーする多様な内容をもっていました。しかしその後，生産技術の革新，労働組合運動の発達，労働保護法の制定，社会保障制度の整備などを背景に，その役割や施策内容に大きな変化が見られます。そこでまず，企業内福利厚生の歴史的な発達を概観しておきたいと思います。

1　企業内福利厚生の歴史的発達

欧米諸国の場合

　産業革命発祥の地であるイギリスでは，18世紀末頃から繊維産業を中心に雇い主の恩恵的な自発的意思による「福利厚生施設」（welfare works）が形成され始め，19世紀前半を通じて住宅・学校・レクリエーション施設・教会・図書館・軽食堂・医療施設・疾病給付・年金給付などが導入されていきました。労働組合運動も限定的だったこの時代では，雇用・賃金・労働時間以外のすべての労働・生活条件改善の施策が福利厚生施設とされていました。

　またアメリカでも，19世紀後半から1910年代にかけて，同様の手厚い福利厚生施設が経営に対する従業員の好意（good will）の確保や労働組合運動の抑圧などをねらいとして広く産業界に普及していき，この時代をもって「福祉資本主義」（welfare capitalism）の時代とも称されました。

　しかし第1次大戦以降，労働組合運動が世界的に発達し，労使の団体交渉に

よって賃金や労働時間などの労働条件の決定が行われるようになります。また1920年代から1930年代にかけて，各種の労働者保護法が各国で制定されるようになり，労働者の労働・就業条件の維持・改善が進められていきます。そしてこの段階になると企業では，人事労務の諸活動を総合的に取り扱う「人事労務部門」（personnel department）が設置されるようになり，人事労務活動の整理・再編が進められ，これまでかなり包括的な内容をもっていた福利厚生施策は「生産に直接的な関係のない工場内外の施策」を中心とした専門的な職能へと変化していきます。

同時にアメリカでは，"welfare"という用語にある恩恵という温情的な含意が労使から忌避され，これに代わって"service"という用語が使用されるようになります。そして福利厚生施策の理念的な性格に修正が加えられ，福利厚生施策は「従業員サービス」（employee services）として労働者が当然受けるべき権利であるという認識が促されていきます。

その後アメリカでは，第2次世界大戦中，物価騰貴を抑制する必要から賃金統制が実施されますが，その代替策として賃金を補完する団体健康保険・企業年金・各種手当といった内容をもつ「付加給付」（fringe benefits）が発達していきます。そして戦後になると，これらの付加給付は労使の団体交渉事項になっていくとともに，社会保障制度における社会保険料の企業負担分や有給休暇・休憩時間といった「不就労時間」（time not worked）に対する賃金支払いも付加給付として取り扱われるようになります。この結果，福利厚生施策はそれまでの従業員サービスの内容に付加給付を加え，その領域を拡大していきます。こうした事情を反映して1950年代になると，福利厚生施策は「従業員ベネフィッツ・サービス」（employee benefits services）として体系化され，今日に至っています。

日本の場合

一方，日本企業における福利厚生施策は，明治時代初めに紡績工場の女子労働者を対象にして，寄宿舎・強制貯蓄・購買施設の3つを主な柱として導入さ

れたのが最初とされています。その後明治時代中期以降になると，機械・造船・電機・兵器・化学といった重化学工業を中心に，熟練労働者の定着，低賃金の補完，社会保障の肩代わり，労働組合運動の抑制などをねらいとして，現物給付を中心とした福利厚生施設の導入が進みます。図表1は，300人以上の職工・鉱夫を有する全国の工場・鉱山を対象にした財団法人協調会による福利施設調査（1924，大正10年）からの内容を抜粋したものです。今日の人事労務管理の体系から見ると，①教化施設では今日の義務教育も福利に含まれている，②保健施設では作業条件も扱っている，③経済施設では賃金構成要素となっている給与・賞与が含まれている，といったように，かなり包括的な内容をもっていました。

　当時の日本でも，労働者保護法としての「工場法」（1911，明治44年制定）もそれなりに成立していたのですが，その規制力はほとんどなく，社会保障制度も未整備の状態にありました。また，労働組合運動も非合法の抑圧の対象だったことから，労働者が自らの力で労働条件の引き上げを行っていくには限界がありました。こうした事情を背景に，戦前日本の企業内福利厚生施設は雇主による温情的人事労務管理の実践としてその役割をはたしていたのです。

　しかし戦後になると，労働組合法や労働基準法といった労働者保護諸法の制定，社会保障制度の導入・設置などが実施され，労働福祉の基礎的な基盤が整備されていきます。そして戦後急速に発達した労働組合は，戦前の従業員福利厚生における社・工員身分格差の撤廃を要求するとともに，その団体交渉事項化も進めていきました。

　戦後の経済復興期における物資不足と低賃金の時代には，社宅・寮，生活物品の購入・斡旋などの現物給付は，従業員の生計費補完の施策として従業員生活に大きな比重を占めました。また社会保障制度が導入されたとはいえ，その水準は非常に低かったために，実際問題として退職老後や不時の場合の生活保障を企業の退職金・慶弔見舞金・共済給付などに依存しなければならない状況にもありました。戦後から1960年代半ば頃までは，企業内福利厚生施策は従業員の低賃金を補完する生計維持的な役割を担い，従業員とその家族の生活上な

図表1　日本における戦前の福利施設

種類		具体的内容
教化施設	教育	子弟教育（幼児保育，小学教育，裁縫教習所等） 男工教育（補習教育，技術教育） 女工教育（小学校補習科，技芸礼法教授） 奨励法（品性学業優良生学資補給，教育費寄付等）
	慰安娯楽	祝祭儀，演芸（劇，音楽，芸事等），活動写真，運動・遠足会，その他集会（生花会，茶湯会，絵画展覧会等） 戸外運動施設（野球，フットボール，角力，弓術等） 室内運動娯楽設備（柔道，銃創，碁，将棋，ピンポン等） 各種室設備（倶楽部室，娯楽室，集会室，休養室等）
	修養	講演・講習会（精神修養，社会問題，女子事務員講習等） 修養諸会（青年会，在郷軍人会，集会） 図書閲覧・発行（図書閲覧室，巡回文庫，雑誌発行等）
保健施設	衛生	換気・採光・保温・調湿，飲料・食事，清潔施設（洗面所，更衣室，浴場等），体格検査・健康診断，診察所，危害防護（災害予防，防火設備，注意宣伝等），衛生に関する特殊機関（衛生委員会，衛生協議会等）
経済施設	扶助救済	傷病者扶助（療養費支給，休業扶助，見舞金，夜業免除等） 死亡扶助（遺族給与金，葬祭料，埋葬料，弔慰金等） 退職扶助（養老一時金，養老年金，退職慰労金等） 妊婦・出産扶助（休業手当，出産祝儀，助産料給与等）
	給与賞与	給与（利益分配，家族手当，臨時手当等） 賞与（皆勤賞，精勤賞，勤続賞，満期賞与，工程賞与，月末・期末賞与等）
	貯金金融	強制貯金，任意貯金，簡易保険加入奨励，国元送金奨励 会社融通（一時立替，低利貸付等），組合融通（共済組合貸付，従業員購買信用組合貸付等），その他（頼母子講等）
	住宅寄宿舎	住宅（社員社宅，役員社宅等），寄宿舎（男工寄宿舎，女工寄宿舎，普通寄宿舎等），住宅手当
	日用品供給	会社経営供給所（廉売所，配給所，食料品・日用品供給，食事供給，食堂，掛売等），消費組合，共済組合経営供給所，地方商人経営供給所，市中商店特約廉価購入，共同購入等

（資料）　加藤尚文編『日本経営資料大系4・経営労務』三一書房，1987年より，抜粋し作表。

くてはならないものだったのです。

　他方1960年代後半以降になると、高度経済成長によって労働者全般の賃金水準が上昇し、また国民皆保険・皆年金制度の実現、年金給付水準の改善、年金の物価スライド制の導入などを通じ、社会保障制度の水準は西欧諸国と肩を並べるようになっていきます。とくに1973年は「福祉元年」と呼ばれ、社会保障による労働者の「ナショナル・ミニマム」（最低限の生活水準）がほぼ達成された年といわれています。こうしたことから企業内福利厚生における低賃金補完の役割が次第に低下し、その社会保障補完機能への関心が見られるようになります。そして、これまでの「企業内福利厚生」という用語に代わり、理念的に「企業福祉」という語で説明される動きも強くなっていくのです。

　以上、英国・アメリカ、日本における企業内福利厚生の歴史的な発達を概観してきましたが、とくに欧州諸国の場合は、社会保障の一定の水準の達成を前提として、その内容を補完する従業員福利の領域が労使間の協約を通じて拡大されていくといった発達の筋道が描けます。これに対して日本では、大企業の自発的な企業内福利厚生が社会保障の肩代わりとして先行し、それを後追いする形で社会保障制度の改善が進んでいったという経過をたどっています。

2　企業内福利厚生の位置づけ

　広く人間には、自らの経済的な生活水準を高め、長期的に安定した生活を保持したいとする普遍的な欲求があります。そして雇用労働者とその家族を対象に、彼らの生活安定と福祉向上を目的として実施される施策・制度・サービスの体系が「労働福祉」といわれるものです。今日の労働福祉を「誰が行うのか」といった面から分類すると、図表2に示すように、
　①国が行う「社会福祉」（公的福祉）
　②企業が行う「企業福祉」
　③労働組合が中心に行う「労働者福祉」
といった3つの労働福祉の体系があります。

図表2　日本における労働福祉の体系

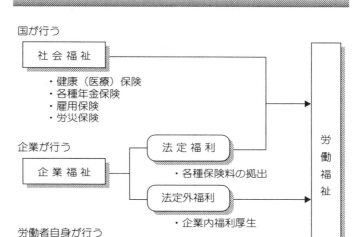

　国による公的な社会福祉としての社会保障とは，労働者が傷病・失業・労働災害などによって賃金収入が減少ないし喪失したとか，あるいは高齢で働く場所がないといった場合に所得を保障する仕組みです。具体的に日本では，傷病・出産に対しては「健康（医療）保険」，老齢・障害に対しては「年金（介護）保険」，失業に対しては「雇用保険」，労働災害に対しては「労災保険」といった各種の保険制度が整備されています。これらの社会保険制度の費用は，社会保険料として，健康・年金・雇用保険については基本的に労使の折半で，労災保険については企業が全額負担しており，企業福祉における「法定福利費」として人件費の一部を占めています。

　これに対して企業が主体となる「企業福祉」は，社会保険料の拠出を通じて社会福祉とかかわりをもつ「法定福利」と，企業の自由な裁量で独自に設置で

きる「法定外福利」に分けられますが，一般的に企業福祉といえば，法定外福利をさします。企業の従業員とその家族を対象にして，彼らの経済生活の安定と心身の健康の保持・増進を目的として実施されるもので，日本では社宅・独身寮，共済会，慶弔見舞金，文化・体育・レクリエーション補助，社内旅行など多様な施策が導入されています。

最後に労働組合が中心に行う「労働者福祉」は，労働組合が自らの組合員を対象にした慶弔見舞制度，文化・体育・レクリエーション事業，各種の相談制度，物品販売・斡旋事業など労働者の自助的な共済活動を主な内容とするものです。またこの活動は，個々の企業別労働組合が独自に行うものだけでなく，労働組合が連帯して行うもの，さらには労働者共済生活協同組合までをも含む広範な活動として展開されているものです。

以上のように，雇用労働者の生活安定と福祉向上を目的とする現代の労働福祉の体系は，社会福祉・企業福祉・労働者福祉の３つの柱で構成されていますが，人事労務管理制度として「企業福祉」を見ていく場合には，その法定外福利の内容に関心を集中していくことになります。かつて労使関係にかかわる経営者団体だった旧日経連は，「福利厚生とは，企業が主体となってその自発的意思にもとづき，労働力を維持培養するとともにその能力を有効かつ最大限に発揮させるために行う，従業員または必要に応じてその家族を対象とした生活福祉向上策の総称」であると説明しています。

こうした企業福祉の理解の仕方は，欧米諸国でも基本的には同じです。たとえばアメリカの場合，企業福祉の解説書によれば，「従業員福祉」(employee benefit programs) とは「直接的な賃金支払い以外の形をとり，事業主がその一部，または全部を支払うあらゆる形態の報酬」と定義されており，その内容は，社会保障制度としての老齢・遺族・障害年金，高齢者・障害者医療保険（メディケア），失業保険，労災保険に対する保険料の企業拠出となる法定福祉と，企業の任意な意思による自由裁量的な企業福祉で構成されると説明しています。

福利厚生管理の内容

　従業員福祉として企業の自由裁量で実施される企業内福利厚生は，ただ従業員とその家族の生活安定と福祉向上のみをめざしているわけではありません。人事労務管理制度の一環として企業内福利厚生を考えていく場合，それは人事労務管理の目的に資する管理活動として行われていることに留意する必要があります。

1　企業内福利厚生の役割

　企業内福利厚生の直接的な目的がその企業に雇用された従業員とその家族の経済的生活の安定や充実にあることは事実としても，企業はそのことを通じて，次のような人事労務管理上の効果を期待しています。

1　適質な労働力の調達と定着
　　現金給与を補完する基本的な労働条件としてその内容・水準の高さが労働者募集上の誘引効果を大きなものとし，同時に現従業員の定着を促すことが期待できる。

2　労働力の維持と培養
　　従業員の身体的・精神的な健康を維持・増進することで労働力としての健全性が保たれ，人事労務管理上，安定的かつ長期的な生産性の維持・向上が期待できる。

3　労働能力の向上と開発
　　仕事を離れた場での生活人としての従業員に自己実現の機会を提供することで人間的な成長を促がし，広い意味での能力開発が行われ，ひいてはそれが仕事上に良い効果をもたらすことが期待できる。

図表3　企業内福利厚生の人事労務管理的機能

企業内福利厚生の機能	具体的な役割	人事労務関連職能
労働力の調達と定着	・賃金以外の補助的労働条件として労働者採用上の誘因と定着化促進の効果	雇用管理
労働力の維持と培養	・従業員の心身の健全性の維持。安定的な労働力としての維持とその能力の発揮	作業条件管理（健康管理）
労働能力の向上と開発	・職場以外での自己実現を通じ人間的な成長を促し、仕事上の幅の拡がりを期待	教育訓練・能力開発管理
従業員モラールの維持と向上	・将来的な経済的安定感、円滑な意思疎通や人間的な交流を促し、経営モラールと職場モラールの向上を期待	職場集団管理 労使関係管理
労使関係の安定と維持	・従業員ニーズを的確に反映した施策の採用による労使間信頼関係の安定と維持	労使関係管理
財務的健全性の維持	・法定福利費とともに、総額人件費管理の重要な要素を構成。企業財務的運用を基礎に置く	賃金管理

4　従業員モラールの向上

　　将来的な退職老後を含めて経済的不安感を払拭すると同時に、円滑な意思疎通によって経営情報を提供することで、従業員の経営に対する信頼感が高まる。また職場仲間とのさまざまな交流機会を提供することで職場の人間関係の向上が期待できる。

5　労使関係の安定

　　団体交渉あるいは労使協議を通じて従業員ニーズを的確に把握し、それを反映した施策を開発・設置することで従業員満足が高まり、労使協力的な関係を維持・向上することが期待できる。

以上が企業内福利厚生の具体的な役割ともいえるものですが，非常に広範囲の内容をもつだけに，他の人事労務管理職能と機能的に密接に関連していることが理解できます。また福利厚生費用は，人件費を構成する重要な部分となっており，総額人件費管理とも密接な関連があります。図表3は，これまでの説明の内容を企業内福利厚生と他の人事労務職能との機能的な関連をまとめた内容です。

 このように企業内福利厚生は，あくまで企業が主体となる経営政策の一環として行われるものであり，労働福祉の一翼を担う「従業員福祉」として企業の社会的責任を問う議論が高まっているとはいえ，企業の経営財務的な健全性を脅かすような福祉施設の提供は困難です。そこには，自ずから一定の限界があることに留意すべきです。

② 企業内福利厚生の内容

 企業内福利厚生の内容が賃金以外の副次的な経済的労働条件となり，その優劣が労働者の募集や従業員の定着，労使関係の安定につながるといった効果を期待する事情は，欧米諸国でも日本でも基本的には同じだといえます。また企業内福利厚生の施策内容に関して，これまで日本の企業内福利厚生の内容は通説的に欧米諸国に比べて非常に多岐にわたっているといわれ，このため終身雇用・年功序列・企業別労働組合という三種の神器とともに，経営家族主義，あるいは経営福祉主義といった日本企業の経営理念の一面を体現したものであると説明されてきました。

 しかし実際，さまざまな資料等を通じ，その施策内容をその普及度とはかかわりなく網羅的に並べ立ててアメリカの場合と比較すると，図表4に見るように，その差はほとんどないといっても過言ではありません。アメリカ企業では，有給休暇・疾病休暇・有給休日・休憩時間などの不就労時間に対するコストも「間接的な金銭給付」(indirect financial payment) として従業員福利の要素とされており，こうした従業員福利の概念上の日米の違いを無視すれば，むしろアメ

図表4　企業内福利厚生メニューの日米比較

	日本	アメリカ
住宅	・給与住宅：社宅，独身寮 ・持ち家援助：融資，分譲，利子補給	・住宅斡旋
生活援助	・給食：食堂，喫茶店 ・購買：売店，物品斡旋，社品廉価販売 ・通勤：通勤バス，駐車場 ・育児施設：保育所，託児所，幼稚園 ・育英：育英寮，育英資金融資 ・家族援助：生活相談，ホームヘルパー制度 ・制服支給 ・遺族，遺児年金 ・退職準備プログラム	・食堂，カフェテリア ・物品や社品の社内販売 ・通勤バス，駐車場 ・託児所 ・教育援助給付，奨学金制度 ・各種カウンセリング（健康，金銭，退職準備） ・エルダーケア（高齢扶養家族の世話）
医療保健	・病院，診療所，休養室 ・健康診断，成人病検診，人間ドック，医薬品支給，スポーツクラブ法人会員	・民間医療保険 ・病院，診療所 ・社内フィットネスセンター，体力増強施設
慶弔共済保険	・慶弔見舞金，永年勤続表彰 ・共済会 ・団体生命保険	・長期勤続記念品 ・団体生命保険
文化体育厚生	・図書館，体育館，プール，保養所，クラブ ・社内報，講習会，文化祭，運動会，慰安旅行	・レクリエーション施設 ・経営情報リーフレット，社内ピクニック，クリスマスパーティー
財産形成	・社内預金制度，従業員持株制度，財形貯蓄制度 ・従業員拠出制年金	・社内預金制度，従業員持株制度，利潤分配制度 ・企業年金制度
社会保障関連その他	・健康保険付加給付 ・労災保険上積給付 ・ボランティア休暇，リフレッシュ休暇 ・育児，介護休業制度	・失業保険付加給付 ・労災保険付加給付，長期障害保険 ・有給休暇，休日，休憩時間，疾病休暇，介護休暇

リカ企業の方がその内容領域は広いといえるでしょう。

また，これまで日本で問題とされてきた企業内福利厚生の企業間格差の存在も，アメリカでも事情はまったく同じであり，一般的に企業規模が大きくなればなるほど，施策内容はより充実したものになっています。

このように見てくると，欧米諸国との比較で日本企業の福利厚生施策の特徴を見い出すとすれば，福利厚生費がどのような領域の施策に重点的に使用されているかといったことにあります。社会保障制度の充実度，労働者の生活水準の程度，労働慣行，従業員福祉の概念の違いなどが大きく作用し，そこに日本的な特色が見えてきます。

生計費補完型の福利厚生

厚生労働省をはじめ，数多くの機関・団体が企業の「福利厚生費調査」を行っていますが，日本経団連による「第58回福利厚生費調査結果」(2015年) で見ると，法定外福利費総額に対し，社宅や独身寮の維持のために48.9%，また日常消費生活費援助（ライフサポート）のための給食・購買・制服・通勤・託児所などに23.2%，医療・健康維持サービスに11.8%，文化・体育・レクリェーションに8.0%となっており，これで法定外福利費総額の92%ほどになっています。この数値の意味は，日常生活だけでなく余暇生活を含めた従業員とその家族の全生活を経済面でほぼカバーするといったことであり，ここに企業内福利厚生における従業員生活丸抱えの「生計費補完型」といった日本的な特色が見えてきます。

欧米諸国では，とくに海外赴任の場合の住宅の提供など，社宅や寮という給与住宅の事例がまったくないとはいえませんが，基本的に住宅問題は国や地方自治体が解決すべき問題とされています。これに対して日本では，給与住宅に対する費用負担の大きさや小規模企業までを含めた設置率の高さは，他国には見られない大きな特色です。また，理髪施設・社員食堂・保養所などの施設を自らの企業資産として自前で用意し，これを従業員に通常の市価よりも安く利用させる「現物提供型」のサービスがかなり大きな比重を占めていることも日

図表5　法定外福利厚生サービスの類型

		サービスの提供形態	
		現物支給型 （企業が自前で サービスの提供）	間接援助型 （他機関サービス利用 への経済的な援助）
提供のねらい	業務関連型 （業務上必要な サービスの提供）	給食，被服，通勤施設，社宅など	住宅（家賃の補助）
	生活支援型 （社員の生活支援 サービスの提供）	医療施設，慶弔	持家援助，保健衛生，購買，家族援護，共済会・保険

（資料）　中央職業能力開発協会編『労務管理3級』社会保険研究所，2007年を参照，簡略して作表。

本企業の福利厚生のもう1つの特色といえるものです。図表5は，伝統的な法定外福利厚生サービスを類型化した内容です。

　バブル経済の崩壊以降，後述するように，コスト削減要求の流れの中で伝統的な福利厚生施設の見直しや再建を志向する企業が増えています。しかし統計的には，なお根強くこうした福利厚生の日本的な特徴が広く見られます。従業員の日常生活に関する広範な面倒をきめ細かくみることで，労使の協調関係を維持していく経営政策的な配慮が引き続いているといえるでしょう。

社会保障補完的性格の希薄さ

　生計費補完的な施策への福利厚生費配分が圧倒的な比重を占めるならば，その裏返しとして社会保障補完的な施策への配分が少ないという事実が浮かび上がります。このことは，社会保障の水準が低ければ低いほど個々の企業における福利厚生施策の人事労務管理効果が大きくなるといったことから，企業側から国に対して積極的に社会保障水準の充実を要求してこなかったという歴史的

な事情もあります。「企業が社会保障の肩代わりをしている」といった現実を従業員にアピールし，従業員の企業に対する忠誠心や労使関係の安定を高める効果をねらったといえるものです。

図表6は，日本，韓国を含む欧米主要国の製造業における労働費用構成を示したものです。「現金給与以外」の割合の高さから「福利厚生の手厚さ」を見ていくと，フランスやスウェーデンの高さが目につき，日本はどちらかといえば福利厚生の手厚くない国に含まれます。また，福利厚生費の法定・法定外の割合構成で見てみると，日本は表中で最低の国に位置づけられます。

しかし労働費用に関し，各国により費用項目計上の取り扱いにばらつきがあるために単純な比較は困難です。たとえば欧米諸国では，「有給休暇・祝祭日支払い」のコストが明確に法定外福利費に計上されるのに対し，日本では明確になっていません。また欧米諸国の法定外福利は，概して退職金・企業年金への付加，医療保険への付加，失業保険への付加などのように，公的な社会保障を補完する施策に対して費用計上されていますが，日本の場合は公的年金を補完する退職金等の費用を別建ての項目で計上しています。こうした相違を考慮しながら，「現金給与以外」の項目から「法定福利費」を除いたすべて項目を総合して法定外福利費として見ていくと，その割合構成上，日本は他国と見劣りのない数値になっているのが分かります。

そうした中で，フランスやスウェーデンの法定福利費割合の圧倒的な高さが目立ちますが，これは社会保障制度の充実をもって労働福祉を推進していく国の政策方針と理解できるものです。一方アメリカの場合，法定福利費の割合が小さく，法定外福利費の割合がかなり高いことが特徴的です。アメリカでは，医療保険・企業年金・有給休暇の付与の3つが企業内福利厚生の主要な柱とされていますが，費用面でその大半を占めるのが医療保険です。これは，アメリカの健康保険制度と深くかかわりをもっています。本来的にアメリカには，個人による自助が基本にあり，公的な介入はできる限り避けるという行政スタンスがあります。それゆえアメリカの社会保障制度では，公的な医療保険制度は高齢者・障害者に対するメディケア，および貧困者に対するメディケイドに限

図表6　労働費用構成の国際比較（製造業）

(単位：％)

	日本 (2011)	アメリカ (2014)	イギリス (2012)	ドイツ (2012)	フランス (2012)	オランダ (2012)	スウェーデン (2012)	韓国 (2013)
計	100.0	100.0	100.0	100.0	100.0	100.0	100.0	100.0
現金給与	79.3	77.0	82.3	76.9	62.8	75.1	66.6	77.5
現金給与以外	20.3	23.0	17.7	23.1	37.2	24.9	33.4	22.5
法定福利費	11.1	7.9	8.1	14.1	26.3	10.3	20.8	6.6
法定外福利費	2.4	10.4	6.2	7.2	4.7	12.1	8.0	5.4
現物給付	0.1	－	1.2	1.0	0.2	1.0	1.2	－
退職金等	6.2	4.7	0.7	0.2	3.1	0.0	0.0	9.8
教育訓練費	0.2	－	1.5	0.5	1.9	0.7	0.6	0.5
その他	0.2	－	－	0.2	1.0	0.8	2.8	0.1

（注）　現金給与以外に関し，単位未満の数値を含むため内数と合計は必ずしも一致しない。
（資料）　労働政策研究・研修機構『データブック国際労働比較2015』より作表。

られており，一般の個人は民間保険会社の医療保険に私費で加入することが必要です。このため，企業が企業内福利厚生の一環として医療保険制度を設置していくことは従業員にとって魅力的なものであり，労働組合も強くその充実を要求してきました。一方，企業側にとっても有能な従業員の調達・維持という雇用管理上の有力な手段となるものでもあります。

　西欧諸国に比べて法定外福利費の割合が高いのは，近年の医療技術の高度化によって医療費が高騰し，医療保険の保険料負担が非常に高額になっているからです。その結果，福利厚生費の高負担が企業競争力の強化に減速をかけていることが問題となっています。たとえば，GMをはじめとする自動車産業が不振に陥り，大規模なリストラが行われた一因として，こうした高額の医療費負担があったとされています。しかし見方によれば，公的な社会保障制度の欠落部分を補っているという意味で，社会保障補完型の従業員福祉と見ることがで

きるものです。

　ところでアメリカ・オバマ政府は，2010年3月，失業や医療保険料高騰によって保険料支払いができなくなった数千万の無医療保険者の解消をねらった医療保険改革法を成立させました。しかしこの改革法は，日本の国民健康保険のような国民皆保険となる公的医療保険制度の創設をめざすものではなく，国民全員が民間保険に加入できるように，①加入条件を緩和し，②必要に応じて加入を政府が補助し，③保険加入者を厳選する民間保険会社を監督強化する，といった内容をもつものです。それゆえ企業内福利厚生としての医療保険制度の魅力は，従業員にとって失われるものではありません。

　これに対して日本では，企業内福利厚生施策としても見ることができる退職金制度（企業年金を含む）が退職老後の生活保障の重要な役割をはたしています。また企業内福利厚生の一環として，労災被災者に対する労災法定給付の上積み保障など，社会保障補完的な施策も一部に垣間見られます。しかし実際，法定外福利費の大部分が生計費補完的な施策に使用されている実情から見て，日本の企業内福利厚生はなお伝統的な旧来の性格を色濃く残しているということができるでしょう。

企業内福利厚生の再構築

　終身雇用・年功序列・退職一時金といった慣行が貫徹してきた歴史のある大企業では，これに日常生活から余暇生活まで面倒をみる広範な企業内福利厚生が加わることによって，大げさにいえば従業員とその家族はその一生を企業に依存しながら過ごしてきたというイメージが形成されます。たとえばその状況は，次のように語られます。

> 　学校卒業後すぐに入社して独身寮に入り，結婚後は社宅に移って，マイホーム取得のための頭金を貯める。30歳代前半で，企業の利子補給制度を利用してマイホームを購入，一国一城の主となる。会社ではまじめに仕事に励み，昼食は必ず会社の食堂で食べる。休みの日には，ときどきだが会社のテニスコートでテニスを楽しみ，社内運動会ではいつも率先して幹事を引き受ける。まとまった休みが取れると，会社の保養所を利用して旅行に行く。もちろん，職場旅行は毎年いちばんの楽しみである。病気になると，会社の付属病院のお世話になるが，医療費の個人負担分は後からちゃんと返ってくる。子供が上級の学校に進むたびに会社からお祝いをもらい，親族が亡くなると必ず会社の同僚が手伝いに来てくれる。そして，定年まで無事勤め上げ，退職金をもらって会社を去る（佐藤博樹他『新しい人事労務管理』有斐閣，1999年）。

　企業一家的・運命共同体的な経営風土の構築をめざす戦後日本型人事労務管理体制の中で，「世帯主の男性社員＋専業主婦＋子ども2人程度」といった標準家庭モデルを暗黙の前提として設計された恩恵的な企業内福利厚生の役割は，決して小さなものではなかったといえるでしょう。

しかし今日，とくに1990年代のバブル経済崩壊以降，その後始末としての徹底した経営合理化の動きの中で，終身雇用慣行や年功序列慣行の見直しが進められており，年功主義的人事労務管理から能力・成果主義的人事労務管理への変化の過程で，企業内福利厚生にもその見直しの波が押し寄せています。

1　企業内福利厚生再構築の背景

日本の企業の企業内福利厚生は，図表7に示すように企業内外の諸環境の変化によって，その抜本的な見直しが進められています。その諸環境の変化と企業内福利厚生が抱える課題を説明すれば，次のようなものです。

1　少子・高齢社会化

日本社会の高齢化は，出生率の低下と相まって急速な勢いで進んでいる。この影響は，企業における従業員年齢構成で高齢従業員の比重増加につながっている。その結果，企業内福利厚生における従業員ニーズにあって退職準備プログラム・企業年金制度など，従業員の老後生活の支援をはかる施策への関心が浮上する。また少子・高齢化は，法定福利における健康保険や年金保険の保険料負担の増大に直結することになり，このため総額人件費管理の観点から法定外福利厚生の徹底した合理化や質的転換を余儀なくさせる大きな圧力になっている。

2　女性の職場進出

日本社会の高齢化の大きな要因の1つが少子化である。その背景には，有職女性の「仕事と育児の両立」を支援する制度が十分に整備されていないことがある。男女雇用機会均等法の制定以降，女性の職場進出やキャリア継続意識が増大しており，少子化の抑制を実現するためにも有職女性が直面する出産や育児にともなう負担を削減する社内保育施設・ベビーシッター制度・育児休暇・短時間勤務制度など，就業継続を支援する施策の必要性が高まりを見せている。

図表7　企業内福利厚生を取り巻く環境変化

環境	課題	対応
高齢社会の進展	・企業の財務的ひっ迫 　①法定福利費の負担増 　②退職金支払い負担増 ・従業員構造の高齢化	・総額人件費管理の視点からの法定外福利費の抑制・削減 ・従業員の老後生活支援のための施策の拡充
女性の職場進出	・女性の継続的な就業の確保	・仕事と育児の両立を支援する施策の拡充
雇用の流動化	・雇用の流動化の足かせとなる施策の払拭	・中途退職，中途採用でも不利にならない仕組みの検討
雇用形態の多様化	・それぞれの雇用形態に応じた対応の必要化	・長期継続雇用社員と有期雇用社員の施策内容の検討
価値観の多様化	・ニーズの個別化と多様化への柔軟な対応の必要化	・施策内容の抜本的見直しと従業員の選択を組み込む運用

3　雇用の流動化

　日本経済のサービス・ソフト化の進展という産業構造の転換をマクロ的な背景としながら，バブル経済の崩壊を契機にして産業界では抜本的な産業間雇用調整・労働移動の必要性が高まりを見せている。しかしこれまでの福利厚生制度は，従業員の定着を促すことを大きな目的としており，こうした福利厚生の役割は雇用流動化の促進には大きな足かせになる。そのため，長期継続雇用を前提に設計される退職金制度，企業年金，従業員長期融資など転職が不利となるような施策の改正，つまり労働移動に対してメリット中立的な施策への転換がもとめられている。

4　雇用形態の多様化

　今日の企業では，長期雇用を前提とした新規学卒者の採用だけでなく，即戦力となる人材の中途採用や必要な期間だけ有期の雇用契約を結ぶ契

約社員，派遣社員，パート・アルバイト社員などのフレキシブルな雇用が増加している。このため，多様化した雇用形態の従業員に対応した福利厚生施策の検討が必要になる。長期雇用と有期雇用の「雇用の複合化」を提言した旧日経連は，長期雇用型の従業員に対しては「生涯総合施策」，有期雇用型の従業員に対しては「生活援護施策」としての福利厚生の提供を提言している。

5　価値観の多様化

生活水準の向上や社会保障制度の成熟化に応じて，従業員の生活ニーズは個別化・多様化の方向にある。一律的・画一的な現物給付中心のこれまでの福利厚生施策は「お仕着せ」の面が強くなり，その結果その利用頻度は小さくなっていく。個人の好みに幅が拡がり，またライフスタイルの変化に応じて，これまで見られなかった生活ニーズも強くなっている今日，施策内容全体の抜本的な見直しが要請されるとともに，従業員の個別のニーズに対応できる運営のあり方が問われている。

2　企業内福利厚生の再設計

法定外福利の統廃合

企業内福利厚生財政を取り巻くもっとも厳しい環境は，高齢社会の進展による法定福利費の負担増です。年金・医療財政のひっ迫から年金保険料率や健康保険料率が引き上げられ，福利厚生費の固定的な負担増が重くのしかかっています。実際，いくつかの会社の健康保険組合では，老人医療費の拠出金負担増に耐えきれずに財政難に陥り，自主解散するといった事態も生じました。

また一方で，バブル経済崩壊以降の経営合理化の一環として，総額人件費管理の観点から福利厚生費の抑制ないし削減がきびしく要請されています。こうした相反する圧力の下で企業がとりうる方策としては，その人件費節約が可能な法定外福利の徹底した見直しと合理化を進めるしか道はありません。

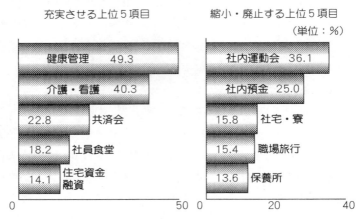

(資料) 労務行政研究所『労政時報』No.3344, 1998年を参照し作図。

　法定外福利の制度改革は，今日的な従業員ニーズに合う施策の重点化と費用対効果から見た施策の統廃合にあるといえるでしょう。図表8は，バブル後不況が深刻化し，企業が経営合理化を徹底していく時期にあって，上場企業を対象に福利厚生制度のうちで「今後充実させていく施策」と「縮小・廃止する施策」を問う調査結果を示します。健康管理，介護・看護など今日的な従業員の日常的な生活を支援する施策に重点が置かれ，今日的な若者の感覚からは「ダサい」とされる社内運動会・社内旅行，金利負担や管理コストを削減するための社内預金や保養所などが縮小・廃止の方向にあることがわかります。

　また福利厚生施設運営費用の削減のために，社宅や保養所などを閉鎖・売却し，同種のサービスを借り上げ社宅やリゾートクラブの法人会員化によって提供するなど，自社保有・運営から外部の専門サービス会社の活用へとアウトソーシング（外部委託）を進める動きも活発化しています。さらに極端なケースでは，福利厚生を廃止し，それを住宅手当や食事手当といった給与として従業

員に提供する動きもあります。たとえば、従業員の選択制ですが、松下電器が1998年に導入した「退職金前払い制度」における「退職金・福祉給付コース」は、退職金とともに福利厚生分も給与として支給するというもので、福利厚生面からの自立を従業員に促すことをねらっています。全般的にこうした福利厚生の統廃合は、従業員生活ニーズに応じた施策の重点的なスリム化とともに、福利厚生施策運用上の経費削減をねらった経営合理化の動きと理解できます。

女性の就業継続の支援

今日の福利厚生の新たな焦点の1つは、女性社員の就業継続を支援する施策の提供にあります。日本の女性労働における大きな特徴は、結婚や出産を契機にして退職し、その後育児の負担から解放されるに応じてふたたび勤め始めるといった「M字型の労働力率」を描くことにあります。この背景には、男女の性別役割分業意識がいまだ日本に根強く残り、家事・育児に多くの負担が女性にかかっていることがあります。1986年の男女雇用機会均等法の施行以降、多くの女性総合職が採用されてきましたが、同時に多くの女性総合職が退職しています。総合職として働いてきた女性たちの経験的な1つの結論は、「結婚と仕事の両立は何とかしのげるが、育児と仕事の両立はかなり難しい」ということにありました。

そのため、こうした働き続けたくとも働けないという女性の就業条件の改善をねらいとして、育児のために休業できる制度を法制化した「育児休業法」が1991年に制定され、1997年には介護休業制度や仕事と家庭の両立支援措置を盛り込んだ「育児・介護休業法」として改正整備され、さらにその後、2009年の改正を経て今日では、図表9のような内容で育児休業制度が運用されています。

これらの施策の中で、「育児とは1年間で終わるものではなく、少なくとも子どもが小学校に入学するまでは何かと手がかかるものである」といった観点から見れば、育児休業から職場復帰した後の就業支援が大きなポイントになります。こうした女性社員の仕事と育児の両立・調和を支援する企業としての象徴的な表現が「ファミリーフレンドリー企業」（family-friendly company：家族に

図表9　育児休業制度の概要

子の年齢	0歳	1歳	2歳	3歳～小学校就学始期
育児休業	・原則1年間の育児休業（義務） ・父母ともに育児休業を取得する場合，子が1歳2ヶ月に達するまで延長	・短時間勤務（1日原則6時間）の措置（義務）		・育児休業あるいは短時間勤務等に準じた措置（努力義務）
労働時間	・請求があった場合，所定外労働（残業や休日出勤）を免除（義務）			・制限時間を超えた所定外労働と深夜労働の禁止（義務）
看護休暇	・1人の場合は年5日，2人以上であれば年10日（義務）			
罰則	・法違反に対する是正勧告に従わない場合，企業名の公表			

※　表中の「制限時間」とは，月24時間，年150時間のこと。

優しい企業，通称ファミフレ企業）です。ファミフレ企業とは，もともとアメリカで生まれた用語で，働く母親（working mothers）が仕事を続けながらゆっくりと育児をしたいというニーズを満たすために，勤務形態や仕事量に柔軟性をもたせ，多様な働き方を認める制度を導入している企業のことをさしています。こうしたファミフレ企業の内容を日本の実情に即して述べれば，

①条件なく1年を超えて利用できる育児休業制度，対象となる家族の範囲に限定がない介護休業制度，育児・介護休業中の情報提供やスムーズな復帰のための教育訓練など，法を上回る基準の育児・介護休業制度を規定し実践している。

②育児や介護のための短時間勤務制度，フレックスタイム制度，在宅勤務制度など，仕事と家庭のバランスに配慮した柔軟な働き方ができる制度をもっており，かつ実際に利用されている。

③事業所内託児施設，育児・介護サービス利用料の援助措置，育児・介護等を理由に退職した労働者を再雇用する制度など，仕事と家庭の両立を可能にするその他の制度を規定しており，かつ実際に利用されている。

④仕事と家庭の両立を支援する考え方を経営方針に盛り込んでいる，労働者からの職場の両立支援についての意見や要望を受けて改善に取り組んでいるなど，仕事と家庭の両立がしやすい企業文化をもっている

といった特徴をもつ企業とされています。

厚生労働省では，ファミリーフレンドリー企業の普及に向けた取り組みを積極的に行っており，その成果があがっている企業で他の模範であると認められる企業に対し，1999年から「ファミリーフレンドリー企業表彰」を実施しています。なお2007年からは，「女性労働者の能力発揮を促進するための積極的取組」（ポジティブ・アクション）にかかわる他の模範とも言うべき取り組みを推進している企業を表彰し，これを広く周知し企業の取り組みを促すことを目的とした「均等推進企業表彰」と統合し，「均等・両立推進企業表彰（ファミリー・フレンドリー企業部門）」として実施しています。図表10は，2014年度に厚生労働大臣優良賞を受賞したＳ生命保険相互会社の活動内容の概要です。企業風土の改革，両立を可能とする制度の制定と周知に取り組み，男性の育児休業取得等の活用が進んでいるというのが受賞の理由になっています。

なおここでは，女性の就業継続支援という視点から女性就労に重きを置いた説明をしてきましたが，これらの制度は男性労働者をも対象に含んでいる点に留意してください。女性が本当に働き続けられるためには，たんに女性社員の育児・介護負担を軽減するという発想ではなく，男性社員も協力して育児・介護に携わっていくことが必要になります。育児・介護休業法はそうした男女の育児・介護への協力的な参画のあり方を予定した内容になっています。

しかし男性社員の育児休暇取得率の向上は見られず，出生率も依然低下し続けている現状に鑑み，政府は2003年に「次世代育成法」（2005年施行，2025年までの時限立法）を制定し，「労働者の仕事と家庭の両立をめざす雇用環境整備のための行動計画」の策定と届出を義務づけることで，少子化対策を一段と推し進

図表10　ファミフレ企業事例（2014年度表彰企業）

	具　体　策
両立支援に関する基本方針	・女性の継続就業支援について，ポジティブ・アクション情報ポータルサイトを活用し，社長自らが宣言 ・次世代育成支援対策推進法にもとづく認定（くるみん）を平成19年，平成21年，平成24年に取得
育児休業制度	・制度：子の３歳の誕生日前日の属する月の末日まで取得可。開始１ヶ月は有給 ・利用状況：平成25年度の男性の取得率21.4％　管理職，期間雇用者ともに利用している
介護休業制度	・制度：対象家族１人につき通算１年取得可
勤務時間短縮等の措置	・育児のための制度：①短時間勤務制度，所定外労働の免除（子が小学校を卒業するまで利用可）②育児サービス費用の補助（産後休暇，育児休業を通算６週間以上取得し，復職した労働者が利用可） ・介護のための制度：短時間勤務制度（対象家族１人につき通算１年利用可）
その他の制度	・看護休暇制度，介護休暇制度（子１人でも年10日，対象家族１人でも年10日の利用可） ・両立支援休暇制度（小学校就学前までの子の養育及び家族介護のため，月３日の利用可） ・転居しても転居先で勤務することができるファミリー・サポート転勤制度 ・自己都合退職の退職事由を問わず，再雇用を可能とするジョブ・カムバック制度
社内環境整備	・男性の育児休業取得推進のため，職員及び所属長あて「育休案内」メールを発信 ・育児・介護別「サポートがいど」等をイントラネットにより提供 ・管理職を対象に，ワーク・ライフ・バランスをテーマとした講演会等を実施し，意識改革を徹底 ・20時帰社を推進し，パソコンの利用時間制限等を実施

（資料）　厚生労働省HPを参照（2015年９月）。

めるようになりました。そして、行動計画に定めた目標を達成したことなど一定の要件を満たした場合には、次世代育成支援対策に積極的に取り組んでいる「子育てサポート企業」として認定し、その旨を示す表示（くるみんマーク）を広告や商品に付けることができるとするインセンティブをあたえています。また2015年度からは、とくに秀でた取り組みを行っている企業に対し、さらにグレードアップした「プラチナくるみん」の認定をあたえるようになりました。

従業員の自立支援の促進

今日の福利厚生が抱える大きな問題の1つは、大企業を巻き込んだ「戦略的中途採用」の増加、中高年者を含めてキャリアアップ転職を望む労働者の増加、さらには産業構造の転換による産業間雇用調整の実施といった雇用の流動化が進んでいる状況下で、それを阻害する足かせになっていることです。

これまでの福利厚生は従業員の定着を高めることにねらいがあり、従業員の長期勤続を前提とした制度設計と運用が行われてきました。そのもっとも特徴的な施策が退職金制度・企業年金・従業員長期融資といったものです。たとえばこれまでの退職金制度の場合、勤続年数の長さによって支給率が上昇していきますが、とくに勤続25年から30年の間にもっとも加速的・累進的に増加していく仕組みになっていました。このため40歳前後で1回転職した人の退職金受取総額は、一度も転職しなかった人の受取総額の約半分近くになってしまいます。図表11は、転職回数別の退職金受取総額とその格差を調査した結果を示すデータです。また自己都合による中途退職をした場合では、会社都合の非自発的退職の場合よりも低い懲罰的な支給率となっており、勤続20年から25年の時点でその支給額の格差は、平均すると15～20％程度ありました。

また企業年金にしても、これまでの確定給付型年金の場合、勤続年数が支給要件の大きな要素となっており、受給資格として加入期間を20年以上とするものが圧倒的に多いという現状です。さらに住宅資金を中心とした長期融資でも、それはいわば本人の退職金を担保として貸し付けられたものであり、中途退職する場合には一括返済しなければならないのが普通です。こうした経済的なデ

図表11 転職回数別の退職金受取額格差

(単位:万円)

転職経験ケース	退職金受取総額	非転職者との差	非転職者との格差
①非転職者	2683.2		100
②20年後に一度転職(計1回)	1527.4	1155.8	57
③10,20年後に一度ずつ転職(計2回)	1181.2	1502.2	44
④10,20,30年後に一度ずつ転職(計3回)	877.0	1806.2	33

(資料) 西久保浩二『日本型福利厚生の再構築』社会経済生産性本部,1998年を参照し,受取退職金の非運用のケースを作表。

メリットを鑑みて,「転職したくとも転職できない」といった状況が生み出され,福利厚生は従業員の労働移動を妨げていると批判されてきたのです。

また,福利厚生の魅力に対する従業員の意識が変化しつつあることも見逃せません。たとえば社宅・寮に関する意識調査(1997年)では,「家賃補助の方がよい」とする意見が約半数を占めています。また連合総研の調査(1997年)では,退職金について5人に1人が「退職金は賃金での支払い」を望み,「賃金か,福利厚生か」を問うた場合でも,7割の者が「多少福利費などを減らしても個人に直接払う賃金に回すべき」と考えていました。

こうしたことから,1990年代半ば頃より,福利厚生制度の改革に着手する動きが活発化していきます。たとえば花王は,「社員個人の裁量度の高い,より公平な支援の実現」をめざし,社宅・住宅融資・利子補給の廃止,住宅手当への統合といった制度改革を1994年に行います。また「備えと自立への支援施策への転換」を旗印にして,1995年にベネッセコーポレーションが日本で初めて

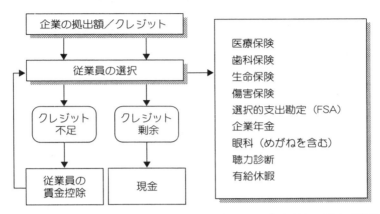

(資料) 石田英夫「米国系企業の福利厚生」(全国勤労者福祉振興協会『勤労者福祉』第39号, 1996年7月)を参照し作図。

「カフェテリアプラン」を導入し, さらに松下電器は1998年,「自立した人材の育成」をめざし, 選択制による退職金と福利厚生の賃金による全額払い制度をスタートさせています。こうした新たな福利厚生制度改革に共通するコンセプトは「従業員の自立支援」にあるとされています。

選択的福利厚生制度の導入

総人件費管理の視点からの福利厚生費の圧縮, 従業員ニーズの個別化・多様化に即した福利厚生施策の統廃合と新メニューの開発, 会社依存から脱却した自立的な従業員の意識改革といった多様な課題をいっきに引き受ける形で注目を浴びているのが, アメリカで1978年の税法改正によって普及が進んでいる「柔軟な福利厚生制度」(flexible benefits plan) です。これは, 俗に福利厚生の「カフェテリアプラン」(cafeteria plan) といわれるもので, 従業員各人にポイントないしクレジットをあたえ, 複数ある福利厚生メニューの中から従業員が必

要とする給付内容をポイントないしクレジットで自主的に選択・購入させる仕組みです。図表12に示す内容は，アメリカ企業における典型的なメニューですが，その内容に関して若干の補足をすれば，

① 単年度主義をとり，どの給付を選択するかを前年度末までに決め，結婚・出産・就職などの大きな事情変化が発生しないかぎり，年度内に選択を変更できない。
② 会社拠出の割当額（クレジット）を前提に従業員が選択した結果，クレジットが余った場合には現金が支払われ，支出が上回った場合には従業員の給与から差し引かれるが，翌年への繰り越しはできない。
③ 選択的支出勘定（FSA：flexible spending accounts）とは，医療費や扶養家族ケア（ベビーシッターや在宅ケアサービスなど）の費用を税引き前給与から支出できる仕組みで，従業員にとって節税効果がある。
④ 有給休暇を規定以上に欲しい人は増やす（買う）ことができ，休暇を必要としない人は減らす（売る）ことができる。通常は5日以内の有給休暇の売買が認められている

といった運用上の特徴があります。

アメリカ企業におけるカフェテリアプラン導入の主要な理由は，「医療費の抑制」と「多様な従業員ニーズの充足」にあります。医療費の抑制とは，すでに説明したように，アメリカでは一般的な勤労者のための公的医療保険制度がなく，法定外福利厚生として導入される医療保険料の高騰といった事情から生じたものです。一方，多様な従業員ニーズの充足とは，伝統的な家族構成（夫婦と子ども2人）が一般的でなくなり，片親家族・独身世帯・DINKs（Double Income, No Kids：子どもをもたない共稼ぎ夫婦）などが珍しくなくなり，ライフスタイルも多様化した結果，伝統的な家族形態を前提とした画一的な福利厚生プログラムでは従業員のニーズを満たすことができなくなったという事情によるものです。

日本では，旧厚生省の音頭によるカフェテリアプラン研究会（1993～1994年）などの活動を契機にして注目されるようになりました。日本の事情も考慮して

図表13 ベネッセコーポレーションのカフェテリアプラン

	メニュー	ポイント設定
生活支援	・住宅ローン・利子補給 ・借り上げ社宅利用	50 40
託児支援	・社内託児所利用	20
医療支援	・人間ドック・オプション補助 ・人間ドック補助 ・入院差額ベッド補助 ・医療費補助	利用金額÷1000 利用金額÷1000 2〜4 利用金額÷1000
介護支援	・ホームヘルパー利用補助 ・付添看護料補助 ・介護保険補助	3 2〜4 3 or 6
財形支援	・個人年金補助 ・住宅財形補助	3 or 6 利用金額÷1000

(注) 一律92ポイントの付与。ポイント単価は1000円。
(資料) 西久保浩二（2011）より作表。

企業年金・生命保険・住宅費補助・育児手当など複数のメニューを用意し，従業員が一定の範囲内で必要なものを選べる仕組みを考えてきました。この制度の下で従業員は，そのライフサイクルにあった福利厚生メニューを選択できます。たとえば，若年世代では住宅費補助や育児手当などを，中高年世代では老後の所得保障のための企業年金などを重点的に利用できるようになるのです。

こうした動きの中で，1995年にベネッセコーポレーションが日本企業の先駆けとしてカフェテリアプランを導入しています。図表13は，導入当時のプログラムメニューですが，大きく生活・託児・医療・介護・財形の5つの領域から構成されています。日本人全般の健康志向の増大や女性従業員が多いという事情も絡み，今日的な従業員の生活ニーズを反映した選択メニューが盛り込まれています。当初12のメニューで始まったカフェテリアプランは，その後，「い

ざという時の救済」「そのための備え」を福利厚生の基本理念としながら，2000年には20,2010年には31とメニュー数が拡張されていきます。また2010年の改訂では，翌年から付与ポイントも1人当たり92ポイントから238ポイントに増額され，金額換算すると年間23.8万円の支給になっています。こうした経緯から同社のカフェテリアプランは，日本におけるカフェテリアプランの1つの到達点であると評価する識者もいます。

　1990年代後半以降，たとえばファイザー製薬（1995年），西友（1996年），日本IBM（1996年），サイベース（1997年），阪急電鉄（1997年）と，カフェテリアプランを導入する企業が増えていきます。しかしその導入目的を探っていくと，アメリカの場合のように福利厚生費削減を主目的とはしておらず，①従業員ニーズの多様化への対応，②中途採用者も含む従業員間の公平性の確保，③企業のアピールやリクルーティングの効果，④能力主義的な人事制度にマッチする新たな企業風土の醸成，など多様であり，こうした特徴的な動きからこれを「日本型カフェテリアプラン」と説明されることもあります。

　カフェテリアプランは，企業側にとっては確度の高い福利厚生予算を組むことができ，またその浪費を抑え，効率的な利用を促すメリットがあります。また，これまでの現物給付の代表ともいえる保養所やスポーツ施設を自前で提供するいわば「重厚長大型」の福利厚生に対し，旅行クーポンの発行やフィットネスクラブの会員加入のように，専門サービス会社との提携を通じてかなりの部分を金銭的に処理できる「軽薄短小型」の福利厚生であり，メニュー編成上の迅速な変更もできる柔軟性を合わせもっているといえます。さらにまた，こうした福利厚生プログラムを専門的に提供する代行サービス会社の成長は，福利厚生のアウトソーシング（外部委託）を促し，人事労務部門自体のリストラをも刺激するものになっています。

　他方，従業員側にとっては，今まで福利厚生に対して無関心でいた者も自ら選択しなければならなくなるために，福利厚生に対する意識を高めることにもつながっていきます。図表14は，そうしたカフェテリアプランのメリットを含め，福利厚生サービス専門会社利用も組み合わせて従来の福利厚生制度を改革

図表14　T社の福利厚生制度改革

旧制度の課題	見直しの方向性
・施設提供中心の日常生活を補う色彩が強い ・単一的なモデルライフを想定した制度である ・環境変化や社員のライフスタイルの多様化に対応できない	・社員のニーズ，ライフスタイルの多様化に対応できる制度作り ・安心して勤務できるセーフティネットとなる制度 ・自立する社員を支援する制度（自分で考え，決定し，行動し，責任を取る）

⇩　　　　　　　　　　⇩

「自己設計型・主体的活用型」の福利厚生制度			
たからばこ	基本メニュー		住宅関連など，従来の制度を見直し継続して必要であると考えられ，会社が全員一律に支援するもの。新設を含む
	ポイント利用メニュー		保険補助・年金補助・健診補助などカフェテリアプラン形式。一定のポイントで社員が選択するもの
	WELBOXメニュー		全国宿泊施設，自己啓発，ライフサポートなど個人ニーズに合わせて選択し，提携料金（割引価格）で利用可

（資料）　労務行政研究所『労政時報』第3669号，2006年1月13日を参照し作図。

した酒造メーカーT社の事例です。当社は，それまでの福利厚生制度を全面的に見直し，継続して必要な制度は「基本メニュー」としてまとめ直す一方，カフェテリアプランとして社員個人がポイントに応じて任意に選択できる「ポイント利用メニュー」を追加し，さらに福利厚生アウトソーシング会社が提供するさまざまなメニューを格安料金で利用できる「WELBOXメニュー」を加え，これを"たからばこ"なる名称をつけた新たな福利厚生制度として導入して

図表15　P社のポイント制福利厚生制度

		内　容
ベーシックポイント		・全社員一律に，年120ポイント付与
インセンティブポイント	キャリアポイント	・能力ポイント 優れた能力により会社業績に貢献し，職制に任用されている場合。職能レベルに応じて20〜70の範囲で付与 ・業績ポイント 優れた成果をあげ，会社の当期業績にとくに貢献し，人事考課で高評価をえた場合。 Ｓ評価20，Ａ⁻・Ａ評価15を付与
	ヒューマンポイント	・社外における公的活動で社会的評価を受け社名を顕彰した場合。 Ｓ評価に20，Ａ評価に15，Ｂ評価に10を付与
	チャレンジポイント	・資格ポイント 業務上必要な公的資格などを取得した場合。 たとえば社会保険労務士30，税理士40，中小企業診断士20，上級シスアド30，産業カウンセラー初級15，日商簿記検定1級20，ＰＣ検定試験1級15，ビジネスマナー検定1級30 ・テストポイント 社内テストで好成績を修めた場合。 Ｓ評価20，Ａ評価15，Ｂ評価10

（資料）労務行政研究所『最新人事管理の改革実例集』2002年を参照し作表。

います。そして当社は，この改革によって，同時に法定外福利厚生費を約10％削減したとされています。

　最後に，人事労務管理の能力・成果主義化の流れを受け，これまで生活の基盤の保障として仕事の成果にかかわりなく，一律的に支給される福利厚生制度

の能力・成果主義的処遇化をはかる企業も現れてきたことを指摘しておきましょう。人材派遣業界大手のＰ社では，カフェテリアプランを導入していますが，その運用にあって能力向上・業績貢献度などに応じてポイントを追加し，処遇格差が出る仕組みとしています。たとえば，社外活動で評価を受けた社員には最高20ポイント，税理士の資格取得者には40ポイントを追加，優れた能力を発揮し業績貢献した場合は20～70ポイントをあたえるといった具合です。図表15は，その全体像を示したものです。

　また，あるレストラン・グループでは，ポイント制福利厚生制度として，従業員一人に毎月400ポイントの基礎点を付与すると同時に，優れた業績を上げた者を毎月月間MVPとして選出し，基礎点の他にインセンティブ・ポイントを付与する仕組みを作り上げています。有能な従業員の引き留め策としてだけでなく，人件費をほとんど増やさずに従業員のモチベーションを上げるのに役立っているとされています（NHK『クローズアップ現代』2008年7月放映）。

　平等主義を理念として運用されてきた福利厚生制度にインセンティブ機能をもたせ，従業員の自己啓発やキャリア形成を促し，処遇の自己責任体制を一段と強化することをねらいとした新たな動きということができるでしょう。

LECTURE 10

労使関係管理

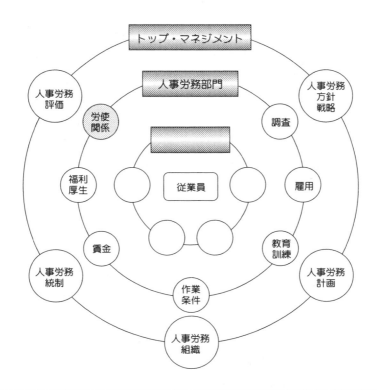

Ⅰ 労使関係管理とは何か

1 労使関係の意味

労使関係の本質

　資本主義経済社会における企業の事業活動は，企業が労働者を雇い，労働者の労務提供に対して報酬としての賃金を支払う「賃労働」を基盤に展開されています。この賃労働の下における雇い主としての企業と雇われる者としての労働者のもっとも重大な関心事は，「労働の対価」ないし「労働力の価格」としての賃金額と労働時間を主な内容とする労働条件の取り引きと決定にあります。

　ここで留意すべき点は，本質的に企業と労働者の経済的な利害は相反したものになっていることにあります。というのは，企業はその利潤追求の動機から，労働者を「できるかぎり長時間，低賃金で働かせたい」（労働力をできるかぎり安く買いたい）とする一方，労働者はその生計維持・向上の動機から，「できるかぎり短い時間，高い賃金で働きたい」（労働力をできるかぎり高く売りたい）と考えているからです。本質的な意味で「労使関係」とは，この労働条件の決定をめぐって対立する「賃労働者と企業の関係」（labor-management relations）のことをさしています。

　こうした労働条件をめぐる経済的な対立関係を内在した状況の下で，もし労働者が個別に，すなわち「個別的労使関係」（individual labor relations）の下で企業と労働条件の取引交渉を行えば，その経済的地位の格差から概して労働者に不利な形で労働条件が決定されてしまいます。このため労働者は，自発的に労働者の集団，すなわち「労働組合」（labor union）を結成して，その「交渉力」（bargaining power）を強め，集団的に「団体交渉」（collective bargaining）を通じ

て労働条件の決定・改善をはかるようになります。この結果，労使関係の内実は「労働組合と企業の関係」(union-management relations) という「集団的労使関係」(collective labor relations) になって現れてくるようになるのです。

　こうした労使関係の実際的な関係は，企業主としての使用者の労働者や労働組合に対する考え方，労働組合の発達の度合い，政府の労使関係に対する法的規制の状態などによって歴史的に変化しており，図表1のようにその発展段階に応じて類型化することができます。

　日本を含めた「現代の労使関係」は，政府の労働立法や行政による規制の枠組みの中で，労働者（および労働組合）と使用者（および使用者団体）との間に形成される多様な関係となって現れています。そしてこの労使の諸関係は，労使間の団体交渉を通じて締結される「労働協約」(collective agreement) として明文化される公式的なものから，慣習・慣行 (custom and practices) として伝統的に形成されてきた暗黙的で非公式なものまでを含んだ広範な「規則」(rules) によって秩序づけられています。また，こうした規則は固定的なものではなく，政府の労働政策の変更や労使間の交渉や協議による新たな合意形成を通じてその内容が変化する，きわめて動態的なものでもあるのです。

日本の労使関係の特徴

(1)　労働組合の役割

　はじめに，労働組合の普遍的な役割を説明しておきます。労働組合とは，労働者が自発的な意思にもとづき，労働生活の諸条件を維持・向上することを目的として組織する民主的な団体のことです。労働組合は「組合員の労働生活の諸条件を維持・向上する」という目的を達成していくために，

①生活相談，共済活動，文化・レクリェーション活動などを通じ，組合員の日常的な生活面における相互扶助を行う「共済的機能」

②使用者と団体交渉を通じ，要員・配置転換・労働時間・賃金・福利厚生・教育訓練などの雇用・労働条件に関する取引を行う「経済的機能」

③立法化運動などを通じ，政府に対して労働時間や最低賃金，社会保険や社

図表1　労使関係の歴史的な類型

類型	時代	特徴
専制的原生的労使関係	19世紀半ばまでの産業革命期	・労働組合は存在せず，労働者の人間的諸権利も認められず，労働条件は使用者としての資本家によって一方的に決定された ・長時間労働，過密労働，低賃金，劣悪な作業場環境が一般的
温情的慈恵的労使関係	19世紀後半から20世紀初頭	・労働力の摩滅防止とその有効利用への意識的な対応が見られ始め，また，熟練労働者を中心とする職業別労働組合が定着し，その対応が必要となった ・基本的には専制的色彩を強く残すが，使用者側からの温情的・慈恵的なサービスが供与された
緩和的協調的労使関係	1910年代から1920年代	・所有経営者としての資本家に代わって専門経営者が台頭し，労働力有効利用の洗練化が進んだ。また，不熟練労働者中心の産業別労働組合も生成，発展した ・労働組合否定の暴力的対応がある一方，温情的・慈恵的サービスを中心に労使関係対立の緩和をはかり，産業平和のための労使協調を模索した
民主的対等的労使関係	1930年代以降今日に至る	・専門経営者が使用者として定着し，また，新たに政府が労働保護法・行政を通じて労使関係当事者として登場した。さらに，労働組合が社会的に承認され，その定着化が実現された ・労使間の利害対立する問題は団体交渉で，また，利害が共通する問題は労使協議制でという基本的なルールが確立。労使の安定的な関係維持の必要性を認め，政労使三者の民主的・対等的関係の維持をはかる

（資料）　神戸大学経営学研究室編『経営学大辞典』中央経済社，1988年，および森五郎『新訂労務管理概論』泉文堂，1976年を参照し作表。

図表2　労働組合の役割

	手段・方法	活動
共済的機能	相互扶助	生活相談　共済活動　文化・レク活動
経済的機能	団体交渉 労使協議	①適正な雇用・就業条件の実現 　　要員　配置・職種転換　労働時間 　　安全衛生　教育訓練 ②適正な評価・報酬の実現 　　賃上げ　一時金　賃金・評価制度 　　退職金・企業年金　福利厚生
政治的機能	政策・制度要求 選挙活動	労働時間　最低賃金　社会保険　社会保障制度など

(資料)　中央職業能力開発協会編『労務管理2級』社会保険研究所，2007年などを参照。

会保障などの政策・制度改革にかかわる「政治的機能」という大きく3つの役割をはたしています。図表2は，労働組合機能の全体像を示しています。しかし今日，これらの中で団体交渉による経済的機能がなお中心的な役割をはたしていますが，経済社会の複雑化に応じてその政治的機能の重要性が高まってきているといえるでしょう。

(2) 日本の労働組合組織の特徴

労使関係の一方の当事者となる日本の労働組合は，戦前では非合法・抑圧の対象でしたが，戦後のGHQ主導の経済民主化の過程でその育成がはかられ，急速な発達を示しました。そしてその組織形態は，ごく少数の例外を除いて企業別に縦断的に組織された職工合同の単一組合が基本単位となっており，今日の日本における組合組織の大多数がこの形態です。まずこの点が，欧米諸国で一般的である企業の枠を超えて横断的に組織されている「職業別／職種別組合」(trade/craft union) や「産業別組合」(industrial union)，「一般組合」(general union) との大きな違いであり，このような労働組合組織形態を「企業別組合」(enterprise union) と呼んでいます。そして，このような組合組織を基礎にした労使の関係を「企業別労使関係」と呼び，終身雇用・年功序列とともに日本的雇用慣行の特徴を構成する三本柱の1つとされてきました。

　労働組合運動の史的発展から見れば，もちろん日本でも，戦前の労働組合運動は鉄工・活版工などの熟練労働者を中心に企業横断的な職業別／職種別組合として組織化され，それなりの発達を見せるのですが，労働組合自体が非合法の団体として政治的な抑圧の対象となり，戦時中にまったくその姿を消してしまいます。そして敗戦後の日本経済の復興の過程で，雇用・職場確保といった労働者の切実な要請にもとづく企業防衛の立場から，企業ごとに労働組合が形成されていったという歴史的な事情が，日本の労働組合組織を企業別のものとしていった大きな理由といえるでしょう。

(3) 日本の労使関係の特徴

　日本の労使関係の特徴は，労使間の根本的な経済的利害対立という内在的な関係を認めながらも，それを克服すべき「労使協調主義」といった理念を基礎に置く労使関係であるということです。これは，企業と労働組合の双方ができるかぎり紛争を避け，お互いに相互の立場を理解して妥協・調整していくという現実的な立場を重視する労使関係のあり方ともいえます。

　このような労使関係が形成される大きな理由の1つは，労働組合の構成員上の特徴にあります。一般的に，労使間の協定で労働組合の組合員資格と従業員資格を結びつける制度として，

　①労働組合への加入・脱退・未加入は労働者の自由とする「オープン・ショップ制」(open shop system)

　②企業は非組合員を雇用することができるが，正規に雇われた者は一定期間内に組合に加入しなければならず，また労働組合から脱退した場合は解雇となる「ユニオン・ショップ制」(union shop system)

　③企業は労働組合員から労働者を雇用しなければならず，また労働組合からの脱退は解雇となる「クローズド・ショップ制」(closed shop system)

図表3　組合執行委員出身の重役の割合

重役中に労組執行委員経験者のいる会社数	232／313（社）	74.1％
労組執行委員を経験したことのある重役数	992／6121（人）	16.2％

（資料）　日経連「労働問題研究委員会報告」1982年より作表。

といった3つのショップ制がありますが，日本ではクローズド・ショップ制というものはなく，多くの場合，ユニオン・ショップ制が採用されています。

このため日本における労働組合の構成員は，すべてその企業の正規従業員だけとなり，しかもブルーカラーもホワイトカラーも同じ構成員となる「職工混成の組合」となって現れています。その結果，これまで終身雇用慣行の下に，図表3が示すように，かつては労働組合の執行委員として労働者側の立場で発言・行動してきた者が，今度は逆に経営側代表となって団体交渉や労使協議に臨むといったこともマレではない状況が生まれており，労使の当事者はともに相互の事情に精通し，人間関係的にも親密な労使関係の基盤が形成されてきたのです。

欧米諸国では，一般的にブルーカラーとホワイトカラーは合同することはなく，両者は別個の組合を形成するのが普通です。また，企業横断的な組織形態のために労働組合は企業外の組織として存在し，いきおい団体交渉では，各企業との労働条件の均質化をはかるために統一的な要求を出し，個々の企業の個別事情が考慮されることはほとんどありません。労使の利害が直接的に正面からぶつかり合い，労働組合はその交渉力を武器にして「より多く」を経営側から引き出すことを目的としていきます。

これに対して日本では，企業別組合であるがゆえに，労働者の労働諸条件を決定する団体交渉は，身内で，すなわち企業別に行われます。そしてその際，企業業績の向上が従業員の労働諸条件向上の前提となっており，労使共同で企業業績（パイ）を増大することが共通目的として成り立ちます。このため，同

業他社（およびそこに働く労働者たち）をライバル視するとともに，労使一体となって企業業績の向上に資する生産性の向上にも積極的に協力し，企業業績に貢献する経営改善の提案も行っていきます。

一方で当然のことですが，パイの分配をめぐる対立はあります。しかし企業別組合は，自社製品・サービス価格が競争的レベルを上回り，企業業績を悪化させるような労働条件の引き上げを自ら抑制する傾向にあります。つまり労働組合には，会社の危機存亡に際し「会社がつぶれたら元も子もない」といった妥協の意識が常に働く一方，経営側にも「今回の借りは次回に返す」といった配慮が働くために，決定的な対立に陥るケースはほとんど見られません。

しかしこうした労使関係は，企業と労働組合とのなれあいの感を抱かせることもあるために，当該組合は「御用組合」（company union），経営側が意図する人事労務施策を従業員へ浸透させる「第二人事部」と揶揄されることにもなります。また場合によっては，経営側に都合のよい労働組合にするために，組合役員人事への介入・組合幹部の懐柔・戦闘的な組合活動家の排除や圧迫・組合の組織分裂工作など，不当労働行為となるような組合運営への支配・介入を引き起こしやすい素地を生み出す結果にもつながります。図表4は，これまで通説的に指摘されてきた日米の労働組合の諸局面を対比した内容です。

2 労使関係管理の意味と意義

労使関係管理の対象

現代の先進諸国における労使関係は，政府・労働者（および労働組合）・使用者（および使用者団体）といった三者の「当事者」（actor）で構成されているというのが定説です。しかし通常の場合，政府は労使関係の直接的な当事者というよりも，法的手段や行政指導を通じて労使関係を調整する役割を担っているということができます。

このため現代の日本を含む先進諸国における労使関係は，政府の法規制的枠

図表4　労働組合の日米比較

局面		企業別組合（日本）	全国組合（米国）
企業内組合組織面	企業内組合の性格	・企業別組合として独立した主権をもつ組合組織単位として存在。上部組合に加盟していても，その決定の拘束力はない	・企業内にある組合は全国組合の地方支部，地方組合として存在。主権は上部の全国組合にあり，自治権は限定的
	組合員の資格　組合役員の性格	・特定企業の正規従業員のみ。組合役員も在籍従業員から選出される ・組合役員は交代制で選出されるために組合運動のプロではなく，基本的にはアマチュア	・特定企業の正規従業員であることが絶対的な資格要件とはならない ・支部組合役員として全国組合から組合運動のプロが派遣されてくる場合もある
組合活動面	組織活動	・ふつうユニオンショップ協定が結ばれるために，組合員確保の組織化努力は必要ない	・組合員確保の組織化活動は組合の交渉力向上の大原則ゆえに，常に積極的な活動が行われる
	団体交渉	・企業内交渉となり，交渉要求も企業の個別事情を反映したものになる。 ・自前の独立した組合財政のためにストライキ資金も乏しく，交渉力としてのスト権も限定的。企業間競争のために，ストを制限する傾向もある	・企業との交渉は地方支部が行うが，各企業の労働条件の均質化をはかるため，本部の統制・指導を受ける。 ・全国組合が基金としてストライキ資金を確保。違法の同情ストが戦術とされることもある
	協約内容	・採用，定員管理，配置転換，個別の昇給配分などあいまい，かつ不明確のため，規制力は乏しい	・文書によって細かく明文化される。ルールによる秩序維持が原則であり，その規制力は強い

（注）　地方支部としてのローカル（local union）には，一般的には複数の企業の労働者が所属するが，たとえば自動車の工場のように，大企業の従業員数が多い1事業所が1つのローカルとなる場合もある。

組みの中で,
　①個々の企業の労働者（および労働組合）とその企業の使用者との間で形成される事業所・職場レベルも含む企業内の関係としての「企業レベル」
　②鉄鋼・電機・自動車・運輸など，産業別に連帯する労働組合と産業別の使用者団体との間に形成される関係としての「産業レベル」
　③労働組合のナショナル・センター（労働組合の全国連合組織）と使用者の全国団体との間に形成される関係としての「全国レベル」
　④企業の多国籍化を契機として，進出諸国の労働者と自国の労働者を含めて形成される「超一国」の関係としての「国際レベル」
といった4つの多層的な構造をもって現れます。

　このような多層的な労使関係の中で，人事労務管理の専門的職能の1つを構成する労使関係管理の対象となる労使関係は，人事労務管理施策の効果がおよぶ企業・事業所・職場レベルにおける「企業内労使関係」(enterprise/workplace industrial relations) にあります。そして，労使関係管理における企業内労使関係の取り扱いに関して，欧米諸国では企業外で行われる職業別／産業別団体交渉で決定・締結された労働協約の適用・運用をめぐる局面や，労働協約の細目を具体的につめていく局面で重要な対象となります。

　しかし日本の場合では，加盟している上部の組合連合体の指導や援助を受けながらも，企業別労働組合による団体交渉が企業レベルで行われるために，労働諸条件の決定過程となる団体交渉そのものも含むあらゆる労使関係業務が労使関係管理の対象になっていくのです。

　なお，日本における上部の労働組合連合体は，
　①企業別労働組合が行う賃上げなどの労働条件の交渉を指導・援助する機能
　②賃金などの基礎的情報の収集・提供を行う情報センター機能
　③組織拡大や組合教育などの組織化機能
といった労働組合運動上の役割を担うとともに，政府に対する政策要求といった政治的運動の役割も担っています。図表5は，欧米諸国と日本の組合組織の構造を示したものです。

図表5　労働組合組織の構造

	日本の場合	欧米先進国の場合
国レベル	ナショナル・センター （産業別連合体の連合体）	ナショナル・センター （単位組合の連合体）
	⇧	⇧
産業（職業）レベル	産業別連合体 （単位組合の連合体）	単位組合 （産業別，職業別組合）
	⇧	⇩
企業レベル	単位組合 （企業別組合）	単位組合の支部 （local union）

（資料）　中央職業能力開発協会編『労務管理3級』社会保険研究所，2007年を参照して作図。

労使関係における2つの社会関係

　企業の生産活動は，労使間の合意により労働・就業条件に関する規則が決定され，そしてその規則にもとづき労働者が実際に仕事を行うことで成り立っているといってよいでしょう。こうした点から見ると，労使関係には大きく2つの社会関係が内在していることがわかります。

　その1つは，賃金・労働時間などの労働条件やその他の就業条件といった実体的な諸規則を決定・改善していくプロセスとなる「交渉」（bargaining）の局面です。労使で規則を形成していく局面ですが，ここでは労使の利害が直接ぶつかり合います。専門的には，広く雇用条件決定をめぐる労働力の経済的取引関係となる「労働関係」（LR:Labor Relations）を意味していますが，この取り引き交渉が，労使の信頼関係をベースにして民主的・合理的・誠実かつ公正に行われ，むだな摩擦が生じないようにすることが労使関係管理上の重要なポイン

トになります。

　もう1つの社会関係は、合意・決定された労働・就業条件で労働者が仕事に従事している局面です。労働者はそれぞれの職場に配属され、上司となる管理者の指揮・命令下に割り当てられた仕事を行っていきます。これは、職能的な協働関係となる「従業関係」(ER:Employee Relations) といわれる社会関係を意味しますが、この従業関係における人事・賃金・就業の秩序づけは労使間で合意された諸規則に則って行われていきます。

　しかし実際の労働の現場では、従業員に適用される諸規則の解釈と運用をめぐって、その齟齬が必ずといってよいほど生じます。そのため労使関係管理上では、現行の諸規則が日常的に忠実に執行されているか、現行諸規則の運用上に従業員の不満はないか、新たな規則を作る必要性があるかなどを監視するだけでなく、「苦情処理手続き」(grievance procedure) を制度化して従業員の不平や不満を吸い上げ・解消し、諸規則の改定や新設の場となる労働関係に悪影響をあたえる芽を事前に摘み取る努力が必要になるのです。

　以上のような労使関係の実態から、労使関係は「労働関係」と「従業関係」という2つの社会関係で構成されているということができます。労使関係の内容をこのような2つの社会関係から説明する場合、「広義の労使関係」と特定することがあります。専門的には「産業関係」(IR:Industrial Relations) という用語が使用されることもあります。

労使関係管理の意義

　これまでの説明から、企業組織は分業と協業で組織的に構成される生産的な社会集団であることがわかります。そして企業としては、この社会集団としての「経営社会の労働秩序」を安定・維持し、生産的な状態を作り上げていく必要があるといえます。

　その際企業が、従業員の威圧や労働組合の抑圧などの強圧的な手段で労働秩序の安定をはかり、しかも劣悪な労働・就業条件や労働強化を強行すれば、一時的には大きな利潤獲得を実現できるかもしれません。しかしそこには、従業

員の経営に対する反目・反感・憎悪が高まり，離職・欠勤・規律違反・モラール低下・紛争の増大による組織の不安定をもたらし，中・長期的には生産阻害や生産性低下を導く結果になることが確実視されます。こうした意味で，民主的・合理的な方策にもとづく生産的な経営労働秩序の安定・維持は，企業存続を含めて長期的な企業目的達成のために不可欠な基礎的条件になるということができるでしょう。

　生産的で安定的な経営労働秩序を確保するためには，2つの社会関係，すなわち労働・就業条件の決定をめぐる経済的取引関係としての「労働関係」と合意・決定された労働・就業条件下における職能的な協働関係としての「従業関係」を統合的に安定・維持していく必要があります。この2つの社会関係の安定・維持に関し，人事・賃金・就業秩序の規則決定の場となる「労働関係の安定・維持」には「労使関係管理」(labor relations management) がその役割を担い，一方「従業関係の安定・維持」には，人事・賃金・就業秩序を規則に則って運用していく「人事管理」（労使関係管理を除く人事労務管理の基本職能）がその役割を担っています。それゆえ「労使関係管理とは，労働・就業条件の決定をめぐる労働関係の対立的な関係を民主的・合理的に調整・緩和し，可能ならば協力関係の形成を通じて生産的な経営労働秩序の安定・維持の実現をはかる一連の管理施策である」と定義することができます。

　以上の説明から，労使関係管理の本質的な役割は，従業関係を秩序づけるための「実体的な諸規則」(substantive rules) を決定する局面となる労働関係の安定・維持にあるということができます。しかしここでもっとも重要な留意点は，従業関係と労働関係はその両者の安定・維持に関して相互依存的だということです。組合運動の抑圧，団体交渉の不当な拒否や引き延ばし，要求に対する不誠実な回答，専断的な苦情無視などが続き，労使が相互に不信感を抱くような不安定な労働関係の下では，従業員として仕事をする上でも面従腹背的な従業関係をもたらし，ちょっとしたトラブルでも大きくなり，円滑な業務遂行の支障になってしまいます。一方，従業員を組織階層的に規定する「人事秩序」，金銭的な処遇面を規定する「賃金秩序」，そして労働時間など働き方を規定す

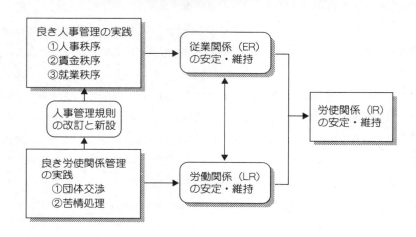

る「就業秩序」という従業関係の局面で生じる不平・不満が適切に解決されなければ，労働組合は強い態度で異議申し立てや団体交渉に臨み，労働関係は不安定なものになってしまいます。経営労働秩序の安定・維持は，図表6に示すように，労働関係と従業関係の両者が車の両輪のように統合的に安定・維持されて初めて効果的に実現されるものなのです。

労使関係管理の内容

　労使関係管理とは，労働・就業条件の決定をめぐる労働関係の対立的な関係を民主的・合理的に調整・緩和し，生産的な経営労働秩序の安定・維持の実現をはかることを目的とする人事労務管理施策です。そしてここで重要な留意点は，労働・就業条件の実体的な内容そのものではなく，そうした労働・就業条件が決定・変更される「過程」（process）がいかに公正に，民主的に行われているかということにあります。

　現代の日本では，図表7に示すように，労働組合と使用者（企業）との関係となる「集団的な労使関係」を規制する法体系が整備されています。これらの中で労働基準法は，労働・就業条件の実体的な内容の最低基準を規制するものです。労働組合法は団結権・団体交渉権・争議権といった労働者の労働三権を法的に保証することで，労働組合による団体行動を助成することをねらいとする一方，労働関係調整法は，団体交渉が不調な場合に斡旋・調停・仲裁といった手段を講じて労働関係の安定をはかることを目的としたものです。

　こうした法的な枠組みの中に現実の労使関係はあります。そして労使関係管理を構成する一般的な内容は，

　①労働・就業条件決定の手続きとなる「団体交渉」
　②交渉合意内容を公式に確認する手続きとなる「労働協約」
　③労働協約の適用と運用上の公正を確保する手続きとなる「苦情処理」

を主たる内容とし，これに加えて日本では，企業別労使関係の枠組みから必然的に派生するといってもよい労使協調的ないし労使協力的な労使関係を構築するために，

　④労使間の意思疎通を円滑にする「労使協議制度」や各種の「経営参加」の施策

が労使関係管理の重要な内容として組み込まれます。

383

図表7　労使関係を取り巻く法規制

法律	その目的
日本国憲法 （第27，28条）	・労働者の人間らしい生存や幸福追求の自由の権利を保障する
労働組合法	・労働者の上記権利の行使のために，労働者が労働組合を組織し，場合によってはストライキなどの団体行動に訴えてでも使用者と団体交渉し，労働協約を締結することを助成する
労働関係調整法	・集団的な交渉が不調に終わり，紛争になった場合，調停や話し合いを円滑化する機構を整備して労働関係の安定を維持する
労働基準法	・労働条件について，使用者が守るべき最低限の基準を定め，さらにこれを基準としてその向上をはかることを助成する

1　団体交渉と労働協約の締結

　労働側にとって団体交渉とは，労働者（労働組合）が使用者（企業）との交渉において対等な立場に立ち，労働者の労働・就業条件を維持・向上させることを目的とした交渉の手続きです。しかし労働組合法は，具体的に団体交渉で取り扱うべき内容を定めていないために，交渉事項は個別に労使で決めていくことになります。団体交渉は，経営側の労働・就業条件に関する自由裁量権に一定の制限を加えるものだけに，基本的に経営側は交渉事項をできるかぎり少ないものにしようとするのが普通です。それに対して労働組合側は，できるかぎり交渉事項を増やすことで，労働者に不利な施策の展開にチェックをかけようとします。それゆえ交渉範囲をめぐる労使の駆け引きは，基本的に労使の力関

係のあり方によっているということができますが，一般的に次のようなものが交渉事項とされています。

1　労働条件その他の待遇
賃金・賞与・退職金・労働時間・休憩・休日・休暇・安全衛生など。さらに勤務場所や労働環境なども労働条件に含まれる。

2　人事に関する事項
配置転換・懲戒・解雇などの基準や手続き。

3　経営事項
事業所の移転による配置転換など労働条件の変更をともなう経営事項。

4　労使関係事項
ユニオン・ショップ制，組合員の範囲，便宜供与，組合費のチェック・オフ（給与からの天引き），団体交渉の手続き，ストに関する規則など。

5　労働協約に定めた事項
すでに労働協約に定めている事項の解釈・適用に関する問題。

そして次に，合意・決定された内容を文書で確認する手続きが「労働協約の締結」となります。これらの内容で，労使相互信頼の原則，労働組合活動，賃金体系，始業・終業時刻，労働時間・休日・休暇，定年制，表彰・懲戒など，変化が少なく概括的に決定できる事項は「労働協約」として，また賃金・賞与・福利厚生・教育訓練計画など，年々変化する事項や細目にわたる事項は「労使協定」の形をとることが多いといわれています。そして企業は，こうした取り決めを踏まえて従業員代表となる労働組合の意見を聴取しながら，従業員取り扱い上の人事秩序・賃金秩序・就業秩序の実体的なルール，すなわち個別労使関係を律する「就業規則」（work rules）を作成していくのです。

就業規則は，使用者が一方的に作成するという性格と職場における実体的なルールであるという重要性に鑑み，労働基準法は就業規則の内容に一定の規制を設けています。それは，

図表8　労使間取り決め内容の効力関係

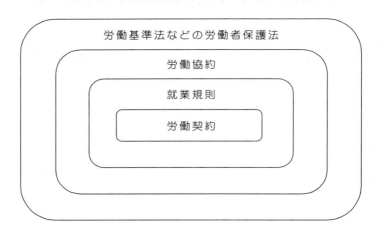

①就業規則は法令や労働協約に違反してはならない。

②法令や労働協約に違反する就業規則に対して，労働基準監督署長は変更命令を出すことができる。

③就業規則に反するような使用者・労働者間の合意は無効とする

といったもので，法令・労働協約，就業規則，個々の労働契約の効力関係は，図表8に示すように，「法令・労働協約＞就業規則＞個々の労働契約」という形で効力順位が決められています。

　ところで，労働協約締結に至るまでの団体交渉には，欧米諸国の場合と同じのように，企業の枠を超えた労使間での「統一交渉」の形をとるものもあります。その1つが日本で唯一の産業別単一組合である全日本海員組合（JSU）の場合です。しかし日本では，企業別に組織される企業別労働組合が圧倒的に多く，その企業別組合が産業別の上部組合（たとえばUAゼンセン，自動車総連，電機連合など）に加盟してその指導を受けるにしても，団体交渉自体は企業別組合とその個々の企業との間での「個別交渉」が一般的です。また労働協約で交

渉手続きを取り決める場合，労働組合法上の「交渉権限」に関連して「交渉委任禁止事項」を取り入れ，団体交渉の労働者側代表を企業別組合に限定し，外部の人間がその交渉にかかわることを禁じる方策をとっている場合が多いといわれています。このため日本の企業における団体交渉は，個別企業とその企業の従業員だけで構成される企業別労働組合との交渉となり，団体交渉は相互の事情を配慮した労使協調的な過程を踏むものになっていきます。

こうした交渉方式では，個々の企業の特殊事情が考慮されずに一律的な労働条件が決定される統一交渉とは異なり，競争他社動向・企業業績・生産性・支払い能力など個々の企業の特殊事情が配慮されることで，かなり弾力的にその内容が決定されていきます。このことは，経営側にとっては企業経営上に大きなメリットをもたらします。たとえば企業業績が低迷している場合，春闘でたとえ世間相場がどうあれ，現実に企業の支払い能力に問題があれば，賃上げ圧力を回避することができます。

一方，労働者側から見れば，この交渉方式では労働者の労働・生活条件が企業事情に左右されることを意味し，場合によってはホンネの要求を控えることにつながります。「会社の繁栄なくして我々の生活向上は期待できない」といった感情を従業員間に醸成させ，労使の運命共同体的・企業一家的連帯意識を浸透させるのに効果的です。「今回は我慢をしてもらうが，この借りは業績が回復したときに返す」といった「あうんの黙約」もあることから，長期的な雇用関係が前提となった団体交渉でもあります。また，企業業績の格差が従業員の労働条件の企業間格差となって現れるために，本来労働・生活条件の向上に向かって連帯すべき同業他社の仲間である労働者も「敵」とみなされ，労使一丸となって熾烈な企業間競争に立ち向かうことになっていくのです。

2 苦情処理制度

企業で働く労働者（従業員）は，日常的な生産活動を通じてさまざまな不平や不満を感じることがあります。たとえば賃金をめぐるもの，労働時間や有給

休暇をめぐるもの，転勤や配置転換をめぐるものなどです。こうした労働・就業条件に関する不平・不満が解決されない状態が長期化していけば，確実に労働者のモラールは低下し，職場の秩序は不安定なものになってしまいます。

　苦情処理制度は，こうした労働協約・協定や就業規則の解釈・適用をめぐる従業員の個人的な不平・不満を「公式」(formal) に受付け，それを解決するために設置する苦情処理委員会や苦情処理機関のことです。苦情処理委員会の構成は，使用者側だけで編成する場合もあれば，労使の代表で編成する場合もあります。そしてこの手続きを通じて処理された内容は，労働協約・協定や就業規則の解釈・適用に一定の基準をあたえ，その後の運用上の混乱を防止するだけでなく，その後の労働協約・協定や就業規則の改定時に新たな合意事項として，その内容をより豊かなものにしていくことになります。

　団体交渉を通じて締結されるきめ細かい労働協約の内容が労使の行動を決定づけるアメリカでは，労働協約の運用をめぐるさまざまな疑義を迅速に解決していくことが非常に重要となっているために，とくに労働組合の事業所・職場レベルにおける「支部組合」(local union) の苦情処理機能が重視されています。そして，不満をもつ従業員の苦情は，

　①労働組合の職場委員と監督者 (foreman) のレベル
　②労働組合の苦情処理委員と管理者 (manager) のレベル
　③労働組合の支部代表と事業所代表のレベル
　④労働組合の全社代表と企業の経営者 (top management) のレベル
　⑤社外の中立的な第三者による調停・仲裁

といった形で，段階的な紛争解決手続きの下に処理されていきます。

　他方日本では，苦情処理制度の必要性を認める企業は多くあるものの，苦情処理機関を設置している企業は必ずしも多くはありません。また，苦情処理機関を設置している企業の場合であっても，その利用実績はきわめて低く，めったに利用されない制度の典型ともいわれています。さらに，従業員がその制度を利用して苦情や不満を申し立てても，それが効果的に解決されるケースも多くはないとされています。

図表9　日本における苦情処理の実際

（複数回答　単位％）

不平不満を伝えたことがない	83.1
不平不満を伝えたことがある	16.5(100)
直接上司へ	78.2
社内の相談窓口へ（メール相談を含む）	2.9
労働組合へ	18.0
自己申告制度によって	3.2
苦情処理委員会へ	0.2
外部の機関等へ（公共の機関を含む）	0.8
その他	10.9

不平不満の内容	
日常業務の運営に関すること	53.9
人事（配置・出向・昇進・昇格等）に関すること	40.0
勤務延長・再雇用に関すること	7.0
教育訓練等に関すること	9.9
賃金・労働時間等，労働条件に関すること	39.8
安全衛生に関すること	8.2
福利厚生に関すること	11.5
人間関係（パワハラを含む）に関すること	32.1
男女差別，セクハラに関すること	4.1
その他	6.4

（資料）　厚生労働省「平成26年度労使コミュニケーション調査」2015年より。

こうした日本で苦情処理制度が十分に機能していない理由として，
①苦情処理委員会の委員が人事労務部門の部課長や組合役員である場合が多い。このことは，自らが作ってきた制度に対して鼎の軽重を問われることに通じるため，苦情処理の中立性や公正性の担保が難しい。
②組合員に対して書面で申請をもとめることが制度の利用を著しく困難にしている。また，申し出の方法が明確になっていない場合や制度があること

が周知されていない場合も少なくない

といった，苦情処理制度の透明性や利便性における問題が指摘されています。またそれに加えて日本では，個人的な不平・不満を遠慮する気風が根強く残っており，苦情処理という言葉自体にも後ろ向きのイメージがつきまとっています。このため，苦情処理制度という公式の手続きを通じて個人的な苦情を「組織的に」解決していく慣行が十分に定着しているとはいえない状況にあるといってもよいでしょう。日本における苦情処理の実際は，図表9のようなものです。職場における日常業務の運営，賃金・労働時間などの労働条件，人員配置・出向・昇進・昇格などの人事，さらには職場の人間関係に関することなどが，職場の直属上司を通じてインフォーマルに話し合いでその場的に解決されることにあります。

しかし今日，実力主義や成果主義の浸透により，人事・賃金処遇の個別化が進んでいます。その際，処遇の個別化の根拠となる人事評価・査定を行うのは直属の上司であり，それゆえこれまでのように職場における処遇格差の不満を直属上司にぶつけることができなくなります。このことは，これまでの苦情処理のチャネルが失われることを意味しており，そのためこうした不平・不満を相談し，苦情を解決する公式の手段としての苦情処理手続きがどうしても必要になっていきます。

実際，年俸制を導入している企業ほど苦情処理制度の必要性を認めており，その導入率は高いといった調査結果も出ています。また，機械・金属産業労働組合（JAM）などは，成果主義賃金制度の導入交渉に際し，苦情処理制度の設置を条件とするよう傘下の労働組合に指導しています。

3　労使協議制

企業が労働組合と大きな摩擦を引き起こすことなく円滑に事業を展開していくためには，労働組合に企業側の事情を十分認識させ，各種の計画に対する合意と協力を確保する必要があります。他方労働者側も，自分たちの生活に大き

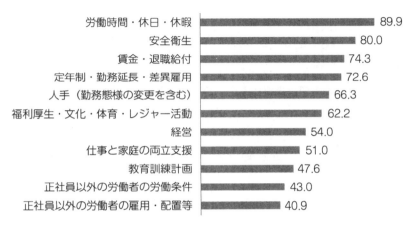

図表10　労使協議機関における付議事項

（複数回答　単位％）

- 労働時間・休日・休暇　89.9
- 安全衛生　80.0
- 賃金・退職給付　74.3
- 定年制・勤務延長・差異雇用　72.6
- 人手（勤務態様の変更を含む）　66.3
- 福利厚生・文化・体育・レジャー活動　62.2
- 経営　54.0
- 仕事と家庭の両立支援　51.0
- 教育訓練計画　47.6
- 正社員以外の労働者の労働条件　43.0
- 正社員以外の労働者の雇用・配置等　40.9

（資料）　厚生労働省「平成26年度労使コミュニケーション調査」2015年より。

な影響をあたえる経営計画には自らの要求や意見を表明するための場の必要性を感じています。「労使協議制」（joint consultation system）は，こうした労使の事情を反映し，相互理解を深めることを通じて労使の協力体制を確保するために設置されるフォーマルなコミュニケーション制度といえるものです。労働条件を交渉事項にして，労使対等の立場で「決定」していく団体交渉とは異なり，団体交渉にはなじみにくく労使の利害が共通する，主として経営事項を「協議」していくことに大きな意味があるのです。

　現在の日本では，労使協議制は法律によってその設置を義務づけられるものではありません。その設置は労使の任意であり，したがってそこで何を協議するかも労使に任されています。日本では，従業員の総意を代表する存在として企業別労働組合が位置づけられており，図表10に示す労使協議の付議事項の内容から，日本における労使協議制の運用では，次のような特徴を指摘すること

ができるでしょう。

1　労働組合が労働者側を代表している

　　労使協議における労働者とは，従業員の代表であって必ずしも労働組合である必要はない。しかし日本では，労働組合が企業別労働組合として従業員のみで構成されており，従業員代表として明確に位置づけられている。

2　団体交渉事項も重複する広い領域が協議対象にされている

　　団体交渉にはなじまない経営基本方針，生産・販売の基本計画，組織・機構の統廃合，生産・事務の合理化などの「経営事項」から，団体交渉事項にもなる人事管理・労働条件・福利厚生に関する事項までを対象としている。

　こうした点から実際の協議の仕方によっては，団体交渉との区別があいまいなものになるケースも生まれてきます。現状，その協議の仕方には，
　①会社が組合に対して当該事項について「説明・報告」する。
　②当該事項に関して組合から「意見聴取」を行い，最終的な意思決定の参考とする。
　③意見聴取から踏み込んで「協議」を行い，最終的な態度を決定する。
　④労働組合の「同意」がなければ執行しない
といった4つの形態があります。
　これらの協議形態で，①～③までは最終的な意思決定の権限を使用者側が留保していますが，④の場合は労働組合の拘束力がもっとも強いものです。もしここに賃金や労働時間などが協議事項とされていれば，労働組合の同意をとるという意味で，実質的に団体交渉と同じ過程を踏むものです。このような形になる背景には，労使協調主義の下に，労使の利害が直接ぶつかり合う正面対決となる団体交渉をできるかぎり避け，労使が意見を出し合い合意を形成していくことが望ましいとする考え方があり，まずは協議し，そこで決着がつかなけ

れば団体交渉に移行するといった「協議型の交渉」がなじみやすいという状況にあるのです。

1970年代から欧米諸国に生じた「産業民主主義」(industrial democracy) の実現要求として，労働者の「経営参加」(participation in management) 運動がありますが，経営事項を協議内容に含む包括的な日本の労使協議制は，欧州の「共同決定型経営参加」に対する「日本型経営参加」の実践としてその意義が強調されてきました。

しかしバブル経済の崩壊以降の今日，終身雇用慣行や年功序列慣行の崩壊とともに，企業業績上，短期的な利益を重視したアメリカ型の株主重視の経営改革が進んでいます。終身雇用・年功序列慣行があったがゆえに有効に機能してきた企業別労使関係であり，そうした意味で企業を運命共同体とする理念的基盤が崩れつつあり，「企業は誰のものか」を議論していく「企業統治」(corporate governance) という面で，日本型の労使協議制の役割の再考がもとめられています。

④ 経営参加の諸制度

労使の信頼関係を増進し，また企業に対する従業員の「好意」(good will) を確保し，いっそう企業に「コミット」(commitment) させる方策は，労使間のコミュニケーションを円滑にして従業員に参加意識をもたせることにあるとされています。欧米諸国では，労使協調ないし労使協力を促す努力として経営と従業員との目的共有感情の強化をはかり，経営目標への従業員の支持と献身を確保する「従業員関与」(employee involvement) の施策が強化されています。図表11は，欧米諸国における従業員関与施策の全体像を示します。これらの中で，労使関係管理とのかかわりの強いものが「従業員コミュニケーション」の施策群です。

一方日本の企業では，企業レベルにおける労使間の意思疎通施策として労使協議制が位置づけられるのに対し，日常的な職場レベルのコミュニケーション

図表11　欧米諸国の従業員関与の施策

関与の形態	具体策
財務的関与	・利潤分配制度 ・従業員持ち株制度
職務的関与	・態度調査 ・提案制度，ＱＣサークル ・職務転換，職務拡大，職務充実，自律的作業集団
従業員 コミュニケーション	・経営・財務情報を含む社内誌，社内報，ニュースレター，掲示板 ・上級管理者との会合 ・ブリーフィンググループ ・労使協議制

（資料）　岩出博『英国労務管理』有斐閣，1991年を参照。

施策として，主として次のような施策が導入されています。

[1]　**職場懇談会**

　　職場単位で従業員と管理者が仕事の進め方，職場環境などについて話し合う場のこと。自由な議論が行われ，従業員の提案が仕事に生かされることもある。

[2]　**小集団活動**

　　職場に小人数のグループを作り，グループが自主的に業務に関する目標や計画を立て，実行していく活動のこと。全員参加が建前となり，人間関係の維持・向上も期待されている。具体的にはQC（品質管理）活動などがある。

[3]　**提案制度**

　　従業員が業務・作業などに関し，工夫・改善等を提案する制度のこと。

従業員個人を対象としているが、これを集団的に行うのが小集団活動ともいえる。

4　自己申告制度

従業員各人の能力、希望職務などの申告、自己の業績などの評価を行わせる制度のこと。一方的な人事評価に対する個人の意見表明の場があたえられる。

5　職場巡回・個人面談

人事の担当者が職場の状況を把握することを目的として行う。

またこれらに加え、従業員が自分の企業・仕事・職場・上司・処遇などにどのような考えをもっているかを調べる「従業員意識調査」、企業が従業員とその家族を対象として経営情報やトピックなどを発信するために発行する「社内報」といったものも、広く労使間のコミュニケーションを円滑にする施策ということができます。いくつかの調査結果を見ても、企業側は職場懇談会、自己申告制度、人事担当者による職場巡回・個人面談といったものを、他方従業員側は、従業員意識調査、職場懇談会、労使協議制といったものを重視すべきコミュニケーション手段として指摘しています。これらの施策は、開放的な経営・職場風土を形成し、従業関係の円滑化に貢献していると考えられます。労使関係管理における「良き従業関係の形成」をねらった実践ということができるでしょう。

労使関係管理の課題

　戦後の1950年代後半から高度成長期の1970年代初頭にかけて，終身雇用や年功序列慣行とともに効果的に機能してきた企業別労使関係を基盤にした労使関係管理も，その後の産業構造や雇用・就業構造などの大きな変化によって，労使双方に新たな問題が生じています。とくに1990年代のバブル経済崩壊以降のグローバルな企業競争の激化を背景に進んでいる「事業の再構築」「雇用の流動化」「雇用の複合化」「成果主義人事制度化」といった動きは，これからの労使関係管理を考えていく上で避けることのできないテーマです。

1　労働組合運動の新たな課題

労働組合運動の低迷

　働く労働者の中でどの程度の者が労働組合に加入しているかを示すのが「労働組合組織率」です。この数値が大きければ大きいほど，労働者としての要求を実現する影響力が大きいとされています。これまでの日本における労働組合組織率の特徴は，

　①官公部門と民間大企業に片寄り，民間の中小・零細企業では組織化が進んでいなかった。

　②民間企業でも主として製造業に偏り，サービス産業での組織化が進んでいなかった。

　③企業別組合の限界から正規労働者のみの組織化に偏り，非正規労働者の組織化が進んでいなかった

ということにあります。また，戦後の労働組合組織率の変化をごく大まかにいえば，高度成長経済期を通じて34％前後で安定的に推移してきた組織率は，

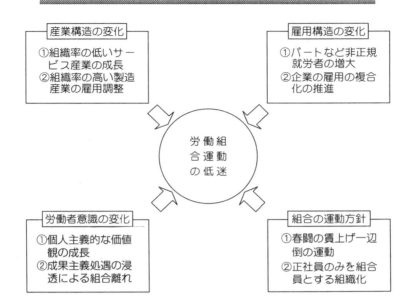

図表12　労働組合運動低迷の背景

1973年の石油ショック以降，重厚長大産業における雇用調整の進展，経済活動の中心が第2次産業から第3次産業にシフトする産業構造の転換，パート・アルバイト・派遣・契約などの非正規労働者の雇用が急増していく雇用・就業構造の変化を受けて，1975年の34.4％をピークに漸減し始め，今日では20％を切る状態にまで低下しています。

こうした労働組合運動の衰退現象を示す労働組合組織率の低下傾向は，世界の先進諸国に共通して見られる構造的な現象といえますが，日本における労働組合運動の低迷の理由をまとめると，図表12のような内容になるでしょう。

1　産業構造の変化

経済のサービス・ソフト化の進展により，もともと組織率が低い流

通・外食などのサービス業や中小規模企業も数多い第3次産業で働く労働者が増えている一方，組織率の高い基幹的な製造大企業での雇用調整により雇用者数の減少が進んでいること。

2　雇用構造の変化

就業形態の多様化が進み，パート・派遣・契約社員として働く者が増加しているだけでなく，企業の雇用方針として「雇用の複合化」の進展が見られる。また企業内部でも，人事職制上，非組合員となる管理・専門職者が増加していること。

3　労働者意識の変化

とくに若者層における個人主義的な価値観の成長や成果主義的処遇の進展により，労働組合自体の存在感が薄れ，労働者の間に組合離れの意識の拡がりが見られること。

4　労働組合の運動方針

賃上げに偏した活動や正社員のみを対象にした組織化方針などの結果，昨今の運動成果に対する幻滅感が組合員の間で拡がりを見せていることや組合組織の底辺の拡大への取り組みがなかったこと。

労働組合組織率の低下が意味するものは，団体交渉時における労働組合の交渉力の低下が一方にあり，また他方に，企業が基本的に自由に労働諸条件を決定できる対象労働者数の増加があります。こうした状態は，労働者にとって決して好ましいものとはいえません。そこでこうした危機的な状況を打開し，労働組合運動の再活性化のためには，1つに「魅力ある組合作り」が，もう1つに「積極的な組織化」の展開が必要です。

魅力ある組合作り

労働組合の永続性を願うならば，若者を労働組合運動に取り込んでいく必要があります。そこで若年労働者層に拡がる組合離れの意識を払拭させ，労働組合への求心力を高める「ユニオン・アイデンティティ」（UI：Union Identity）運

動という取り組みがあります。これは，企業が従業員の企業帰属意識を高めるために行う活動としてある「コーポレート・アイデンティティ」（CI：Corporate Identity）運動をもじったものですが，1970年代の後半から取り組みが意識され，1980年代後半頃から本格化したといわれています。

UI運動は，組合旗の色やデザインの変更，シンボルマークの新設・改善，組合歌の変更，さらには組合の名称変更などによって，「ダサイ」とされる組合のイメージを払拭する「シンボル革新」だけでなく，社会参加・社会貢献・環境保護運動へのコミット・福祉ボランティアへの参加・支援など，これまでの組合活動としては考えられなかった新たな活動を取り込んだものでした。

しかし，1990年代のバブル後不況における大規模な中高年者のリストラ，ベースアップや定期昇給の廃止といった経営攻勢のために，組合のエネルギーをこうした基本的な労働条件の維持・向上の問題に注がざるをえなくなり，今日では運動としての影をひそめてしまっています。

また今日では，「職場会議への参加状況が悪いといった組合活動への組合員の参加意識の低下」「執行部役員や職場委員へのなり手がいないといった組合活動の意義に関する意識の低下」「中高年者の組合不信や若年者の希薄な改善意欲といった労働組合に対する期待の後退」など，組合運動不信の実態も報告されており，こうした面での労働組合の前途には逆風が吹いています。

このような労働組合運動の低迷における従業員間に見られる根本的な疑問は，「労働組合は本当に役に立っているのか」ということにあります。しかし雇用労働の本質を考えれば，いくら状況が厳しいとはいえ，労働組合の存在意義は決して失われるべきものではありません。

それゆえ「魅力ある組合作り」の本道は，今日的な労働者のニーズを組合要求に組み込み，実績として従業員に具体的なメリットをもたらすことにあることに間違いありません。労働組合としては，賃金や労働時間といった基本的な労働条件だけでなく，従業員の取り扱いに関わる事項全般に目を光らせていかなければなりません。とくに今日，ますます激しさを増しているグローバルな企業競争を背景に，「雇用の流動化」「事業の積極的な再構築（攻めのリストラ）」

や「成果主義的処遇化」が進められている状況下では，
　①賃金・退職金・企業年金・福利厚生における転職しても不利にならないような仕組みの確保
　②雇用調整時における対象者決定の明確なルールの確立
　③エンプロイヤビリティ獲得のための仕組みの確保
　④人事評価結果と処遇の監視の強化や不平・不満に対する苦情処理制度の機能の強化
など，労働組合として取り組むべき課題は山積しています。また他方に，少子高齢社会の進展や女性の職場進出を背景にして，
　⑤長時間労働・過労死を規制する仕組みの確保
　⑥女性社員の仕事と育児の両立のための仕組みの確保
　⑦男女均等の取り扱いを進める仕組みの確立
といったことも，労働組合にとっては是非とも取り組んでいかなければならない課題です。図表13は，人事労務管理領域から見た労働組合としてこれから取り組むべき主たる課題をまとめた内容です。

積極的な組織化

　労働組合組織率の改善は，それだけ労働者の総意が大きくなるという意味で交渉力の増大につながります。組織率を高める方策としては，「未組織状態の企業における労働組合の組織化」を進めるとともに，「労働組合が組織された企業内における組織率をさらに高める」ことも重要な戦略になります。

　後者の企業内で組織率を高めるための１つの目のつけどころは，どこまでを組合員とするかという「組織範囲」の再考です。これまでの日本の企業別労働組合は，正社員のみを組織化対象とし，正社員の諸権利を守ってきました。そのためパートなどの非正社員は，人件費の抑制とともに雇用の調整弁として，正社員の雇用を維持する存在として位置づけれられてきたのです。

　しかし今日，企業は「雇用の複合化」を推し進め，パート・アルバイト・派遣・契約といった非正社員の雇用を積極的に増やしている一方，こうした非正

図表13　労働組合運動の課題

	課　題
雇用	・解雇ルールの明確化
教育訓練 能力開発	・エンプロイヤビリティ（社会に通用する職業能力）獲得のための制度
作業条件 健康管理	・裁量労働制の普及などによる長時間労働規制の仕組み ・ストレス強化の中で従業員メンタルヘルス維持の仕組み ・仕事と生活を両立する勤務制度の要求
賃金	・転職しても不利にならない賃金・退職金・企業年金の仕組み ・成果主義的処遇における賃金配分ルールの公正化
福利厚生	・転職しても不利にならない制度作り ・多様化する従業員の生活ニーズの吸い上げと制度提案 ・女性社員の育児支援のための制度作り
労使関係	・組織化促進のための労働協約の見直し（組織範囲の再定義） ・主として人事評価に関わる苦情処理制度の確立 ・分社化への対応としての労働組合組織の再編

社員の増大が日本の格差社会を生み出し，ワーキング・プアが社会問題化している状況を見れば，こうした労働者たちを組織化するとともに，労働組合のいわば「社会的責任」として，働く仲間である非正社員の労働諸条件の向上に組していくことがもとめられます。

　こうした既存の企業別労働組合の枠から外れた労働者の受け皿としてあるのが企業外に組織され，個人で加入できる「合同一般労働組合」です。たとえば，1990年代のホワイトカラー管理職の広範なリストラが行われた時期に誕生した「管理職組合」はつとに有名です。2000年以降は，とくに急増したパート・派遣・請負労働者たちの受け皿としての存在意義を大きくしており，こうした組合の指導の下に未組織企業における組合支部の結成も促しています。

一方，個々の企業では，こうした非正社員は景気変動に応じた雇用量と人件費の柔軟性を確保するための不可欠な人的要素としてしっかり根付いており，またかりに非正社員の賃上げを実現させる場合，正社員の賃上げを抑制して行われるといった正社員の痛みをともなうトレード・オフもあることから，その組織化が容易でないことも事実です。しかし流通や外食などのサービス産業では，パート労働者が大量に雇用され不可欠な基幹的な労働力となっており，労働組合のメリットを強調していくことで組織化を進めていくことができる基盤があるといえます。流通・サービス業など第3次産業の最大の産業別労働組合であるUAゼンセンは，傘下の加盟組合に対してパート労働者の組織化を積極的に指導しており，唯一組合員数を増やしている産別組織とされています。

　他方，個々の企業内の組織化率の向上としては，「管理職相当職」の者の問題があります。これまでは，管理職になると「使用者の利益を代表する経営側の一員」となるために，労働組合を脱退していくことが一般的でした。そのため今日では，1980年代以降進められてきたポスト不足問題の対応策として生まれた「専門職」「管理職待遇」といった職能資格制度上の管理職相当資格の多くの者が，組合員から外れていく結果になっています。しかしこれらの者が，その職責上「使用者の利益代表者に該当しない管理者・専門職」であるケースも多いために，こうした者たちを対象にした「組合員の範囲の見直し」を強く企業側と交渉していくことも必要になっています。

2　無組合企業の労使関係

無組合企業の労使関係管理

　経済のサービス・ソフト化の進展や情報技術の急速な発達を背景に，ベンチャービジネスなど新たな企業の誕生が急速に増えています。こうした新興の企業は，規模も小さく労働組合が組織されていない場合が一般的であり，労働組合組織率の低下の大きな要因にもなっています。労働組合のない既存の中

小・零細企業を含め，こうした「無組合企業」(nonunion company) では，労働条件を企業側が一方的に決定することができ，就業規則を作成する場合でも，従業員の過半数を代表する者から意見を聴取する必要はありますが，実質的には企業による一方的な作成になっています。

しかしこれらの企業でも，雇用組織であるかぎり，労働条件をめぐる経済的な対立関係は厳然として存在しており，またこれらの企業に働く従業員も，自らの労働条件向上に対する期待をもつ一方，仕事上でさまざまな不平や不満をもち，その解消をはかりたいとするのが普通の心情です。このため企業経営の立場から，生産的で安定的な経営労働秩序を維持していくためには，どうしてもこの労働関係と従業関係を円滑なものにしておく必要があります。経済のサービス・ソフト化が進み，無組合企業が急増している現状では，これまでの労働組合関係を対象としてきた労使関係管理に代わって，「無組合状態における労働関係・従業関係を対象とする労使関係管理」の洗練化が今日的な課題として浮かび上がってきています。

現行の日本の労働関係に関わる法制度は，労働組合の有無に関係なく事業所単位の労働者代表機関を想定した規定を定めています。たとえば，時間外・休日労働協定 (36協定)，就業規則の作成・変更の場合の意見聴取，企画業務型裁量労働制導入に際しての「労使委員会」における労働者側代表の選出などがあります。このように，労働者の過半数を代表する労働組合がない企業や事業所でも，法的にはそうした従業員代表組織を必要としており，一定の法的制約の下にあるのです。日本労働研究機構は，組合組織率が20％前半台に低下し，大半の労働者が労働組合のない企業で働いている状況を踏まえ，1990年代半ばに無組合企業の労使関係の実態調査 (1996年) をしています。それによれば，集団的発言機構として職場懇談会・経営方針発表会・労使協議の諸制度が，他方，個人的発言機構として自己申告制度と人事担当者による巡回・個人面談の諸制度の導入率が高く，その有効性も高いとしています。またこうした企業では，従業員による労働条件決定への関与や経営参加という基本理念がかなり高い割合で受け入れられていますが，その際の企業内発言機構としては，労働組合以

外の形態をとる従業員組織を通じた「従業員代表制度」(employee representation plan) への志向があるとされています。

　これらの制度は，従業員の自由な意見や考えを表明できる民主的で開放的な経営・職場風土を形成する役割をはたします。従業員が労働組合を結成しようとするもっとも大きな動機は，自らの不平や不満が解消されないことにあるといわれています。それゆえ企業側が，こうした制度を通じて得た情報にもとづき従業員の期待を先取りする「良き人事管理」を実践していけば，組合を必要としない安定的な労使関係を維持できるということになります。

　アメリカでは，アメリカ経済不振の大きな原因の1つとして，対立的な労使関係が指摘され，1980年頃からこうした「組合回避の人事労務管理」への関心の高まりが見られます。そこでは，
　①企業目的に関与できる情報を提供するコミュニケーション
　②信頼と開放の組織風土
　③安定雇用を保障するプログラム
　④きめ細やかな苦情処理
　⑤不平・不満の早期発見
　⑥ライン管理者の効果的な部下管理とコミュニケーション能力の向上
といった施策展開の重要性を強調し，従業員に対する「公平な処遇」を確保することが組合組織化防止のポイントであると強調されています。

　こうした内容は，これからの日本の無組合企業の労使関係管理への1つの啓示にはなります。しかし一方，上記の調査によれば，日本の無組合企業には，
　①設立年次が相対的に新しく，サービス業の比重が大きい。
　②企業グループに所属する割合が低い。
　③未上場でしかも上場予定もない企業の割合が高い。
　④経営者の類型も創業者とその関係者が支配的となっている
といった企業属性が見られるとしており，通俗的なイメージとしてこうした企業は「ワンマン経営」であるとともに，人事労務管理諸制度の整備状況も洗練度も低いといったことがいえます。それゆえここでは，解雇，労働条件引き下

げ，退職勧奨，出向・配置転換，セクハラ，いじめ・嫌がらせなどに関する従業員の苦情が企業内で効果的に解決されないために，従業員は個別に外部の労働組合にその解決を頼ったり，一足飛びに民事訴訟に走るといったケースもマレではないのです。

個別労働紛争の解決制度

とくにバブル経済崩壊以降の大量リストラの実施，経営のコスト（とくに人件費）削減志向の定着，成果主義処遇の導入と進展，非正規労働者の大量雇用といった状況変化の中で，企業と労働者個人の間のあつれきが「個別労働紛争」として急増しています。この個別労働紛争増加の主な背景要因として，次のようなものが指摘されています。

1 労働法令遵守意識の低さ

労使関係当事者の労働法に関する知識の不十分さ，法令遵守意識の低さが雇用環境の深刻化の中で顕在化した。

2 厳しい雇用環境

厳しい雇用環境，国内外での競争激化により，解雇や労働条件引下げなどが実施されることが増えた。

3 雇用形態の多様化

女性労働者，高年齢労働者，外国人労働者などの増加，また非正規雇用労働者の増加などによる雇用形態の多様化から，職場での利害が多様になり，従来の人事労務管理制度や紛争解決制度では対応が困難になってきた。

4 紛争予防機能の低下（労働組合組織率低下，上司の役割変化）

組合の組織率の低下や，管理職のプレイングマネジャー（部下の管理だけでなく，自らも率先して責任達成上の実務も行っていく管理者）化などにより上司の役割が変化し，部下の面倒をみる余裕がなくなるなど，従来は機能していた職場における紛争予防機能が低下してきた。

図表14　個別労働紛争解決のシステム

社内における解決システム	公式		苦情処理制度
	非公式		上司の相談，労働組合の世話役活動，同僚の助言
社外における解決システム	公的	司法	裁判所，民事訴訟，民事調停 労働審判制度（調停，審判）
		行政	都道府県労働局（相談，指導・助言，あっせん） 労政事務所（相談，あっせん） 労働委員会（あっせん）
	私的		各種団体の相談・助言 ・労働組合，使用者団体，弁護士会，NPO団体など

（資料）　中央職業能力開発協会編『労務管理2級』社会保険研究所，2007年を参照して作図。

　こうした事情を背景に，社内の紛争解決の制度に加えて今日では，社外の紛争解決の制度が発達してきました。図表14は，個別労働紛争解決のためのシステムの全体像を示します。社外における紛争解決システムとしての公的な制度では，2001年より都道府県労働局の下に「個別労働紛争解決制度」が設けられるようになりました。この制度は，解決までに長時間を要する民事訴訟に紛争処理を持ち込む前に，労働局長による助言・指導，さらには紛争調整委員会によるあっせんといった形で，迅速かつ適正な紛争解決をはかることを目的としたものです。

　さらに2006年には，地方裁判所の下に「労働審判制度」が導入されました。この制度は，裁判所において，訴訟よりも短い期間で労働関係のトラブルの実情に即した柔軟な解決をはかることを目的としたものです。その手続きは，図表15のように，労働審判官（裁判官）1人と労働関係に関する専門的な知識経験を有する労使の労働審判員2人の合計3人で構成する労働審判委員会が労働審

図表15　労働審判制度の概要

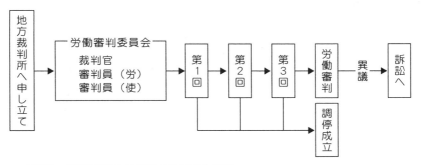

（資料）「朝日新聞」2005年11月26日を参照。

判手続きを行い，原則として3回以内の期日に審理を終結するという紛争処理の迅速化をはかるものです。しかし，調停に至らずに労働審判になった場合，その審判結果を労使のどちらかが拒否すれば，その結果は無効になり，結局は訴訟へと発展してしまいます。また受け入れたとしても，必ずしも労働者側が有利になるとはいえない場合もあります。たとえば不当解雇をめぐる問題で，解雇不当の審判結果を会社と労働者の両者が受け入れた場合でも，会社側がその後当該労働者をどのように扱うかまでは規制していません。そのため，当該労働者を現職復帰させずに遠隔地に配置転換したり，給料さえ払えば自宅待機させることも可能です。そして結果的に，当該労働者は自主退職に追い込まれてしまうことになるのです。

　このような個別の労働関係の紛争処理における新たな公的紛争処理機関の創設は，バブル経済崩壊以降の労働現場における労働紛争の激増を意味する象徴でもあります。こうした紛争処理は，企業にとって余計な時間とエネルギーを必要とさせるばかりでなく，対外的には企業の評判を貶めるものでもあります。それゆえに企業では，こうしたトラブルが企業内での話し合いで解決されるべき効果的な制度を再編していく必要があるでしょう。具体的には，公式の苦情

処理制度の再編です。労働組合のない未組織企業にあっても，この制度はしかるべき部署が窓口になり運用していくことができるものであり，またこうした苦情処理制度があること自体が，従業員に安心感をあたえる効果があるともいわれています。

　ところで政府は今,「解雇の金銭解決制度」の導入を検討しています。これは，企業が一方的に従業員を解雇した際，裁判で不当解雇とされた場合，企業がその当事者に解決金を支払えば退職させられる制度というものです。現状でも，裁判で不当解雇されても従業員は会社へ復帰せず，和解金の支払いで決着を見ている場合が数多くあり，これを法制度上でルール化しようとするものです。しかし検討は始まったばかりであり，金銭解決を申し立てる権利を従業員と企業のどちらに認めるのか，また解決金の額はどれくらいが適当かなど，基本的なルール作りもこれからの課題になっています（『朝日新聞』2015年10月30日，11月19日）。

LECTURE 11

ライン管理者の人事労務管理

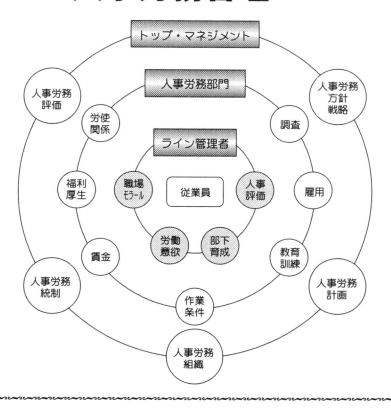

I　ライン人事労務管理とは何か

　これまで第4講から第10講までの各講では，人事労務管理制度論として専門職制としての人事労務スタッフ部門が担う諸制度について説明してきました。本講では視点を一転し，現代人事労務管理運用の組織体制の一翼を担うライン管理者による「職場の人事労務管理」について説明していきます。

1　ライン人事労務管理の意味

　現代企業の人事労務管理は，その担い手という観点から見ると，トップ・マネジメント，人事労務スタッフ部門，ライン管理者の三者による分権的な執行体制で運用されています。すなわち，トップ・マネジメントは自社の人事労務管理の性格や方向を決定づける基本方針や戦略方針を構想・策定し，専門的な人事労務スタッフ部門はこの人事労務の基本・戦略方針にもとづいて人事労務管理の諸制度・手続きを設計・改定していきます。そして各職場の第一線の長となるライン管理者は，この人事労務管理の諸制度・手続きを用いて自らの職場で部下となる従業員を個別に，かつ職場集団として管理していくのです。

　それゆえ人事労務スタッフの人事労務管理とライン管理者の人事労務管理の間には，人事労務スタッフにより人事労務管理諸制度・手続きが適切に設計・整備されていることが前提となり，その上で初めてライン管理者の人事労務管理が効果的に機能できるという関係があります。ライン人事労務管理とはこのライン管理者による人事労務管理活動のことを意味しており，専門的な人事労務スタッフ部門による全社規模の従業員を対象とする「全般的人事労務管理」に対して，自職場の部下を対象とした「職場の人事労務管理」と説明される場合もあります。

　ライン管理者の本来的な役割は，部下に仕事を割り当て，その指揮・監督を

LECTURE11　ライン管理者の人事労務管理

通じて自職場に課せられた責任を達成していくことにあります。このような管理者の職務遂行上の任務は，「指揮する者と指揮される者」の関係をもつ「組織労働」(分業と協業の体制)が形成された時点ですでに生じており，とりわけ目新しいものではありません。たとえば，人事労務管理がまだ職能的に意識されていなかった19世紀半ば頃には，企業経営者と独立熟練職人との間に形成される「内部請負制」(contract system)の下で，親方職人が労働者を集め，その労働者に仕事を割り振り，仕事を監督し，最後に賃金を支払うといった「人事労務の仕事」が行われていたのです。

しかしやがて，この内部請負制がすたれていき，企業に直接雇われた「現場監督者」(foreman)がこの役割を担うようになると，しだいに企業経営に沿う形での効果的な監督のあり方が問題とされるようになっていきます。そうした監督者の役割が職場集団における「人間管理」(management of people)の問題として明確に意識され，人事労務管理の一環として議論され始めるようになるのは，1940年代のアメリカでのことです。そして，企業の経営規模の巨大化と経営管理の複雑化，大量生産技術の発達による集団作業方式の進展，組織管理におけるライン・アンド・スタッフ組織の成熟と分権制度の発達などが進んでいく1950年代になって，人事労務管理制度研究上の理論的な論点として定着したといわれています。

職場集団における人間管理の重要性を直接的に喚起した契機は，ハーバード大学のメイヨー(Mayor E.)やレスリスバーガー(Roethlisberger F.)らによって1920年代半ばから1930年代後半にかけて行われたウェスタン・エレクトリック社における「ホーソン工場実験」(the Hawthorne experiments)とその成果にもとづき理論化された「人間関係論」(human relations studies)の発達です。図表1は，そのホーソン工場実験の概要を説明したものです。

「人間関係論はいったい何を言おうとしているか」については，数多くの研究がありますが，ここでは監督者の人間管理に関連する人事労務管理研究にあたえた示唆として，次のような3点を指摘しておきます。

図表1　ホーソン工場実験の概要

主たる実験	内　容
照明実験 1924－1927	照明の質量と作業能率の関係を明らかにすることを目的とする。その結果，照度が増すにつれ能率上昇は認められたが，一方で照度を下げても生産に大した減少が見られない事実が発見された。作業環境の物理的変化と作業能率の間における単純な因果関係の否定である
継電器組立 作業実験 1927－1932	隔離された実験室で，6名の女工を対象にして，照度・温度・湿度・睡眠時間・休憩時間・労働時間・間食・賃金支払い方法などの作業条件と作業能率との相関関係を調査した。しかしその結果に統計的有意性が見られず，能率上昇の原因は女工の心理的要因にもとめられた。たとえば，注目されているという意識，作業条件改善の提案が尊重されたこと，自由な会話のある開放的な職場の雰囲気などである。つまり女工たちの状況に対する「感情」(sentiment) が協力的態度や作業能率の増大をもたらしたと推論された
面接計画 1928－1930	作業条件，監督方式，仕事に対する従業員の不満を面接によって調査し，会社の人事労務施策の改善をはかる目的で実施された。この結果，とくに従業員の「感情」の含まれている不満は解決が容易でないことが明らかにされ，またこの「感情」は従業員の個人的来歴と職場状況の2つの脈絡から理解する必要性が指摘された
バンク配線 作業実験 1931－1932	集団の社会的作用の知識を得るために行われる。通常の職務・作業条件下での14名の作業者を対象として，彼らのあるがままの作業行動を観察した。その結果，作業集団内に2つの非公式集団があること，能力・熟練のある作業者が必ずしも最高の業績をあげていないこと，自分たちで決定した水準にもとづき生産制限が行われていることなどが明らかになる。つまり，作業集団は会社の公式基準ではなく，集団独自の行動基準によって成員の行動を規制している事実が明らかにされた

（資料）　岩出博『アメリカ労務管理論史』三嶺書房，1989年より。

LECTURE 11　ライン管理者の人事労務管理

1　職場集団管理の提案

　　仕事は集団行動であり，個々の労働者の作業は集団作業の一環として行われているという認識。このため個々の労働者の個別管理だけでは不十分であり，作業集団として労働者を管理する「集団管理」の必要性を喚起した。

2　職場集団の協力関係形成の意義

　　仕事の能率向上は作業集団を形成する労働者の協力的態度，すなわち高いモラールの維持によってもたらされるという認識。このため労働者の能率向上の基本が職務の人的資格要件と労働者の職務能力の最適な適合にあるにしても，職場内に協力的な人間関係の態勢が形成されていなければ，労働者の能率向上は実現されない。

3　職場集団の協力関係形成上の監督者の役割

　　職場における労働者の協力的態度は，監督者と部下との対人関係や監督者の部下の取り扱い方に左右されるという認識。ここに，監督者の中心的な役割は職場集団の協力関係形成にあり，そのためには「人間関係技法」(human relations skills) を身につける必要がある。

　これらの内容から人間関係論の意義は，職場を作業集団と理解し，人間管理の技法を通じて作業集団における協力関係を形成するという「ライン監督者の人事労務管理責任」を浮かび上がらせたことにあります。そして，これらの提案がライン人事労務管理の議論の端緒となっていきます。工場作業現場におけるライン監督者の人間管理技法の高度化の努力は，第2次世界大戦中から戦後にかけてTWI (Training Within Industry：企業内訓練) という監督者のための監督技法の育成を意図した教育訓練技法を生み出していきます。その後，1960年代を通じて「行動科学」(behavioral sciences) が発達し，個人あるいは集団におけるモラール，モチベーション，コミュニケーション，リーダーシップなど，心理学をベースにした人間管理上のさまざまな提案や技法の開発が行われていきました。そして今日では，ライン・アンド・スタッフ体制による人事労務管

理実践という理論的な枠組みの中で，ホワイトカラー職場も含む「ライン管理者の人事労務管理」として広く議論されるようになっていくのです。

こうした職場の第一線にある「ライン管理者の人事労務管理」の重要性については，新たな理論的な説明も行われていきます。とくに1970年代後半以降には，労働経済学の一分野となる人的資本理論と行動科学の理論的諸成果を踏まえて人事労務管理の理論的再構築が試みられ，人事労務管理はこれまでの「人事労務管理」(personnel management)に代わり，「人的資源管理」(human resource management)と呼ばれるようになります。

この新たな人事労務管理が強調する基本的な理念の1つがライン管理者の人事労務管理責任の重視です。「一国経済の成長の最大貢献要素はその国民，すなわち人的資源の能力とその活用にある」という人的資本理論の示唆を踏まえ，「企業の経済的成功の最大の貢献要素は人的資源としての従業員の能力とその活用にある」とし，従業員の職務業績は企業の成功に決定的な意味をもつので，従業員の能力開発とその完全活用を任務とするライン管理者の部下管理能力，すなわち人事労務管理能力の向上が人事労務管理の最重要課題の1つであるとしています。

2 人事労務スタッフ部門の役割

一般論として「ライン・アンド・スタッフ組織」(line and staff organization)とは，直接的な達成責任を課せられたライン部門が，職能上関連するスタッフ部門の専門的な助言・提案・補佐・助力を得ながら任務を効果的に遂行していくといった組織管理・運営のあり方です。そこで，この組織運営の考え方にもとづき人事労務管理実践を説明すると，人事労務スタッフの専門的な助言・提案・補佐・助力を活用しながらライン管理者が「職場の人事労務管理責任」を効果的に遂行していくという姿を描くことができます。

こうした職場人事労務管理におけるラインとスタッフの関係は，ライン管理者が人事労務管理上の最終責任をもち，人事労務スタッフ部門がそれを援助す

るといった分権的な関係の上に成立しています。そしてこの場合，ライン管理者が行う職場の人事労務管理には，

　①職場で部下となる個々の従業員の仕事ぶりを評価し能力育成をはかると同時に，職務遂行上で労働意欲の向上をはかる個別管理
　②職場という人間集団を目的達成に向けて協力させるといった好ましいチームワークないし協力関係を形成する集団管理

といった2つの側面があり，こうした2つの目的を達成するためにライン管理者が具体的に行う部下管理としての人事労務管理活動は，

　①人事評価の実施
　②部下の育成
　③労働意欲の向上
　④職場モラールの向上

といった4つの責任の遂行にあるということができます。

　しかし実際，ライン管理者の中には「人事労務のことは人事労務部門に任せておけばよい」とか，「われわれには課せられた本来の任務があり，人事労務のことなどかまっていられない」といった考え方をもつ者が多いのも現実です。また，職場の人事労務管理の重要性を理解しているライン管理者の場合でも，実際に人事労務管理の具体的な方法や手段を充分に熟知していない者も少なくなく，それを自ら習得・研究する時間的余裕がないのも事実です。ここに人事労務部門の「助言スタッフ」(advisory staff)としての役割が出てきます。すなわち「職場の人事労務管理を効果的に行うことが管理者としての業務責任をより良くはたすことになる」といった説得をしたり，あるいは専門的な立場から効果的な職場の人事労務管理の具体的な方法を助言・援助することが人事労務スタッフの役割として浮かび上がってくるのです。

II ライン人事労務管理の内容

1 人事評価の実施

　人事考課とも呼ばれる人事評価は，人事労務スタッフ部門が制度・手続きを設定し，ライン部門が実際に職場で行うといった人事労務管理の分権的運営の典型的な人事労務管理活動の1つです。詳しくは第4講で説明していますが，人事評価とは「個々の従業員の職務実績・職務能力・勤務態度を合理的に制定された一定の評価項目にしたがって，直接上司その他が評価する制度」です。そしてこの評価結果は，被評価者である部下たちの昇給・賞与といった金銭的処遇や昇格・昇進・異動といった人事的処遇の決定のための，さらには能力開発ニーズの発見のための人事情報として活用されています。
　実際，人事評価の機能的有効性の確保には，次の2つの要件が必要です。

1　人事評価手続き自体の合理的な設計と運用

　この点は，ひとえに人事労務スタッフ部門の努力にかかっている。評価基準の明確化，事実にもとづく評価，評価結果の本人へのフィードバックなど，人事評価手続き自体の合理的な設計と運用の仕組みを作り上げる必要がある。

2　ライン管理者の人事評価能力の向上

　この点にも人事労務スタッフ部門の役割は大きい。いわゆる「評価者訓練」を通じてライン管理者に正しい人事評価のやり方を身につけさせ，評価結果の納得性を確保することが大切である。人事評価は処遇に直結するものだけに，従業員不満の大きな源泉であり，従業員モラル低下の最大の要因といってもよい。

LECTURE11 ライン管理者の人事労務管理

図表2　日米における人事評価の違い

局面	日本	アメリカ
課題の設定	・売上高などの数値目標を除けば，具体的な課題を示されることは少ない	・期が始まる前に，業務上の要求と関連した具体的な課題が設定される
評価の方法	・部門と個人の業績，能力，人格，相性なども含めた主観的な総合評価	・期が終わった後に，その課題に対する達成度で評価する
評価と報酬	・個人間の評価の差が報酬に大きく反映されるとは限らない	・達成度による評価は直接的に個人の報酬に結びつく
上司と部下	・上司から部下への一方的な評価 ・部下は評価の内容も理由も知らされない	・課題設定も評価も，上司と部下との話し合いによって決定される
職場と人事部	・上司が人事部に申請し，人事部が部門間のバランスをとる	・職場の上司に人事上の決定権。人事部にはごく弱い調整権がある

（資料）　日経VIDEO『アメリカで部下を持つことになったら』付属資料，日本経済新聞社，1993年より作表。

　図表2は，日本企業におけるこれまでの伝統的な人事評価のあり方とアメリカ企業における人事評価のあり方を対比的に見た内容です。職場の人事労務管理における上司と部下との関係といった局面で，日本企業の人事評価のあり方は納得性の確保といった点で公明性に欠けており，上司と部下との間に不信感を生みだす原因になっています。一方，アメリカのケースはいわゆる「目標管理方式の人事評価」であり，評価結果の納得性確保にもっとも効果的な方法とされているものです。詳しくは第4講を参照してください。

今日では日本でも，年功主義から能力・成果主義へと人事労務管理体制の大幅な変化が進んでおり，人事評価結果の納得性を大幅に向上させる人事評価手続きとしてこうした方式を採用する企業が増えてきています。

　また人事評価制度は，その歴史から見ると，処遇決定のための手続きとして発達してきましたが，今日では管理者による部下の能力育成やキャリア形成が重視されるにおよび，職能開発的な運用のあり方に関心がもたれるようになりました。とくに日本では，なお新卒採用が根強く実施されており，自社内における従業員の長期的育成が志向されています。図表3は，目標管理制度を取り込み，人事制度の成果主義的運用を行っていくと同時に，多様な面接を通じて部下の能力・キャリア開発も視野に入れた緻密な人事評価制度を構築している電子機器メーカーY社の事例です。その全体の流れは，次のようなものです。

1　目標面接

　半期に一度，期初に上司と部下が目標を設定するために行う面接。ここで設定した目標の達成をめざし，各人が自己統制をベースに半期努力することで業務遂行能力を育成する。ここで設定した目標が職務基準であり，半期ごとの成績評価の基準となる。目標管理シートにその内容を記入する。

2　育成面接

　目標面接と対になっている面接。期末（6ヶ月後）に期初に設定した目標の結果を振り返る話し合いを実施する。部下は目標管理シートに自己評価を記入して上司のアドバイスを受ける。成績・態度評価のための話し合いが中心だが，同時に将来の希望，会社や上司に対する要望等をきき，今後の指導，自己啓発の方法について話し合う。

3　能力開発面接

　年1回実施される。過去1年間の仕事を振り返り，自己能力を分析し，また過去1年間の能力開発結果を確認して今後1年間，どのような仕事を通してどの能力を伸長させるのか，そのためにはどんな啓発を行うの

図表3　能力開発重視型の人事評価制度の事例

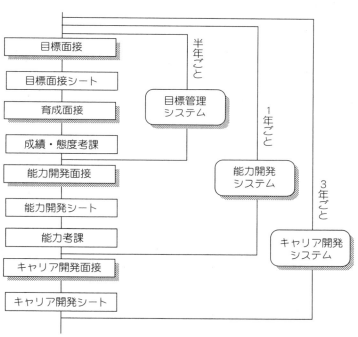

（資料）日経連広報部編『目標管理制度事例集』日経連広報部，1994年より作図。

かについて本人の申告にもとづいて上司と部下が話し合う。能力開発シートを使用し，職能要件書に照らしてその妥当性を検討していく。

4　キャリア開発面接

　3年に一度，今後の3年間の本人のCDPを考えるために実施される。適性評価と今後の育成計画，ローテーション計画について上司と部下が話し合う。キャリア開発シートを用いて本人の自己評価に対する上司のコメントを記入する。この面接結果は配置転換と結びついており，毎年3月と9月に行われる定期人事異動に反映されている。

これらの多様な面接の中で，目標面接と育成面接は定期的な人事評価をより公正なものにするために，また能力開発面接は短期的な職務能力育成のために，そしてキャリア開発面接は中・長期的な職務能力育成のためにといった目的で行われているとされています。

2 部下の育成

OJTの実施

OJT（職場内訓練）とは，直接上司が部下の実務的職務能力を実際の職場で職務を通じて育成する教育訓練技法のことです。ところでこの「上司－部下」の関係には，1つの職場（課）単位におけるものだけでなく，社長とその直接の部下となる重役や部長との関係，部長の直接的な指揮下にある課長たちとの関係も含まれます。したがって，社長その他の上級管理者が将来の重役・幹部候補を対象にして，その能力的育成をはかる職務代行なども，OJTの1つの実践と理解できます。しかしここでは，職場人事労務管理の中核となるライン管理者の部下に対するOJTに焦点を当てていきます。

部下が一人前に仕事ができるように指導・育成する役割は，ライン管理者のもっとも基本的な人事労務管理責任として今日では考えられています。というのは，管理者の仕事の本質は「人を通じて仕事をしていく」(getting things done through people) ことにあるからです。たとえば自動車の販売課長は，自ら自動車を売るのではなく，部下に自動車を売らせることによって販売課長としての職責をはたしていきます。この意味で部下の販売能力育成は，自らの職責をはたすことにつながっています。

部下の指導・育成の方法をライン監督者の技能として明確化し，人事労務スタッフ部門が行う監督者教育訓練内容の一環として定式化されたのは第2次大戦中のアメリカでのことです。徴兵のためにアメリカ国内では，熟練労働者が極度に不足することになり，安定的な物資の生産と供給を維持するために，婦

LECTURE11　ライン管理者の人事労務管理

女子を含む不熟練労働者を早期に一人前にする必要性に迫られました。その結果，戦時労働力委員会訓練局で現場のライン監督者に不熟練者を早期に育成するための技能訓練が開発されました。TWI（企業内訓練）といわれるもので，その中には「仕事の教え方」（JI：Job Instruction），「仕事の改善の仕方」（JM：Job Method），「人の扱い方」（JR：Job Relations）の3つの内容があります。

　TWIの特徴は「キーポイント主義」（key point principle）にあるといわれています。職務が正しく遂行されるために必要なもっとも重要なキーポイントを発見し，これを訓練内容に織り込んでいます。たとえば「仕事の教え方」における具体的な方法は，

　①被訓練者に職務の遂行の仕方を示す。
　②職務の遂行上でのキーポイントを説明する。
　③訓練者がまずその仕事をやってみせる。
　④被訓練者に職務の中で簡単な部分をやらせる。
　⑤全体の仕事をやらせ，つど援助し見守る。
　⑥自分一人で全体の仕事をやらせる

といった手順を踏んでいきます。

　工場生産部門の第一線監督者を対象とするTWIやホワイトカラーの管理者を対象とするMTP（Management Training Program：管理者訓練計画）は，戦後，アメリカから日本に導入され，今日でも新任の管理・監督者の定型的訓練の基本になっています。こうした人事労務スタッフ部門が行う階層別教育訓練を通じ，部下の育成方法を含む管理・監督者としての基本的な知識と技能を習得することで，ライン管理者は職場でのOJTを効果的に行っていくことができるようになるのです。図表4は，日本産業訓練協会が実施しているMTPのプログラム構成（第10次改訂版）を示したものです。

　しかし同時に，その前提として人事労務スタッフ部門は，効果的なOJTが実施できるように「OJTマニュアル」「OJT指導計画シート」「OJT進捗度チェックシート」の整備など，OJT実践の制度的環境を整えておく必要もあります。またライン管理者の要請に対しては，その専門的な立場から適切な助言・援助

図表4　MTPの構成

	会合の内容
第1部 管理の基礎	第1会合：管理の基本的な考え方 第2会合：組織運営の原則 第3会合：基準
第2部 業務の改善・改革	第4会合：問題意識と創造力 第5会合：改善・改革の推進
第3部 業務の管理	第6会合：計画 第7会合：指令 第8会合：統制 第9会合：調整
第4部 部下の育成と啓発	第10会合：部下育成の考え方 第11会合：個人能力の育成 第12会合：チームとしての能力育成
第5部 信頼関係の形成	第13会合：人間行動の理解 第14会合：態度とその啓発 第15会合：人をめぐる問題の処理
第6部 管理の展開	第16会合：リーダーシップ 第17会合：管理の展開

（資料）　石井脩二編著『知識創造型の人材育成』中央経済社，2003年。

のサービスができる態勢を整えておくことも必要です。

　以上，ライン管理者のOJTを一般論的に述べてきましたが，今日，新入社員のOJTに関して「メンター制度」(mentor system) を導入する企業が増えています。その背景には，成果主義人事制度化や人材の早期戦力化の要請が強化される一方，管理者自身も実務を担うプレイング・マネジャー化が進んでいるという状況の中で，新入社員の組織適応を十分に支援できず，早期退職の急増を招いているといったことがあります。そこで，ライン管理者が自職場の適切な

先輩社員を「メンター（指導役）」に任命し，個別に新入社員（メンティー）に対して仕事の基礎知識・スキルの伝授，企業文化や企業風土の伝授，職場内外でのさまざまな悩みの相談などを行わせ，社会人へのスムーズな適応をはかっていくとする新たなOJT手法が導入されるようになりました。

これまでにも日本では，先輩社員が新入社員の面倒を見るものとして，「ブラザー制度」とか「シスター制度」といったものがありましたが，これらの制度はどちらかといえば生産現場部門に採用される中高卒の新入社員を対象にして，社会人としての意識の醸成と定着をねらったものといえます。これに対してメンター制度の場合は，大卒ホワイトカラーを主たる対象とし，コーチングや積極的傾聴といったメンタリング技法をメンターに習得させ，1年を超えて長期間にわたって行っていくとするものです。なおメンター制度の詳しい説明は第6講で行っていますので，そちらを参照してください。

コーチングによる部下の育成

今日，成果主義的人事制度や雇用の流動化が進展していく中で，自ら問題を見出し，自らその解決ができる自律型人材や，会社に頼ることなく自らキャリアを開発していくことができる自立型人材といった従業員を企業はもとめています。また，今日のように変化の激しい時代には，上司として過去の経験にもとづく指示・命令が有効に機能しにくい状況も拡がりつつあるといわれています。こうした事情に対応するために，上司としてのライン管理者の部下指導上の新たな技法として「コーチング」(coaching) への関心が高まっています。

コーチングとは，業績を向上させるために対象者を勇気づけ，優れたアイディアや方策を引き出し，本人の自発的な行動を促進させる双方向のコミュニケーション技術とされるものです。一方通行ではなく，双方向で適切な質疑応答を行うことによって目標やテーマを設定し，それを実現させるための方策を考えていく一連のプロセスです。ビジネス・スキルとしてのコーチングは，1950年代のアメリカで研究され始め，1980年代になってビジネス世界で活用されるようになり，日本では1990年代後半頃から企業での導入が進んでいます。

図表5　ティーチングとコーチング

ティーチング	コーチング
・上下関係 ・上意下達／一方的 ・教える・指導する・アドバイスする ・指示・命令型 ・話す・伝える中心 ・やらせる（外的動機づけ）	・対等な関係（パートナーシップ） ・双方向（対話型） ・気づかせる・考えさせる・決めさせる ・協働型・参加型 ・聴く・質問する中心 ・やりたくなる（内的動機づけ）
⇩	⇩
指示待ち人間	自律／自立型人間

（資料）　http://www.blwisdom.com/pr/coach/02 を参照（2007年12月）。

　上司が部下を指導していく上で，「自分が必要とする答えは自分の中にある」という原則を踏まえ，これまでのような上司の指示・命令型のコミュニケーションではなく，「傾聴」「承認」「質問」といった双方向型のコミュニケーション・スキルを駆使し，部下自身が自ら考えアイディアを出させるとともに，自発的な行動を起こさせることをねらいとするものです。そして，こうした過程を通じて部下は，自ら能力的に成長していくことができるとされるのです。図表5は，これまでの「教え込む」(teaching) 指導と「気づかせる」指導を行うコーチングとの違いを対比したものです。

③ 労働意欲の向上

　能力育成・開発型の人事評価やOJTを通じて部下の職務能力を育成しても，部下がその能力を仕事上で発揮してくれなければまったく意味がありません。そのためには，部下が割り当てられた仕事を積極的に遂行しようとする心理的な態勢，すなわち「労働意欲（やる気）」を引き出すことが必要です。今日では行動科学，さらには「組織行動論」（OB:Organizational Behavior）の理論や知見

を応用した「モチベーション管理」(motivation management)ないし「動機づけの管理」としてノウハウの蓄積が進められており，ライン管理者の人事労務管理責任遂行上の大きな助力になっています。

行動科学の諸理論

　行動科学とは，人間行動に関連するあらゆる自然・社会科学を動員して，特定の個人や小集団における人間行動の原理を明らかにすることを目的とした「学際的研究」(interdisciplinary approach)とされるものです。1950年代後半のアメリカで生まれ，その後1960年代を通じて大きな発達を見せました。マズロー(Maslow A.H.)，マグレガー(McGregor D.)，アージリス(Argyris C.)，ハーズバーグ(Herzberg F.)，リカート(Likert R.)らが，当時の代表的な論者といわれています。図表6は，彼らの理論のポイントと人事労務管理への示唆をまとめた内容です。

　これらの理論が生まれてきた社会的背景として，先進工業諸国における戦後の持続的な経済成長と社会保障制度の充実により人々の物質的・経済的豊かさへの欲求が後退し，また生活水準や教育水準の向上に応じて人間の知的洗練化が進んだために，仕事や生活に対する高度の新しい価値観（精神的豊かさの重視）が人々の間に拡がってきたという現実があります。このため，人々の仕事に対する動機づけの根本にある「人はなぜ働くのか」というテーマに対して，金銭的・経済的豊かさの追求とは異なる新たな説明を必要とするようになりました。ここに「強制によることなく，人を自発的に働かすにはどうしたらよいか」という観点から，労働意欲の向上にかかわる管理論的なテーマが大きく浮かび上がってきたのです。

　行動科学における人間観（労働者観）は，「人間は生来的に高度の知的能力をもち，現代の人間は高次元の欲求充足をもとめる存在である」ということにあります。この点から仕事という人間行動の局面では，彼らが欲する高次元の欲求を仕事を遂行する過程やその結果の中で実現できるように工夫すれば，彼らは前向きに自発的に働くであろうという提案になっていきます。自尊・自信・

図表6　行動科学の主要な理論

論者	内容
マズロー A. Maslow	・人間には生理的・安全・愛情と帰属・尊敬・自己実現の5つの欲求集合があり，それらには優先順位がある。低次元の欲求が充足されるに応じて，より高次元の欲求充足が指向されるという「欲求段階説」を提唱する
マグレガー D. McGregor	・人間は怠惰で仕事を好まず，これを働かすには強制以外にないとする「X理論」と，人間は本来的に高度の知的能力をもっており，一定の条件さえ整えられれば自ら責任をとる存在であるとする「Y理論」を提唱する ・マズロー説を踏まえ，従業員の自我・自己実現欲求を充足する意思決定への参加を内容とする「統合と自己統制の管理」を主張した
アージリス C. Argyris	・人間人格は，受動から能動へ，依存から自立へ，自己認知の欠如から認知・自己統制へと連続的に発達するという「未成熟－成熟理論」を提唱する ・人間人格の発達に応じた個人と組織の統合をねらう「効果的なリーダーシップ」を提示した
ハーズバーグ F. Herzberg	・仕事上，会社方針・作業条件・給料・監督・人間関係など仕事の外的要素（衛生要因）は，欠如すれば不満の原因になるが，充足されても満足にはならない。達成・承認・仕事内容・責任・昇進など仕事の内的要素（動機づけ要因）の充足が職務満足を導くとする「動機づけ－衛生理論」を提唱する ・仕事自体を動機づけのもっとも重要な要素とすることで職務拡大・職務充実の方法論的基礎を確立した
リカート R. Likert	・組織管理とリーダーシップに関する組織理論を構築し，従業員中心型ないし集団参加型監督方式の有効性を主張する。そしてこの内容を，経済的報酬・目標設定・方法提案・業績評価などへの従業員の集団参加を基礎とした「システム4」という管理方式にまとめあげた ・独善的専制型（システム1），温情的専制型（システム2），相談型（システム3）の方式と比較して，長期的にはもっとも高い業績をあげるという

（資料）　岩出　博『アメリカ労務管理論史』三嶺書房，1989年より作表。

達成・承認・地位などを追求する「自我欲求」，自分の能力の十分な発揮と新たな能力の開発をもとめる「成長欲求」，自己の個性・適性・潜在能力をかぎりなく発揮させたいとする「自己実現欲求」が，従業員の高次元欲求と理解され，これらの欲求を充足させるように組織や仕事を変革していくことが組織自体の要求にとっても望ましいとされていくのです。

ライン管理者のための動機づけ施策

(1) 動機づけの理論

　部下から積極的な労働意欲を引き出す人事労務管理責任をもつライン管理者は，行動科学的見地から動機づけの基本原理を理解しておく必要があります。部下が自らの仕事に対し，どのように動機づけられるのかを説明する「動機づけ理論」(motivation theory) は，大きく2つのタイプに分けることができます。

　その1つは，何がやる気を引き出すか，動機を引き出すものは何かを明らかにしていく動機づけの「内容理論」です。ここでは，

①自分の可能性を追求し，自己の成長や発展をもとめる自己実現欲求を指摘するマズローの欲求段階説

②自己の成長や充実，能力を十分に発揮することをもとめる成長欲求を指摘するアルダーファー(Alderfer C.P.)のERG(Existense, Relatedness, Growth)理論

③達成・承認・仕事そのもの・責任・昇進が職務満足を導く動機づけ因とするハーズバーグの動機づけ-衛生理論

④職務そのもの中に組み込む多様性・完結性・重要性・自律性・フィードバックという5つの特性を動機づけ因と強調しているハックマン・オーダム（Hackman J.R. and Oldham G.R.）の職務特性理論

⑤高い基準や目標に挑戦し，自己の能力を発揮して独自のやり方で課題を成し遂げようとする達成動機をみたす職務遂行のあり方を主張するマクレランド（McClelland D.C.）らの達成動機説

などがよく知られています。これらの理論は，概して人間欲求を大きく高次と

低次に二分し，高次の人間的とされる欲求の充足を動機づけの根幹と理解する点で共通する特徴をもっているといえます。

　もう1つは，どのように動機は生じ，また持続するのかを説明する動機づけの「過程理論」といわれるものです。ここでは，

　①努力し成果を出すことで魅力的な報酬が期待できることが動機づけになるというブルーム（Vroom V.）らの期待理論

　②自らの遂行した仕事の成果が公平に評価され，それに見合った報酬が支払われ，他者と比べて不公平な扱いを受けていないと確認できることが動機づけにつながるとするアダムス（Adams J.S.）らの公平理論

　③仕事を進めていく上で，自らが目標や行動の自由な決定権をもっていることが動機づけになるとするロック（Locke E.A.）らの目標設定理論

　④ある事態に対処するために必要な行動をうまくやり遂げることができると確信できることが動機づけになるというバンデューラ（Bandura A.）らの自己効力理論

などが有名です。これらの理論は，動機づけ因そのものではなく，「どのように動機づければ人は労働意欲を高めるか」という方法論の軸を示唆している点が特徴といえるでしょう。

　学説史的には前者が初期，後者が現代の理論とされています。実際にこれらの理論が提示するさまざまな示唆は，多様な形で個別的な施策展開に応用されています。人々を動機づける方法には，大きく「外発的動機づけ」と「内発的動機づけ」の2つがありますが，外発的動機づけとは主として外からの力によって動機づけられる場合であり，賞を得る，あるいは罰を避けることが目的になるものです。仕事を給料や地位，権限などの外的報酬を得るための経済的な行動と理解することで意味をもつ動機づけの仕方です。他方，内発的動機づけとは，外的報酬がなくとも，仕事が面白い，楽しいといった仕事経験そのものから得られる刺激や満足が内的報酬として機能し，その追体験をもとめること自体が動機づけ因になるとする動機づけの仕方です。

　しかし，今日的な動機づけ論としては，内的動機づけに関わるものが主流と

なっており，問題点はあるものの多くの支持を受けているのは，職務満足を導く職務内容が動機づけ因になるとするハーズバーグ流の職務特性理論と，今日のマネジメント技法である目標管理制度の理論的な基礎となっている目標設定理論であるとされています。

(2) **動機づけの施策**

　職務特性理論にもとづくものとしては，職務自体の計画的な変革と職務遂行上の意思決定機構の再編をめざす広範な「職務再設計」(job redesign) の施策が提案されていきました。職務自体の計画的な変革のための施策とは，職務遂行上異なる仕事を体験させていく「職務転換」(job rotation)，職務遂行上の幅（多様さ）を拡げる「職務拡大」(job enlargement)，職務遂行上の自由裁量の余地をあたえる「職務充実」(job enrichment)，職場単位でその責任遂行上の決定権をあたえる「半自律的作業集団」(semi-autonomous work group) といったもので，仕事のやり方や内容を変えることで従業員の高次元の人間欲求を充足しようとするものです。

　これらの職務再設計の施策は，作業組織の新たな再編といった組織論に関わるものですが，同時にこうした考え方を管理者の日常的な部下指導・管理に応用していくことができます。図表7は，アメリカのAT＆T社で1965年から導入された管理者の部下管理上の職務改善の事例ですが，ハーズバーグ理論の実践として紹介されています。

　他方，目標設定理論にもとづくものとしては「目標管理」があります。ロックらによれば，部下のやる気を向上させるためには，その目標の設定に際し，当事者として加わることが必要とされています。目標はあたえられるのではなく，その設定に参加し自らが作ることが重要であり，またその目標達成に向かってどのような手順で行っていくかも自ら考えさせていくことが，その本人の自己効力感を醸成させ，高い業績に結びつくとされています。このような目標管理を用いた具体的な手続きに関しては，第4講で人事評価制度との関連で説明していますので，参照してください。

　ところで日本では，行動科学的思考にもとづく目標管理の考え方や組織開発

図表7 アメリカAT&T社における職務改善の事例

仕事のあたえ方	動機づけ要因
①責任を削らないで，上からの統制作用を若干取り除いていく	責任感，達成感
②自分の仕事に対する責任を重んじていく	責任感，認められること
③1つのまとまり単位の仕事全体を1人で受け持たせていく	責任感，達成感，認められること
④実施・決定権限を増やし，仕事上の自由をあたえていく	責任感，達成感，認められること
⑤本人が業務の定期的レポートを直接受け取るようにしていく	自己認識
⑥まだやったことのない新しくむずかしい仕事を組み入れていく	成長，習得
⑦専門職になれるように，援助しながら専門的な仕事をあたえていく	責任感，成長，高度の職務への昇進

（資料） 津田真澂『人事労務管理の思想』有斐閣，1977年より作表。

が受け入れられてきましたが，欧米的な意味での組織構造の再編を行う職務再設計の施策がライン管理者の技法として普及・定着したとはいえません。これまでの日本企業は，厳密な職務定義をして職務を固定化することを好まず，また工場作業でも厳密な作業の標準化を行わず，職場全体のチームワークを重視し，柔軟な職務構造と職務割当の中で，実質的に行動科学的な効果を実現してきました。たとえば，

　①OJTを通じての「単純な仕事から複雑な仕事へ」「基礎的な仕事から応用的な仕事へ」といった段階的な職務指導の過程で職務拡大・職務充実の効果をあげてきた。

②ゼネラリスト育成という従業員育成方針の中で，適時の職場内配置転換や定期的な人事異動を通じて職務転換や職務拡大の実をあげてきた。
③従業員提案制度や職場小集団活動の育成を促し，職場・経営改善に部下を関与させ，参加意識の充足を実現してきた。
④下級職位で起案され上級職位で決定される稟議制度を中心とする「合意による意思決定手続き」(consensus management) を通じて経営参加の実をあげてきた。
⑤従業員各人の仕事の割当では，その本人の才覚などに応じてより高度のものがあたえられ，「人が仕事を作る」という慣行ができあがっていた

という実践が指摘できます。

多様な職務・職場経験を基礎として自己成長を確認できる職務能力の高度化と多様化が，日本企業における労働意欲向上策の基本にあったのです。そして今日，こうした基本的なスタンスは維持されているとはいうものの，成果主義的人事制度化が進む中で，目標管理を軸とする部下の労働意欲の向上がライン管理者の人事労務管理責任として大きく浮かび上がってきているといえるでしょう。

４ 職場モラールの向上

分業と協業で成り立つ職場では業務の円滑な運行をはかるために，その組織秩序の維持といった点から部下に対して一定の規律にしたがって行動することを義務づけています。たとえば服務中にみだりに職場を離れてはならないとか，欠勤・休暇はあらかじめ上司の許可をえるとか，喫煙は一定の定められた場所以外では行ってはならないとか，基本的には就業規則として定められている事項の遵守を徹底することにあります。そのためには規則の周知徹底をはかることはもちろんですが，上司自らがその行動見本になることが大切です。

ところで，「個人的に会社が嫌になった」「上司との関係がよくない」「同僚との関係がよくない」などの心情的な理由で，遅刻・早退・欠勤などを繰り返

図表8　従業員モラール向上の施策体系（人間関係管理）

人間関係論の仮説	・生産性は従業員モラールによって左右される。 ・従業員モラールは職場の人間関係とコミュニケーションの程度によって決定される
人事労務管理への示唆	・安定感や帰属感を得られる職場の人間関係をいかに形成するか。それが生産性向上につながる
人間関係管理の具体策	①人間関係をあつかう社会的技能の習得を目的とした管理・監督者教育 ②上司と部下の意思疎通をはかる面接制度 ③職場の意思疎通をはかる職場懇談会や職場常会の設置 ④下からの提案によって従業員の自己実現欲求をみたす提案制度 ⑤人間関係の緻密化をねらうレクリェーション施設の設置 ⑥専門員による人事相談室の設置 ⑦全社的なコミュニケーションの手段として社内報の発行

（資料）　神戸大学経営研究室編『経営学大辞典』中央経済社，1988年を参照し作表。

し，モラールの低下を引き起こす部下が出てくるケースがあります。こういった状態はその本人のみならず，その雰囲気が職場全体に拡がり，職場としての生産性の低下につながってしまう恐れもあります。それゆえに職場という集団に対する部下の帰属意識ないしモラールを高め，職場全体のチームワーク，あるいは協力関係を確保することがライン管理者の大きな人事労務管理責任として強調されるのです。

　集団に対する帰属意識としての職場モラールが労働者の能率に大きな影響をあたえることは，集団の構成員に対する行動規制のあり方を発見した人間関係論によって明らかにされています。そして，人間関係論の立場から職場集団のモラール形成のためには，

　①上下の十分なコミュニケーションをはかる。

②構成員に対して何らかのかたちで意思決定に参加させる

という2つの基本的な方策が提言されています。この基本方策にもとづき，日本の企業におけるライン管理者の具体的な管理施策として，

　①職場協議ないし懇談会

　②定期的な面接ないしカウンセリング

　③各種レクリェーション活動

　④職場集団目標を決定する目標管理

　⑤職場小集団活動の奨励・援助

　⑥作業・業務改善に関する職場提案活動

などが指摘されています。このような方策を通じ適切なコミュニケーションがはかられることで，職場内に相互理解と親近感が生まれ，さらに職場が抱える問題に対し，その解決に向かって全員が参加することで職場の凝集力が高まり，その成員各人の職場に対する帰属意識と責任感の醸成がはかられていくのです。

　図表8は，人間関係論の示唆を踏まえ，広い意味で労使間の意思疎通のための管理制度としてまとめあげられる日本企業における「人間関係管理」(human relations management) の内容を示したものです。

ライン管理者の　リーダーシップ

　前にも述べましたが，管理者の基本的な役割は「部下に仕事をさせることを通じて自らの責任を達成すること」にあります。そしてこの職場におけるライン管理者による部下のさまざまな取り扱いがリーダーシップの実践ともいえるものです。リーダーシップの定義は多様にありますが，ここではリーダーシップとは「組織の目的達成のために部下の動機づけを行うところの管理者や監督者の対人的な影響力である」といった端的な定義を紹介しておきます。この定義から見て，ライン管理者による部下のモラール維持や労働意欲の向上はまさにライン管理者のリーダーシップの発揮と内容が重なり合っており，リーダーシップに言及していくことはライン人事労務管理の中核を説明することに通じます。

1　リーダーシップの理論

　すでに指摘したように，リーダーシップの定義は多様ですが，それでも「組織の中のリーダーが，組織の成員の態度や行動を組織目的達成に向かって努力するように働きかける行為・行動」といった点で，ある程度の共通認識が得られています。しかしリーダーシップ研究の内容は，歴史的に大きく変化してきています。

リーダーシップの特性理論

　古代ギリシャの時代から1940年代頃まで長く主流だったのが，リーダーシップの「資質理論」とか「特性理論」(trait theory) といわれるものです。この理論の前提は，リーダーになれる人となれない人との間には能力・資質・パーソナリティーなどで違いがあるということです。そこで，容姿や身長などの身体

LECTURE11 ライン管理者の人事労務管理

的特性，学歴や出身階層などの社会的特性，知能指数や社交性などの精神的特性などをリストアップし，そこからリーダーとそうでない人との相違とともに，偉大なリーダーに共通する特性を見出していくとするものです。代表的な理論としては，1930年代のストックディル（Stogdill R.）の特性理論がありますが，有力な結論を得ることができなかったとされています。

リーダーシップの行動理論

リーダーシップの特性理論は，いわば運命論的前提をもち，リーダーになれる人となれない人がいるとするものです。それに対して1940年代頃から発展してきたのが，リーダーシップの「行動理論」（behavioral theory）といわれるものです。この理論は，効果的なリーダーの行動を発見し，どのような行動が有効なリーダーを作り上げるかを見出していこうとするものです。そして，有効なリーダーシップ行動は教育訓練によって習得可能であるとの前提に立ち，管理者のためのリーダーシップ訓練の技術的な基盤を提供しています。代表的な理論としてはアメリカにおける「ミシガン研究」（michigan studies）や「オハイオ研究」（Ohio studies），「マネジリアル・グリッド理論」（managerial grid theory），日本における「PM理論」（PM theory）などがあります。

ミシガン研究とは，リカートをリーダーとしてミシガン大学で行われてきた一連のリーダーシップの実証研究ですが，とくに1949年に行われた高業績集団と低業績集団のリーダーの行動を比較分析したものが有名です。高業績をあげている部門のリーダーは，部下との接触に多くに時間を使って彼らの気持ちを理解したり，仕事の決定に際しては部下の意見を聞いたり，おおらかで寛大な監督をしていたのに対し，低業績の部門のリーダーは，部下の仕事に細かな部分にまで口を出し，効率的な仕事の進め方や厳格なスケジュール管理をもとめるなどの行動をとっていたことが明らかにされました。そして，前者を「従業員中心型」，後者を「仕事中心型」の監督行動と称し，高い業績をあげるためには，従業員中心型の監督行動をとることが望ましいと提言したのです。この成果はその後，リカートの「システム4」（図表6を参照）の従業員中心型リー

435

ダーシップ論へと引き継がれていきます。

また，1950年代にオハイオ州立大学で行われたオハイオ研究は，部下の要求や感情を尊重し，部下とのコミュニケーションに気を配る人間関係中心の「配慮行動」と，部下の仕事上の役割や目標を明確にし，仕事のスケジュール管理を行うなど課業達成中心の「構造づくり行動」という2つの次元の監督者行動を指摘し，高い業績を達成するには2つの次元の行動因子がともに高いことが望ましいとしています。

さらに，ミシガン研究やオハイオ研究を基礎にして，管理者の育成を通じて組織開発を行うために考案されたブレイク・ムートン（Blake R.R. and Mouton J.S.）のマネジリアル・グリッド理論とは，「管理者の業績に対する関心」と「管理者の人間に対する関心」という縦・横2つの軸を9等分して作られる格子（グリッド）図の中に，管理者のリーダーシップスタイルを81のパターンに分類し位置づけた類型論です。そして，典型的なリーダーシップスタイルとして，

①業績にのみ関心が向けられ，管理者と部下の関係は権限の行使と服従を基礎とする「9・1型」（権威・服従型）スタイル。

②友好的な人間関係の維持には熱心だが，業績の達成には積極的ではない「1・9型」（カントリークラブ型）スタイル。

③組織の一員としての身分を保つために，最低限の努力と仕事だけはやる「1・1型」（無関心型）スタイル。

④中道型ともいうべき現状維持・現状即応的行動が特徴的で，率先的な行動はとらない「5・5型」（常識人型）スタイル。

⑤業績と人間を効果的に統合する参画型。人間の独創性を引き出し，それを高い生産性とモラールに結びつける「9・9型」（チームマネジメント型）スタイル

といった5つのスタイルを説明し，組織開発の目標となる「9・9型」を理想的な管理者ととらえ，その育成をめざす訓練プログラムを提案しています。

他方日本では，三隅二不二の「PM理論」があります。この理論では，目標設定や計画立案，部下への細かな指示などにより集団の課題達成をめざす「P

図表9　PM理論によるリーダーシップタイプ

	4つのリーダーシップタイプ
PM型	目標を明確に示せ，成果をあげられると同時に，集団をまとめあげる力もある理想的なタイプ
Pm型	目標を明確に示せ，成果をあげられるが，集団をまとめあげる力が弱い。成果はあげるが人望がないタイプ
pM型	集団をまとめあげる力はあるが，成果をあげる力が弱い。人望はあるが，仕事は今ひとつというタイプ
pm型	成果をあげる力も，集団をまとめあげる力も弱い。リーダーとしては失格タイプ

（縦軸：集団維持機能　低〜高　／　横軸：課題達成機能　低〜高）
左上：pM　右上：PM　左下：pm　右下：Pm

（資料）http://www.blwisdom/ikey/09/05 を参照（2007年12月）。

機能」（performance）と，部下の立場や個人的な問題などに理解を示すことで部下との人間関係を良好に保ち，集団のまとまりを維持する「M機能」（maintenance）という2つの次元から監督行動を説明し，高い業績と部下の高いモラールを維持するためには，その2つの次元の行動をともに高める方向が望ましいとするものです。図表9は，PM理論によるリーダーシップタイプの内容です。

リーダーシップ行動の条件適合理論

これまで説明してきたリーダーシップの行動理論にほぼ共通する特徴は，リーダーシップの機能を「集団目的（課題）達成機能」（task）と「集団（人間関係）維持機能」（relations）の2つの機能で説明する「二次元モデル」であるとともに，有効なリーダーシップ行動とは，図表10に示すように，その2つの機能をともに高める方向が望ましいとする「Hi-Hi モデル」，あるいは「ベストプ

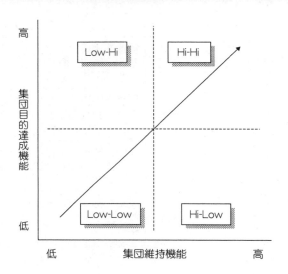

図表10　リーダーシップ行動の二次元モデル

ラクティス（唯一最善の策）」を提案していることにあるといえます。

　他方，同じ行動理論ではありますが，1960年代半ば頃から発展してきたリーダーシップの「条件適合理論」(contingency theory) は，すべての状況に適用できるリーダーシップ行動の普遍的な理想型といったものはなく，リーダーシップを発揮する場の状況によってそのパターンは異なるという前提に立つものです。代表的な理論としてはフィードラー（Fiedler F.E.）の「条件適合モデル」(contingency model)，ハーシーとブランチャード（Hersey P. and Branchard K.）の「状況的リーダーシップモデル」(situational leadership model)，ハウス（House R.）らの「パス・ゴール理論」(path-goal theory) などがあります。フィードラーが提唱する条件適合モデルとは，まず，

　①リーダーとメンバーの関係（リーダーとメンバーは信頼しあっているか）
　②仕事の構造（メンバーの仕事がルーティンであるか）
　③リーダーの権限（リーダーはメンバーを統制するパワーをもっているか）

という3つの要因から，リーダーの置かれている状況を「有利」「ほどほど」「不利」に分類します。そしてここに，

　①仕事の計画ややり方を明確にメンバーに示し細かく指示をあたえる「仕事指向型」のリーダー行動
　②メンバーの気持ちを理解し人間関係や職場の雰囲気に気を配る「人間指向型」のリーダー行動

という2つのタイプのリーダーシップ実践行動を設定し，リーダーの置かれている状況とリーダー行動の使い分けを提案するものです。

　また，ハーシーとブランチャードが提唱する状況的リーダーシップモデルとは，まず，

　①メンバーの仕事に対する達成意欲
　②メンバーの責任負担の意思
　③メンバーの職務知識や技能・技術，経験の程度

の3つの要因から，メンバーの成熟度の状況を「未成熟」「やや未成熟」「やや成熟」「成熟」の4段階に分類していきます。そしてここに，

　①仕事上の指示内容の細かさや頻度などを内容とする「指示的行動」
　②メンバーへの協力・支持，アドバイスなど仕事のしやすい環境作りを内容とする「協労的行動」

という2つの次元のリーダー行動要素の濃淡が異なる「指示型」「説得型」「参加型」「委任型」という4つのタイプのリーダーシップ行動を設定し，メンバーの成熟度とリーダーシップ行動の対応関係を説明したものです。両理論ともその内容は複雑ですが，ごく簡便にその内容をパターン化してまとめると，図表11のようなものになります。

　他方，ハウスが1970年代に提唱したパス・ゴール理論は，リーダーシップの本質は「メンバーが目標（goal）を達成するためには，リーダーがどのような道筋（path）を通ればよいかを示すことである」とし，リーダーシップ行動のタイプとして，オハイオ研究が提案した「配慮」と「構造づくり」という2つを設定します。そして，目標達成の方法をメンバーが知っているかどうかの度合

図表11　リーダーシップの条件適合モデル

フィードラーの条件適合リーダーシップ

リーダーの置かれた状況		リーダーシップ行動
有利	・リーダーとメンバーの関係はよい ・課業の目標や手段・手順は明確である ・リーダーの権限は強い	仕事指向型
ほどほど	・リーダーとメンバーの関係はふつう ・課業の目標や手段・手順の明確さはほどほど ・リーダーの権限はほどほど	人間指向型
不利	・リーダーとメンバーの関係は悪い ・課業の目標や手段・手順は不明確である ・リーダーの権限は弱い	仕事指向型

（資料）　http://www.achieve.co.jp を参照（2007年12月）。

ハーシー・ブランチャードの状況的リーダーシップ

メンバーの成熟度合い	リーダーシップ行動
能力も達成意欲も乏しい「未成熟」の状況	指示型（指示：高，協労：低） ・細かな指示と頻繁な統制を行う
達成意欲はあるが，能力が乏しい「やや未成熟」の状況	説得型（指示：高，協労：高） ・必要な情報と知識をあたえて説得する
能力はあるが，達成意欲が乏しい「やや成熟」の状況	参加型（指示：低，協労：高） ・よく話し合いなんらかの責任をもたせる
能力も達成意欲もある「成熟」の状況	委任型（指示：低，協労：低） ・期待する成果や方向を示し，やり方は任せる

（資料）　岩崎秀一『人事制度の正しい構築』社会生産性本部，1999年を参照して作表。

いを示す「タスク構造の曖昧さ」を状況要因とし，その状況に応じた効果的なリーダーシップ行動を特定しようとするものです。それによれば，

① タスク構造の曖昧性が高い場合，役割の割当や手順の指示などリーダーの構造づくり行動により曖昧性が低減され，メンバーにとって目的達成の期待が高まり，モチベーションも高まる。新分野へのチャレンジや研究開発などの知識ベースの仕事に応用されやすい。

② タスク構造の曖昧性が低い場合，メンバーは仕事をどのように行うべきかを知っているため，構造づくりをしなくともメンバーの目的達成の期待感は高い。仕事のやり方が決まっているルーティンタイプの仕事の場合，メンバーの感情に対する気配りなどの配慮行動が，退屈なタスク遂行を多少なりとも魅力的なものとし，モチベーション向上に効果的となる

ということになります。

カリスマ的／変革的リーダーシップ理論

　これまで説明してきたリーダーシップ理論は，職場集団の生産性とモラール向上に有効なリーダー行動となる職場管理者のリーダーシップを対象としてきたものでした。今日でもこうしたリーダーシップの重要性が失われることはないのですが，近年とくに関心が高まってきたのは，組織全体を対象にして組織メンバーが献身的に組織の目標を実現するためにがんばることができるようなリーダーシップのあり方です。

　このようなリーダーシップがもとめられるようになったのは，競争環境が激変する中，将来的な展望がなかなか見えない時代にあって，会社の将来的なビジョンや経営戦略をきっちり立案し，それを力強く語ることで従業員に安心感と夢をあたえることができるトップ・マネジメントが希求されるようになったことがあります。1970年代後半以降拡がってきたのが「カリスマ的リーダーシップ理論」(charismatic leadership theory) であり，政治家や歴史上のリーダー，企業のトップ・マネジメントなどの人物研究からカリスマ的なリーダーがもつ特性を特定しようとするものです。強い自信・明確なビジョンの提示・ビジョ

図表12　リーダーシップ：変革の8段階モデル

段階	テーマ	課題
第1ステップ	緊急課題であるという認識の徹底	・市場分析し，競合状態を把握する ・現在の危機的状況，今後表面化しうる問題，チャンスを認識し，議論する
第2ステップ	強力な推進チームの結成	・変革プログラムを率いる力のあるグループを結成する ・1つのチームとして活動するように促す
第3ステップ	ビジョンの策定	・変革プログラムの方向性を示すビジョン ・戦略を策定・策定したビジョン実現の為の戦略を立案する
第4ステップ	ビジョンの伝達	・あらゆる手段を利用し，新しいビジョンや戦略を伝達する ・推進チームが手本となって，新しい行動様式を伝授する
第5ステップ	社員のビジョン実現へのサポート	・変革に立ちはだかる障害物を排除する ・ビジョンの根本を揺るがすような制度や組織を変更する ・リスクを恐れず，伝統に囚われないような考え方や行動を奨励する
第6ステップ	短期的成果をあげる計画策定・実行	・目に見える業績改善計画を策定する ・改善を実現する・改善に貢献した社員を表彰し，報奨を支給する
第7ステップ	改善成果の定着と更なる変革の実現	・勝ち得た信頼を利用し，ビジョンに沿わない制度・組織・政策を改める ・ビジョンを実現できる社員を採用し，昇進させ，育成する ・新しいプロジェクト，テーマやメンバーにより，改革プロセスを再活性化する
第8ステップ	新しいアプローチを根付かせる	・新しい行動様式と企業主体の成功の因果関係を明確にする ・新しいリーダーシップの育成と引き継ぎの方法を確立する

（資料）　http//leadershipinsighi.jp/dictionary/words/leadership_theory.html（2015年8月）。

ンに対する強い確信・並外れた行動力・変革の旗印としてのイメージなどが指摘されていますが、いまだ未開拓な分野が多いものです。

また、1980年代に大きく拡がってきたリーダーシップ理論の潮流の1つが「変革的リーダーシップ理論」(transformational leadership theory) といわれるものです。アメリカ経済が低迷し厳しい国際競争にさらされ、市場の環境変化が著しく複雑性を増す中で、企業がさらに発展するためには、従業員とビジョンを共有し、彼らの能力を引き出すことで変革を実現していくという考え方が基本になっています。代表的な理論としては、コッター (Kotter J.P.) の「変革の8段階モデル」、ティシー (Tichy N.M.) の「現状変革型リーダー論」、ナナス (Nanus B.) の「ビジョナリー・リーダーシップ論」などがあります。

こうした新たなリーダーシップ研究の動きから、リーダーシップの特性理論がふたたび脚光を浴びてきたことが指摘できます。現実に革新的な企業経営を実践している企業経営者の行動を分析対象とし、そうしたリーダーシップを発揮することができる特性とは何かを明らかにしていくものです。旧来のリーダーシップの特性理論からすれば、リーダーは生まれつきの者しかなれず、リーダーを育成することはできないということになりますが、ここでは、挑戦のしがいのある良質な経験と体系的で適切な支援があれば、必要なスキルは学習できるとされており、トップ・マネジメントのリーダーシップ能力開発が進められています。参考までに、コッターの「変革の8段階モデル」の概要を図表12に示します。

2 リーダーシップ能力の育成

PM理論によるリーダーシップ訓練

今日のリーダーシップの考え方によれば、リーダーとしての能力は先天的な特性にあるのではなく、教育訓練によって習得できる技能 (skill) であると理解されています。ここに職場管理者のためのリーダーシップ訓練が開発されてい

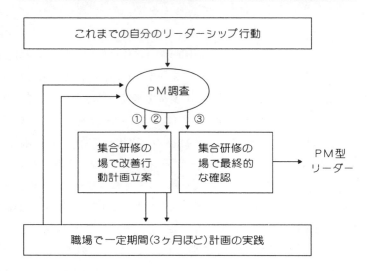

きます。二次元リーダーシップ理論にもとづくものでは、ブレイク・ムートンの「マネジリアル・グリッド理論」や三隅二不二のPM理論によるリーダーシップ訓練が、また条件適合リーダーシップ理論にもとづくものではフィードラーらによる「リーダー・マッチ訓練」などがよく知られています。ここでは管理・監督者のリーダーシップの向上を目的として開発された三隅二不二の「PM理論にもとづくリーダーシップ訓練」（PM leadership training）の概要を説明していきます。

まず、PM理論によるリーダーシップ訓練の目的は、Hi-Hi パラダイムにもとづき、管理者のリーダーシップのタイプをPM型に変容させること、すなわち課題達成機能と集団維持機能の両機能を最大化させていくことにあります。リーダーシップ行動は、各人の固定した性格特性ではなく、学習によって変化しえるとの前提の下で、この訓練に参加する管理者は、図表13に示すように、

①まず、現状の自分のリーダーシップタイプを日常的に接している自分の部

LECTURE11 ライン管理者の人事労務管理

下を評価者とする「PM調査」の結果から確認する。
②次にその結果にもとづき，PM型になるための問題点の分析と改善のための行動計画を立て，その計画を一定期間，職場で実践していく。
③一定期間の後，あらためて期間中のリーダーシップのあり方のPM調査を部下に対して行い，その結果から行動変化の度合いを確認する。
④満足いく結果が得られなかった場合，あらためて問題点の分析と改善のための新たな行動計画を立て，職場で再度実践していく

といった過程を繰り返していき，最終的にPM型のリーダーシップ行動を自分のものにしていくことになります。

通常の訓練の場合，集合研修を基礎（①の部面）・フォロー（②の部面）・スタートアップ（③の部面）の計3回の部面でPM調査を設定し，このサイクルを3回ほど繰り返していくものです。

これからの時代にもとめられるマネジメント力

各種の調査によれば，企業の人材開発の上で直面している課題として，多くの企業が「管理者の力不足」を指摘しています。その背景には，1980年代以降に目立ってきた企業環境の大きな変化の下に，管理者にもとめられる要件が大きく変化してきていることがあります。

これまでの日本で一般的だった調整能力を武器として，現行業務の職責達成に邁進する率先垂範型の管理者行動は，量的拡大という経営戦略のベクトルが不変で，コスト削減と生産性・品質向上を主眼とし，これまで積み上げてきた知識や経験，カンやコツが生かせる改善を主体とした「プロセス・イノベーション」（process innovation）的な体制の下では有効なものだったといえるでしょう。しかし，とくに1980年代後半以降になると，
①付加価値の高い新たなビジネス・チャンスを生み，企業にとっては本業一筋の硬直的な経営姿勢では生き残れない状況を強めていく経済のサービス・ソフト化といった「産業構造の高度化」
②いわゆる普及品や標準品の売上げが限界に達し，新たに売上げを伸ばすに

は，高い価値を付加した製品や多様化した消費者のニーズをみたす製品の新規開発に活路を見出す状況が一般化していく「商品市場の成熟化と消費者ニーズの多様化」
③主として東南アジアのNIEs諸国や中国・インドなどの新興工業大国の参入により市場競争が一段と激化し，高付加価値製品や新商品の開発に企業生き残りの命運をかけなければならない「グローバル競争の激化」
④情報ネットワークを利用した電子市場・商店といった新たな業態の開発や異業種との交流による新たなビジネスモデルの構築など，経済のサービス・ソフト化とあいまって，その発想や構想の仕方によっては無限といえるほどのビジネスチャンスが生まれている「情報社会化」

といった，過去からの延長線上での対応では対処しきれない未経験の企業環境の質的な変化が進んでいます。このような事態に要求される基本的な対応スタンスは「プロダクト・イノベーション」(product innovation) といわれるものになります。

こうした点から企業では，変革，革新といった理念を前面に出し，変革を実行して新しい仕組みを作りだす「企業家的役割」をコア人材としての部・課長クラスの管理者にもとめるようになりました。それは，企業環境の変化を察知し，現状を見直して方向の転換や新展開をはかったり，構造改革や資源の再配分を行っていく機能という意味で「業務革新的役割」，あるいは「戦略的役割」ともいわれる管理者の新たなマネジメント力です。

企業の将来的な方向性を決める経営戦略を策定するような高度の「概念化能力」(conceptual skill) は，本来的には経営のトップ・マネジメント層に要求されるものですが，バブル後不況の経営改革の中で，中堅の部・課長レベルの管理者や幹部候補生としての「次世代リーダー」にももとめられるようになってきています。とはいえ，管理者にとって日常的に課せられる本来の職責の遂行がまず基本にあり，それが前提となっていることは否めません。適切な人事評価の実施やリーダーシップの発揮を通じ，職場に課せられた職責をまっとうしていくことに軸足を置きながら，かつ新たな役割に挑戦していくこともとめ

図表14　管理者のマネジメント力の要素

管理能力（課題解決能力）	課題展開能力	課題形成	幅広く情報を集め現状を把握した上で，問題を的確につかみ，全体の状況を構造的にとらえ，そこから自ら目指す方向や課題を設定していく力
		課題処理	打ち出した課題に対して具体的な対策案を考え出し，一連の手順を組み立て，有効な手段で効率よく課題を処理していく力
	課題遂行能力	集団への働きかけ	状況を把握した上で集団がより高い成果を得るよう，集団をまとめたり，引っ張ったりして影響を及ぼしていく力
		個人への働きかけ	個々人に対して相手を尊重し意図や気持ちを受止めながら，自分の意見を相手に的確に理解・納得させていく力
		自律性	課題をやり遂げるために，自らを律し，困難にくじけず前向きに最後まで取り組んでいく姿勢

（資料）　リクルートマネジメントソリューションズ『Message』第11巻，2007年4月を参照し簡略表記化したもの。

られているということです。図表14は，コンサル企業が提案しているこれからの管理者に必要とされる課題解決能力としての「マネジメント力」の内容を示したものです。参考にしてください。

LECTURE 12

従業員満足指向の人事労務管理

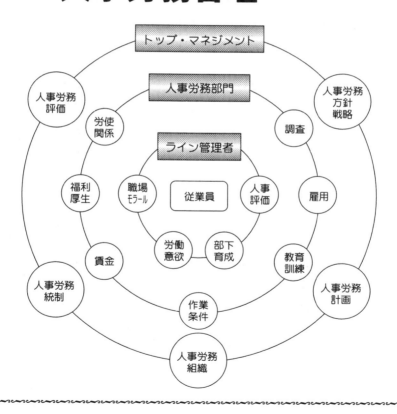

I 従業員満足とは何か

　現代人事労務管理の大きな特徴は、従業員の労働意思への積極的なアプローチを試みていることにあります。その象徴的な表現が「従業員満足」の実現です。ここでは、あるべき理想の人事労務管理を「従業員満足指向の人事労務管理」ととらえ、この点から現行日本の人事労務管理制度の実態的な評価を行い、本テキストのまとめとしていきます。

1　QWL：従業員満足の原点

　欧米の先進経済諸国の間では、第2次大戦後の持続的な経済成長と社会保障制度の拡充の結果、人々の生活水準が向上し、物質的な経済欲求がかなり充足されていきました。またこうした生活水準の向上には、当然、より高度の教育水準の向上がともなうために、人々の知的洗練化が進んでいきます。この結果、国民全般の欲求構造の中に、より高度の精神的な欲求充足を期待する傾向が大きくなっていきます。

　図表1は、一国レベルの経済発展の度合いと一国国民の欲求構造の関連を説明する概念図です。経済がより高度に発展していくのに応じ、衣食住といった人間が生きていく上での基本的な生存的欲求はほぼ充足され、生活を物質的に豊かにしたいとする経済的欲求充足の期待は衰えを見せていき、より高度の精神的欲求充足のウェイトが高まっていくということを示します。

　これを日本の場合で見れば、敗戦後の飢餓的状態から経済を復興し、その後の経済的豊かさのシンボルとなった3C（Car, Color TV, Cooler）の購入に代表されるように、より豊かな物的な生活水準の向上をもとめて1960年代以降の高度経済成長を達成していきます。そして今日では、あり余る「モノの豊かさ」を背景に、賃金よりも生きがい、働きがい、ゆとりなど、「精神的な豊かさ」

図表1　経済発展と人間欲求の構造

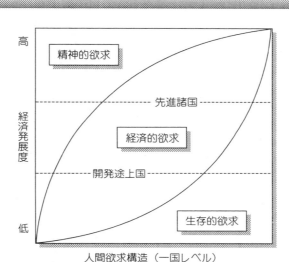

をもとめる指向が強くなってきたのです。

　このような人々全体の大きな価値基準の変化を前提とすれば，人事労務管理の世界でも人々を仕事に動機づけるには，賃金・付加給付・福利厚生といった物質的・経済的報酬だけでの対応では限界をきたすために，いっそう洗練された「労働意思管理」の必要性が浮かび上がってきます。つまり「より人間的な労働環境の実現」「より人間的な仕事の開発」「労働生活と個人生活の両立」など，非金銭的な「精神的インセンティブ」の機能をもつ施策の開発と導入が大きな課題となってきます。

　こうした労働者の精神的インセンティブに対する体系的なアプローチは，まず1960年代後半頃の欧米諸国で生まれました。それは，職務満足の実現を通じて労働過程の人間性回復をめざす運動として始まったもので，アメリカではQWL（Quality of Working Life：労働生活の質の向上），欧州諸国では「労働の人間化」（humanization of work）と呼ばれるものです。

1960年代以降の欧米諸国では，自動車・電器・食品など，流れ作業の大量生産方式を採用する多くの産業で，職場労働秩序の乱れとなる従業員の遅刻・無断欠勤・離職・山猫ストなどが多発するようになり，この結果，企業の円滑な生産活動が阻害され，労働生産性の低下が深刻な問題となっていました。

　そのためアメリカでは，政府の委託を受けた行動科学者らが中心となってこの問題を調査・分析し，その解決の処方箋を提示した"Work in America"という報告書が1972年に出されます。この調査の主要メンバーとして関わり，その後のアメリカにおけるQWL運動の積極的な推進者でもあったウォルトン（Walton R.E.）は，「従業員の変化しつつある期待」と「企業が提供する現実」との間に大きなギャップが生まれ，これが欲求不満としての「従業員疎外」（employee alienation）を引き起こし，それが生産性の低下と従業員の身体的・精神的健康の悪化をもたらしていると分析しています。そして，この2つの問題を同時に解決するためには「労働の体系的な再編成」が必要であるとしています。今，この分析の骨子を労働疎外発生の構造として説明すれば，図表2のように示すことができるでしょう。

　こうしてアメリカでは，1970年代になると，行動科学の理論や概念を基礎に置く労働過程の人間性回復をめざすさまざまな施策の開発と実験的な導入が進められていきます。具体的には，問題解決の目標を従業員の「職務満足」の実現に置き，意思決定における権限関係の変更や職務内容の中への多様性・挑戦性・自律性・学習性・社会的承認といった「心理学的職務要件」を織り込む施策の開発です。たとえば，従業員の意見や発言を促す「協議的リーダーシップ」や従業員に決定参加を認める「参画的リーダーシップ」，従業員自身に仕事目標の設定やその評価に参加させる「目標管理制度」など，上司・部下間における意思決定上の権限関係の変更や，職務転換・職務拡大・職務充実・半自律的作業集団といった従業員の担う職務内容そのものや職務遂行上の権限のあり方を変革していく広範な「職務再設計」の施策が提案されていったのです。

　このように，アメリカにおけるQWL運動のはじまりは従業員の職務遂行過程にかかわる領域の変更を中核としています。しかし，QWLとは「労働生活

LECTURE 12　従業員満足指向の人事労務管理

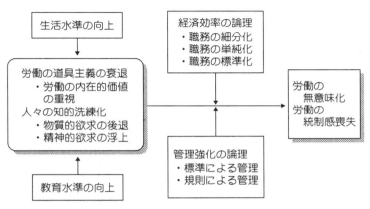

図表2　労働疎外発生のメカニズム

（注）労働の道具主義とは，労働は賃金を得るための手段だという考え方のこと。

の質」ということであり，その概念はかなりあいまいです。労働過程は労働生活の重要な局面ですが，それがすべてではないだろうということです。ここにQWLの内容に関する多様な議論が生まれ，QWL概念の外延が拡がっていきます。図表3は，アメリカの人事労務管理テキストにおけるQWLの理解とそれに応じた実際の施策提案をまとめたものですが，論者の考え方の違いによって多様な認識があることがわかります。

　一方，先進工業国としての日本でも，1970年代から「労働の人間化」の問題が大きく取り上げられるようになりました。その主要な関心は，自動車や家電業界における大量生産方式の「流れ作業」（assembly line）に代表される単調な労働から人間を解放することにあり，たとえば自動車業界では，製造ラインのベルトコンベアを作業者自ら停止できるといった工夫も見られます。また，専制的・権威主義的な職場管理からの解放として「労働者の経営参加」がもとめられ，職場小集団活動の意義が再評価されていきます。その後，1980年代にはコンピューター技術の導入に対応した労働のあり方や，急速に人々の間に意識

453

図表3　QWL概念の多様性

論者	QWLの定義	具体策
French (1982)	生産性と労働生活の両者を改善しようとする労使の協力的努力	労使合同の問題解決を指向する労使関係。統合的交渉
Coleman (1979)	従業員の人間的要求と組織の経済的要求の統合	将来的な人事労務管理の基調を規定する理念
Dessler (1981)	組織上の体験を通じて個人的欲求を満足させることができる度合い	キャリア開発指向にもとづくキャリア計画
Schuler (1981)	組織における体験を通じて個人的欲求や価値を充足できる度合い	従業員欲求を満たし組織に利益をもたらす職務設計，意思決定への参加
Burack et al. (1982)	職場における職務関連の人間的体験の質ないし度合い	労働観の変化，キャリアという概念による職務設計，キャリア計画
Megginson (1981)	労働の意味，満足行く作業条件，意思決定の自由，適切な労働時間，効果的な管理者リーダーシップ	職務満足を通じて業績向上をもたらす職務設計，労働時間計画
Sayles et al. (1981)	自由裁量・自己統制の増大を通じて職場不満の解決をはかるアプローチ	職務再設計，目標設定，労働時間計画
Werther Jr. et al. (1981)	職務をより生産的かつ満足いくものにすること	興味がもて，やりがいのある職務を作る職務再設計
DuBrin (1981)	組織上の体験を通じて個人的欲求を充足できる度合い	意思決定の権限関係の変更の施策。QWL労使委員会

（資料）　岩出博『アメリカ労務管理論史』三嶺書房，1989年を抜粋。

され始めたゆとり，生きがい，働きがいといったテーマが「労働の人間化」の視点から追究される動きがみられるようになってくるのです。

2 従業員満足の意味

QWLとは，もともと労働過程における職務満足を意味する狭義のものだったといえますが，その後この内容が多様化し，今日では，現代の工業化された社会に対応した組織のあり方や管理のあり方を含む「労働のあり方」自体の修正を試みる点で共通性を見せる「作業改善努力一般」をさす用語として使用されています。図表4は，QWLを「客観的な組織的な諸条件と施策の体系」(a set of objective organizational conditions and practices) と理解し，QWLという観点から人事労務管理制度全般の再編を行っているアメリカ企業の事例です。

こうしたことから今日におけるQWLの内容は，労働過程における職務満足の実現も一要素としながらも労働生活全般にわたる「従業員満足」(employee satisfaction) を意味すると理解していくことができます。そこで，まず従業員満足をあえて定義づけするとすれば，あいまいな感は逃れませんが，「従業員の広い意味での労働生活に対する要求や期待の総体」のことであり，従業員満足の実現とは，そうした「従業員の人間的な諸要求・期待が企業・職場・仕事の中で満たされていると，従業員に実感される状態」といえるでしょう。

このように従業員満足を理解すると，その具体的な内容として，次のように大きく4つの領域を指摘することができます。

1 生活満足（life satisfaction）

失業の不安のない雇用の安定感がもて，適正な生活ができる収入が持続的に確保でき，将来的な生活に対する不安感が払拭されること。また，長時間労働から解放され，ゆとりある生活時間がもてること。こうした従業員の期待や要求に対応する人事労務管理職能として，雇用管理・賃金管理・労働時間管理のあり方が深く関わっている。また，とくに女性

図表4 アメリカ企業におけるQWL体系の事例

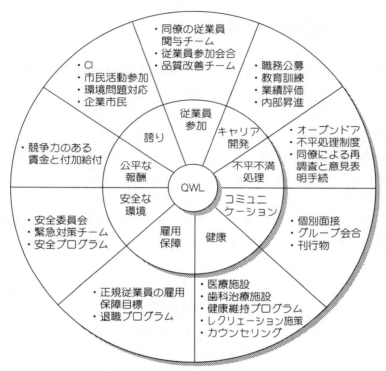

（資料） W.F.Cascio, Mnaging Human Resources, 5th ed., McGraw-Hill, 1998.

の生活満足という観点からは，仕事と育児・介護の両立といった面で労働時間管理や福利厚生管理の役割が期待される。

2 職務満足（job satisfaction）

仕事内容そのものやその直接的な結果にかかわるもので，具体的には単純・反復・促迫的な労働や身体的・精神的に過度の負担を課す労働から解放されるだけでなく，能力的な自己成長が確認でき，自主性が発揮

LECTURE 12 従業員満足指向の人事労務管理

図表 5　従業員満足指向の人事労務管理

できる人間らしい仕事ができること。また，仕事の成果に対して正当な評価と処遇が受けられること。そのためには，各人に割り当てる仕事の質量を工夫する職務設計，権限委譲的な仕事の進め方を認める管理者リーダーシップ，さらには平等な訓練機会が提供される教育訓練・能力開発制度の運用，納得性の高い公正な人事評価制度の確保などが重要な要件になる。さらにまた，女性の職務満足の観点からは，男女差別のない職務配置や均等処遇の実現がある。

3　職場満足（workplace satisfaction）

上司・同僚・部下との間の職場人間関係が円滑に保たれ，また非衛生的で危険な作業場環境など労働災害を引き起こしたり健康を害する就業・作業環境から解放され，人間らしい快適な労働環境で仕事ができること。職場管理者の人間関係管理のあり方や作業条件管理のあり方が問われる。また，セクハラやパワハラ，マタハラに代表される各種のハラスメント行為（嫌がらせ）は，職場の人間関係に起因する人的職場環境の悪化の最大の原因になっている。

4 企業満足（corporate satisfaction）

勤務する企業そのものに対する高度の「企業モラール」ないし「コミットメント」感情。生活・職務・職場満足実現からの総合的帰結としての「この会社の一員として長く留まりたい」といった企業への帰属意識，従業員をまとめ上げるトップ・マネジメントの強力な経営リーダーシップの発揮や労使間の信頼関係の確保を通じて生まれる会社への信頼感，さらには「企業市民」（corporato citizenship）としての社会・文化貢献活動，法令遵守，環境対策，障害者雇用など「企業の社会的責任」の積極的な実践による「この会社の一員として誇りをもつ」といった従業員感情が具体的な内容になる。

以上のような従業員満足の4つの内容にもとづき，これらの従業員期待や要求の実現が従業員のモラールや労働意欲の向上を導き出し，長期的に従業員の生産性向上に寄与すると考えることができるのです。そして，このような理念に則って人事労務管理の制度・手続きの再編を進めていく改革の理念的な取り組みが「従業員満足指向の人事労務管理」ということができます。図表5にその全体像を示します。

これは，現代企業の販売戦略の基本となるマーケットイン，すなわち消費者の嗜好を製品に反映させる「消費者満足」（CS：consumer satisfaction）の概念を人事労務管理の運用に適用したものともいえます。つまり，従業員の広い意味での労働生活に対する期待や要求の総体を「従業員満足」と理解し，その内容の実現を人事労務管理の諸制度・手続きに反映させることで従業員のモラールや労働意欲を向上させ，長期的に従業員の労働生産性の向上に資するという人事労務管理の編成と運用のあり方なのです。

LECTURE 12 従業員満足指向の人事労務管理

II 現行日本の人事労務管理の問題：従業員満足の実現という視点から

　人事労務管理において，従業員のモラールを維持しつつ仕事に対する労働意欲を高めるにはどうしたらよいかといったことは，旧くて同時に新しいテーマです。しかし，この問題に対して「従業員満足の実現」を明確に人事労務管理の手段目的に設定し，組織科学のさまざまな知見や提案を応用し，従業員の労働意思への体系的な接近を試みるのが現代人事労務管理の特徴です。日本も高度経済成長の結果として，全般的に見れば物質的な経済的欲求がいちおう充足され，人々の欲求構造は高度化しています。

　そこで本書のまとめとして，これまで述べてきた各論の内容を踏まえ，日本企業の人事労務管理の現状にあって，従業員満足の充足という観点から見て，何がいま問題なのかをあらためて明らかにしておきたいと思います。

1 生活満足の実現

雇用の安定

　失業の不安や収入途絶の恐れは，洋の東西を問わず，労働者に共通する脅威です。日本企業の海外進出が加速した1980年前後には，欧米諸国の現地労働者の間に「日本企業は従業員を解雇しない」という神話が拡がり，応募者が殺到したといわれています。レイオフが日常的に行われ，失業には慣れ親しんでいるはずの欧米諸国でも，労働者にとってやはり「雇用の安定」という要素の重みを知る最適な逸話です。

　これまで日本では，終身雇用慣行による雇用の安定感や年功序列慣行による収入の持続的上昇の期待感が確保され，マズローのいうところの「安全・安定の欲求」が充足されてきました。しかし今日，この２つの慣行の改変が進んで

おり，従業員にとって雇用・収入面の安定の基盤が動揺しています。

日本企業における雇用調整の特徴として，解雇をともなわない配転・出向・転籍などが中心であることは今でも変わりありません。しかし1990年代のバブル不況期に，希望退職者の募集や解雇などのリストラがかなりの数の名のある大企業でも行われ，それがマスコミに大きく取り上げられた結果，「終身雇用の終焉」が社会全般に意識され，また「整理解雇はしにくい」といった経営側の心理的なタガが外され，「終身雇用慣行にとらわれずに雇用調整ができる」という時代的な流れが作り上げられています。このため国民全般の心情として，「雇用の安定感」がかなり減殺されており，雇用流動化社会の到来が強く意識されるようになってきていることは事実です。

一方，各種の企業調査によれば，従業員の長期継続雇用のメリットを認めており，できるかぎり従業員の終身雇用を維持したいとする企業が多いことも事実です。しかしこうした企業でも，選択定年制度の常設化，転職しても不利にならない退職金制度の工夫（退職金制度の廃止も含む）や新たな確定拠出型の企業年金制度（日本版401ｋ）の導入などが進められています。これらの施策は，雇用の流動化を円滑にする仕組み作りの一環としてあり，長期雇用は維持するとしながらも，「去る者は追わず」といった形で，従業員の定着努力が後退している企業スタンスが見てとれます。

また，近年の企業の雇用政策の大きな転換から社会問題化しているのが，若年者を中心にした非正規労働者の急増と，その結果生じた処遇格差にもとづく格差社会の固定化の問題です。グローバルな企業競争の激化を背景に，人件費節約のための非正規労働者の活用は，今日では企業にとって要員計画上の必須の前提条件としてしっかりと組み込まれています。

問題は，こうした非正規労働者が正社員をめざして再就職活動を行っていく際に，最初から門戸を閉ざしている企業が多いことです。たとえば，フリーターとして経験してきた仕事を意味あるキャリア経験とみなすことはほとんどなく，門前払いが実態です。このためいったんフリーターになると，そこから抜け出すことが非常に困難になり，将来的に貧困層として格差社会の底辺に固

LECTURE 12 従業員満足指向の人事労務管理

定化されていくことになります。しかし考えてみれば，こうしたフリーターを生み出し，再生産しているのは企業であり，格差社会を生み出している責任の一端は企業にもあるのです。

現在，国や地方自治体は，こうしたフリーターに対し，一定期間試用として働き，その働きぶりから正社員採用するかどうかを企業が決定する「トライアル雇用」などの再就職支援活動を強化していますが，企業も社会的責任の一環としてこの取り組みに積極的に関わっていくべきものです。また大企業も含め，正社員の中途採用も一般化している現状を鑑みれば，フリーターの応募を最初から拒否するのではなく，少なくとも「個別に対応していく」といった採用方針の転換を望みたいものです。

他方，高齢者の60歳定年以降の継続雇用問題には，ある程度の方向性が見えてきました。この問題の背景には，日本の少子高齢社会の急速な進展による公的年金の財政的ひっ迫を緩和するために，年金支給年齢が65歳に引き上げられたことがあります。そのため，高齢者雇用安定法の改正により企業に対して65歳までの継続雇用制度の導入が義務づけられるようになりました。

この制度は，雇用保障の延長と収入確保の期待を高めるといった経済的安定感を従業員にあたえるために，一般的にQWL向上の効果をもつものです。老後不安の払拭による従業員モラールの維持，さらには少子高齢社会における日本経済の活力維持といった点からも望ましいものといえるでしょう。

収入の持続的上昇の期待

終身雇用慣行が崩れ，雇用の安定感が動揺していますが，従業員の経済的基盤を支える「収入の持続的上昇の期待感」は，さらに深刻なダメージを受けています。年功主義的処遇から能力主義的処遇へ，さらには成果主義的処遇へといった変化の中に，能力・成果・実績に応じて年々の収入が大きく変動する成果主義型の賃金制度の導入が加速されています。

こうしたことが常態になれば，たとえば住宅ローンの返済の場合ように，収入の安定性の上に築かれる長期的な生活設計に大きな影を落とすことになって

しまいます。また，処遇上の大きな格差は好ましくないという処遇の平等主義の考え方がすたれ，個人間競争が激化するために，職場の人間関係を悪化させるだけでなく，従業員から時間的・精神的なゆとりを奪い，ストレスの高まりも見られるようになってきました。

しかし同時に，こうしたデメリットがあるにもかかわらず，従業員側にもこのような成果・実績主義的処遇への選好が強まっているのも事実です。そのかぎりでは，人事労務管理の能力・成果主義化は，労使合意の時代的な要請にあった対応とはいえます。「良い生活がしたければ，良い成果を上げろ」とはさる大企業の人事担当者の言葉ですが，能力・成果主義の強化は優勝劣敗の差をより鮮明なものにしていきます。その結果，いわゆる勝ち組のQWLは高まり，負け組のQWLは確実にダウンします。しかし「自己責任」を強調する個人主義的価値観が受け入れられ，「機会が平等にあたえられるならば，結果の不平等は問わない」とする意識が人々の間に定着していけば，大きな摩擦は避けられるかもしれません。

ワーク・ライフ・バランスの実現

ワーク・ライフ・バランス（WLB）とは，仕事と生活を調和させることで，働く人々が仕事だけでなく，仕事以外の個人・家庭・地域生活でやりたいことを無理なく実現できる状態のことです。このWLBという運動は，これまでの時短による「ゆとりの確保」という問題を包摂し，男女労働者の「仕事」「育児」「その他私的時間」の確保といった，より広い内容をもつ生活満足の実現のための取り組みということができます。

こうした取り組みの背景には，少子高齢化が進む中で，子育て世代のニーズに応じ，仕事と育児の両立に資する柔軟な働き方を選択できる環境を整える必要性が認識されるようになったことや，男女ともに育児参加できる働き方を進めるためには，たんに子育て中の世代だけでなく，子育て世代以外の人々の働き方も変え，これまでの日本の労働者の働き方のいわば抜本的な改革も必須であると考えられるようになったことがあります。

図表6　WLB施策の全体像

施策の種類	具体的な施策の内容
休業制度 （働き方の柔軟性）	・育児休業 ・介護休業 ・休職者の復帰支援
休暇制度	・看護休暇 ・配偶者出産休暇 ・年次有給休暇の積立制度
働く時間の見直し （時間の柔軟性）	・勤務時間のフレキシビリティ 　フレックスタイム制度，就業時間の繰上げ・繰下げ ・短時間勤務制度 ・長時間勤務の見直し
働く場所の見直し （場所の柔軟性）	・勤務場所のフレキシビリティ 　在宅勤務制度，サテライトオフィス制度 ・転勤の限定
その他	・経済的支援，事業所内保育施設 ・再雇用制度 ・情報提供・相談窓口の設置

（資料）　アーバンプロデュース『人事マネジメント』2006年11月号。

　その具体的な取り組みとして，働く人自らが安心・納得できる働き方を選択することで心身ともに充実した状態で働くことができるようにするために，フレックスタイム制，一定期間短時間勤務ができる制度，在宅勤務制度など，働く時間や働く場所などに配慮した柔軟な働き方を導入している企業も増えており，漸進的な改善の動きが見てとれます。図表6は，WLB施策とされるものの全体像を示しています。

　しかし一方，こうした運動を阻害する深刻な問題が依然としてはびこっています。その問題とは，正社員の総実労働時間が年間2000時間以上あり，これま

でも時短が叫ばれてきたにもかかわらずまったく進んでおらず，処遇の成果主義化の進展の中でさらなる長時間労働化を促す状況がますます強くなっていることです。そして，30〜40歳代の正社員を中心にした長時間労働化に沿ったように，うつ病に罹患する者の増加，過労死や過労自殺の増加がこの世代の従業員を中心に目立ってきています。2014年には，長時間労働の防止をめざす「過労死等防止対策推進法」が施行されましたが，未だ大綱作り終始しており，実効ある規制策の提案には至っていません（2015年12月現在）。

② 職務満足の実現

　職務満足は，仕事の遂行それ自体と仕事に直接付随する領域にかかわる従業員満足の内容です。自分の個性・適性・潜在能力をかぎりなく発揮させたいとする自己実現の欲求，自分の能力の十分な発揮と新たな能力の開発をもとめる成長の欲求，自尊・自信・達成・他人の承認・正当な評価を得たいとする自我の欲求などが，従業員自身の仕事体験を通じていかに満たされるかにあります。滅私奉公型の忠誠と昇進・昇給が労働生活における絶対的な価値であった時代が去り，出世よりも仕事自体に価値を置く個人主義が台頭しつつある現状から，個人的なキャリア期待の実現はQWLの重要な要素になっています。

　そうした中で，日常的な職場における上司となるライン管理者の指揮・命令を通じての仕事体験は，職務満足を規定するもっとも大きな要因になると思います。ライン管理者が部下の職務満足の実現を促すためには，

　①計画的なOJTにもとづき，部下の能力成長に応じた仕事の割り当てや仕事の進め方を工夫する。具体的には職務転換・職務拡大・職務充実などの考え方を応用し，部下の挑戦意欲の高揚をはかる。

　②目標管理を通じて部下の仕事目標の設定やキャリア開発相談・計画を積極的に行うとともに，部下の自己申告や評価説明を通じて納得性の高い公正な人事評価を行う努力をする。

　③職場小集団活動を積極的に援助し，職場のさまざまな問題に対する提案を

図表7　選択自由型人事制度の一覧

人事労務領域	具体的施策	
募集採用	・通年採用制度 ・職種別採用制度 ・契約社員制度	・コース別制度 ・勤務地限定制度
配置異動	・自己申告制度 ・ジョブリクエスト制度	・社内公募制度 ・社内ベンチャー制度
昇進	・キャリア選択制度 ・ポストチャレンジ制度	・専門職公募制度
労働時間	・フレックスタイム制度 ・勤務時間選択制度	・育児・介護短時間勤務制度
休日休暇	・リフレッシュ休暇制度 ・ボランティア休暇 ・休職制度	・失効年休積み立て制度 ・連続休暇制度
ワークスタイル	・在宅勤務制度 ・直行直帰制度	・フリーアドレス制度
能力開発	・自己啓発援助制度 ・社内ビジネススクール	・海外自主研修制度 ・研修出向制度
福利厚生	・カフェテリアプラン	
退職再雇用	・選択定年制度 ・再雇用制度	・選択転籍制度 ・育児・介護退職者再雇用制度

（資料）　荻原勝『社員が選べる新人事制度ガイドブック』日経連出版部，1997年より作表。

　促す。自分たちの提案が実際に職場に生かされているのを実感することが
　　やりがいに通じる
といった取り組みが必要です。
　これらの内容は，ライン管理者のリーダーシップの発揮として，職場の人事

労務管理実践にかかわるものですが、同時に全社的な人事労務管理制度として職務満足の実現に資する制度的工夫も必要です。三菱総研の調査（2004年）は、従業員満足、顧客満足、企業業績のすべてにおいてもっとも高いパフォーマンスをあげる可能性が高い人材マネジメントモデルとは、人材を育成する方法やスタイルが確立されており、また信賞必罰が明確化され、キャリア選択の多様性が確保されているものであると報告しています。図表7は、こうした人事労務管理施策の中で従業員の自主性や主体性を尊重し、そのキャリア期待をみたす「選択自由型人事制度」の一覧です。

③ 職場満足の実現

　職場満足とは、配属された職場に対する人間的な期待ともいうべきもので、いわゆる職場モラールを構成する内容になります。職場満足の内容は、大きく2つに分けることができるでしょう。その1つは、上司・同僚・部下との間に生まれる職場の人間関係の良し悪しです。そして、職場の良き人間関係の維持の基本がコミュニケーションの円滑化にあることは、いまも昔も変わりはありません。これまでの日本企業では、朝礼・会議・職場懇談会・人事面接・小集団活動などのコミュニケーション手段を通じ、職場全体のさまざまな事情を知る機会を確保してきました。また、職場親睦会・社内旅行・「ノミニュケーション」（アフター5の職場仲間との飲み会）などを通じて職場集団としてのまとまりを維持してきました。

　日本人に根強い職場の「和」を重視する考え方や、柔軟な職務割当や職務の応援・代行といった「チームワーク」重視の働き方を前提とすれば、職場人間関係の向上の意義は決して失われるものではありません。しかし近年、とくに若年層を中心に、プライバシーや私的時間を侵食する「職場の付き合い」をきらう傾向が強くなっており、職場人間関係管理の再考が必要になっていることも事実です。

　また、近年の女性の職場進出を契機として、職場における女性社員の取り扱

図表8 セクハラのグレーゾーン

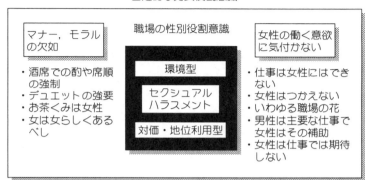

（資料）　東京都労働経済部『セクシュアル・ハラスメント防止のために』1994年を参照し作図。

いが大きくクローズアップされています。1986年の男女雇用機会均等法の施行を契機に採用された総合職女性と一般職女性の間での確執も問題ですが、とくに女性差別となる「セクハラ」（sexual harassment）の問題は、女性社員の職場満足に大きな影響をあたえています。アメリカでは、1970年代初めから社会問題化されるようになり、今日では職場でのセクハラは性を理由とした違法な雇用差別（性差別）であるという法理が定着し、加害当事者だけでなく使用者自身の法的管理責任を問うことも当然視されています。その結果、セクハラ教育は管理者教育の重要な一環を占めるようになっています。

　日本では、なお根強く残る男女の性別役割分業意識にもとづく雇用上の「性差別」（gender discrimination）が根づいており、改善されつつあるといわれますが、図表8に示すような男性社員のセクハラ的な言動がなお日常的に認められます。女性社員の活用が人事労務管理上の大きな課題となってきている現在、セクハラ問題は是非ともクリアしなければならない課題です。

1999年の改正男女雇用機会均等法は，セクハラ規定の整備を企業に配慮義務化し，2007年の改正では事業主に対してセクハラの防止や対策に関する体制整備など，具体的な措置を講じることを義務づける措置義務とされるようになりました。具体的な措置とは，たとえば「事業主は就業規則などで職場におけるセクハラの内容やセクハラがあってはならないという方針を文書として定め，管理者を含む労働者に周知・啓発すること」「セクハラに関わる性的な言動を行った者に対する対処の方針も文書として明確化すること」「企業内でのセクハラ研修などを定期的に行うこと」などがあります。

　他方，セクハラに次ぐ代表的なハラスメントとして「パワハラ」(power harassment) 問題があります。過剰なノルマが設定され，長時間労働が当たり前で，人間関係がギスギスしている職場でパワハラは起こりやすいといわれています。しかしパワハラは，たとえば上司による強い叱責・指導といったものと区別がつきにくいこともあったため，厚生労働省は2012年，職場におけるパワハラについての報告書を出します。それによると，職場のパワーハラスメントとは，「同じ職場で働く者に対して，職務上の地位や人間関係などの職場内の優位性を背景に，業務の適正な範囲を超えて精神的・身体的苦痛を与える又は職場環境を悪化させる行為」であり，パワハラの対象には上司から部下への行為だけでなく，同僚間や部下から上司への行為も含むとされています。そして，パワハラに当たる具体的な行為として，図表9のような6つの類型を例示しています。職場の人的属性（性，年齢，雇用形態，国籍など）が多様化・複雑化していることが，このようなパワハラ定義をもたらしていると思います。

　報告書では，パワハラを予防・解決するための取り組みとして，セクハラと同様に，先ずは企業として職場のパワハラはなくすべきという方針を明確に打ち出すことを強調しています。そして，「就業規則に関係規定を設けるとともに予防・解決の方針やガイドラインを作成する」「実態把握として従業員アンケートを実施する」「研修を実施する」「組織の方針や取り組みについて周知・啓発を実施する」といった方策を提案しています。

　さらに，妊娠・出産を機に退職する女性が60％を下らないという現状がある

図表9　パワハラのパターン

パターン	内容
①身体的な攻撃	暴力・傷害
②精神的な攻撃	脅迫・侮辱・ひどい暴言
③人間関係の切り離し	隔離・仲間外し・無視
④過大な要求	業務上明らかに不要なことや不可能なことの強制
⑤過小な要求	業務上の合理性なく，能力や経験とかけ離れた程度の低い仕事を命じることや仕事を与えないこと
⑥個への侵害	私的なことに過度に立ち入ること

（資料）　厚生労働省「職場のいじめ・嫌がらせ問題に関する円卓会議ワーキング・グループ報告」2012年より。

中で，最近その実態が調査レベルで明らかにされたものに妊娠や出産，育児を理由に職場で不当な扱いを受ける「マタニティー・ハラスメント」（通称マタハラ，maternity harassment）の問題があります。厚生労働省初のマタハラ実態調査（2015年）によれば，①正社員で21.8％，派遣社員で48.7％がマタハラを受けていた，②マタハラの原因としては，「妊娠，出産それ自体」「つわり，切迫流産などで仕事ができない，労働能率が低下」「育児休業」「産前・産後休業」などがある，③マタハラ行為者としては，「直属上司（男性）」「直属よりも上位の上司（男性）」に続き，「直属上司（女性）」や「同僚・部下（女性）」が挙げられている，④マタハラ行為の内容としては，「解雇」「雇い止め」がそれぞれ2割，その他に「迷惑」「辞めたら？」といった権利を取得しずらくする発言が約50％，という実態であるとされています。こうした結果を受け厚生労働省は，企業のマタハラ防止策を強化するために，男女雇用機会均等法や育児・介護休業法の改正を検討しています（『朝日新聞』2015年11月13日）。

さて，もう1つの職場満足の内容は，仕事を取り巻く物理的な職場環境の問題です。QWLの向上という観点からのキーワードは「快適な労働環境」の確保です。近年では，情報通信技術と結合し，オフィスワークの知的生産性向上をめざす機能的で快適な労働環境を整備しようとする先進的なニューオフィス運動が目につきます。精神的なゆとりがもてる空間デザインや従業員の「交流」(communication) と「協働」(collabocation) を促すフロア・デザインだけでなく，人間の生理学的な特質を生かした色彩・照明デザインなども効果的に導入されています。
　しかし一方でOA化の進展は，職場の人間関係や従業員の健康管理上にいくつかの問題も生じさせています。たとえばOA機器に合わせた作業スピードの設定や機器のペースによる労働密度の高まりなど，労働負荷の増大が職場仲間との相互交流の時間的余裕を失わせ，オフィスでの人間関係を希薄にしているといった調査結果もあります。ここに「テクノ・ストレス」(techno-stress) という従業員の精神的なストレスに対する予防と早期発見のための体制作りが大きな課題として浮かび上がっているといえるでしょう。

4　企業満足の実現

　企業満足とは「この会社に長く勤めたい」「この会社は信頼できる」「この会社の一員として誇りをもてる」といった従業員の会社に対する態度，すなわち企業モラールないしはコミットメントにかかわるものです。
　従業員の定着化を意味する「この会社に長く勤めたい」という従業員感情は，従業員が日常的に体験する生活・職務・職場満足の総合的な帰結として生じるものといえるでしょう。また，「この会社は信頼できる」といった従業員感情は，経営者リーダーシップの発揮としてトップ・マネジメントの経営姿勢や経営行動に大きな影響を受けます。とくに先行き不透明な不確実性の高い時代には，企業の将来的なビジョンやミッションを語り，組織全体をまとめあげ，強力に推進していくリーダーシップの発揮は，従業員に安心感をあたえます。そ

図表10　企業の社会的責任の評価項目

経営戦略組織体制	①CSRマネジメントの範囲 ②CSRを行う専門的な部署の設置 ③担当役員の任命状況	④役員の状況 ⑤役員報酬の開示状況 ⑥経営トップが現場や社外から意見を聞く仕組みの有無
法令遵守	①経営上のリスクを管理する役員の任命状況 ②取締役会のリスクレビューの有無 ③企業倫理方針・綱領の外部への開示状況	④倫理規定違反で懲戒処分を受けた従業員の有無 ⑤公正取引委員会からの告発の有無 ⑥株主代用訴訟の有無
社会貢献	①担当部署・担当者の設置の状況 ②CSR報告書の作成 ③環境会計導入・算出・公開	の状況 ④温暖化ガス・廃棄物の把握状況 ⑤グリーン購入の状況
従業員対応	①離職者数 ②勤続年数の状況 ③男女均等の機会・待遇に対する取り組み ④セクハラやパワハラの相談窓口の設置 ⑤メンタルヘルスケアの取り	組み ⑥介護・育児休業制度の状況 ⑦高齢者・障害者雇用の方針 ⑧従業員・元従業員の待遇面や労災認定など法的な争いの有無
消費者取引先対応	①消費者からの質問・苦情への対応状況 ②リコールの有無	③個人情報保護法への対応 ④取引先企業との公正な取引に関する方針の策定状況

（資料）『日本経済新聞』2005年1月17日より作表。

れに加えて労働組合とのコミュニケーションを密にし，労使の信頼関係の構築に努力する姿勢も大切な要素ということができます。

　最後に，「この会社の一員として誇りをもてる」という従業員感情は，対社

会における企業イメージに大きく影響されるといえるでしょう。今日，企業の社会的評価にかかわるものとして，「法令遵守」(compliance)や「企業の社会的責任」(CSR)の実践があります。企業が地域社会の一員として共存していくためには，利潤追求だけでなく「良き企業市民」(good corporate citizen)として一定の責任をはたしていかなければなりません。その領域は，法令遵守，環境対策，人件の尊重，雇用慣行など多岐にわたり，図表10に示すようなCSR項目の実践度合いが企業の社会的評価の大きな要素になっています。

そして今日，こうした評価は，企業の「社会的公正」(social justice)の実践という企業倫理面の評価にとどまらず，財務戦略上に大きな意味をもつようになってきています。すなわちCSRの実践度の高い企業は社会的評価を高め，「長期的に見ればこれらの企業は高い運用成果が期待できる」との観点から，こうした企業を積極的に投資対象に組み込んでいく「社会的責任投資」(SRI：Socially Responsible Investment)といわれる投資ファンドが成長していることです。企業にとってこの投資対象になることは，資金の安定的な調達というメリットが生まれるために，社会的責任をはたすことは財務戦略上の重要な課題になりつつあるのです。

以上，従業員満足の4つの内容を日本の事情に即してその問題点を説明してきました。資本主義企業の本質は利潤追求にありますが，短期的にはコストがかかる施策でも，それが長期的に見れば利潤獲得につながるといった「長期的な利潤追求」に企業の経営姿勢の転換を期待したいと思います。

補論 従業員満足と人的リスクマネジメント

はじめに

　近年，規制緩和の進展，事業リスクの多様化，経営管理のあり方の変化，説明責任の増大といった企業を取り巻く環境変化を背景に，企業がその目的達成のために行う意思決定や業務遂行などにおけるすべてのリスクに関し，組織全体の視点から統合的に対処して企業価値の最大化をはかることをねらいとする「全社的な統合的リスクマネジメント」(integrated enterprise risk management) への関心が高まっています。

　一般的に企業にとってのリスクとは，事業目的の達成にマイナスの影響をおよぼす要因とされ，それゆえリスクマネジメントとは，それらのリスクの発生を回避・抑制することで事業損失を抑え，企業業績の悪化を防止するというのが役割とされてきました。しかし今日では，リスクを損失発生の危険性だけでなく，新規事業への進出など企業業績にプラスの影響をあたえる「積極的なリスク機会」も含むより広義なものとされるようになり，ここにビジネスリスクマネジメントは，企業価値を損なうリスクを回避・抑制する「守り」と企業価値を高めるリスクを引き受ける「攻め」の2つの側面に対処する統合的なリスクマネジメント，すなわち「リスクを全社的視点で合理的かつ最適な方法で管理してリターンを最大化することで，企業価値を高める活動」(経済産業省, 2005) とされています。

　そこでこの補論では，ビジネスリスクの大きな要素となっている「人的リス

ク」(human risk) に対処する人事労務管理に焦点を当てることで，これからの人事労務管理の実践を「従業員満足指向」にしていかなければならないとする第12講での主張を補強していきたいと思います。

① 企業リスクと人的リスク

　はじめにビジネスリスクマネジメントにあって，企業リスク（business risk）とはどのようなものなのかを概観しておきます。企業を取り巻くリスクは，具体的に事業展開する業界や業種によってその内容や取り扱いに差があり，一般化して述べることはかなり困難ですが，図表1に示す企業リスク分類は経済産業省（企業行動の開示・評価に関する研究会）が開示した報告書をもとにまとめたものです。

　ここではリスクが大きく二分してまとめられています。その1つは，新たな事業分野への進出や新たな商品開発への投資など，場合によっては失敗し事業損失を蒙る可能性も否定できないが，果敢にリスクテイク（リスク引き受け）することで新たな事業利益の獲得に貢献する「事業機会にかかわるリスク群」です。もう1つは，法令違反，財務報告の不正記述，不良品の発生，情報漏えいなどにより事業利益獲得の機会を失わせるだけでなく，多大な損失を発生させる可能性がある「事業活動の遂行にかかわるリスク群」です。前者は企業経営を左右する将来的な経営戦略レベルのリスクとして，主として経営トップ・マネジメント層がかかわるものであり，一方後者は，日常的な事業展開・活動にかかわる業務上のリスクとして，それぞれの業務を担うすべての従業員層にかかわるものです。それゆえビジネスリスクマネジメントは，企業目的達成の主要な手段であり，しかも経営トップ層から一般従業員までを含む組織の全レベルの人員によって全社的・継続的に実施されるプロセスとなります。

　企業経営は，経営戦略の策定にかかわる経営トップ層から個々の業務執行にかかわる一般従業員層まで含め，すべて人によって行われているという厳然とした事実を踏まえると，とくにオペレーショナルなレベル，すなわち日常的な

補論　従業員満足と人的リスクマネジメント

図表1　統合的リスクマネジメントの概念

統合的リスクマネジメント	
攻めのリスクマネジメント	守りのリスクマネジメント
事業利益を高める機会に積極的に対処し，企業価値をより高める対応	事業損失を発生させるリスクを回避・抑制し，企業価値の低下を防ぐ対応
①新規事業分野への進出にかかわるリスク ②商品開発戦略にかかわるリスク ③資金調達戦略にかかわるリスク ④設備投資にかかわるリスク	①法令遵守に関するリスク ②財務報告に関するリスク ③商品の品質に関するリスク ④情報システムに関するリスク ⑤事務手続に関するリスク ⑥モノ，環境等に関するハザードリスク

（資料）　経済産業省（2005）を参照し作表。

業務遂行プロセスにおいて，企業業績にダメージをあたえかねない「人的リスク」に企業は常にさらされているといえます。そうした人的リスクの内実を人事労務管理の視点から説明すると，以下のようなものです。

1　従業員パフォーマンスの低下

　従業員がその本来的にもっている能力を十分に発揮せず，仕事の量や質，あるいは目標達成に関して劣悪な結果をもたらす状態である。人事労務管理施策の不備による従業員のモラール・モチベーションの低下がその背後にあり，たんにやる気の喪失といった心的現象にとどまらず，やがて遅刻，欠勤，職場規律の乱れ，さらにはメンタルヘルス問題などをもたらすことになる。

2　従業員のモラルハザード

　従業員のモラール・モチベーションの低下は，仕事に対する取り組み姿勢をルーズなものとさせ，業務上の重大なミスや情報漏洩による事業損失をもたらすことになる。さらに深刻度が増せば，意識的にせよ無意識にせよ，法令違反といったコンプライアンス上の問題も発生する結果になる。

3　従業員の内部告発

　従業員のモラール・モチベーションの低下が引き続けば，自ら所属する企業に対する信頼感を喪失し，企業コミットメントの低下をもたらす。従業員のそうした心的状態は，やがて企業に対する反発心に転化し，コンプライアンス違反などが社会一般に暴露され，それを通じて企業の社会的信用度が大きく損なわれる結果になる。

4　従業員の離職

　従業員のモラール・モチベーション低下による企業コミットメントの低下は，やがて会社に対するあきらめに転化し，会社を去る従業員が増加する。こうした事態は当該企業における従業員取り扱い上のマイナス・イメージを社会に流布させる結果になり，優秀な労働力調達活動上の大きな障害となってしまう。

5　従業員訴訟

　とくに従業員の取り扱いにかかわる問題が社内的に解決されない場合，止むに止まれず従業員が訴訟にもちこむケースも生じる。その問題が労働基準法など法的違反に該当する場合は当然のことだが，法的違反に問われない場合にあっても，こうした事情が対外的に知られること自体が企業の社会的イメージを低下させるのに十分である。

6　労働組合の介入

　上記の問題が労働組合の介入を許す場合もある。労働組合組織率の低下が続いているが，一方で「一人でも加入できる労働組合」のネットワークの拡がりが確認できる。とくに派遣労働者やパート労働者など，非正規労働者のための組合活動が活発だが，同時に労働組合が組織されていない企

業の内部でも，こうした組合に加入し，会社に対峙する正規従業員が増えることも十分にありえる。

　以上のように企業経営における人的リスクは，業務遂行面におけるオペレーショナル・リスクと人材管理の不適切さから生まれる人材リスクを含めたものとしてあります。これまでのリスクマネジメントでは，「人間はミスや不正をする存在であるがゆえにきちんと教育し，行動を監視し，違反があった場合には罰則を課し矯正する」として，各業務が健全に運営されるように行動規範，職務権限，規則や手続きなどを定め，それにもとづいて管理・監視・統制を行っていく内部統制が中心的な手続きとしてあります。
　しかし人事労務管理の立場からすれば，こうしたすべてのリスクを生み出す根本には，従業員取り扱いの不適切さによる従業員モラール・モチベーションの低下としての「従業員不満」(employee dissatisfaction) があるということです。従業員が自らの企業に，職場に，仕事にコミットできない状況が健全な業務遂行を妨げ，人的リスクを生み出すといえます。図表2は，精密機器メーカーK社のリスクメネジメント体制におけるリスク分類一覧ですが，天変地異など個別企業ではコントロールしえないリスクを除き，その多くは人的リスクにかかわるものであることがわかります。
　職場サーベイを行う人事コンサル会社は，ビジネスリスクマネジメントへの関心の高まりの中に，「企業の職場満足度が低いと人材流出や情報漏洩などのリスクにつながる」とし，最低限の労務コンプライアンス・チェックリストを16項目提示して注意を喚起しています。それらは，①時間外労働手当は支給されているか，②就業規則は整備されているか，③36協定は適切に締結・届出されているか，④労働条件通知書を交付しているか，⑤安全衛生管理体制は整備されているか，⑥社会保険の適用漏れはないか，⑦管理監督者の取り扱いは適正に行われているか，⑧障害者雇用は達成しているか，⑨セクシュアル・ハラスメントへの対策はとられているか，⑩定期健康診断を全員に行っているか，⑪定年延長や再雇用制度への対応はとられているか，⑫外国人労働者は正しく

図表2　精密機器メーカーにおけるクライシスリスク

	クライシスリスクの要因	クライシス内容（抜粋）
1	欠陥商品，リコール，ＰＬ訴訟	設計ミス（破損，健康障害），製造ミス（破損，異物混入）など
2	欠陥サービス	説明の不適切，差別的な対応など
3	人事上のトラブル	評価の不明瞭，不当異動，人権侵害（差別，セクハラ，パワハラ等），従業員の犯罪・不祥事など
4	労務上のトラブル	労働争議，不当労働行為，職業病，過労死，自殺など
5	会社の過失	環境汚染（土壌，排水，臭気など），労働災害（安全衛生，事故）など
6	経営上の不祥事	反社会的行為，スキャンダル，内紛，M＆Aなど
7	経営上・販売上の判断結果	投資・融資・債権・取引リスク，過当競争など
8	企業犯罪	違法行為（独禁法，景表法，下請法，税法，会社法など）
9	企業脅迫・企業への犯行	異物混入などの嫌がらせ，強盗，破壊活動など
10	経済的・社会的異変	オイルショック，大停電，株価暴落など
11	国際的・政治的異変	戦争，政変，貿易摩擦など
12	天災・疾病	地震，風水害，火災，感染症（SARS，鳥および新型インフルエンザ等）など
13	経営不安情報	マスコミの誤報，風説の流布，ネット上の風説

（資料）　http://konicaminolta.jp/about/csr/csr/risk_management/index.html（2013年1月）

補論　従業員満足と人的リスクマネジメント

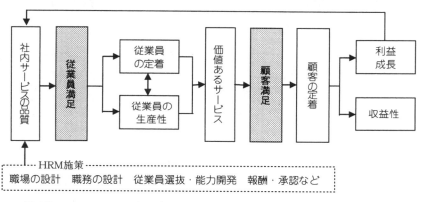

（資料）　Heskett et. al.(2008)を参照し作図。

雇用されているか，⑬勤怠管理は適正に行われているか，⑭年次有給休暇は適切に付与されているか，⑮長時間労働は発生していないか，⑯偽装請負は発生していないか，といったものです。これらの項目は，今日日本の雇用情勢の中で，コンプライアンス違反のトピックスとしてひんぱんにマスコミで取り上げられているものであることがわかります。

　他方，マーケティング理論の立場から，従業員満足概念を企業価値向上に積極的に結びつける主張があります。サービス価値を高める戦略を通じて企業価値を高めるという「バリュー・クリエーション・マーケティング」(value creation marketing)の考え方です。従業員満足の向上が顧客満足を導き，その体験が顧客ロイヤリティーを高め，結果的に企業の収益を向上させるといった好循環を生み出すとするもので，図表3はその循環を示す「サービス・プロフィット・チェーン」(the service-profit chain)の内容です。ここで留意すべき点は，この循環サイクルの出発点となる従業員満足を生み出すのが人事労務管理（人的資源管理：HRM）の実践であることです。つまり「良きHRM施策」による就業環境の充実を通じて生み出される「従業員の活き活きとした働き」が，顧客

479

を魅了する質の高いパフォーマンスとなって現れ，そのパフォーマンスが顧客満足を導くとされています。

このような「従業員が働くことに満足していなければ，質の高い良いサービスは提供されず，顧客満足は達成されない」といった示唆をビジネスリスクマネジメントに適用すると，内部統制にかかわるビジネスリスクは従業員が引き起こすことを踏まえ，彼（女）らが会社・職場・仕事に対して積極的にコミットし活き活きと働く状態が維持できれば，人的リスクのかなりの部分が回避・抑制できるということになります。

2 労働コンプライアンスと労働CSR

「従業員満足が高まれば人的リスクは低まり，従業員不満足が高まれば人的リスクの危険性が高まる」といった考え方をビジネスリスクマネジメントの実践的なフレームに組み込む場合，示唆的な2つのアナロジーがあります。

その1つはハーズバーグ（Herzberg F.）の「動機づけ-衛生理論」（motivation-hygiene theory）のロジックです。この理論によれば，従業員満足としての職務満足は，仕事を遂行していく上で体験される心理学的職務要件（責任感，承認，達成感，成長感など）が満たされる場合に実現される一方，経営方針や人間関係，監督方法，賃金など仕事を取り巻く外的要素については，これらが適切であっても職務満足をもたらすことはないが，これらが不適切な場合には職務不満を引き起こすというものです。すなわちここでは，従業員満足について「職務不満－没職務満足－職務満足」といった三層の従業員心理的状態を想定しているといえます。

もう1つは，企業自体を市民社会に共生する人間市民と擬人化する「企業市民」（corporate cituzen）という概念です。われわれ市民は国が決めたルールを守って日常生活を営んでいます。そしてわれわれは，そのルールを破れば犯罪人として社会的制裁を受ける一方，善行を施せば篤志家として尊敬もされます。同じことが企業市民にもいえます。企業は国が決めたさまざまなビジネスルー

図表4　労働法の体系

労働市場法	雇用政策一般	雇用対策法		
	雇用・生活保障	職業安定法		雇用保険法
	雇用促進	職業能力開発促進法　　高齢者雇用安定法 障害者雇用促進法　　　地域雇用開発促進法		
労働関係法	個別労働関係	労働基準法　　労働契約法　　労働審判法 最低賃金法　　労働安全衛生法　　労災保険法 男女雇用機会均等法　　パートタイム労働法 労働者派遣法		
	集団的労働関係	労働組合法　　労働関係調整法　　スト規制法		
	官公労働	国家公務員法　　　特定独立法人等労働関係法 地方公務員法　　　地方公営企業労働関係法		

（資料）　浜村彰他（2008）を参照し作表。

ルを守り，企業活動を行うことが当然とされる一方，違法な活動をすれば社会的な批判や制裁を受け，社会貢献的な活動を行えばその社会的評価が高まり表彰されることもマレではありません。すなわちここでは，「ブラックな企業－可もなく不可もない企業－社会的評価の高いホワイトな企業」といった三層の評価ができるのです。

　このような「従業員満足・不満足」と「企業市民」概念を人的リスクマネジメントのフレームに組み込んでいく場合，重要なキーワードとなるのが「労働コンプライアンス」と「労働CSR」です。

労働コンプライアンス

　一般的に企業における「コンプライアンス」（compliance）とは，法律や規則といった基本的なルールにしたがって企業活動を行うことを意味し，法令遵守といわれるものです。労働コンプライアンスとは，人事労務管理業務に関連す

る法令の遵守を意味しており，現行日本における雇用・労働に関わる労働法の体系は，図表4に示すようなものです。

　本来的にはこれらの法律が遵守され，企業活動が健全に営まれるべきものです。しかしそれにはほど遠い現実があります。全国に蔓延するサービス残業，過重労働の放置による健康障害や過労死・過労自殺，相変わらずの男女の差別的な処遇，セクシュアル・ハラスメントの横行，解雇を含む不当な各種の不利益取り扱い，危険が放置された機械設備，不衛生な作業場環境，労災隠し，偽装請負，違法派遣，中間搾取，不当労働行為など枚挙に暇がありません。こうした状態が改善されなければ，従業員に不満が鬱積し，企業から気持ちが離反していくことは明らかです。

　今日では，従業員の権利意識や法律知識の高まり，個人ユニオンへの加入の増加，インターネットによる風説の氾濫，個別労働関係紛争解決促進法や労働審判法の施行，さらには内部告発の一般化，行政官庁の取り締まり強化といった企業を取り巻く社会的な状況変化が進んでいます。コンプライアンス違反がひとたび公になれば，企業イメージの低下のみならず信用を失い，不払い残業代などに見られる多額の賠償金の発生や業務停止命令など，企業存続を脅かす事態にもなりかねません。

　こうした意味で，労働コンプライアンス違反は従業員不満発生の温床であり，違反の程度がひどければひどいほど従業員不満は大きくなり，同時に人的リスクの発生の可能性もそれにつれて大きなものになるといえます。しかし一方，コンプライアンスが維持され健全な経営が行われているとしても，それは法の最低限の要求を満たしたごく当たり前の企業状態を意味しているに過ぎず，従業員にとって何らポジティブに評価すべきものではありません。企業市民的に見れば，ルールを守る「可もなく不可もない普通の企業」なのです。

労働CSR

　一般的にCSR（corporate social responsibility：企業の社会的責任）とは，市民社会の一員としてその存在価値を示す社会に役立つ事業活動とされるものです。

CSRの内容は多岐にわたりますが、その大分類項目としては①コンプライアンス、②地域・社会への貢献、③雇用の創出・確保、④基本的人権の尊重、⑤環境保護、⑥消費者保護、といったものです。企業利益を最優先する姿勢を改め、環境対策や社会貢献など面で一定の責任をはたし、社会に受け入れられる企業行動を指向しないかぎり、企業の存続を危うくすることにもなりかねないということです。

こうしたCSR事情を反映する企業行動倫理ともいうべきものとして、日本経団連が制定する「企業行動憲章」(2010年改定)があります。「企業は、公正な競争を通じて付加価値を創出し、雇用を生み出すなど社会経済の発展を担うとともに、広く社会にとって有用な存在でなければならない。そのため企業は、次の10原則に基づき、国の内外において、人権を尊重し、関係法令、国際ルールおよびその精神を遵守しつつ、持続可能な社会の創造に向けて、高い倫理観をもって社会的責任を果たしていく」としています。

1 社会的に有用で安全な商品・サービスを開発、提供し、消費者・顧客の満足と信頼を獲得する。

2 公正、透明、自由な競争ならびに適正な取引を行う。また、政治、行政との健全かつ正常な関係を保つ。

3 株主はもとより、広く社会とのコミュニケーションを行い、企業情報を積極的かつ公正に開示する。また、個人情報・顧客情報をはじめとする各種情報の保護・管理を徹底する。

4 従業員の多様性、人格、個性を尊重するとともに、安全で働きやすい環境を確保し、ゆとりと豊かさを実現する。

5 環境問題への取り組みは人類共通の課題であり、企業の存在と活動に必須の要件として、主体的に行動する。

6 「良き企業市民」として、積極的に社会貢献活動を行う。

7 市民社会の秩序や安全に脅威をあたえる反社会的勢力および団体とは断固として対決し、関係遮断を徹底する。

図表5　労働CSRの範囲

差別問題	コンプライアンス
・男女差別　・年齢差別 ・障害者差別　・非正社員差別 ・人種・国籍差別　・学歴差別	・労働／社会保険諸法の遵守 ・従業員のコンプライアンス徹底 ・従業員の反／非社会的行動の抑止
人権問題	安全衛生
・セクシュアル・ハラスメント ・パワー・ハラスメント ・従業員プライバシー保護 ・海外での人権，労働環境への配慮	・サービス残業の禁止 ・長時間労働，過労死問題への対応 ・安全で健康的な職場環境の確保 ・従業員の身体的／精神的健康
人的資本への投資	社会貢献
・人材育成投資 ・エンプロイヤビィティーの向上 ・企業利益の従業員への還元	・従業員による地域貢献 ・従業員による社会貢献 ・雇用の維持／創出

（資料）『月刊人事マネジメント』2004年11月号および『労政時報』2007年12月14日を参照し作表。

[8]　事業活動のグローバル化に対応し，各国・地域の法律の遵守，人権を含む各種の国際規範の尊重はもとより，文化や慣習，ステークホルダーの関心に配慮した経営を行い，当該国・地域の経済社会の発展に貢献する。

[9]　経営トップは本憲章の精神の実現が自らの役割であることを認識し，率先垂範の上，社内ならびにグループ企業にその徹底を図るとともに，取引先にも促す。また，社内外の声を常時把握し，実効ある社内体制を確立する。

[10]　本憲章に反するような事態が発生したときには，経営トップ自らが問題解決にあたる姿勢を内外に明らかにし，原因究明，再発防止に努める。

また，社会への迅速かつ的確な情報の公開と説明責任を遂行し，権限と責任を明確にした上，自らを含めて厳正な処分を行う。

　近年とくに関心の高まりのある「労働CSR」は，こうしたCSR全般の一画を構成するものです。図表5は，日本の事情を考慮した労働CSRの範囲として一般的に提示されているものです。
　しかしここで留意すべき点は，労働CSRとして指摘される内容の多くが労働のコンプライアンスのそれと重複しており，峻別されていないことです。一般的に，労働をめぐるCSRは労働法のコンプライアンスと切り離すことが困難とされていますが，同時に労働法制による義務付け部分を基礎とし，その上に立った企業主導の自主的な活動として労働CSRを理解する見方があります。
　たとえばILO理事会多国籍企業小委員会は，CSRを「自主的，企業主導のイニシアティブであり，法令遵守を上回ると考えられる活動に関するもの」と定義しています。また，厚生労働省の「労働におけるCSRのあり方に関する研究会」も，「CSRはあくまで企業の自発性に基づいて進められるもの」としており，コンプライアンスとは一線を画す認識を示しています。そして当研究会は，企業が従業員に対して取り組むべき事項として，①人材の育成，②個人それぞれの生き方・働き方に応じた働く環境の整備，③すべての個人についての能力発揮機会の付与，④安心して働く環境の整備，の4つをあげるとともに，『労働CSR好事例集』を作成し，人材育成，キャリア形成支援，仕事と生活の調和，従業員の社会貢献，男女の均等推進，高齢者雇用，障害者雇用，若年者雇用，安全衛生，従業員の健康，社会報告書・CSRレポートといった領域で，企業における具体的な労働CSRの取り組み事例を図表6のように紹介しています。
　こうした努力義務を含む法令等による規定範囲以上の，さらには法令等による規定にはないが社会から要請されている施策の積極的な展開により，「人を大切にしている企業」という社会的イメージが定着し，「社会的責任投資」（SRI：socially responsible investment）の対象になるとともに，消費者や労働者からもよい評価を受けることになります。社会的責任投資とは，「CSRの実践度

図表6　労働CSRの企業実践事例

人材育成 ①従業員のビジネス基礎力強化の研修 ②次世代への技能伝承，レベルアップを目的としたマイスター認定制度	障害者雇用 ①地元からの採用 ②障害者と健常者が一緒に働く体制
キャリア形成支援 ①社内公募制度の充実 ②従業員に果たしてもらいたい役割を提示し従業員のキャリア形成を支援 ③会社と従業員双方の競争力強化を目的とする人事制度の導入	高齢者雇用 ①定年退職者を再雇用し生涯現役エキスパートとして育成 ②高齢者と若年者を同チーム所属化による技能・技術の伝承 ③生産活動の中心に高齢者を配属し，高齢者の能力活用と若年者教育の実現 ④高齢従業員が多様な働き方を選択できる環境の整備
仕事と生活の調和 ①育児休業者に必要な情報や職場復帰のための講座をインターネットで提供 ②柔軟な休暇・勤務制度を導入することで育児しやすい職場環境の整備 ③仕事と生活の調和を促進するサポート体制の構築 ④育児休業者に復職しやすい環境の整備	安全衛生 ①危険予知訓練や研修への参加などによる安全に強い人材の育成 ②労働安全衛生マネジメントシステムの確立と日常業務への定着
従業員の社会貢献 ①地域の産業振興や文化の向上に貢献する活動への登録・紹介制度の創設 ②従業員が自主的に社会的貢献するための組織を発足，会社による支援	従業員の健康 ①職業性ストレス簡易診断システムの導入 ②仕事のストレスによる健康障害を防止するため，身体と心のサポート体制
男女の均等推進 ①従業員の希望によりパートから正社員に転換できる制度の導入 ②女性管理職の積極的な登用 ③女性社員活用を目的とする機関の社内設立	社会報告書・CSRレポート ①企業活動の透明性を高めるために積極的に情報を公開，第三者認証機構による評価も公表。 ②外部との意見交換会などのコミュニケーション活動 ③全従業員のCSRに対する意識啓発を強化
若年者雇用 ①新入社員のフォローアップを手厚くする	

（資料）　厚生労働省・社会経済生産性本部（2004）を参照し作表。

補論　従業員満足と人的リスクマネジメント

図表7　労働CSRの取り組みによる効果と影響

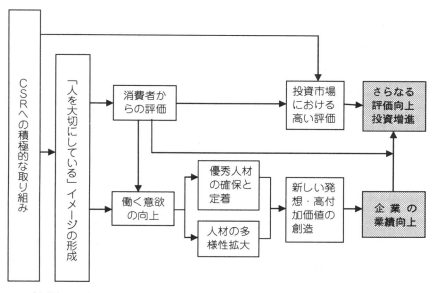

（資料）　図表6と同じ。

の高い企業は社会的な評価を高め，長期的に見ればこれらの企業は高い運用成果が期待できる」との観点から，こうした企業を積極的に投資対象とする投資ファンドのことです。企業にとってこの投資対象になることは，資金の安定的な調達というメリットが生まれるために，CSRをはたすことは財務戦略上の重要な経営課題にもなっていきます。日本では環境面で評価された企業を対象とする「エコファンド」が草分けですが，最近では環境やコンプライアンス，雇用，人権といった幅広いCSR領域を項目とするファンドの設定が行われるようになってきています。図表7は，労働CSRの積極的な取り組みによる企業への効果・影響を簡便に図示したものです。

3 人的リスクマネジメントのフレーム

　あらゆる経営意思決定・業務はすべて人よって行われているという厳然たる事実を踏まえれば，ビジネスリスクとしての人的リスクを避けることは困難です。しかし同時に，人が感情をもつ心理的存在であることを踏まえれば，企業の人事労務管理施策のあり方によって人的リスクをかなりの程度抑えることは可能であり，また場合によっては企業業績にプラスの効果を及ぼすこともあります。

　こうした仮説にもとづき，今日的な統合的リスクマネジメントのフレームにもとづき，人的リスクに対する「守りの人的リスクマネジメント」と「攻めの人的リスクマネジメント」という観点から統合的に人的リスクマネジメントのフレームとして示すのが図表8です，図の見方としては，左から右へ，企業として当然守るべき労働コンプライアンスの領域を満たすのに応じて従業員不満が低減していき，法的要請を上回る内容や社会的要請となる労働CSRの領域を満たしていくのに応じて従業員満足が大きくなっていくということです。同時にそれは，労働コンプライアンス領域の充足度に応じてブラックな企業イメージが薄れていき，労働CSR領域の充足度が大きくなるのに応じて企業市民としてホワイトなプラスイメージがより高まっていくということを意味しています。それゆえここに，

① 従業員不満の温床となる労働コンプライアンス違反は，人的リスクの発生源でもあることから，労働コンプライアンス実現は人的リスクの発生を回避・抑制に寄与する「守りの人的リスクマネジメント」

② 従業員満足の源となる労働CSRの充足は，従業員の活き活きとした働きを導き，企業業績さらには企業価値の増大に貢献することから「攻めの人的リスクマネジメント」

として，従業員満足という視点から見た人的リスクマネジメントの統合的なフレームを示すことができるのです。

図表8　人的リスクマネジメントの統合的なフレーム

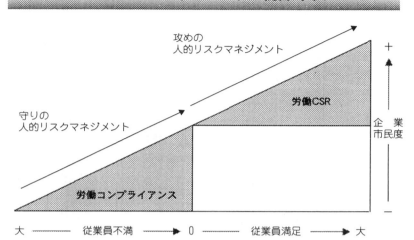

おわりに

　この補論は,「従業員満足指向の人事労務管理」の必要性を人的リスクマネジメントの視点から理論的補完として試みたものですが,最後にこうした主張を若干ながら裏付ける調査を紹介しておきます。

　労働政策研究・研修機構が行った『企業のコーポレートガバナンス・CSRと人事戦略に関する調査報告書』(2007)は,今日的な関心事であるワーク・ライフ・バランス運動の観点から「年休取得率」の,また男女雇用格差是正運動としてのポジティブ・アクションの観点から「女性管理職比率」の状況について,企業の取り組み姿勢を「法令等の規定範囲以上」「法令等の規定範囲」「ほとんど取り組んでいない」に分けた3つの企業群で比較しています。その結果が図表9です。これを見ると,やはり積極的に労働CSRを進める企業ほど,年休取得率も女性管理職比率もその高さにおいての一定の優位さを示していることが

図表 9　年次有給休暇取得率と女性管理職者比率

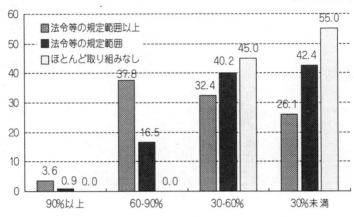

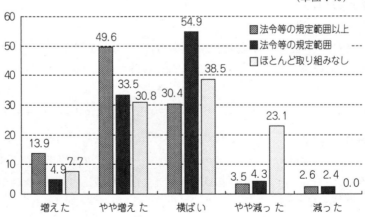

（資料）労働政策研究・研修機構（2007）より作図。

わかります。そしてこれらの企業が,「働きがいのある会社」「女性に優しい会社」としてマスコミ等を通じて世間に流布され, 一定の社会的評価を獲得していくのです。

　バブル崩壊後の1990年代を通じて労働ビッグバンが進んだ日本の今日的な雇用の場を見ると, CSR運動の高揚という世界的な潮流の中で (日本では2003年をもってCSR元年とされている), 労働CSRへの取り組みに一部の先進的な企業が散見される一方, 労働コンプライアンスもままならない企業群も数多くあり, 現状はまだら模様状態というのが正直なところです。それゆえ統合的な人的リスクマネジメントとして, 労働CSRの実践を通じた「攻めの人的リスクマネジメント」も, 一部の先進的な企業群による前駆的な取り組みとして現段階では評価できるに過ぎませんが, 進むべき方向性には間違いないといえるでしょう。

参考文献・資料

LECTURE 1　人事管理とは何か
- 馬場昌雄・馬場房子監修『産業・組織心理学』白桃書房，2005年。
- 奥林康司『働きやすい組織』日本労働研究機構，2002年。
- 森五郎『新訂労務管理概論』泉文堂，1995年。
- 森五郎編著『現代日本の人事労務管理』有斐閣，1995年。
- 森五郎『労務管理』日本労働研究機構，1993年。
- 奥林康司他『増補版労務管理入門』有斐閣，1992年。
- 岩出博『アメリカ労務管理論史』三嶺書房，1989年。
- Boxall P. and Purcell J., Strategy and Human Resource Management, Palgrave, 2003.
- Vroom V. H., Work and Motivation, John Wiley & Sons, 1964.（邦訳『仕事とモチベーション』千倉書房，1982年）
- http://www.noma.co.jp/service/survey/survey01-03.html（2007年12月）

LECTURE 2　日本の現代人事労務管理
- 都留康・阿部正浩・久保克行『日本企業の人事改革』東洋経済新報社，2005年。
- 奥林康司編著『成果と公平の報酬制度』中央経済社，2003年。
- 伊藤実『人事革新の基本戦略』全国勤労者福祉振興協会，2001年。
- 河合克彦『成果主義人事・業績貢献度測定マニュアル』経営書院，2000年。
- 森本三男編著『日本的経営の生成・成熟・転換』学文社，1999年。
- 堺屋太一『満足化社会の方程式』日本経済新聞社，1994年。
- 野村正實『終身雇用』岩波書店，1994年。
- エコノミスト編集部編『戦後日本経済史』毎日新聞社，1993年。
- 熊沢誠『新編日本の労働者像』筑摩書房，1993年。
- 津田真澂編著『人事労務管理』ミネルヴァ書房，1993年。
- 白井泰四郎『第2版現代日本の労務管理』東洋経済新報社，1992年。
- 大場鐘作・佐藤寛行『戦後日本労働運動小史』日本生産性本部，1991年。
- 石田英夫『企業と人材』日本放送協会，1989年。
- 中條毅・菊野一雄編著『日本労務管理史1 雇用制』中央経済社，1988年。
- 原田実・奥林康司編著『日本労務管理史2 年功制』中央経済社，1988年。
- 高橋洸・小松隆二・二神恭一編著『日本労務管理史3 労使関係』中央経済社，1988年。
- 田中博秀『日本的経営の労務管理』同文舘，1988年。
- 石田英夫『日本企業の国際人事管理』日本労働協会，1985年。
- 田中慎一郎『戦前労務管理の実態』日本労働協会，1984年。

LECTURE 3　トップ・マネジメントの人事労務管理
- H. バーチェル・J. ロビン著, 邦訳『最高の職場』ミネルヴァ書房, 2012年。
- 岩出博『戦略的人的資源管理論の実相』泉文堂, 2002年。
- 岩出博『アメリカ労務管理論史』三嶺書房, 1989年。
- 石田英夫他著『MBA人材マネジメント』中央経済社, 2002年。
- 経営学史学会編『経営理論の変遷』文眞堂, 1999年。
- 藤芳誠一編著『新版経営学』学文社, 1988年。
- 労働政策研究・研修機構『現代日本企業の人材マネジメント』2006年。
- Beer M. et. al., Managing Human Assets, The Free Press, 1984. (邦訳『ハーバードで教える人材戦略』日本生産性本部, 1990年)。
- Schuler R.S. and Jackson S.E., "Linking Competitive Advantage With Human Resource Management Practices", Academy of Management Executive, Vol. 1 No. 3, 1987.
- Peters T.J. and Waterman Jr. R.H., In Search of Excellence, Harper & Row, 1982. (邦訳『エクセレント・カンパニー：超優良企業の条件』講談社, 1983年)
- Foulkes F. K., Personnel Policies in Large Nonunion Companies, Prentice-Hall, 1980.
- Megginson L.C., Personnel, 3rd ed., Irwin, 1977.
- http://www.jmac.co.jp/gptw/index.html (2007年12月)

LECTURE 4　人事労務管理制度の設計と運用の基礎
- 伊藤健市『よくわかる現代の労務管理』ミネルヴァ書房, 2006年。
- 舞田竜宣『10年後の人事』日本経団連出版, 2005年。
- 楠田丘編『日本型成果主義』生産性出版, 2002年。
- 堀田達也・船引英子『戦略達成型人材マネジメント』かんき出版, 2002年。
- 雇用システム研究センター・日本型コンピテンシー研究会編『日本型コンピテンシーモデルの提案』社会経済生産性本部生産性労働情報センター, 2000年。
- 本寺大志『コンピテンシーマネジメント』日経連出版部, 2000年。
- ウイリアム・マーサー社『戦略人材マネジメント』東洋経済新報社, 1999年。
- 日経連出版部編『目標管理マニュアル集』日経連広報部, 1998年。
- 下崎千代子『人事情報システム』日科技連, 1993年。
- 関東経営者協会人事・賃金委員会編『人事革新の具体策』日経連広報部, 1993年。
- 古小路四朗『人事情報システムの設計』中央経済社, 1991年。
- 清水勤『会社人事入門』日本経済新聞社, 1991年。
- 高多清在『「加点主義」が会社を変える』東洋経済新報社, 1991年。
- 日経連職務分析センター編『職能資格制度と職務調査』日経連広報部, 1989年。
- 成瀬健生『人事トータル・システムの設計と運用』中央経済社, 1987年。
- 楠田丘『人事考課の手引』日本経済新聞社, 1981年。
- 日経連能力主義管理研究会『能力主義管理』日経連出版部, 1969年。

・中部産業連盟編『人事と組織を革新する辞典』日刊工業新聞社，1997年。
・荻原勝『人事・労務取扱全書』日本実業出版社，1990年。
・労務行政研究所編『先進企業の人事制度改革事例集』労務行政研究所，2004年。
・労務行政研究所編『98年版人事労務管理実務入門』労務行政研究所，1998年。
・アーバンプロデュース『人事マネジメント』1998年6月号。
・労務行政研究所『労政時報』第3657号，2005年7月8日。
・Mondy R.W. and Noe R.A., Human Resource Management, 5th ed., Allyn and Bacon, 1993.
・http://www.tmcg-ri.com./hrm/system3_compe.htm （2013年4月）

LECTURE 5　雇用管理

・岩出博『新・これからの人事労務（第3版）』泉文堂，2016年。
・日本経団連出版編『定年延長・再雇用制度事例集』日本経団連出版，2005年。
・日本経団連出版編『社内公募・FA制度事例集』日本経団連出版，2004年。
・日本人材派遣協会編『人材派遣　新たな舞台』東洋経済新報社，2004年。
・永野仁編著『大学生の就職と採用』中央経済社，2004年。
・小杉礼子『フリーターという生き方』勁草書房，2003年。
・日本経営者団体連盟『新時代の「日本的経営」』日本経営者団体連盟，1995年。
・花岡正夫『日本型労務管理の特質』白桃書房，1994年。
・竹内規浩『アメリカの雇用と法』一粒社，1993年。
・佐野陽子『ヒューマン・リソース・マネジメント』日本労働研究機構，1993年。
・酒井真弓『米国での人事管理』ジェトロ，1991年。
・清水勤『会社人事入門』日本経済新聞社，1991年。
・石田英夫『企業と人材』日本放送協会，1989年。
・荻原勝『定年制の歴史』日本労働協会，1984年。
・多様な機会のある社会推進会議「再チャレンジ支援総合プラン」2006年12月25日。
・日本経団連「21世紀に生き抜く次世代育成のための提言」2004年。
・労務行政研究所編『先進企業の人事制度改革事例集』労務行政研究所，2004年。
・労働政策・研修機構『「多様な正社員」の人事管理に関する研究』2013年。
・労働政策・研修機構『「多様な正社員」の人事管理』2012年。
・アーバンプロデュース『人事マネジメント』2012年4月号。
・労務行政研究所『労政時報』第3847号，2013年6月14日。
・労務行政研究所『労政時報』第3690号，2006年11月24日。
・労働省「労働力移動の実態調査」1981年。
・http://www-06ibm.com/jp/employment/jp/graduates/theme2.shtml（2006年3月）
・http://07.jobweb.ne.jp./contents/keyword.php?key_id=2966（2007年12月）

LECTURE 6　教育訓練・能力開発管理
- 伊藤健市『よくわかる現代の労務管理』ミネルヴァ書房，2006年。
- 日本経団連出版編『キャリア開発支援制度事例集』2006年。
- 佐藤博樹・藤村博之・八代充史『新版マテリアル人事労務管理』有斐閣，2006年。
- 労働政策研究・研修機構『変わる企業社会とこれからの企業・個人・社会の課題－「雇用重視」型社会に向けて』2004年。
- 原井新介『キャリア・コンピテンシー・マネジメント』日本経団連出版，2002年。
- 谷内篤博「企業内教育の現状と今後の展望」『経営論集』第12巻第1号，2002年。
- 池川勝『社員教育制度の設計と運用』中央経済社，1994年。
- 連合総合生活開発研究所編『新しい働き方の創造をめざして』連合総合生活開発研究所，1995年。
- 関東経営者協会人事・賃金委員会編『人事革新の具体策』日経連広報部，1993年。
- 清水勤『会社人事入門』日本経済新聞社，1991年。
- ファロン W.編『AMA版　最新経営ハンドブック』日本能率協会，1990年。
- 社会経済生産性本部「米国事務所通信：米国企業内教育予算の趨勢」2006年7月27日。
- 労働政策研究・研修機構「教育訓練とキャリア相談に関する調査」2004年。
- 労働政策研究・研修機構「コーポレート・ユニバーシティに関する調査研究」2004年。
- 労務行政研究所編『先進企業の人事制度改革事例集』労務行政研究所，2004年。
- 三菱UFJリサーチ＆コンサルティング『季刊　政策・経営研究』第2巻，2009年。
- 労務行政研究所『労政時報』第3693号，2007年1月12日。
- 労務行政研究所『労政時報』第3691号，2006年12月8日。
- 労務行政研究所『労政時報』第3685号，2006年9月8日。
- 労務行政研究所『労政時報』第3660号，2005年8月26日。
- Dessler G., Human Resource Management, 7th ed., Prentice-Hall, 1997.
- http://hrd.php.co.jp/shainkyouiku/cat21/post-518.php（2015年8月）
- http://www.fujifilm.co.jp/corporate/environment/direction/upskilling.html（2007年12月）
- http://buffalo.jp/saiyo/edu/career/main.html（2007年12月）

LECTURE 7　作業条件管理
- 中央職業能力開発協会編『労務管理2級』社会保険研究所，2007年。
- 吉澤正監修『増補版労働安全衛生マネジメントシステム』日本規格協会，2004年。
- 小倉一哉・坂口尚文「日本の長時間労働・不払い労働時間に関する考察」（JILPT-Dis. Paper），2004年。
- 小豆川裕子・W.A.スピンクス『企業テレワーク入門』日本経済新聞社，1999年。
- 労働省労働基準局監督課監修『人事・労務担当者のやさしい労務管理』労働基準調査会，1999年。
- 筑波学園都市研究機関協議会『職場のメンタルヘルスQ and A』至文堂，1988年。
- 中條毅編『人事労務管理用語辞典』ミネルヴァ書房，2007年。

参考文献・資料

- 日本健康心理学会編『健康心理学辞典』実務教育出版，1997年。
- 労働政策研究・研修機構「裁量労働制等の労働時間制度に関する調査結果：労働者調査結果」2014年。
- 内閣府『少子化社会対策に関する先進的取組事例研究報告書』2006年3月。
- 日本経団連「ホワイトカラーエグゼンプションに関する提言」2005年6月21日。
- 労働政策研究・研修機構『日本の長時間労働・不払い労働時間の実態と実証分析』2005年。
- 労働省「労働安全衛生マネジメントシステムに関する指針について」1999年。
- 社会経済生産性本部『産業人メンタルヘルス白書』2004年。
- 三幸エステート（株）『オフィスマーケット』1999年11月号。
- 全労済協会『Labor Research Library』2006年12月。
- 全労済協会『Labor Research Library』2006年10月。
- 毎日新聞社『週刊エコノミスト』1991年12月16日号。
- 労働政策研究・研修機構『Business Labor Trend』2006年1月。
- 労働政策研究・研修機構『Business Labor Trend』2004年6月。
- http://www.japan-telework.or.jp/about/tokucho.html（2007年12月）
- http://www.kenko-program.com/mental/eap/neccessity.html（2007年12月）
- http://www.toshc.org/12kankyo-1.html（2007年12月）
- http://www.work2.pref.hiroshima.jp（2007年12月）

LECTURE 8　賃金管理

- 伊藤健市『よくわかる現代の労務管理』ミネルヴァ書房，2006年。
- 社会経済生産性本部編『事例日本型成果主義』生産性出版，2005年。
- 元井弘『役割業績主義人事システム』生産性出版，2005年。
- 山田泰章『適格年金廃止とこれからの退職金』税務研究会出版局，2003年。
- 松田憲二『仕事給時代の人事・賃金システム』ダイヤモンド社，2000年。
- これからの賃金制度のあり方に関する研究会『年俸制の現状とその導入にあたっての課題』雇用情報センター，1996年。
- 日経連職務分析センター編『日本型年俸制の設計と運用』日経連広報部，1996年。
- 森五郎『労務管理』日本労働研究機構，1993年。
- 伊藤宗武・藤野信雄・吉牟田勲『企業年金』財経詳報社，1991年。
- 山崎清『日本の退職金制度』日本労働協会，1988年。
- 中條毅編『人事労務管理用語辞典』ミネルヴァ書房，2007年。
- 労務行政研究所編『2005年版退職金・年金事情』労務行政研究所，2005年。
- 労務行政研究所編『先進企業の人事制度改革事例集』労務行政研究所，2004年。
- 労務行政研究所編『98年版人事労務管理実務入門』労務行政研究所，1998年。
- 社会経済生産性本部『99年版活用労働統計』生産性労働情報センター，1999年。
- 労務行政研究所『労政時報』第3662号，2005年9月23日。
- 労務行政研究所『労政時報』第3651号，2005年4月8日。

LECTURE 9　福利厚生管理

- 西久保浩二「カフェテリア・プラン－わが国の実態と今後の課題」『日本労働研究雑誌』No. 609, 2011年4月。
- 労務行政研究所『最新人事管理の改革実例集』2002年。
- 日本生命保険企業保険数理室編『退職金・年金改革のすべて』東洋経済新報社, 2001年。
- 西久保浩二『日本型福利厚生の再構築』社会経済生産性本部, 1998年。
- 日経連『新時代の「日本的経営」』日経連出版部, 1995年。
- ＥＢＲＩ編『アメリカ企業福祉のすべて』千倉書房, 1989年。
- 加藤尚文編『日本経営資料大系4 経営労務』三一書房, 1987年。
- 日経連福利厚生研究会『福利厚生合理化の基本方向』日経連広報部, 1965年。
- 労働政策研究・研修機構『データブック国際労働比較2015』2015年。
- 労務行政研究所『労政時報』第3669号, 2006年1月13日。
- 労務行政研究所『労政時報』第3651号, 2005年4月8日。
- 経済産業研究所『経済産業ジャーナル』2003年11月号。
- ニッセイ基礎REPORT「『日本型カフェテリアプラン』の軌跡をたどる」1998年1月。
- ニッセイ基礎研究所「経済社会の構造的な変化に対応した企業福祉のあり方に関する調査研究報告書」1997年。
- 連合総研「会社とサラリーマンの新しい関係に関する調査研究」1997年。
- アーバンプロデュース『人事マネジメント』1999年12月号。
- アーバンプロデュース『人事マネジメント』1996年9月号。
- 全国勤労者福祉振興協会『勤労福祉』第39号, 1996年7月。

LECTURE 10　労使関係管理

- 中央職業能力開発協会編『労務管理2級』社会保険研究所, 2007年。
- 中央職業能力開発協会編『労務管理3級』社会保険研究所, 2007年。
- 岩出博『英国労務管理』有斐閣, 1991年。
- 社会経済生産性本部労使関係常任委員会編『職場と企業の労使関係の再構築』生産性労働情報センター, 1999年。
- 岡崎淳一『アメリカの労働』日本労働研究機構, 1996年。
- 日本労働研究機構編『無組合企業の労使関係』日本労働研究機構, 1996年。
- 森五郎編著『現代日本の人事労務管理』有斐閣, 1995年。
- 稲上毅編『成熟社会のなかの企業別組合』日本労働研究機構, 1995年。
- 中島士元也『労使間の交渉』日本労働研究機構, 1993年。
- 白井泰四郎『第2版現代日本の労務管理』東洋経済新報社, 1992年。
- 神代和欣『労働組合』日本労働研究機構, 1992年。
- 萩沢清彦『団体交渉』日本労働研究機構, 1991年。
- 日経連「労働問題研究委員会報告」1982年。
- 神戸大学経営学研究室編『経営学大辞典』中央経済社, 1988年。
- 社会経済生産性本部生産性労働情報センター『2006年活用労働統計』2006年。

参考文献・資料

- 厚生労働省「平成18年労働組合基礎調査」2006年。
- 厚生労働省「平成26年労使コミュニケーション調査」2015年。
- 社会経済生産性本部「第5回日本的人事制度の変容に関する調査」2002年。
- 労働調査協議会「第2回次代のユニオンリーダー調査報告」2003年。
- JAM 2005　春季生活闘争方針「成果主義賃金に対する留意点」
- 日本総研『Japan Research Review』1998年6月号。
- Foulkes F. K., Personnel Policies in Large Nonunion Companies, Prentice-Hall, 1980.

LECTURE 11　ライン管理者の人事労務管理

- 白樫三四郎編『産業・組織心理学への招待』有斐閣，2009年。
- 馬場昌雄・馬場房子監修『産業・組織心理学』白桃書房，2005年。
- 須田敏子『HRMマスターコース』慶應義塾大学出版会，2005年。
- 石井脩二編著『知識創造型の人材育成』中央経済社，2003年。
- 野村マネジメント・スクール『企業変革と経営者教育』野村総合研究所，2000年。
- 岩崎秀一『人事制度の正しい構築』社会経済生産性本部，1999年。
- 日経連広報部編『目標管理制度事例集』日経連広報部，1994年。
- 岩出博『アメリカ労務管理論史』三嶺書房，1989年。
- ハーシー・ブランチャード著『行動科学の展開：人的資源の活用』日本生産性本部，1978年。
- 津田眞澂『人事労務管理の思想』有斐閣，1977年。
- 神戸大学経営研究室編『経営学大辞典』中央経済社，1988年。
- 二神恭一編『人材開発辞典』キャリアスタッフ，1998年。
- 高宮晋監修『経営行動科学辞典』創成社，1987年。
- リクルートマネジメントソリューションズ『Message』11巻，2007年4月。
- 労務行政研究所『労政時報』第3691号，2006年12月8日。
- 労務行政研究所『労政時報』第3645号，2005年1月14日。
- 産業能率協会『企業と人材』第28巻第629号，1995年1月20日。
- 日経VIDEO『アメリカで部下を持つことになったら』日本経済新聞社，1993年。
- http://leadershipinsight.jp/dictionary/words/coaching.html（2015年8月）
- http://leadershipinsight.jp/dictionary/words/leadership_theory.html（2015年8月）
- http://www.achieve.co.jp（2007年12月）
- http://www.blwisdom/ikey/09/05（2007年12月）
- http://www.blwisdom.com/pr/coach/02（2007年12月）

LECTURE 12　従業員満足指向の人事労務管理

- 岩出博『従業員満足指向人的資源管理論』泉文堂，2014年。
- 岩出博『アメリカ労務管理論史』三嶺書房，1989年。
- ワークシェアリング研究会編『ワークシェアリング』社会経済生産性本部生産性労働

情報センター，2001年。
- 石川晃弘・田島博美編著『変わる組織と職業生活』学文社，1999年。
- 荻原勝『社員が選べる新人事制度ガイドブック』日経連出版部，1997年。
- 森五郎編著『現代日本の人事労務管理』有斐閣，1995年。
- 菅原眞理子編著『ワークスタイル革命』大蔵省印刷局，1994年。
- 東京都労働経済部『セクシュアル・ハラスメント防止のために』1994年。
- 奥林康司『増補労働の人間化』有斐閣，1991年。
- 石井修二・奥林康司編『ＭＥ技術革新下の労働』中央経済社，1989年。
- 厚生労働省「妊娠等を理由とする不利益取扱いに関する調査」2015年。
- 厚生労働省「職場のいじめ・嫌がらせ問題に関する円卓会議ワーキング・グループ報告」2012年。
- 内閣府「少子化社会対策に関する先進的取組事例研究報告書」2006年。
- リクルートマネジメントソリューションズ『Message』12巻，2007年7月。
- みずほ情報研究所『みずほリサーチ』2007年1月。
- アーバンプロデュース『人事マネジメント』2006年11月号。
- 三菱総合研究所『所報』第43号，2004年6月30日。
- Cascio W.F., Managing Human Resources, 5th ed., McGraw-Hill, 1998.

補論　従業員満足と人的リスクマネジメント

- 浜村彰他著『ベーシック労働法（第3版）』有斐閣，2008年。
- 吾郷眞一『労働ＣＳＲ入門』講談社，2007年。
- 栗山直樹「CSR推進における企業・労働組合・NGOのパートナーシップの国際的展開－労働におけるマルチステークホルダー・アプローチの萌芽－」『創価経営論集』第31巻第1・2合併号，2007年2月。
- 吉田寿『社員満足の経営－ES調査の設計・実施・活用法』日本経団連出版研修事業部，2007年。
- 寺崎文勝『わかりやすいCSR経営入門』同文舘出版，2005年。
- 経済産業省『先進企業から学ぶ事業リスクマネジメント実践テキスト－企業価値の向上を目指して－』2005年。
- ヘケットＪ.Ｌ.他著・邦訳『バリュー・プロフィット・チェーン』日本経済新聞社，2004年。
- 日本経団連「CSR（企業の社会的責任）に関するアンケート調査結果」2009年。
- 労働政策研究・研修機構「企業のコーポレートガバナンス・CSRと人事戦略に関する調査研究報告書」2007年。
- 厚生労働省「労働におけるCSRのあり方に関する研究会中間報告書」2004年（http://www.mhlw.go.jp/shingi/2004/06/s0625-8a.html）。
- 厚生労働省・社会経済生産性本部『働く人を大切にするヒント－労働分野における企業の社会的責任』2004年（http://mhlw.go.jp/bunya/roudouseisaku/csr.html）。
- アーバンプロデュース『月刊人事マネジメント』2007年10月号。

参考文献・資料

- アーバンプロデュース『月刊人事マネジメント』2004年11月号。
- 労務行政研究所『労政時報』第3715号，2007年12月14日。
- 労務行政研究所『労政時報』第3646号，2005年1月28日。
- Heskett J. L. et. al.,"Putting the Service-Profit Chain to Work", Harvard Business Review, July-Augast 2008.
- Hertberg F., Work and the Nature of Man, 1966（北野利信『仕事と人間性』東洋経済新報社，1968年）
- http://konicaminolta.jp/about/csr/csr/risk_management/index.html（2013年1月）
- http://www.keidanren.or.jp/Japanese/policy/cgcb/charter.html（2013年4月）

索　引

【あ】

ICT（情報通信技術） ……………… 26
アウトソーシング ……………… 90, 354
安全設計思想 ……………………… 257
安定成長経済期 …………………… 70
育児・介護休業法 …………… 288, 355
一時解雇（レイオフ） ……………… 54
一時帰休制 ………………………… 205
一社限りの終身雇用 ……………… 70
一社主義的価値観 ………………… 232
一般組合 …………………………… 373
一般職 ……………………………… 173
異動 ………………………………… 180
インターンシップ制度 …………… 175
エクセレント・カンパニー ……… 94
エコノミック・アニマル ………… 275
FA化 ………………………………… 265
M字型の労働力率 ………………… 355
MTP（管理者訓練計画） ……… 12, 421
エンプロイメンタビリティ ……… 238
OA化 ………………………………… 265
OJT（職場内訓練） ……… 55, 215, 420
追い出し部屋 ……………………… 206
オープン・ショップ制 …………… 374
オフィス設計 ……………………… 37
Off-JT（職場外訓練） …………… 218
温情主義 …………………………… 8
温情主義的人事労務 ……………… 44
オンライン研修 …………………… 242

【か】

解雇しやすい正社員 ……………… 160
解雇の金銭解決制度 ………… 206, 408
階層別教育訓練 ……………… 210, 219
快適な労働環境 …………………… 470
外発的動機づけ …………………… 428
外部公正（賃金の） ………… 297, 303
科学的管理法 ……………………… 9
格差社会 ……………………… 158, 460
確定給付型年金 …………………… 329
確定拠出型年金 …………………… 330
家計補助的労働 …………………… 158
肩たたき …………………………… 205
加点主義 …………………………… 143
カフェテリアプラン（福利厚生の）
　　 …………………………… 361, 363
カリスマ的リーダーシップ理論 …… 441
過労死 ………………… 260, 275, 464
過労死等防止対策推進法 …… 281, 464
間接差別 …………………………… 179
間接的な金銭給付 ………………… 343
管理過程 …………………………… 11
管理サイクル ……………………… 84
管理思考 ………………… 10, 27, 84
管理者 ……………………………… 83
管理者リーダーシップ …………… 35
管理職組合 ………………………… 401
管理職相当職 ……………………… 402
管理職任期制 ……………………… 192
管理職能 …………………………… 83

503

企画業務型裁量労働制 ……………… *285*
企業グループ人事 …………………… *194*
企業グループ内終身雇用 ……………… *70*
企業行動憲章 …………………………… *483*
企業市民 ………………………… *21, 480*
企業統治 ……………………………… *393*
企業内福利厚生 ………………………… *334*
企業内労使関係 ………………………… *378*
企業年金制度 …………………………… *328*
企業の社会的責任（CSR）
　………………………… *20, 27, 472, 482*
企業福祉 …………………… *338, 340*
企業リスク ……………………………… *474*
企業別組合 ……………………………… *374*
企業別労使関係 …………………… *57, 68, 374*
企業別労働組合 …………………………… *67*
企業満足 …………………… *458, 470*
企業モラール …………………… *458, 470*
企業倫理 …………………………………… *21*
期待年俸制 …………………………… *321*
期待役割 ……………………………… *317*
基本給 ………………………………… *307*
基本年俸 ……………………………… *321*
基本方針（人事労務の）……………… *87*
基本6職能（人事労務管理の）………… *19*
キャッシュバランス型（企業年金の）
　……………………………………… *331*
キャリア開発計画（CDP）…………… *34*
キャリア形成の自己責任化 …………… *232*
キャリア選択制度 ……………………… *192*
キャリア相談 …………………………… *231*
キャリアの複線化 ……………………… *192*
キャリア・パス ………………………… *227*
QCサークル …………………… *51, 225*

業績賞与 ……………………………… *324*
業績評価 ……………………………… *140*
業績年俸 ……………………………… *321*
競争戦略論 ……………………………… *99*
競争優位 ………………………………… *99*
業務革新的役割 ………………………… *446*
共同決定型経営参加 …………………… *393*
金銭的インセンティブ ………………… *35*
近代人事労務管理 ……………… *9, 11, 23*
均等待遇 ……………………………… *159*
均等・両立推進企業表彰 ……………… *357*
勤務延長制度 ………………………… *198*
勤務地限定採用 ………………………… *173*
勤務地コース制度 ……………………… *193*
苦情処理委員会 ………………………… *388*
苦情処理制度 ………………………… *388*
組合回避の人事労務管理 ……………… *404*
くるみんマーク ………………………… *359*
クローズド・ショップ制 ……………… *374*
経営家族主義 ………………………… *343*
経営参加 ……………………………… *393*
経営者（top management）…………… *14*
経営者リーダーシップ …………… *35, 470*
経営福祉主義 ………………………… *343*
経営労働秩序維持型（人事労務管理の）
　………………………………………… *58*
計画的OJT …………………………… *218*
継続雇用制度 ………………………… *197*
結果主義 ………………………………… *55*
現実的職務情報開示（RJP）………… *177*
原生的労働関係 …………………… *7, 293*
現代資本主義 …………………………… *20*
現代人事労務管理 ……………… *13, 23*
限定正社員 …………………………… *159*

索　引

現物提供型（福利厚生の） ………… *345*
コア・コンピタンス ………………… *237*
好意（good will） …………………………… *8*
合意による意思決定手続き ………… *431*
工場委員会 …………………………… *46*
交渉委任禁止事項 …………………… *387*
工場法 ……………………… *7, 44, 336*
厚生年金基金制度 …………………… *329*
合同一般労働組合 …………………… *401*
行動科学 ……………………… *413, 425*
行動理論（リーダーシップの）……… *435*
高度成長経済期 ……………………… *70*
高度プロフェッショナル制度 ……… *286*
高年齢者雇用安定法 ………………… *199*
コース別雇用管理 …………………… *173*
コース別採用 ………………………… *173*
コーチング …………………………… *423*
コーポレート・アイデンティティ（CI）
　………………………………………… *399*
コーポレート・ユニバーシティ（CU）
　………………………………… *210, 243*
国際労働機関（ILO）………………… *270*
コスト削減中心経営 ………………… *279*
子育てサポート企業 ………………… *359*
個別賃金管理 ………………………… *304*
個別的労使関係 ……………………… *370*
個別労働紛争 ………………………… *405*
個別労働紛争解決制度 ……………… *406*
コミットメント ……………… *458, 470*
雇用型テレワーク …………………… *268*
雇用管理 ……………………………… *154*
御用組合 ……………………………… *376*
雇用調整 ……………………………… *202*
雇用の安定感 ………………………… *460*

雇用の数量的柔軟化 ………………… *75*
雇用の複合化 ………………… *154, 400*
雇用の複線化 ………………………… *75*
雇用のミスマッチ …………………… *175*
雇用ポートフォリオ ………… *75, 155*
コンティンジェンシー理論 ………… *99*
コンピテンシー ……………………… *132*
コンピテンシー評価 ……… *136, 144, 318*
コンピテンシー面接 ………………… *170*
コンピテンシー・モデル …………… *131*

【さ】

サービス残業 ………………………… *279*
サービス・プフィット・チェーン …… *479*
再雇用制度 …………………………… *198*
在宅勤務制度 ………………………… *268*
再チャレンジ支援総合プラン ……… *158*
最低賃金法 …………………………… *294*
採用管理 ……………………………… *163*
採用基準 ……………………………… *166*
採用時期 ……………………………… *172*
裁量労働制 …………………………… *285*
作業条件 ……………………………… *246*
査定昇給 ……………………………… *311*
サテライトオフィス ………………… *267*
36（サブロク）協定 ………………… *286*
残業代ゼロ制度 ……………………… *286*
産業別組合 …………………………… *373*
産業民主主義 ………………… *10, 393*
三種の神器 …………………………… *60*
三大過剰問題 ………………… *71, 314*
360度評価 …………………………… *149*
GHQ（連合国軍総司令部）………… *3, 47*
CDP（キャリア開発プログラム）…… *226*

事業の再構築	74	従業員不満	477
資源ベースの企業理論	99	従業員満足	25, 450, 455
自己啓発	222	従業員満足調査	92, 109
自己申告制度	185	従業員モラール	35
仕事基準の人事制度	117	従業関係	380
次世代育成支援対策推進法	289	就業規則	385
次世代リーダー	446	終身雇用慣行	61
七五三現象	175	終身雇用の終焉	460
実在者賃金	304	集団的な仕事遂行の仕方	183
実際役割	317	集団的労使関係	371
自動昇給	311	柔軟な人材活用	181
指名解雇	205	柔軟な組織	38
社会人大学院	223	柔軟な福利厚生制度	361
社会的公正	472	出向	194, 201
社会的責任投資（SRI）	472, 485	春闘	295
社会に通用する能力（エンプロイヤビリティ）	76, 212, 233	生涯キャリア設計	238
		紹介予定派遣	175
社会保障補完型（福利厚生の）	348	状況的リーダーシップモデル	438
社内FA制度	187	条件適合モデル（リーダーシップの）	438
社内公募制度	185		
社内ベンチャー制度	187	使用者の好意による給付	8
週5日40時間労働制	271	消費者満足	458
従業員意識調査	395	賞与	322
従業員関与	35, 393	処遇の実力主義化	80
従業員業績のAMO理論	30	職業適性テスト	10
従業員コミュニケーション	393	職業病	258
従業員サービス	55, 335	職業別/職種別組合	373
従業員支援プログラム（EAP）	262	殖産興業	42
従業員自律・企業支援型（人材育成の）	235	職住接近	267
		職種給	308
従業員疎外	452	職種転換制度	201
従業員態度調査	40	職種別採用	173
従業員代表制度	404	職能給	308
従業員福祉	343	職能給比率	316

索　引

職能合理主義 …………………… *10, 180*	ショップ制 …………………… *375*
職能資格制度 …………… *71, 119, 312*	所定内賃金 …………………… *305*
職能別教育訓練 ………………… *220*	所定労働時間 ………………… *271*
職能要件書 ……………………… *120*	初任配属 ……………………… *182*
職場いじめ ……………………… *183*	所有と経営の分離 ……………… *14*
職場ぐるみ訓練 ………………… *225*	親権主義 ………………………… *8*
職場自殺 ………………………… *260*	親権主義的人事労務 …………… *7*
職場小集団活動 …………… *225, 249*	人件費の変動費化 ……………… *75*
職場の人事労務管理 …………… *410*	人材マネジメント ……………… *4*
職場配置 ………………………… *184*	人事異動 ……………………… *188*
職場防衛運動 …………………… *50*	人事管理 ………………………… *2*
職場満足 …………………… *457, 466*	人事情報 …………………… *109, 180*
職場モラール …………………… *432*	人事情報システム（PIS）……… *110, 180*
職務拡大 ………………………… *38*	人事制度 ……………………… *116*
職務記述書 ……………………… *125*	人事評価 …………………… *138, 416*
職務給 …………………………… *308*	人事評価制度の改革 ………… *143*
職務給制度 ……………………… *317*	人事部 …………………………… *4*
職務給賃金制度 ………………… *126*	人事労務管理 ………………… *4, 13*
職務コース制度 ………………… *192*	人事労務管理の成果主義的改革 …… *318*
職務再設計 ………………… *429, 452*	人事労務計画 ………………… *89*
職務充実 ………………………… *38*	人事労務情報 ………………… *106*
職務情報 ………………………… *180*	人事労務スタッフ部門 ………… *11*
職務設計 ………………………… *38*	人事労務戦略 ………………… *89*
職務調査 ………………………… *119*	人事労務組織 ………………… *89*
職務転換 ………………………… *429*	人事労務調査職能 …………… *106*
職務等級制度 …………………… *124*	人事労務評価 ………………… *91*
職務特性理論 …………………… *429*	人事労務方針 ………………… *87*
職務入札制度 …………………… *34*	新卒紹介予定派遣 …………… *177*
職務配置 ………………………… *181*	新卒定期採用 ………………… *163*
職務評価 ………………………… *125*	人的資源開発（HRD）………… *34*
職務満足 …………………… *36, 456, 464*	人的資源管理（HRM）…… *4, 22, 97, 414*
職務明細書 ……………………… *125*	人的資産 ……………………… *97*
助言スタッフ ………………… *21, 415*	人的リスク …………………… *473*
女性活躍推進法 ………………… *290*	人的リスクマネジメント ……… *488*

心理学的職務要件	452
進路選択制度	76, 194, 201
スタッフ人事労務管理	28
ストレス管理	262
ストレスチェック	262
スペシャリスト的キャリア形成	190
成果主義	79, 124
成果主義賃金（PBP）	316
生活賃金	64
生活満足	455, 459
生計費補完型（福利厚生の）	345
精神的インセンティブ	451
精神的健康	37
整理解雇の4要件	68
セクハラ	467
絶対評価	149
ゼネラリスト育成	55, 166, 181
ゼネラリスト採用	173
ゼネラリスト的キャリア形成	191
攻めの人的リスクマネジメント	488
攻めのリストラ	76, 206
セル生産方式	38
選考方法	169
戦後日本型の現代人事労務管理	50, 52
専制的人事労務	6, 43
選択型研修制度	240
選択自由型人事制度	466
選択定年制度	201
選択的福利厚生制度	361
先任権	188
選抜型研修制度	242
専門業務型裁量労働制	285
専門経営者	14
専門職制度	192
戦略人材マネジメント	101
戦略的出向	195
戦略的人的資源管理（SHRM）	98, 163
戦略的中途採用	75, 171
総額賃金管理	303
早期退職制度	201
総合職	173
相対評価	149
SOHO	267
即戦力採用	168
組織開発	225
組織科学	24, 32
組織行動論	424
組織設計	38
組織範囲（労働組合員の）	400
組織風土	40
組織文化	40
組織理論	38

【た】

大学名不問面接	170
代行割れ	330
大正デモクラシー	45
退職一時金制度	326
退職勧奨	205
退職金制度	359
退職金前払い制度	328, 355
退職準備プログラム	238
退職年金制度	326
態度評価	141
第二組合	50
第二人事部	376
第2新卒	172
大日本産業報国会	46

索　引

ダイバーシティ・マネジメント ……… 27
多面評価 ………………………… 149
男女共同参画社会 ………………… 289
男女雇用機会均等法 …………… 173, 178
団体交渉 ………………………… 384
治安維持法 ………………………… 46
チーム作業方式 …………………… 38, 183
チームワーク重視の働き方 ………… 183
長時間労働 ………………………… 247
朝鮮戦争 …………………………… 50
直行直帰制度 ……………………… 268
賃金 ………………………………… 292
賃金管理 …………………………… 300
賃金コスト ………………………… 297
賃金体系 …………………………… 305
賃金調査 …………………………… 304
賃金と貢献の不一致 ……………… 313
賃労働 ……………………………… 370
賃労働者 …………………………… 18
積み立て不足問題 ………………… 329
手当 ………………………………… 306
TWI（企業内訓練） ……… 11, 413, 421
定額賃金制 ………………………… 313
定期一括採用 ……………………… 54
定期昇給 ……………………… 311, 316
定期昇給の廃止 …………………… 316
定期的人事異動 ………………… 55, 189
定年退職制度 ……………………… 196
テイラー　F. ……………………… 9
定例賞与 …………………………… 324
適格時昇給 ………………………… 311
適格退職年金制度 ………………… 329
適材適所 …………………………… 33
適正人件費 ………………………… 303

適性配置 ……………………… 31, 109
適正配置 …………………………… 180
出来高賃金制 ……………………… 313
テクノ・ストレス ………………… 470
テレワーク ……………………… 37, 267
電産型賃金 ……………………… 50, 64
転職支援制度 ……………………… 201
転籍 ……………………………… 194, 201
同一賃金同一労働推進法 ………… 159
動機づけ－衛生理論 ……………… 480
動機づけの管理 ………………… 29, 425
動機づけ理論 ……………………… 427
特殊健康診断 ……………………… 258
トータル人事システム …………… 122
特殊健康診断 ……………………… 258
特性理論（リーダーシップの） … 434
独立援助制度 ……………………… 201
トップ・マネジメントの
　人事労務管理責任 ……………… 97

【な】

内発的動機づけ …………………… 428
内部請負制 ………………………… 411
内部統制 …………………………… 477
ナショナル・ミニマム …………… 338
二次元モデル（リーダーシップの）… 437
日経連 ……………………………… 49
日本型カフェテリアプラン ……… 364
日本型経営参加 …………………… 393
日本型職務給 ……………………… 308
日本型年俸制 ……………………… 321
日本型の雇用調整 ………………… 206
日本経団連 ………………………… 286
日本的経営ブーム ……………… 94, 210

日本的雇用慣行 ················· 50, 61
日本的レイオフ ···················· 205
日本版401k ························ 330
ニューオフィス運動 ················ 264
人間関係管理 ················· 29, 433
人間関係研究 ························ 11
人間関係論 ························ 411
人間人格 ··························· 18
年功給 ···························· 308
年功昇進 ··························· 56
年功序列慣行 ························ 64
年功賃金 ······················· 56, 64
年功的運用（職能資格制度の）······· 312
年功的人事制度 ···················· 117
年俸制 ························314, 320
能率増進運動 ························· 9
能力開発 ·························· 209
能力主義管理 ······················ 118
能力と貢献の不一致 ················ 313
能力評価 ·························· 139
ノー残業デー ······················ 281

【は】

ハーズバーグ F. ····················· 425
パートタイム労働法 ················ 159
配置 ····························· 180
配置転換 ·························· 188
ハインリッヒの法則 ················ 254
派遣労働 ·························· 158
バリュー・クリエーション・
　マーケティング ················· 479
パワハラ ·························· 468
半自律的作業集団 ············· 38, 429
PM理論（リーダーシップの）········ 436

非金銭的インセンティブ ············· 36
人基準の人事制度 ·················· 117
ヒューマン・エラー ················ 257
評価エラー ························ 152
評価者訓練 ························ 150
標準家庭モデル ···················· 350
ファミリーフレンドリー企業 ········ 355
ファミリーフレンドリー企業表彰 ···· 357
フェイルセーフ ···················· 257
付加給付 ······················ 55, 335
福祉元年 ·························· 338
福祉国家理念 ························ 20
福祉資本主義 ······················ 334
複線的人事制度 ················ 77, 192
福利厚生施設 ······················ 334
福利厚生の統廃合 ·················· 355
富国強兵 ··························· 44
不当労働行為 ······················ 376
ブラザー・シスター制度 ············ 216
プラチナくるみん ·················· 359
フリーアドレス制 ·············· 37, 265
フリーター ···················· 158, 460
フレキシブル・ワーク ·············· 288
プレゼンテーション面接 ············ 170
フレックスタイム制 ················ 284
ブロードバンディング ·············· 131
プロセス・イノベーション ·········· 445
プロダクト・イノベーション ········ 446
ベースアップ ················· 311, 315
変革的リーダーシップ理論 ·········· 443
変形労働時間制 ···················· 282
ポイント制退職金制度 ·············· 327
ポイント制福利厚生制度 ············ 367
貿易摩擦 ·························· 275

索　引

法定外福利 …………………… 340
法定福利 ……………………… 339
法定福利費 …………………… 353
法定労働時間 ………………… 271
法令遵守（コンプライアンス）…… 472
ホーソン工場実験 …………… 411
ポータブル性 ………………… 331
ポジティブ・アクション …………… 357
ポスト不足 ……………………… 73
ホワイトカラー・エグゼンプション
　…………………………… 286
ホワイトカラー労働 …… 36, 248
本人給 ………………………… 310
ホンネ採用 …………………… 177

【ま】

毎月勤労統計調査 …………… 280
マグレガー D. ………………… 425
マズロー A.H. ………………… 425
マタハラ ……………………… 469
マネジメント力 ……………… 446
マネジリアル・グリッド理論 …… 436
守りの人的リスクマネジメント …… 488
みなし労働時間制 …………… 285
身分制撤廃 ……………………… 3
無組合企業 …………………… 403
メールエントリー制 ………… 169
メンター制度 …………… 216, 422
メンタルヘルス ……………… 259
メンタルヘルス教育 ………… 261
目標管理制度（MBO）…… 146, 317
目標設定理論 ………………… 428
モチベーション ……………… 16
モデル賃金 …………………… 304

モバイル・ワーク …………… 37, 268
モラール ………………………… 16

【や】

役割価値 ……………………… 128
役割給 ………………………… 308
役割給制度 …………………… 317
役割等級制度 …………… 127, 317
休みにくい構造 ……………… 278
やりたい仕事に就かせる制度 …… 34
友愛会 ………………………… 45
UAゼンセン …………………… 402
ユニオン・アイデンティティ（UI）… 398
ユニオン・ショップ協定 ……… 67
ユニオン・ショップ制 ……… 374
要員計画 ……………………… 163
良き企業市民 ………………… 472

【ら】

ライン・アンド・スタッフ組織 …… 21, 90
ライン管理者の人事労務管理責任 …… 98
ライン人事労務管理 ……… 28, 410
リーダーシップ ……………… 434
リーダーシップ訓練 ………… 444
リカート R. …………………… 425
利潤分配 ……………………… 322
リスク分担型確定給付年金 …… 332
リゾートオフィス …………… 268
レイオフ制度 ………………… 203
労使関係 ……………………… 370
労使関係管理 ………………… 381
労使協議制 …………… 24, 46, 391
労使協調主義 ………………… 374
労使協定 ……………………… 385

511

労働安全衛生法 ･････････････････ 249
労働安全衛生マネジメントシステム
　････････････････････････････････ 251
労働意思 ･････････････････････････ 15
労働意思管理 ････････････････････ 19
労働意欲 ･････････････････････････ 35
労働環境の快適化 ･･････････････ 264
労働関係 ･･･････････････････････ 379
労働関係調整法 ････････････････ 383
労働基準法 ･･････････････････ 48, 277
労働協約 ･･･････････････････････ 385
労働組合 ･･･････････････････････ 371
労働組合運動 ････････････････ 7, 45, 48
労働組合組織率 ････････････････ 396
労働組合法 ･･････････････････ 3, 48
労働契約法 ･････････････････････ 159
労働コンプライアンス ･･････････ 482
労働三権 ････････････････････ 48, 383
労働CSR ･･･････････････････････ 485
労働時間 ･･･････････････････････ 270
労働時間短縮 ･･････････････････ 275
労働時間の柔軟化 ････････････ 37, 275
労働時間分布の長短二極化 ････････ 279
労働者派遣法 ･･････････････････ 157
労働者福祉 ･････････････････････ 340
労働者保護法 ･･･････････････････ 7

労働市場の二重構造 ････････････ 172
労働審判制度 ･･････････････････ 406
労働生活の質（QWL）･･････ 25, 273, 451
労働生産性の向上 ･･････････････ 24
労働能力 ･･･････････････････････ 15
労働の人間化 ･･････････････ 25, 451, 45
労働の無意味化 ････････････････ 38
労働費用 ･･･････････････････････ 292
労働福祉 ･･･････････････････････ 338
労働分配率 ･････････････････････ 303
労働力 ･････････････････････････ 17
労働力管理 ･････････････････････ 19
労働力効率利用型（人事労務管理の）
　････････････････････････････････ 58
労働力調査 ･････････････････････ 280
労務管理 ･････････････････････････ 2
労務部 ･･････････････････････････ 4
60歳定年制 ･････････････････････ 197

【わ】

ワーキング・プア ･･････････････ 158
ワーク・シェアリング ･･････････ 274
ワーク・ライフ・バランス（WLB）
　････････････････････････ 274, 287, 462
渡り職人 ･･････････････････････ 44
ワンマン経営 ･･････････････････ 404

● 監修者・著者紹介

森　五郎（もり　ごろう）

1910年	岡山県生まれ
1936年	慶應義塾大学経済学部卒
略　歴	富士電機製造株式会社勤務，中央労働学園大学教授，慶應義塾大学教授を経て同大学名誉教授，日本大学経済学部教授，1961-2年欧州留学，経済学博士。1996年6月没。
専　攻	労務管理，賃金管理，労使関係論
学会関係	日本労務学会初代代表理事，日本労使関係協会名誉理事
主な著書	『経営労務管理論』（泉文堂，1950年），『労務管理』（ダイヤモンド社，1955年），『基本給合理化の在り方』（ダイヤモンド社，1959年），『戦後日本の労務管理』（ダイヤモンド社，1961年），『経営労務論』（丸善，1977年），『日本労使関係システム』（編著，日本労働協会，1981年），『人事労務管理の知識』（新版，日本経済新聞社，1987年），『労務管理論』（編著・新版，有斐閣，1989年），『現代日本の人事労務管理：オープン・システム・アプローチ』（編著，有斐閣，1995年）ほか著・編書多数。

岩出　博（いわで　ひろし）

1948年	東京都生まれ
1972年	慶應義塾大学商学部卒
1982年	日本大学大学院経済学研究科博士後期課程満期退学
1985年	英国ケンブリッジ大学客員研究員
現　在	日本大学経済学部教授，商学博士
主　著	『アメリカ労務管理論史』（三嶺書房，1989年，経営科学文献賞受賞），『英国労務管理：その歴史と現代の課題』（有斐閣，1991年），『労務管理入門（増補版）』（共著，有斐閣，1992年），『現代日本の人事労務管理』（共著，有斐閣，1995年），『小説で読む企業ガイド』（文芸春秋，1999年），『三訂版・これからの人事労務』（泉文堂，2002年），『戦略的人的資源管理論の実相』（泉文堂，2002年，日本労務学会学会賞受賞），『第3版　新・これからの人事労務』（泉文堂，2016年），『従業員満足指向人的資源管理論』（泉文堂，2014年）。
訳　書	『イギリス労使関係制度の発展』（共訳，ミネルヴァ書房，1988年）

LECTURE 人事労務管理〔増補改訂版〕				
1995年9月20日	初	版	発	行
2000年5月20日	新	版	発	行
2002年4月15日	三 訂	版	発	行
2007年12月10日	四 訂	版	発	行
2013年4月10日	増 補	版	発	行
2014年3月1日	増補版第2刷発行			
2016年4月20日	増補改訂版発行			

監 修 者	森　　　　五　郎
著　　者	岩　出　　　博
発 行 者	大　坪　克　行
発 行 所	株式会社　泉　文　堂
	〒161-0033　東京都新宿区下落合1－2－16
	電話 03(3951)9610　ＦＡＸ 03(3951)6830
印 刷 所	税経印刷株式会社
製 本 所	株式会社　三森製本所

©Hirosi Iwade　2016　Printed in Japan　　　（検印省略）

本書の無断複写は著作権法上での例外を除き禁じられています。複写される場合は，そのつど事前に，(社)出版者著作権管理機構（電話 03-3513-6969, FAX 03-3513-6979, e-mail：info@jcopy.or.jp）の許諾を得てください。

JCOPY ＜(社)出版者著作権管理機構 委託出版物＞

ISBN978－4－7930－0394－3　C2034